내리사랑
치사랑

교수들의
사제동행 이야기

내리사랑 치사랑

도명기 외

강용호	남두현	서길수	이원경	최순돈
김성규	남효덕	신동구	이창기	최 청
김용식	류호용	오창혁	이청규	한재숙
김정숙	박인수	윤대식	이효수	홍우흠
김종근	박정윤	이강옥	장영동	황 평
김진삼	박종갑	이상욱	정봉교	
김한곤	변종국	이성근	조무환	

흐름

『내리사랑 치사랑』을 발간하며

보다 나은 스승을 향해

대학교수는 개개인이 자신의 전공으로 활동하는 독립체이다. 동시에 지식 발전의 핵심 인력으로서 현대 사회의 한 부분을 맡고 있는 구성원이다. 교수들의 어깨에 걸린 사회적 기대도 작지 않다. 이런 교수의 자리에서 30여 년 이상을 생활한 서른다섯 명이 의기투합하여 교수들의 사제동행 이야기 『내리사랑 치사랑』을 펴낸다.

이야기는 사람 사이에 다리가 되어주고, 경험은 그 분야의 진실과 정확한 정보의 보고寶庫가 된다. 경험이 담긴 이야기들이 사회에 퍼져 나가면 또 다른 역사의 바탕이 될 수 있다.

이 서른다섯 명의 교수들은 교권이 무너지고 학교 교육이 붕괴된다고 하는 현 교육 현장에 도움의 불씨가 됐으면 하는 마음으로 자신이 겪은 선생과 학생 간의 경험을 한 토막씩 소개한다.

스승에게서 사랑받고, 그 스승의 사랑을 전하며 살아온 이 교수들은 처음 글을 쓰기 시작하면서 이내 곧 이 '사제동행'이란 단어가 단순히 일화 한편으로 표현할 수 있는 것이 아님을 알게 되었다. 교수들에게 자신의 존경하는 은사를 물으면, 그것은 자신의 일생을 돌아보는 글이 되기 때문이다. 그렇게 각자가 추억의 한 자락을 펼치며 연구와 교단의 세계를 드러냈다. 다양한 필자들에 의해 거의 한 세기를 드러내는 글이 되었다.

우리는 스승의 날이 들어있는 지난 5월에 이 작업을 시작했다. 그리고 글이 들어오는대로 명예교수회 카페에 게재해서 서로 읽을 수 있도록 했다. 분량도 제각각, 문장도 '연작시'를 읽는 듯한 운율이 있는 글부터 미소를 짓게 하는 촌철살인寸鐵殺人의 표현이 담긴 글까지 다양했다. 그렇지만 그런 다양한 글에서 하나같이 스승과 제자 사이에 흐르는 정이 엿보였다. 제자들 이야기를 할 때는 자랑도 배어 있다. 386 운동권 학생들을 지도해야 했던 시절도 담겨 있었다. 또 교수들의 '세상 선생님' 이야기까지 포함되어 있다. 초등학교, 중학교, 고등학교, 대학, 대학원을 거쳐 유학을 가고 대학교수로서 성장해 나가는 모습을 '정신없이' 따라가게 한다. 영남대학교에서 때로는 학부 시절부터, 그리고 대학교수로서 지내왔던 필자들이 영남대학교의 지난 역사를 보이는 것은 덤이다. 영남대학교가 개교하는 과정, 차례로 생긴 학과들, 학교의 발전도 그려지고 교육 현장이 변해가는 모습도 배경에 깔려 있다.

각자가 다른 이야기를 했지만 한 권의 진솔한 수필집이 되었다. 결국

이 책은 교수는 어떤 사람이 어떤 과정을 거쳐서 되고, 무슨 일을 하며, 어떤 이상을 가지고 있는지를 적나라하게 보여준다. 그러니까 한 권을 다 읽고 나면 결국 필자들 세대가 그리는 '이상적인 스승상'을 볼 수 있는 것이다. 교수들이 기억하는 선생은 결국 사회가 바라는 선생의 상인 것이다. 필자들 대부분이 그런 성향이기에 그런 은사를 기억하는 지, 아니면 그런 가르침을 받아서 그렇게 성장했는지는 모르겠지만, 필자들이 말하는 스승과 필자는 참 닮아있다. 은사와 말하는 톤이 비슷해지고, 강의하는 스타일이 닮아갔다고 하는 것으로 보면, 그렇게 자란 학생이 그렇게 학생을 키우는 것이 아닐까?

또한 이 책은 스승을 어떻게 모시며, 제자에 대한 사랑을 어떻게 풀어나갈까 하는 방법을 보여준다. 많은 선생과 학생 중에 기억에 남는 서로가 되는 비결은 '연결을 놓지 않았다'는 점임도 설파한다. 선생과 학생은 서로 자극하고 의지하며 '교수 개개인은 각기 한 개의 도서관을 능가한다'라는 표현을 완성해 간다.

교수들은 은사에 대한 감사와 제자에 대한 사랑을 세상으로 '발송'한다. 그리고 스승과 제자들이 실제 현장에서 끌어낸 사연이 '경험에서 나온 진솔한 조언'으로 교육계에 귀한 자극이 되기를 희망한다.

교수들은 이런 원고를 쓰는 일이 논문을 작성하는 것보다 더 힘들다고들 했다. 어쩌면 새로운 장르에 도전하는 신인들이라고 말할 수 있겠다. 공동 저자로 출발하는 것이다. 우리는 긴 꿈을 꾼다. 다음 책을 향하여 ……

필진 교수 여러분께 감사드린다. 그리고 이 책을 고운 작품으로 탄생시킨 흐름출판사 직원분들께 감사드린다.

2024년 12월 25일

영남대학교 명예교수회 회장 이 광 식

차례

1부

묘목에
어린 손길
열매로 피지고

연구실에서 만난 초등학교 은사님

김성규
명예교수 | 방사선종양학교실

고등학교 학창 시절에는 국어책에 나오는 시를 모두 외웠다. 학교 도서관에서 공부하다 늦은 밤 홍이 나면 자전거를 타고 반월성이나 황룡사지에 가서 바위에 걸터앉아 윤동주의 서시, 한용운의 님의 침묵, 이육사의 광야, 김소월의 진달래꽃을 읊조리기도 했다. 벚꽃 만발한 4월이면 간혹 고등학교 시절에 꿈꾸었던 신라 천년의 꿈과 그리움이 아련히 가슴에 고이기도 한다.

진달래꽃을 보면서 간단하고 평범한 단어를 연결하여 가만히 가슴에 젖어들게 하는 시구를 만들어내는 소월은 문장의 천재라고 생각했다. 그때는 진달래꽃이 지극한 사랑이었는데, 요즘은 세월의 무상함이 느껴진다.

나 보기가 역겨워 가실 때에는
말없이 보내드리오리다.
영변의 약산 진달래꽃,
아름 따다 가실 길에 뿌리오리다.

돌아보니 세월의 무상함과 꿈과 영광이었다.

초등학교 3학년 담임 김상율 선생님

1973년에 고등학교를 졸업하고 대학 진학을 하고, 영남대학교 의과대학 방사선종양학과에 교수로 발령을 받고 1987년부터 근무하기 시작했다. 이 무렵 영남대병원은 개원한 지 얼마 되지 않아 영남대학교 의료원의 거대한 건물도 새 건물이었고, 일하는 사람도 젊어 병원은 활기가 넘쳤다. 특히 한국에서 방사선종양학과는 전국 대학병원에서 막 개원하는 추세였다. 영남대학교병원 방사선종양학과도 1986년 4월 1일에 개원하였다. 개원과 더불어 일을 하게 되었다.

악성종양인 암을 치료하는 방법은 외과적 수술과 고에너지의 방사선으로 치료하는 방사선치료와 항암 약제를 혈관에 투여하여 치료하는 항암치료가 있다. 국소 부위의 암은 수술로 치료하며, 암 부위와 전이가 염려되는 주위 인접 부분을 포함한 암 치료는 방사선치료로 접근하며, 전이 및 전신에 대한 암 치료는 항암요법으로 치료한다.

방사선치료는 현대 과학의 발달로 상상을 초월한 발전을 거듭하였다. 국소암 부위는 수술하지 않고 방사선으로 수술하는 것과 같은 효과를 낼 수 있는 방사선수술요법stereotactic radiosurgery, 암 부위에만 집중적으로, 주변 장기에는 최소의 방사선을 조사할 수 있는 세기조절방사선치료intensity modulated radiation therapy, IMRT가 방사선치료의 꽃이다.

방사선치료기의 발전은 끝이 없다. 세계의 추세는 고에너지의 X선치료에서 양성자치료, 중입자치료로 넘어가고 있다. 국립암센터와 삼성병원은 양성자치료기를 가동 중이며, 연세 세브란스병원은 중입자치료기를 가동 중이다. 참고로 양성자치료기는 500억에서 1,000억 정도, 중입자치료기는 2,500억 정도 가격이다.

근무한 지 10년쯤 되니 고등학교 은사님들께서 병원 진료로 연락이 오기 시작했다. 처음 연락이 왔을 때 전화를 받고 은사님의 별명만 입속에서 맴돌 뿐 성함은 생각나지 않아 식겁하였던 생각이 아직도 생생하다. 백곰, 하마, 얍세이(염소) 등 그 후에 오신 은사님들도 별명만 입속에서 맴돌기는 마찬가지였다. 직접 우리 과에서 진료는 받지 않았지만 소개와 안내만으로도 안심하고 진료받으시고 내려가시는 모습에 가슴 뿌듯하였다.

병원에 있으면서 행운도 있었다. 초등학교 3, 4, 5, 6학년 담임선생님들을 뵐 수 있었다. 초등학교 3학년 김상율 선생님과의 해후이다. 어느 날 김상율이라는 환자가 방사선치료를 받아야 하는 환자로 영남대병원 방사선종양학과로 오셨다. 치료 계획 CT를 하면서 물었다. 조금은 눈에 익은 익숙한 모습이었다. 혹시 경주 계신 적이 있느냐고 물으니 경주 계림초등학교에서 교편을 잡으셨다고 했다.

“선생님, 제가 성동동 살았던 성규인데, 3학년 때 담임하셨는데요.”

김상율 환자가 큰 소리로

“니가 성규가?”

성규라는 이름을 기억하고 계신 것 같았다. 어릴 때 모습이 남아 있다고도 하셨다. 어린 눈에 비친 선생님의 인상은 조용하면서 한결같으셨는데, 그 모습 그대로 살아오신 것 같았다. 치료 시간 때마다 선생님을 되었지만 그냥 엷은 미소가 전부였다. 연구실에서 차 한 잔 하시라고 해도 '니가 바쁘잖아.' 하시며 마다하셨다. 그래도 가시는 길 마지막까지 잘 보살펴 드릴 수 있어서 다행이었다.

초등학교 4학년 담임은 강수균 선생님이셨다. 1987년 교수로 발령받고 제일 먼저 한 일이 교수불자회를 창립하는 일이었다. 그때까지 한국사회에서 불자들의 교수 모임이 없었다. 대구 경북 지역을 중심으로 대학교마다 학교 게시판에 공고하여 운문사에서 수련대회를 개최하니 관심 있는 교수님은 참석하라고 하여, 20명의 교수님들이 참석하였다. 이것을 계기로 하여 1988년에 법륜불자교수회를 창립하고 한 달에 한 번씩 전국 선방으로 도인 스님들을 방문하고 법을 찾아 성지순례 법회를 다녔다. 전성기에는 300명의 교수님들이 활동하였다. 강수균 선생님은 법륜불자교수회 활동을 하면서 만나게 되는 행운을 가졌다.

만우절과
4학년 담임 강수균 선생님

선생님은 대구대학교에서 교수생활을 하고 계셨다. 창립 후 5년쯤 되어 대구대 강수균 교수님이 나오셨다. 초등학교 4학년 담임선생님하고 성함이 같으시네. 그 당시 강수균 교수님은 전혀 다른 모습이었다. 한번은 인도 성지순례에 대하여 강 교수님께서 발표를 하셨는데 발표 내용 중에 경주 봉황대 사진도 있고, 젊은 시절 경주서 초등학교에 근무할 때 찍은 사진이라고도 하셨다. 발표를 마치고, 계림초등학교에 근무하셨는지 물었다. 교대 졸업하고 초임지가 계림초등학교라고 하셨다.

"제가 선생님께서 담임하셨던 4학년 7반 성규니더."

"그 성규가. 아직도 너희 악동들 기억에 선하다. 주대, 문원, 여익이 모

당수나무 세수 100세 기념행사 사진(계림초등학교 친구들)

두 잘 있나?"

건강하시고 체육을 잘하신 선생님은 학생들의 영웅이었다. 초임이었던 선생님에게 참관수업은 부담이 되셨던 것 같았다. 그러나 악동들이 질문에 완벽하게 대답하여 박수갈채를 받아 선생님께서 최고 평가를 받았다고 학생들에게 고마워한 것이 어렴풋이 기억난다.

"선생님 교문에 웬 아가씨 한 분이 선생님 기다리고 계십니다."

선생님께서는 '그래' 하시면서 교문까지 가셔서 찾다가 기다리다가 하느라 한 시간 수업을 제대로 못 하셨다. 뒤늦게 만우절임을 눈치채셨다. 우리들은 줄행랑을 쳤고, 선생님은 잡으러 오셨다. 그때는 초등학교 교사 하면 군 복무 면제라고 하여 성적이 우수한 학생이 교대 지원을 많이 했다고 하셨다. 군 혜택이 안 되어 2년 근무하시다가 군 복무 마치고 계속 공부하셔서 박사학위 받고 대구대 교수로 근무하고 있다고 하셨다. 1960년대였던 그때는 선생님이 야간 숙직하시면서 우체국 교환원과 늦은 밤 무료함을 달래는 젊은 청춘의 통화 사건이 자주 있었다. 강수균 선생님은 지금도 한 번씩 뵙는다. 너무나 건강하시다. 간혹 사모님 안부도 여쭙곤 한다.

5학년 때 담임은 박경동 선생님이셨다. 우리에게 가장 영향을 많이 끼친 선생님이셨다. 장난도 가장 많이 쳤던 것으로 기억된다. 수업을 마치고 선생님 방에 놀러 가면 간혹 의견이 달라 선생님과 몸싸움하기도 했다. 다리 하나에 학생 한 명씩 붙어 한참을 다투고 나면 배가 출출해진다. 그러면 선생님께서는 짜장면을 사주셨다(그때는 모두 배가 가난하였던 시절이었다). 지나고 나서 간혹 생각하면 그때 선생님께서 우리에게 베풀어 준 은혜는 하늘 같았음을 느낀다. 계림초등학교 앞길과 계림문방구 등 선생님 계시던 곳이 눈에 선하다.

내용과는 좀 엇나가지만 어린 시절 계림초등학교 주위 성동동에 살았던 아이들에게 2022년에 조그마한 기적 같은 사건이 일어났다. 성동 아이들이 매일 모여 놀았던 큰 당수나무가 있었다. 저녁마다 성동의 윗마을, 중간마을, 아랫마을 아이들이 연탄재를 던져가며 서로 잘났다고 전쟁을 치렀지만, 날이 밝으면 가장 친한 친구로 변해 있었다. 그 당수나무는 산림청에 근무하셨던 정일이 할아버지가 1912년 심었던 것이다. 정일이 친구가 주동이 되어 연락하고 당수나무 세수 100년 기념행사를 추진했다. 성동 살았던 친구들 약 25명과 후원해 준 경주고 친구들과 시 관계자와 100여 명이 모여 기념비를 세우고 기념행사를 하였다. 40년 만에 많은 친구들을 보는 행운이 있었다. 당수나무에 인접하여 월성이발소와 경주상업고등학교가 있었고 북쪽으로 몇백 미터만 가면 북천이 흘렀는데, 그때 보니 산전벽해가 되었다. 당수나무 주위 외에는 시가지가 들어서 있었다. 당수나무 옆에 있던 월성이발소 사장님이 참석하셨는데, 아버지로부터 그때 그 이발소를 물려받아 계속한다고 했다. 당수나무 세수 100세 기념행사 사진과 대단한 정일이 친구가 기억을 더듬어 국보급 1960년대 계림초등학교 근처 살고 있던 친구들 집과 주위 약도를 그렸다.

박경동 선생님께서도 군 복무를 마치시고 계속 공부를 하셨다. 부산수산대학교 교수로 근무하고 계셔서 대학 시절 부산대 다녔던 한기 친구와 한 번씩 찾아뵙기도 했다. 그러나 정년하고는 한 번도 찾아뵙지 못한 불효를 저지르고 말았다.

6학년 때 담임은 최병익 선생님이셨다. 어느 누구도 선생님의 소식을 몰랐다. 정말 선생님의 소식이 궁금했다. 선생님께서는 음악에 소질이 없어 다른 반에 체육을 대신 해주고 다른 반 선생님을 청하여 우리들에게 음악을 배우게 하기도 했다. 10년쯤 전 어느 날 연구실로 전화가 왔다.

"나 최병익인데."

"아, 예 선생님 저 성규니더."

초등학교 때보다 덜 허스키한 목소리였다. 이렇게 해서 만나뵙게 되었다. 선생님은 우리 과에서 방사선치료를 받게 되었고, 정성을 다해 드렸다. 치료받으러 오시면 연구실에서 차 대접을 할 수 있는 행운이 자주 주어졌다. 마지막까지 잘 보살펴 드릴 수 있었다. 우리 담임을 마치고 이래서는 안 되겠다 싶어 다시 대학에 진학하셔서 대구 성광고등학교에서 교편을 잡고 계셨다고 하였다.

그 당시 김상율 선생님은 연세가 좀 있으셨고, 강수균 선생님, 박경동 선생님, 최병익 선생님은 20대였다. 최병익 선생님도 자신의 삶을 향상시키기 위해 노력하셨고, 강수균 선생님과 박경동 선생님은 더욱 젊음을 불태워 일가를 이루셨다. 되돌아보면 현실에 안주하지 않고 최선을 다해 노력하신 그런 성품이 어린 학생들에게도 전해지지 않았나 생각된다.

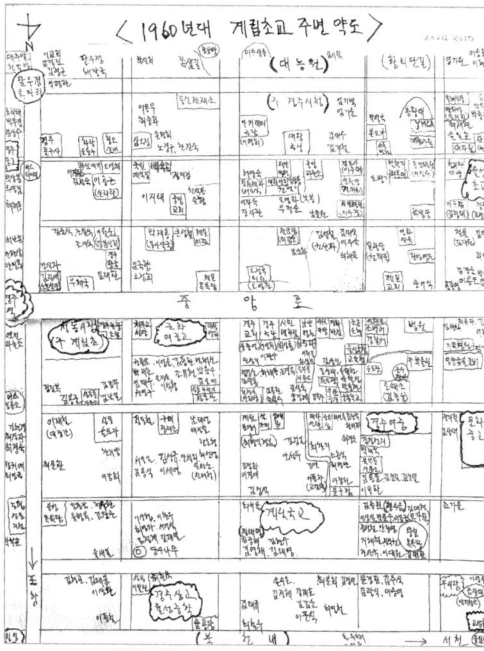

1960년대 계림초교(계림국교가 계림초교임) 주위 약도
(당수나무 위 블록의 김성규가 그 당시 우리 집이다.)

위대한 선생님들이여! 오늘의 저를 있게 해주셔서 감사합니다. 이생에 이렇게 만날 수 있었던 해후는 한 편의 드라마였습니다.

무심한 세월은 가기만 하고 육신은 낡았고 가슴에는 무상함과 꿈과 그리움만 남아 있네요. 그래도 지구에는 젊음과 꿈과 사랑의 꽃이 끊임없이 피고 집니다.

가 버리고 나면 아무것도 아닌데
그래도 젊음만큼 소중한 것은 없더라.
부디 바다같이 살아 지극한 삶 이루소서.

이루고 나면 아무것도 아닌데
그래도 이상만큼 위대한 것은 없더라.
부디 하늘같이 살아 빛나는 삶 이루소서.

지나고 나면 아무것도 아닌데
그래도 사랑만큼 아름다운 것은 없더라.
부디
바람같이 살아 투명한 삶 이루소서.

친구 같은 선생님

변종국
명예교수 | 경영학과

사제동행 이정호 선생님!

유난히 따스한 봄날이었다. "이정호 선생님입니다. 4학년 3반 여러분과 같이 일 년 동안 재미나게 지내면 좋겠습니다." 키가 크고 잘생긴 남자 선생님의 인사 말씀과 함께 나의 초등학교 4학년이 시작되었다.

민주적 투표 절차를 거쳤지만, 당시로는 높은 벼슬 같은 지자체장을 하신 아버지 후광에 반장으로 피선되었고, 선생님과 만나는 시간과 기회가 많아졌고, 자연스레 친밀감도 높아졌다. 그림자도 밟으면 안 되는 선생님이 어렵지만 편했고 때론 투정을 부리면 "아이구~ 우리 종국이가 기분이 안 좋았구나." 하시며 안아주시곤 했다. 위로 두 형이 일찍이 서울로 부산으로 고등학교 대학교로 유학 가는 바람에 내가 기대고 누울 곳이 이정호 선생님이 되어버렸다.

어느덧 시간이 흘러 5학년이 되었는데 이정호 선생님 반으로 편성되는 호사를 누리게 되었다. 아마도 요즈음 비난을 받는 '아빠 찬스, 엄마 찬스'가 아니었나 생각된다.

선생님은 교무실에서 교실로 당신 책상을 옮기시고 학생들과 밀착도를 높이셨다. 그 결과 나는 할 일이 많아졌다. 시험지 채점도 도와드리고 가정방문도 함께 다녔다. 두메산골 몇 가구 살지 않는 화전을 일구는 가정의 장남인 친구가 학교를 며칠 나오지 않아 물어물어 선생님과 그 집을 찾아갔다. 돌아오는 길에 선생님이 물으셨다.

"종국아, 헌구 집 보고 나니 어떤 생각이 드노?"

아무 말도 못 했다. 주루룩 흐르는 눈물이 대답이었다. 머리를 쓰다듬으시며, "이 마음 변치 말래이."

머릿속에 이정호 선생님의 기억은 세월의 흐름과 같이 흘러가버렸다. 영남대 교수로 부임해 온 첫해 스승의 날, 강의실에 누군가가 꽃 한 송이를 올려놓았다. 고맙다는 말과 함께 부끄럽다는 말로 인사를 했다.

지식 전달자의 역할보다 더 중요한 인생의 모범을 보여주는 언행을 했나? 생각하니 부끄럽다고 학생들에게 고백했다. 언젠가 다음 스승의 날이 되어 꽃을 받을 때 '나 받을 자격 있어'라고 할 수 있으면 좋겠다고 했다. 존경받고 학생을 존경하는 교수가 되면 좋겠다고 생각하는 그 순간에 갑자기 이정호 선생님이 떠올랐다. 왜인지는 나도 모르겠다. 거의 동시 동작으로 떠오른 무의식적인 기억이었다.

경남교육청에 문의를 하였다. 옛날 부림국민학교에 선생님으로 계셨던 이정호 선생님을 찾는다고 했다. 며칠이 지났다. 담당자에게서 연락이 왔다. 이정호 선생님은 김해고등학교 교감선생님으로 계신다는 소식을 전해주며 전화번호도 주었다.

뚜~~뚜~~~

신호와 함께 경상남도 특유의 악센트로 "여보세요. 교감 이정호입니다."

"선생님, 변종국입니다. 옛날 부림초등학교."

일 초의 머뭇거림도 없는 반가움의 목소리

"아이 니가 종국이라 말이제? 하모 기억을 하고 말고. 아이고 우째 나를 찾았노?"

선생님을 찾은 과정과 불현듯 선생님이 생각난 스승의 날을 이야기하며 찾아뵙기를 약속했다.

드디어 약속의 날이 되었다.

초등학생인 딸과 아들, 그리고 집사람을 대동하고 김해로 갔다. 선생님 댁은 근처에 있는 초등학교 정문 옆 슈퍼 골목 첫 집이라 찾기 쉽다고 하셨다. 약속한 시간에 초등학교 정문에 도착했는데 슈퍼가 보이지 않았고, 학교 정문에 내 또래보다 몇 살 많은 듯한 남자분과 몇몇 사람들이 서 있었다. 나랑 비슷해 보이는 분에게 다가갔다.

"아저씨, 혹시 근처에 슈퍼마켓 어디 있는지 아세요?"

그는 대답 대신 나를 빤히 바라보더니,

"종국이 아이가!"

선생님은 나를 기다리고 계셨다. 순간 나이가 많이 드셨을 모습을 연상한 내가 우스웠다. '아저씨'라고 부를 정도였으니 일찍이 머리가 백발이 된 내 모습이 오히려 나이 들어 보였다.

선생님이 우리 반 담임을 하셨을 때가 초임지였고 군대를 가지 않았다는 것을 말씀하시기에, 당시 선생님의 연세를 가늠하니 25-6세셨고, 내 나이 12살이었으니 나랑 띠동갑 정도의 차이였다. 그러나 당시에 선생님은 나에게 하늘만큼 높고 땅만큼 넓은 아량과 인품을 가지신, 어른 중에도 상어른이셨다. 그런데 현재는 같이 세월을 먹고 계셨다.

"너 아버지 어릴 때 눈이 또록또록하고 빛이 나는 게 영리했다. 그러니 미국서 박사 받고 국가정책 하고 교수로 왔지. 내가 신문 보다가 금융시장을 외국인에게 개방하는 기사에 변종국 박사라는 이름이 자주 올라오기에 혹시 했다. 그런데 몇 해 전에 20/20이라는 경제 대담 TV 프로에 변종국 박사라는 귀에 익은 이름이 나와 자세히 보니, 자네라는 걸 딱 알겠더라."

우리 자식들 앞에 조금 면이 섰다. 속으로 '봐라. 아빠 어릴 때 똑똑했다는 것 들었지?' 하며 내 애들을 바라다보았다. 어린 초등학생에게 희망과 공부의 열정, 주위를 돌아봐야 한다는 사명감을 주셨던 선생님이, 지금은 나의 애들에게 아비의 체면을 세워주시며 나의 애들에게 아버지에 대한 자발적 존경을 가르치고 계신다.

하늘같이 높으신 선생님이 인제 같이 늙어가는 듯하다.

"선생님, 건강관리 잘하셔서 그런지 어디 가서 저랑 동년배라 해도 믿겠습니다."

"인생 멀리 보면 다 친군기라. 인제는 니가 날 가르쳐야 되지. 그럼 사제가 바뀌고 친구 되는기라."

영원한 스승이신 이정호 선생님!

사제동행입니다.

감사합니다.

나는 정년하면서 제자들에게 엄명했다. 절대로 퇴임식, 논문집, 식사 자리 등 일체 하면 안 된다. 호텔 지나가다가 교수들 퇴임식 축하연하는 것을 보면서, 각자의 사연이야 있겠지만 나는 학교 떠나는 순간까지 절대로 어떤 형태의 부담도 주지 않을 것이고, 퇴임식이 결별이 아니며, 자주 볼 수 없을지라도 사제지간은 영원하니 절대로 퇴임과 관련된 일체의 모임과 행사는 무의미하므로 내 뜻을 존중해 달라고 부탁했다. 이 또한 이정호 선생님의 교훈이었다. 선생님 정년식에 갔더니 피해 주지 않겠다고 퇴임식 자리에 계시지 않았고, 전화를 드렸더니 멀리 여행 중이시라며 퇴임 축하는 전화로 대신할 것을 부탁하셨다. 이것이 나에게 해주신 마지막 교육이었다.

그래도 제자들은 자리를 만드는지 자꾸 내 일정을 체크했다. 나는 퇴임 전 2월 1일에 미국으로 나가버렸다. 두 달을 머물다 귀국하였다. 두 달간 빈집이었던 현관문 앞에 행운목 자그마한 것이 놓여 있었다.

긴 리본의 글귀가 눈에 들어왔다.

"다시 태어나도 변종국 교수님의 제자가 되고 싶다."

물론 최고의 미사여구를 동원한 제자들의 재치 있는 멘트였지만, 가슴이 뛰었다.

순간 이정호 선생님에게 하고 싶었던 말이 바로 이 말이라는 것을 깨달았다. 내 제자들이 나에게 알려주는 교훈이었다. 난 왜 이 말을 못 했을까? 제자로부터 가르침을 받는 순간이었다.

선생님 고맙습니다.
그리고 제자들 당신들도 고맙습니다.
모두가 함께 걸으면서 살아가는
아름다운 사제동행이길 희망합니다.

노란 투피스 선생님

남두현
명예교수 | 약학부

봄 햇살처럼 따스했던 2학년 3반 담임선생님

한창 철없이 뛰어다니던 코흘리개, 중학교 1학년 가을 학기 첫 전교 조회 시간.

학교에 처음으로 두 분의 여선생님께서 새로 임용되셨다고 소개하였다. 한 분은 샛노란 투피스를 입으셨고, 또 한 분은 진한 감청색의 투피스를 입고 계셨다. 노란 투피스 선생님은 미술 선생님이셨고, 청색 투피스 선생님은 영어 선생님이셨다. 나는 노란 선생님이 갓 태어난 병아리와 같다고 생각했다.

한 학기가 지나고 2학년이 되자 노란 선생님께서 우리 반(2학년 3반) 담임선생님이 되셨고, 청색 선생님은 옆 반(2학년 4반) 담임선생님이 되셨다. 나는 반에서 성적이 좋은 편이라 노란 이영자 선생님으로부터 많은 귀여움을 받았다. 선생님께서는 나에게 잔심부름을 시키는 일이 많았고, 따라서 선생님의 여러 얘기를 들을 수 있었다.

선생님은 서울 출생이시며, 정확하지 않지만 홍익대학교 미술학과를 갓 졸업하셨고 국전 서양화 부문에 입선하신 바도 있으시다고 하셨다. 어떻게 경주까지 오셨느냐고 여쭤보니 역사 도시 경주의 풍경을 그리고 싶어 오셨다고 하셨다. 나는 음악이나 미술에 원체 소질이 없어서 그 분야에는 별 관심이 없었지만, 선생님께서는 날 늘 이쁘게 봐주셨다.

나의 집안 가세는 날로 기울어 우리 6남매는 하루 삼시세끼도 어려운 상황에 내몰리게 되었다. 쌀이 모자라 보리밥과 수제비로 매끼를 때웠으며, 도시락에는 삶은 고구마를 넣어 다녔다.

그런데 중학교 때 부산동창회 장학생으로 다녔던 나는 고등학교 입학시험에서 좋은 성적을 얻지 못해 장학생으로 선출되지 못했다. 모친이 내 손을 잡고 중학교 3학년 담임 정진용 선생님 댁을 방문하여 울고불고 하며 읍소하였지만 해결할 수 없었다. 결국 모친이 빚을 내 등록금을 마련하여 고등학교에 겨우 진학할 수 있었는데, 다행히도 다음 학기 총동창회 장학금을 받게 되어 무난히 고등학교를 졸업할 수 있었다.

당시 나는 교복을 사 입을 돈이 없어 국방색 군복을 먹물로 물들인 하의를 입고 다녔고, 상의는 중학교 때 입던 짤막한 옷을 입고 있었다. 다행히 나는 중학교와 고등학교 1학년까지 키가 15cm밖에 자라지 않아 그런대로 입고 다닐 만했다.

같은 교정에 중학교와 고등학교가 같이 있었으므로 미술 선생님께서는 나를 먼발치에서 지켜보셨나 보다. 고등학교 1학년 여름방학 때 서울 흑석동 본가를 다녀오신 미술 선생님께서는 남동생이 입던 것이라며 커다란 옷 보따리 하나를 갖다주셨다. 거기에는 까만 교복도 있었다. 그 이후에도 방학 때 서울 다녀오실 때마다 옷을 갖고 오셨다. 고등학교 1학년부터 매년 10cm 이상 커지는 체구로 인해 작은 옷을 입을 수 없게 된 나에게는 미술 선생님의 옷 보따리는 매우 고마운 선물이었다. 그리고 가끔 참고서를 구해주시기도 하셨고, 무거운 짐이 있으면 나를 불러 하숙집까지 들어달라고 하시며 심부름 값을 주시곤 하셨다.

고등학교 3학년 여름방학 때 감포 전촌국민학교를 빌려 전교생이 합숙 수업을 하였다. 그러나 나는 합숙비를 마련하지 못해 갈 수 없었다. 그런데 어느 날 담임이신 이종룡 선생님께서 합숙비가 해결되었다고 전촌으로 가자고 하셨다. 나는 그 합숙비를 담임선생님께서 대납하셨는지 아니면 면제를 받게 해주셨는지 아직 모른다.

그해 가을 어느 날 미술 선생님께서 하숙집까지 짐을 들어 달라고 하셨다. 당시 선생님께서는 원불교 법당 문간방에 기거하셨는데, 웬 남성이 그곳에 자리 잡고 계셨다. 그분은 서울대학교 대학원에 재학 중이라고 하시며, 수학 문제 하나를 출제하고 풀어보라고 하셨다. 나는 그 자리에서 문제를 거뜬히 풀어냈고, 그분으로부터 잘 풀었다는 칭찬을 받았다. 그리고 그해 겨울 미술 선생님께서는 결혼하시고 남편 따라 미국으로 떠나신다고 하셨다.

서울대 입시에서 실패한 나는 영남대 입시에서 천마장학생으로 선발되었다. 어려운 가정 형편으로 인해 장학금을 받고 다닐 수 있는 영남대를 선택하게 되었다. 대학을 졸업하고 한국과학원(카이스트 전신)에서 석사,

이영자 선생님과 필자 부부,
고등학교 졸업 30주년 기념(2005)

선생님과 함께(2024)

박사과정을 마치고 한국과학기술연구소(키스트)에서 근무하다가 영남대 교수로 취업하였다.

대학 때부터 한국과학기술연구소에 재직할 때까지 중학교 담임선생님이셨던 정진용 선생님과 고등학교 담임선생님이셨던 이종룡 선생님께 명절이면 가끔 인사드리러 가곤 했다.

그러던 어느 날 정진용 선생님께서 전해주시길, 미술 선생님이 남편과 함께 고등학교를 방문하셨는데 남편분이 연세대에 재직하신다고 하셨다. 그래서 나와 같이 공동연구를 한 바 있던 식품공학과 오두환 교수님께 말씀드려, 부인께서 젊은 시절 경주에서 미술 교사를 하셨던 교수님을 아시면 알려달라고 부탁했다.

그러던 중 1992년 오 교수님께서 내가 찾는 분을 알아내었다며, 아마도 지구환경학과 민경덕 교수님의 부인인 것 같다고 연락을 주셨다. 그래서 민 교수님 댁으로 전화를 드리고 연희동 자택으로 찾아뵈었다. 20년 만의 해후였다. 미술 선생님께서는 내가 교수가 되었다는 사실을 매우 기특하게 생각하셨다. 지금도 그림을 그리시냐고 여쭈니 자식들을 키우시느라 작품 활동을 거의 못 하셨다고 하셨다.

그 이후 가끔 연락을 드리다가 1997년 연세대 백주년기념관에서 학회가 개최되었을 때 미술 선생님 내외와 식사를 하게 되었다. 당시 민경덕 교수께서는 이과대학장을 역임하고 계셨다. 선생님께서 "예전에 수학 문제를 내고 풀어보라고 하셨던 서울대생이 바로 민 교수야."라고 알려주셨고, 민 교수님은 약간 멋쩍은 표정을 지으셨다.

2002년 고등학교 졸업 30주년 행사에 노란 미술 선생님과 감청색 영어 선생님을 모셨다. 이 두 분은 젊은 시절에 헤어지신 후 35년 만에 만나 서로 궁금하셨다며 매우 반가워하셨다. 지금도 두 분은 연락을 주고받으신다고 하신다.

나는 명절 때마다 미술 선생님께 조그마한 선물을 보내드리며 전화로 서로 안부를 여쭙고 있다. 2019년 나는 정년퇴임 후 미술 선생님을 직접 찾아뵙고 인사를 드리며 그동안의 고마움을 말씀드렸다. 선생님께서는 수고 많이 하였다고 격려해 주셨다. 젊은 시절 짧은 시간 교직에 계셨지만 아직도 연락을 주는 몇몇 제자가 있다고 하시며 보람 있는 삶이었다고 회고하셨다. 그중 한 분으로 KBS 프로듀서 출신이며 경주예술의전당 관장을 역임한 엄기백 PD를 자랑스럽게 생각하셨다.

이제 내가 존경하던 정진용 선생님과 이종룡 선생님께서는 타계하셨고, 연세대 민경덕 교수님도 2021년 코로나 시국에 운명하셨다. 따라서 중고등학교 은사님 중 연락을 드릴 수 있는 분은 여든이 넘으신 미술 선생님뿐인 것 같다. 조만간 연락을 드리고 식사 대접을 해야겠다.

빨간 맹꽁이 운동화, 검은 몽블랑 만년필

김정숙
명예교수 | 역사학과

긴 세월(1964~2007년)을 선생님 손잡고 걸었는데, 선생님 사진이 내게 없다. 웃는 모습, 내 이름을 부르는 톤까지 생생한데 …… 그저 내 고등학교 졸업식에 오셨기에 그때의 사진 한 장뿐. 선생님의 외모는 그것으로 고정된다.

담임으로 오신 교육대학 갓 졸업생

난 어렸을 때 무척 학교에 가고 싶었다. 집안에 이상한 사정이 있어서 나는 남들보다 1년 늦게 학교에 들어갔다. 함께 놀던 동무들은 다 학교에 갔는데, 나만 혼자 동네 골목에 있었다. 떼를 쓰고 울어서 그다음 해에 입학했다. 그때 너무 심하게 울었는지, 철나고 지금까지 학교만 다녔다. 그러나 아무리 울었다 하더라도 선생님을 만나지 못했다면 학교는 거기서 끝이었을지 모른다.

1964년 국민학교 3학년 때 담임으로 조종성 선생님이 오셨다. 당시 그분은 광주교육대학을 졸업하고 서울로 첫 발령을 받은 길이었다. 첫날, 실내화 준비를 못 하셨던지 양말 발로 교실에 들어오셔서 인사하시던 모습이 생각난다. 선생님이 양말 발로 교실에 들어오는 것이 낯설었다. 처음 보았기도 하지만, 지금 생각하면 선생님들은 잠시 구두를 신고 들어올 수도 있지 않았을까 싶다. 선생님은 그런 분이셨나 보다. 선생님은 그때 몇 살이셨을까? 선생님도 나이가 있다던가 그런 걸 생각하지 못하던 때이기에 생각도 안 해 보았지만, 아마도 23, 4살이시지 않았을까? 많아야 25살.

담임이 되시고 한 달 후 교사들의 가정방문이 시작되었다. 그 무렵 골목 입구에서 '교무수첩'을 뒤적이고 있는 사람은 학교 선생이구나 여길 정도로 모든 교사가 가정방문을 했다. 그래도 앞의 담임들은 우리 집에 온 적이 없었다. 열외였다.

4월 2일, 선생님이 가정방문을 하셨다. 내가 방과 후에 도망쳐 집으로 왔는데, 전교에서 단 한 명 우리 집을 아는 아이를 찾아서 앞세우고 오셨다. 우리 집은 종암동 개천가 둑에 지은 무허가 판자촌이었다. 판자촌이 있는 둑 건너에는 가죽을 이용하여 아교阿膠를 만드는 공장이 있었다. 아교는 짐승의 가죽, 힘줄 등을 석회수 용액에 담근 후, 끓이면서 추출한 용액을 냉각시켜 얻어낸다. 공장이 하나였는지, 여러 개가 모여 있었는지 모르지만, 개천은 늘 푸른 찌꺼기를 두껍게 뒤집어쓰고 있었다.

냄새도 지독했다.

개천의 이쪽 편은 둑이 있고, 그 둑 아래로는 넓은 밭이 펼쳐져 있었다. 집들은 둑과 밭이 이어지는 쪽에 둑을 따라 길게 한 줄로 지어졌다. 개천가 쪽에는 마을 공동 화장실이 설치되어 있었다. 길게 늘어선 골목 한가운데쯤에 큰 전기 변압기 철탑이 있었는데, 그 밑에 펌프가 박혀 있었다. 마을 공동 우물인 셈이다. 비나 눈이라도 내리면 물을 퍼 올리는 동안 첨탑에 물이 닿아 '지익 지익' 하는 소리가 들렸다.

우리 집은 개천가가 아닌 밭과 이어진 쪽에 있었다. 그래서 우리 집은 길로 사용되는 둑보다 낮았다. 집에는 방과 부엌만 있었기 때문에 부엌문이 바로 대문이었다. 그 부엌문조차 철거하는 사람들이 부수고 간 뒤로 부엌에는 문이 없었다. 그래도 방문은 있었다. 방에는 사과 궤짝을 놓고 그 위에 침구를 쌓아놓았다. 옷은 벽에 걸면 끝이었다. 그리고 부엌에는 찬장 대용의 사과 궤짝이 있었다. 예전 사과 상자는 나무 널빤지로 되어 있었는데, 그 상자를 옆으로 놓으면 삼면이 막히고 앞이 뚫려서 장이 되었다. 그릇의 개수도 단 세 식구의 두 배쯤 되었을까? 그때가 이윤복의 「저 하늘에도 슬픔이」라는 영화가 나왔을 때다. 그는 내 또래이다.

그런데 하필이면 가정방문 날은 비가 왔다. 대문으로 쓰는 가마니가 젖어서 '하늘 같은' 선생님 양복으로 빗물이 떨어졌다. 그날 선생님은 비닐우산을 이른바 우리 집 대문 밖인 가마니 앞에 놓고 들어오셨는데, 동생이 그 우산을 들고 장난을 치고 있었다. 사과 궤짝 위에 이불 두 채 얹어놓은 방에 들어오시더니, "정숙이가 이번에 전교 일등을 했습니다." 라고 하셨다. "그까짓 계집애가 공부는 잘해서 뭐 해요." 엄마의 대답이었다.

1, 2학년 때 선생님들은 나에게 관심이 없으셨고 나도 그저 학교만 다

닐 뿐이었다. 나는 조 선생님에게 내가 공부를 잘하고, 재능 있다는 말을 들었다. 내가 다닌 초등학교는 서울 미아리고개 너머 의정부 나가는 길가에 있다. '숭인국민학교'이다. 우리는 3학년까지 3부제 수업을 했다. 3부제 수업이란 수업을 하고 있는 동안 다음 교실에 들어갈 학생들이 밖에서 떠들고 있는 것을 말한다. 즉 한 교실을 세 반이 공동으로 사용했다. 그러다가 고학년(4, 5, 6학년)이 되면 2부제 수업을 했다. 학생 수는 학급당 90명을 넘었다. 100명을 넘는 학급도 있었다. 당시 세계에서 가장 큰 학교, 즉 학생 수가 가장 많은 초등학교가 우리나라에 있었다고 하던데, 아마도 숭인국민학교였지 않을까? 그 많은 학생 중에 제일 잘난 학생이라고 하셨다. 물론, 내가 똑똑해서는 아니었을 것이다. 나는 다른 아이들보다 1년 늦게 학교에 들어갔으니까 나이에서 오는 이득이었을 게다. 아무튼 내 생애에 대한 기억은 초등학교 3학년 이후부터 선명하다.

빨간 맹꽁이 운동화

선생님은 가정방문 날, 내가 우리 집을 창피해하는 만큼이나, 아니 그 이상 충격을 받으신 것 같다. 지방에서 고학으로 교육대학을 마친 선생님이 서울에서 상상하기 힘든 첫 제자를 보셨나 보다. 선생님이 어렸을 때 학교를 못 다니고 나무하러 다녀야 했는데, 산에 앉아서 책 읽다 내려왔다는 말씀을 하셨던 것이 기억난다. 부모님이 안 계셨는지는 모르겠는데, 형님이 살림을 맡아 하셨던 것 같다. 광주일고를 나와서 교육대학으로 진학했다고 하신 것 같다. 지금 보니 선생님의 말씀을 다 벌로 들었는지 제대로 기억할 수가 없다.

가정방문 이튿날부터 선생님은 나를 매일 교무실로 부르셔서, "내가 깡통을 차는 한이 있어도 너는 중학교에 간다."라고 말씀하셨다. 나는 교무실에 가는 것이 싫었고, 그때로서는 선생님같이 높은 분이 왜 깡통을 차는지 몰랐다. 커서 보니 선생님은 당시 국민학교에 근무하시면서 성균관대학교 법대에서 사법고시를 준비하고 계셨다. 그분은 학비와 생활비가 빠듯했던 것 같다. 밤에 선생님 방에 과외하러 다니는 그룹이 있었던 걸로 기억된다.

그리고 선생님은 정부에서 나오는 옥수수빵을 나한테는 매일 두 개씩 주셨는데, -특별 대우였다- 그것을 받으러 나가는 순간이 싫었다. 동생은 누나가 빵 가져오기를 기다리고 있었다.

4학년이 되면서, 담임선생님이 바뀌었다. 그때 헤어진다고 슬퍼하거나 그런 기억은 없다. 내가 둔했던가? 아니면 선생님이 떠난다는 생각을 하지 않았던 걸까?

학년이 새로 시작된 지 얼마 되지 않아서였다. 당시 우리는 월요일마다 조회를 했는데, 조회에서 들어와 보니 책상 속에 종이봉투가 있었다. 속에는 빨간 맹꽁이 운동화가 한 켤레 들어 있었다. 빨간색 바탕에 신발 앞 정면에 손가락 세 개쯤 되는 넓이의 흰색 고무줄 면이 있는 운동화였다. 지금처럼 끈을 매는 운동화가 아닌-, 그걸 우리는 맹꽁이 운동화라고 했다.

주번이 조 선생님이 다녀가셨다고 했다. 운동화라니! 그것도 빨간색 운동화- 언감생심 가져보고 싶다는 생각도 해본 적이 없는 신이었다. 나는 그때까지 고무신을 신고 다녔었다. 나는 운동화를 선물해 주셔서 고맙다는 말씀을 드리지 못했다. 그것을 신은 나를 보고 싶어 하셨을 텐데, 너무 부끄러워서 선생님 앞에 신고 나타나기를 꺼렸던 것 같다. 직접 주지 않으신 선생님도 그 운동화에 대해 더 이상 말씀이 없으셨다.

그런데 운동화는 내 발에는 좀 작았다. 아마 선생님은 초등학교 4학년짜리 운동화를 사셨을 것이다. 나는 발이 큰 편인데, 거기다가 이미 1년 늦게 학교에 들어갔으니, 초등학교 4학년 평균 사이즈하고는 달랐나 보다. 아프지만 발가락을 구부려서 신고 다녔다. 나는 그 물건을 교환해서 신는다는 생각은 못 했다. 아니 지금이라 하더라도 나는 그 운동화를 가지고 시장에 가서 맞는 사이즈로 바꾸려는 생각은 하지 않을 것이다. 선생님이 골랐고, 사 오신 그 신을 신었을 것이다. 그 후 나는 자라고 운동화는 어떻게 되었을까? 내 성격 같아서는 오늘날까지 가지고 있었을 게다. 아마도 마당에 흙 하나도 없이 쓸어내리는 우리 엄마가 청산하셨을 거다.

빨간 운동화는 세상을 이고 나갈 만한 신발이 되었나 보다. 초등학교 때 나는 우리 집이 '가난'한지 몰랐다. 단지 배가 고팠고, 무언가 없어서 불편했다. 다시 말하면 내 주변에는 다 같은 사람들만 있었다는 얘기일 것이다. 그런데 공부를 잘한다는 소리를 듣기 시작한 다음부터 남과 비교하게 되었나 보다. 일 년 내내 무릎이 허옇게 된 골덴바지와 감청색 바탕에 목 부분에 흰 깃이 달린 국민학생들 재킷을 입던 나를 보게 되었다. 남에게 해진 옷을 보이기가 부끄러웠다. 속옷은 떨어졌어도 겉옷만은 말끔했으면 하고 바랐다. 그 마을을 벗어나면서 환경은 좀 나아졌지만 내 눈은 점점 뜨여(?) 갔다.

나는 어느새 선생님이 친구 만나러 가시는 자리에 따라가기에는 내가 초라하다고 생각하게 되었다. 선생님이 서울대학병원에 선생님 지인을 병문안을 가시며 나를 데려간 일이 있었다. 같이 들어가자고 몇 번이나 말씀하셔도 나는 복도에 버티고 서 있었다. 선생님께서 좀 오래 마음 놓고 이야기하고 싶으셨을 텐데 …… 철없는 나는 여러 번 말씀하셨음에도 불구하고 병실에 들어가서 인사하지 않았다. "정숙이는 고집이 세구나."라고 하셨다. 지금도 나는 그때의 나를 설명하기가 쉽지 않다. 그날

초라한 내가 선생님에게 흠이 될 거라고 느꼈었는지 모르겠다. 선생님은 나를 어디든 데리고 다니고 싶으셨을지도 모르는데 …… 그 이후로 선생님의 사적인 만남에 따라가본 적이 없다. 선생님의 판단을 믿었으면 간단했을 텐데……

학년이 위로 올라갈수록 나는 '나의 범주'에 들지 않은 사람들을 보게 되었다. 학급 임원을 하면서 내게 없는 것이 많음을 알았다. 중학교 때 반장네 집에 놀러 가겠다고 온 친구가 사이다를 먹고 싶다고 해서, 가게에서 찬물에 담가놓은 사이다를 사다 주었는데, 냉장고에 있는 것을 찾았다. 우리 집에 냉장고가 어디 있는가?

고등학교 때는 시험기간이 되면 자기 집에 와서 공부하라고 요청하는 학부모들이 있었다. 그런 집에서는 먹고사는 것이 달랐다. 친구들 집에서는 커피를 주었다. 나도 체면으로 친구들에게 커피를 내놓고 싶기도 했다. 당시에는 커피잔을 한두 개씩 팔지 않고 6개 세트로 팔았다. 게다가 우리 집에서는 그 쓴 물을 먹지 않으므로, 한두 번 쓰자고 비싼 커피잔을 없는 돈 들여서 사자는 나를 엄마는 무척 철없이 보셨다. "너는 어떻게 학교에서 그렇게 나쁜 것만 배우냐?"라고 하셨다. 클래식 음악도 생소하고, 또 명화도 생소했다. 명작에는 갭이 적었지만 ……

그렇지만 조 선생님 말씀은 엄마가 내가 성장해 가는 것에 의지해 사셨다고 하셨다. 어쨌든 내가 대학 들어가면서 엄마는 완전히 달라지셨다. 모든 것을 희생하고 내 학교 일이 엄마의 최대 스케줄이 되었다. 1981년 7월, 유학 떠나던 날 공항에 나오신 선생님께 엄마는, "고등학교만 나와서 시집갔으면 벌써 손주 데리고 올 텐데 …… 선생님 때문에 …… 우리 딸 인생 책임지셔야 해요."라고 하셨다. 선생님은 "책임지지요. 크게 성장할 겁니다."라고 하셨다.

모든 스승의 사랑을 모아주시고

선생님은 학년이 바뀌어도, 그리고 다른 학교로 전근을 가신 뒤에도 나를 챙기셨다. 공립학교 선생님은 3년마다 전근을 하시는지, 내가 6학년 되던 해 선생님은 이웃한 숭례국민학교로 전근 가셨다. 선생님은 새로 오시는 담임에게 나를 조카라고 소개하면서 특별히 부탁하기도 하셨다. 중고 시절에도 마찬가지였다. 고등학교 졸업할 때는 물론이고, 대학 졸업할 때도 오셨다. 그날 박용운 교수님, 이현희 교수님을 만나셨다. 물론 대학원 지도교수인 신형식 교수님도 만나러 오셨다. 다른 선생님들이 나를 칭찬하지 않으면 언짢아하셨다.

1978년 사범대학을 졸업하면서, 신설학교인 영동여자고등학교에 역사

1974년 2월 고등학교 졸업식날

담당 교사가 되었다. 조 선생님은 내 담임반에도 오셨다. 부장선생님들과 교장선생님께 인사도 하셨다. 담임인 내가 뒤에 급훈을 써 붙인 것을 보셨다. "서로 사랑하여라."였다. 내 반 학생들도 만나셨다. 또, 초등학교로 선생님을 찾아뵈었을 때는 나보고 어린이들에게 이야기 하나 해주라고도 하셨다. 어렸을 때 동화구연을 잘한다는 소리를 들었었지만, 정말 작은 아이들 앞에서 당황했던 기억이 있다.

선생님은 내가 선생님들은 화장실도 가지 않는 줄 알았던 초등학교 시절에 만났기 때문에 내게는 언제나 선생님이시기만 했다. 대학 시절에도 길을 같이 갈 때면 초등학교 선생님이 학생들 손을 잡고 가듯이 그렇게 걸어가셨다. 청바지를 입고 인사드리러 가면 대학교수 옷차림이 그게 무어냐고 꾸지람하셨다.

조 선생님께서 중고등학교, 대학 선생님을 다 찾아다니셔서 그런지 내게는 중고등학교 선생님과 대학 선생님이 다 합쳐진다. 무엇보다도 선생님 덕분에 하늘 같은 모든 선생님을 어려워하지 않았다. 그래서 모시는 선생님들이 많다. 학교 엄마로 불리기를 자처하셨던 정광순 교장선생님, 그리고 문예반 담당 남을우 선생님, 또 거의 친구처럼 인생을 멘토하신 생활지도부 이효범 선생님, 또 정숙이는 영어가 부족하다며, 집으로 공부하러 오라고 일요일 오전을 특별히 할애해 주셨던 김태수 교감선생님, 선생님 댁의 피아노로 피아노 연습을 하라던 김은경 선생님 ……, 대학, 대학원 지도교수까지. 그 모든 싹은 조 선생님에게서 온 것 같다.

성장하면서 사회생활에 들어갈수록 보지 못하던 은사들의 배려를 알게 된다. 학창 시절, 나는 반장과 전교회장을, 그리고 고등학교 때는 신설학교였던 모교 중학교 동창회장을 겸했다. 그런데 교직에 몸담고 학교 운영을 이해하게 되면서 내 모교에, 은사들께 큰 빚을 지었음을 새로 알았다. 학교 임원은 사회적으로 영향력 있고, 형편이 넉넉한 집의 자녀가

하면서 다른 학부모들로부터 협조를 얻는 게 학교를 도울 수 있어 좋다. 그렇지만 내 선생님들은 그런 불편을 다 감내하셨다. 누군가 깃대를 들고 협조를 유도했을 수도 있겠지. 조 선생님은 내가 살 동기를 주셨다면, 중고등학교 은사님들은 일치단결하여 내게 모든 격식을 갖추도록 하셨다. 내 선생님들은 육신은 딸을 낳지만, 정신은 제자를 낳는다고 하셨다.

한말숙의 『하얀도정』 마지막 장에서, 한 사람을 깊이 사랑한 사람, 즉 진정한 사랑을 안 사람은 다른 모든 사람들을 사랑하게 된다며, "예수는 얼마나 한 사람을 깊이 사랑했기에 모든 인류를 사랑할 수 있을까?"라고 묻는다. 중고등, 대학, 대학원까지의 모든 은사들은 신설학교의 첫 학생인 우리들에게 오십 년, 백 년을 이어 나갈 열정을 한꺼번에 쏟으셨던 분들이다. 조 선생님은 평생 담임이 되어 모든 스승의 사랑을 모아 주셨다. 내게는 모든 선생님이 한 분 같다. 그리고 나는 '선생'이란 단어 자체를 무척 친숙하게 느끼며 살았다.

사회적 갭도
함께 견뎌주시고

선생님은 일기에 진짜 진심이셨다. 우리는 매일 일기장 검사를 받았다. 선생님께서도 늘 일기를 쓰셨던 것 같다. 어느 날 우리에게 한 도막을 읽어주시기도 하셨다. 머리가 아팠다는 구절이었다. 저녁잠이 많은 나는 늘 새벽에 써갔다. 전날을 기록한 일기를 쓴 것이다. 해마다 일기장을 마련하는 것을 보면 그때의 습관이 아닌가 싶다.

나는 선생님 덕분에 책을 많이 읽었다. 선생님은 '학급문고'를 만들었다. 기본 책 몇 권을 선생님께서 마련하셨다. 그리고 책은 일주일 빌려주는데, 1원인가 받았던 것 같다. 그 돈이 모이면 중고 책방에 가서 다시 책을 구입했다. 선생님은 돈을 관리하며 책을 구입하는 일을 내게 맡기셨다. 책을 사면 다음 날 아침까지 교실문고에 갖다 놓으면 되기 때문에 나는 새로 구입한 책을 밤을 새워 읽었다. 중고 책방에도 단골로 드나들었다.

책을 많이 읽은 덕인지 글을 잘 쓴다고 했었다. 잘 쓰는지는 모르지만 글 쓰는 것을 겁내지 않는다는 말은 맞다. 신설학교여서 중2 때에야 문예반이 조직되고, 문예반 반장이 되었다. 그때 『카라마조프가의 형제들』, 『죄와 벌』, 『좁은 문』 이런 명작들을 읽었는데, 내가 이해했는지는 모르겠다.

난, 선생님의 기대를 다 충족시킨 학생은 못 되었다. 내 또래는 중, 고, 대학교를 모두 시험 치고 진학한 세대이다. 언제나 시험을 거쳤기 때문에 실력이 좋다고 후배 교수들에게 농담하기도 하는 그룹이다. 내가 경기여중에 떨어졌을 때 선생님은 나보다 더 언짢으셨을 텐데, 이렇게만 말씀하셨다. "네가 합격할까 봐 걱정하기도 했다. 환경이 다른 학생들이 많은 곳에서 네가 상처 입지 않아도 되어 기쁘다." 그렇게 나는 신설되는 성신여자사범대학 부속여자중학교로 진학했다. 나는 중학교 1회이며, 동계진학을 해서 고등학교 3회 졸업생이다. 고등학교는 내가 중2 때 개교했다.

고등학교를 졸업할 무렵, 선생님은 내가 법관이 되기를 원하셨다. 아마 그때쯤 선생님께서 사법고시를 포기하신 것 같다. 그렇지만 나는 서울대 사회계열에 합격하지 못했다. 중고등학교에서 긍지를 너무 높여놓았었는지 내가 받은 타격은 컸다. 나보다 똑똑한 사람들이 그렇게 많다는 사실에 놀랐다. 중고 시절 받았던 5·16 장학금도 포기했다. 연계되는 장학금이었지만, 자격이 못 된다고 스스로 판단했다. 그러나 여러 갈

등 끝에 결국 재수를 하면, 형편상 내가 더 이상 학교를 다닐 기회가 없을지도 모른다는 주장에 설득되어, 어른들이 권하시는 대로 모교로 진학했다. 입학 당시 성신은 사범대학만 있었다. 성신사대 원서에 1지망은 불어, 2지망은 한문을 적었다. 그때 교장선생님께서 "너는 사회활동을 할 텐데 국사를 해야지."라고 하시면서 당신이 직접 '국사교육과'라고 써 넣으셨다. 그렇게 국사학도가 되었다.

돌이켜보면, 그보다 더 죄송한 일이 있다. 선생님은 아들 둘, 딸 하나 삼 남매를 두셨다. 지현이는 선생님의 외동딸이다. 그런데 지방대학에 진학했던 딸이 2학년일 때, 주말을 집에서 쉬고 월요일 등교를 위해 내려갔다가 자취방에서 연탄가스 중독으로 숨졌다. "정숙아, 지현이가 갔구나."라고 전화하셨다. 나는 선생님 마음을 다 헤아려드리지 못했다. 선생님은 나를 데리고 지현이를 보러 가셨다. 딸의 무덤 곁에 자신의 무덤을 미리 만들어놓으셨던 선생님께, 그 딸의 공간을 채워드렸더라면 좋았을텐데 …… 그때 무슨 일에 그렇게 신경이 팔렸었을까? 아니면 죽은 이의 공간을 이해하기에 너무 어렸었던가? 선생님은 지현이가 남겨놓은 신앙으로 위로받고 천주교인이 되셨다.

내가 교생이 되었을 때…… 나는 선생님께 왜 저를 주목하셨냐고 여쭈어보았다. 3학년 그 시절 우리 반에는 김정숙이라는 애가 있었다. 백합 같은 아이였다. 아버지가 감사라던가 검사라던가 어쨌든 굉장히 높은 사람이었던 것 같다. 사립학교를 보내지 않고, 이렇게 피난민이 잔뜩 있는 학교에 보내는 것이 대단하다고들 했던 것 같다. 그 아이를 짚어 여쭙지는 않았지만. 물론 그 외에도 허다한 학생들이 있었다. 내가 특별히 예뻤던 것도 아니고 특별히 무엇을 잘했던 것도 아니다. 특히 선생님을 처음 만났을 땐 더욱 그랬다. 나는 나날이 예뻐져서 그나마 오늘의 얼굴이 된 것 같다. 나는 어린아이였지만 표정이 없고, 어두운 아이였다.

"네가 반응이 제일 빨랐어."라고 하셨다. "너는 내가 준 수련장 출제 문제를 한 번도 틀린 적이 없어." 선생님께서는 출판사에서 자기 회사 수련장을 써달라고 견본으로 교사들에게 보내는 수련장을 다 내게 주셨다. 동아수련장 등 회사가 여러 개 있었던 것 같다. 내가 교직에 있으면서 나는 가끔 반응이 빠른 학생이라는 말을 생각했다. 반응하는 제자가 하는 역할을-.

"아직도 국민학교 은사를 뵈러 다니세요?"라는 말을 자주 들었다. 내가 늘 선생님을 찾아다녔다고 해서 언제나 선생님과 호흡이 맞는 것은 아니다. 가난한 학생을 돕는 것만이 아니라, 그 학생이 생활하면서 넘어야 하는 사회적 갭도 함께 견뎌주시려 했던 선생님과는 내가 대학에 진학하면서, 전공의 세계에 들어가면서 서로 다른 의견이 전개되기도 했다. 내가 대학생활을 이야기하면 좀 더 델리킷delicate하고 예외적인 것은 차치하고 원칙만을 말씀하셨었다. 영남대학교에 취직이 되면서는 더욱 거리와 시간이 멀어졌다. 민주화 등등 이념 논쟁이 심할 때 너무나 원론적인 선생님은 내 이야기를 잘못 알아듣거나 미리 꾸지람하셨다. 그때는 답답하기도 했다. 뜸해지게도 되었다. …… 이제 선생님이 말씀하셨던 것들을 다시 새겨듣는다.

그러고 보니, 교수가 된 뒤에는 다 성장했다고 여기셨는지, 학교에 오시지 않았다. 내가 근무하는 학교가 보고 싶으셨을 텐데 ……, 박사학위 논문 지도교수인 미셸 카르티에Michel Cartier 교수가 학회 초청으로 한국에 오셨을 때에는 학교 엄마인 정 교장선생님이 대접하셨다.

1987년
영남대학교의 교수가 되고

나는 신설학교에 다녔기 때문에 내 중고등학교 은사님들은 학위를 하고 오면 정숙이는 모교의 교수가 되리라고 믿으셨다. 그러나 대학의 인사는 그렇게 간단한 것이 아니었다.

내가 유학하는 동안 성신학원을 세운 이숙종 학원장 할머니께서 세상을 뜨셨다. 그리고 대학교는 2회이고 대학원은 첫 학생인 나에게, 우리 학과 교수님들은 모두 젊은 초임 교수들이었다. 그분들은 내가 대학원생, 또 유학 시절에 당신들의 모교나 다른 학교로 옮기셨다. 내가 귀국했을 때는 내 석사논문 지도교수가 이화대학교로 옮기셨기 때문에 바로 그 자리가 비었다. 그러나 타 대학으로 간 내 은사 한 분은 당신 은사의 자리로 옮기면서 은사로부터 물려받은 제자가 있었다. 나이 40이 넘은 남자분이었다. 은사님은 나를 부르셔서, 입장을 설명하시면서 "내 형편에 너를 밀 수가 없구나. 너는 아직 젊으니 좀 기다려라."고 하셨다. 나는 그렇게 솔직히 말씀해 주신 분께 지금도 감사드린다. 그렇지 않은 경우도 있으니까.

교수로 취직하려면, 전국에 공고가 날 때마다 서류 내고 면접 보러 가는 일을 수없이 반복한다. 전라도 어느 대학에 면접 보러 갔을 때였다. 순서를 기다리고 있는데, 은사님을 물려받았다는 제자분이 나를 보고 먼저 인사했다. 여자는 수가 적으니까 알아본 모양이다. 바바리 소매가 다 닳은 40대 연구자를 보며, 문득 '이분이 되어야지 않나?'라는 생각이 들었다. 물론, 그분이 되기를 바란 것은 그 학교였지, 내 모교는 아니었다. 그러나 그 선생님이 결국 성신대 교수가 되었다. 물론 나보다 훨씬 일찍 정년퇴임 했지만.

내가 모교 교수가 되지 못했을 때, 내 중고등학교 은사들 타격은 컸다. 중3 때 담임선생님이신 수필가 남을우 선생님은 경기여고를 포기하고 동계 진학을 하라고 하셨다. 모교에서 후학을 기르는 꿈 많은 선생이 되라고 …… 남 선생님은 이력서를 써 오라고 하셨다. 내가 영남대학교에 취직되고 나서 선생님은 늘 핸드백에 넣고 다니셔서 봉투 모서리가 헐기 시작한 그 이력서를 다시 내주셨다. "이제 네가 보관하렴!"

1994년 내가 첫 아파트에 들어갔을 때 남을우 선생님께서 사부님과 함께 대구에 오셨다. 나는 두 분을 인터불고 호텔에 모셨다. 아침 식사는 내가 해드려야 할 것 같았다. 그릇도 별로 없고 서툰 음식 솜씨지만 온 힘을 기울여 새벽부터 준비했다. 그리고 호텔에 가서 두 분을 모시고 왔다. 그런데 선생님께서 식사를 하시면서 말씀하셨다. "내가 굳이 네가 이렇게 차리는 것을 말리지 않은 것은 앞으로 네 밥상을 이렇게 차려먹기를 바라서야. 매일 나를 대접하는 것같이 차리고, 그리고 규칙적으로 식사하거라." 그러시면서 포장해 오신 전기밥솥을 내놓으셨다. "국사 학자에게 일본 제품이라 미안하구나. 우리나라에서는 소형 전기밥솥을 찾을 수가 없구나."라고 하셨다. 선생님은 그런 분이셨다. 일순간도 '작품'처럼 소중하게 사시는.

교수생활에서는 연구와 교육에 전력을 쏟아야 했다. 대학 은사이신 조광 교수님이 내가 오십이 되었을 때 '여헌藜軒'이라는 호를 주셨다. 이긍익의 서재가 '연려실燃藜室'이었다는 데서 온 이름이다. 조선왕조에서는 나이 구십이 되면 나라에서 지팡이를 내려주었는데, 그 지팡이마저 불붙여 그 불빛으로 책을 읽겠다는 뜻이 연려실이다. 여헌은 마지막 순간까지 책을 읽으라는 기대이셨다. 대학에서는 앞뒤좌우 볼 겨를 없이 시간이 흘렀다.

검은
몽블랑 만년필

미국으로 해외연수를 갔다가 2006년 8월 말에 귀국했다. 그리고 짐을 정리하고 나니 추석이 다가왔다. 조 선생님께 인사 가려고 전화 드렸다. 그런데 꼬마 여자애가 전화를 받았다. "할아버지 돌아가셨어요."라고 했다. 돌아가시다니? 자기는 손녀라고 했다. 그해 봄, 정확히 5월 5일에 돌아가셨는데, 사모님은 그때까지 매일 미사를 드리고, 오후에는 묘소에 가셨다.

분명히 출국하기 전에 인사드리러 갔었는데, 그때는 몰랐다. 대장암이

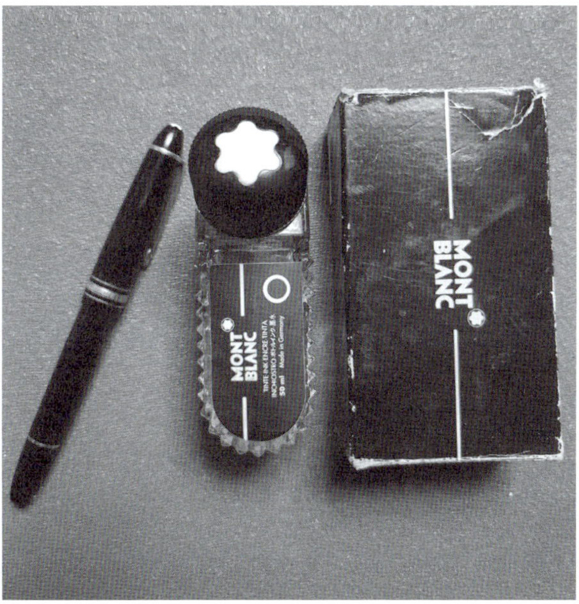

몽블랑 만년필

셨단다. 선생님은 내가 그냥 외국에 갔다 온다고 생각하셨는지, 정숙이만 못 보았다고 몇 번이나 말씀하셨단다. 연락이 안 된다고 ……

사모님을 모시고 묘소에 가서 인사드렸다. 따님 곁에 누워 계셨다. 묘지에서 돌아오는 길에 사모님이 내게 작은 보따리를 내미셨다. 선생님께서 사용하시던 만년필과 잉크병이었다. 몽블랑 만년필이었다. 교수 된 지 20여 년, 몽블랑 만년필은 처음이었다. 나는 몽블랑이 프랑스 상표인 줄 알았는데 다행히 독일 상표였다. 프랑스 것이 아니라 하더라도 그것을 내가 사다 드린 것이었더라면 얼마나 좋았을까? 유학을 마치고 귀국할 때는 선물이란 걸 준비할 생각을 못 했다. 학생이 유학 끝내고 돌아오면서 무엇을 사 오겠는가? 이후에 연구년으로 다시 공부한 학교에 갔었는데, 그때는 왜 사다 드릴 수 없었을까? 내가 교수로 임용될 때, 남을우 선생님은, "교수는 책상과 만년필만 있으면 되니, 다른 욕심 내지 말고, 다른 데 신경 팔지 말고 공부하라."고 하셨다. 국민학교 당시 신식이던 빨간 맹꽁이 운동화를 그냥 정숙이 책상 속에 넣고 가셨던 선생님은, 만년필 중에 가장 클래식하다는 만년필을 사모님을 통해 두고 가셨다.

정년하기 직전, 새로 잉크를 사야 할 때 나는 그 만년필을 잘 포장해서 새 잉크병을 넣어서 선생님 큰아드님에게 주었다. 아버님 것을 사용하고 싶어할 것 같아서 …… 또 그래야 더 오래 보존될 것 같아서.

선생님은 나를 두고 가까운 동료들에게 이런 제자 둔 사람 있으면 나와 보라고 큰소리를 치셨단다. 아마도 술 드시는 때였을까? 그리고 일곱 명이 항상 함께 찾아뵙는 남자 제자팀이 있는데 그 제자들을 두고, "이런 제자들 둔 사람 있으면 나와 보라고 해."라며 자랑하셨단다. 그래서 그런지 장례식날 선생님의 친구분들이 그 김 박사 왔느냐고 사모님께 물으셨단다. 얼굴이나 한 번 보고 싶어서 그런다고. 그러나 정작 그 김 박사는 선생님 장례식 때에는 미국에 있었다.

사모님이
선생님의 사랑을 이어주시고

선생님이 대장암으로 돌아가시고 나서 2년 후에 나는 갑상선암 수술을 받았다. 수술을 받으면서는 사모님께서 나를 챙기셨다.

"김 박사, 힘들지는 않았어?"

선생님과 사모님, 두 분은 고향 분들이라 그런지, 평생을 같이 살아서 그런지, 아니면 선생님께서 살아생전에 하도 나를 불러서 그런지 사모님이 김 박사라고 발음하는 소리는 선생님이 부르시는 소리와 정말로 같다. 음성 색깔이라든지 그 길이, 높낮이까지 똑같다.

내가 암 조직검사를 받은 다음다음날이 선생님 제삿날이었다. 사모님께 전화로 그 전날 조직을 떼어 암 검사를 신청해 놓았는 데다, 서울 가기에는 사정이 여의치 않아 전화 드린다고 했다. 그래서 사모님은 내가 암 조직검사를 받는 중임을 알린 첫 사람이 되었다.

조직검사 결과를 보고 온 날 사모님이 전화를 하셨다. 내가 조 선생님을 만난 지 42년 만에 사모님이 전화하시기는 처음이었다. 그러고는 수술 날짜 잡히는 날, 병원을 옮기는 날, 한 번도 미처 내가 먼저 연락드리지 못했다. 그럴 필요가 없었다. 사모님은 병자성사를 준비해 주셨고, 퇴원한 뒤에는 집에서 입을 편한 옷, 음식을 해가지고 집으로 찾아오셨다. 2년 전 선생님을 간호하셨던 사모님은 그 경험을 고스란히 내게 살리셨다.

내가 중학생이 된 어느 때, 선생님은 고향에서 결혼을 하고 사모님과 올라오셨다. 중학교 시절에는 매월 성적표가 나오면 그것을 들고 선생님을 찾아뵈었기 때문에 그날 나는 댁에서 새댁인 사모님을 뵐 수 있었다. 사모님은 그날 나에게 이렇게 인사하셨다.

"결혼식을 마치고 서울로 온 날 선생님이 느닷없이, '내게는 크으은딸이 하나 있다'고 하셔서 놀랐는데, 그 아이가 너로구나." 그렇게 선생님 말씀대로 사모님은 나를 딸로 생각하셨다.

사모님을 통하여 나는 아주 조금씩 선생님의 투병 과정을 들을 수 있었다. 그러면서 선생님이 살아오신 일상을 보게 되었다. 전라도에 사시는 친척 길흉사에 두 분이 가시면 차비가 두 배로 드니, 한 분씩만 다녀야 했다는 생활 …… 당신 자신은 단 한 번도 내게 보이지 않으셨던 부분이다. 선생님도 한 명의 생활인으로 이 세상을 살아내야 했다는 사실을 사모님과 이야기 나누면서 알게 되었다.

선생님은 장학사를 거쳐서 초등학교 교감으로 정년하셨다. 그러고는 칠십도 못 채우시고 가셨다. 무슨 주사인가 한 대에 백만 원 가까이하는 주사도 있었는데, 맞을 수 없었다고 하셨다. 내가 한두 대 놓아 드렸더라면 …… 선생님이 투병하실 때는 내가 미국에 있어서 변명이 된다고 하더라도 …… 난 선생님을 호텔 식사에 한 번도 모신 적이 없다. 어디 음악회나 전시회도 모신 적이 없다. 대학교수인 내가 그 긴 세월 동안 왜 선생님 앞에서는 언제나 초등학생 노릇밖에 못 했을까?

선생님은 우리 집과 내 주변에서는 유명한 분이시다. 엄마는 선생님을 마치 남동생 대하듯 친하게 대했다. '아직도' 국민학교 선생님을 찾아다니냐는 말을 들으며, 매년 세배 간 것이 위로가 될까? 내가 선생님께 드린 것으로는 국민학교 3학년 소풍 가는 날 엄마가 담배 두 갑을 싸주었던 기억이 날 뿐이다. 거대한 바위이던 선생님이 세월과 함께 한 알 한 알 조각 나고 있을 때 그 제자가 아는 척을 할 수 있었더라면 얼마나 위로가 되셨을까?

선생님 기대대로라면
'성인'이라도 되었어야 하는데

이제 나도 선생님을 만나러 갈 시간이 그렇게 많이 남지 않았을 것이다. 선생님을 만나면, "선생님 억척스럽게 살다 왔어요."라고 말씀드릴 것 같다. 그렇지만 "저는 너그럽고 연약하고, 누군가 큰소리를 치면 눈물을 머금고 어쩔 줄 몰라하는 그런 사람이고 싶었어요."라고도 덧붙일 것 같다.

선생님은 내게 그러셨다. 너는 잡초와 같은 생명력이 있어서 어디다 내놓아도 살아날 것이라고. 그 시절 그것이 내게 필요했는지 모른다. 선생님이 내게 바라신 것은 무한한 생명력이었나 보다.

사람은 몇 살부터 자기를 깨닫는지, 특히 자기가 무엇을 할 수 있으며, 자기가 존중받는 존재라는 사실은 몇 살에 깨닫는지? 어려서부터 그렇게 키운 집도 있을 것이다. 그렇지 않다면 생애 어떤 특별한 계기가 마련되는지도 모른다.

어쨌든 나는 조 선생님 덕택에 '중학교'라는 개념을 가질 수 있었다. 즉 나도 중학교에 진학할 수 있다는 생각을 하게 되었다. 국민학교는 울어서 갔지만, 더 이상은 보고 울며 좇아갈 주변도 없었다. 선생님을 만나면서 내가 중요한 사람이라는 개념을 구축해 간 것 같다. 물론, 선생님의 지도를 받는 동안 이것이 내 인생의 별의 순간이었구나라고 알아챈 것은 아니다. 나중에 아주 나중에 …… 어쩌면 지금에서야 그 만남이 '계기'였다는 것을 말하는 것 같다.

내게 공부를 기대하지 않으셨던 엄마는 내가 장학금을 받고 진학하게 되면서, 적극 지원에 나서셨다. 장학금이 없는 국민학교에서는 교과서도 얻어 써야 했지만, 중고등학교 때는 외부 장학금과 학교 장학금으로, 대학 때는 학교 장학금과 가정교사 월급으로 학비를 충당했다. 그리고 대학원은 고등학교 선생 월급으로, 유학은 등록금이 없는 프랑스로 갔다.

어머니는 철저한 희생을 감행하셨다. 내가 대학에 입학하자 어머니는 딸이며 의지였던 나를 '내놓으셨다.' 사회에서 일하려면 갖추어야 하는 격식이 많은데, 우리 집에서는 보고 배울 것이 없으니 중고등학교 교장 선생님의 요청대로 그 댁으로 가라고 하셨다. 그분은 학교 엄마이시다. 나는 그 댁에서 루소가 가정교사를 하면서 철학자가 되었다고 하는 이야기를 생각했다. 자기가 올라간 환경과 자기가 자란 환경에서의 차이, 자기가 자란 곳의 사람이 같이 올라와주지 않은 것에 대한 갈등, 그런 것을 나는 이해할 수 있었다.

중학교부터 대학원까지 같은 재단의 학교에서 공부한 나는 더 넓은 세계를 한 번은 체험해야 한다고 생각했다. 유학 과정을 밟았다. 내가 진학했던 성신여자사범대학 부속여자중·고등학교는 내가 대학 재학 중에 없어졌다. 당시 사범대학뿐이었던 성신여사대가 종합대학이 되면서, 캠퍼스가 모자라서인지 부속중고교를 문 닫았다. 그리하여 나는 중·고의 모교가 없는 학생, 대학에서도 오늘날까지 학과에서 유일한 졸업생 교수가 되는 길로 들어서게 되었다. 그렇게 나는 '집단사고'의 경향이 높은 한국에서 사회적 연고가 없는 환경에 놓였다. 독자적인 시선을 확보하는 데 도움이 되었을까? 용 꼬리가 되느니 닭의 머리가 되는 게 낫다는 말을 은사들은 수없이 뇌이셨다.

선생님들의 사랑을 업고, 교육을 통해 내가 걸어온 길을 신분 상승이라고 할지도 모르겠다. 어쩌면 평양의 어느 중학교 교장의 외아들, 단신 월남 청년인 아버지에 걸맞은 위치를 찾은 것일까? 그보다도 어려운 환경을 딛고 선생이 된 분이 그런 환경의 아이를 발굴해 당신의 꿈을 키우고 있었던 것일까? 선생님께서는 이런 이야기를 하신 적이 있다. 교육 현장에서의 성공 사례를 써내라는 경우가 많았는데 선생님은 나의 이야기를 쓰지 않는다고 하셨다. 그것은 내가 성장해 온 보람에 대한 배반 같다고 느끼셨던 것 같다. 오늘 내가 이 글을 쓰고 있는 것을 선생님이 보시면 뭐라고 하실지.

나는 믿는다. 교육은 '희망'이라고. 그리고 조금 더 노력하면 환경이 좋았던 집의 아이처럼 너그러워질 수도 있다고. 나아가 남을 상대적으로 더 폭넓게 포용할 수도 있으리라고. 조금만 거들어주면, '상상 이상의 힘'을 창출하는 것이 사제관계인지도 모른다. 참 많이 사랑받고 살았다.

선생님은 늘 일기를 쓰셨는데, 돌아가시고 나서 보니까 일기장이 없었다고 한다. 아마도 투병 중에 태우신 것 같다. 선생님이 남기신 루까복음 주석 노트가 내게 있다. 선생님의 영세명은 루까였다. 책으로 발표해 드려야겠다. 서둘러야겠다.

가르침 속 숨겨진 스승의 사랑

강용호
명예교수 | 생명공학과

부모님에 대한 기억의 양면성

정년 은퇴 후 노화가 진행되면서 평소에 자주 사용하던 용어가 갑자기 생각이 나지 않아서 당황하는 경우가 최근에 자주 발생하고 있다. 그런데 어린 시절의 어떤 일들은 바로 어제 일어난 것과 같이 기억이 생생하다. 최근의 일은 잘 기억하지 못하면서 60년 전 어린 시절에 있었던 일은 지금도 생생하게 잘 기억하고 있다는 것이 신기하다. 나의 뇌가 저장하는 단기기억과 장기기억에는 어떤 차이점이 있을까? 궁금하여 자료를 조사하여 보았다.

‘일시적인 정보를 기억하는 단기기억은 뇌 신경세포의 전기적인 신호로 저장된다. 이러한 단기기억이 강한 정서적 반응을 유발하는 기쁨, 즐거움, 슬픔, 놀람, 분노와 같은 감정의 기억들과 결합이 되면 뇌 신경세포가 그물망과 같이 복잡하게 연결이 되면서 장기기억으로 전이된다.

단기기억이 장기기억으로 전이되는 것은 인간의 생존과 환경 적응에 필요한 정보를 오랫동안 기억하도록 진화한 뇌의 기능과 관련이 있다. 어떤 음식을 먹고 심한 배탈이 났을 때, 뇌는 그런 학습 경험을 장기기억 속에 저장하여 다음에는 그런 음식을 먹지 않도록 예방할 수 있기 때문이다.

장기기억으로 저장된 것을 꺼내서 자주 재생하면 그때마다 뇌 신경세포의 연결망이 새롭게 강화된다. 그래서 어릴 때 받았던 정서적인 충격은 성장하면서 본인도 모르는 사이에 자꾸 회상하며 기억력을 강화하기 때문에 노인이 되어서도 쉽게 잊히지 않는다.’

나의 가장 오래된 기억은 5~6살부터 시작된다. 어느 날 누나들은 모두 학교에 가고 나는 혼자서 마당에 그림을 그리며 놀고 있었다. 그런데 어머니께서 “용호야 나하고 시장 갈래?” 하시는 것이었다. 그래서 집 근처에 있는 시장에 갔는데 그날이 마침 풍기 장날이라 많은 사람들이 붐비고 있었다. 어머니께서는 장을 보시면서 시장 가게에서 파는 삶은 밤고구마를 하나 사 주셨다.

집에 와서 그것을 먹어보니 정말 고구마가 삶은 밤같이 맛있었다. “아, 어머니께서 나를 사랑해서 내가 요구하지도 않았는데 내 마음을 아시고 맛있는 밤고구마를 사 주셨구나!” 라고 생각하니 무척 행복하였다. 어른이 되어서도 밤고구마만 보면 어린 시절의 어머니 사랑이 생각난다.

또 오래된 기억은 초등학교 1학년 때의 일이었다. 어느 여름날에 학교를 다녀온 후 마루에서 어머니와 함께 앉아 있었는데, 오전 12시경에 갑자기 아버지께서 대문을 열고 웃으시며 들어오셨다. 오늘 카메라에 필름을 넣었으니 사진을 찍자고 하시면서 안방에서 동생을 데리고 나오라는 것이었다.

1960년대 초에는 카메라가 귀한 고가품이어서 사진을 찍는 일이 거의 없던 시절이었다. 그런데 그날은 아버지께서 사진을 찍어주신다고 하니 나는 신이 나서 어머니와 함께 안방에 들어갔다. 그해 5월에 태어난 신생아인 남동생은 곤하게 잠을 자고 있었다. 어머님이 잠자는 아기를 안고 밖으로 나오니 동생은 놀라서 깨면서 큰 소리로 울기 시작하였다. 어머니는 웃으시면서 울고 있는 동생을 안고 있으니 아버지께서 사진을 찍기 시작하였다. 나는 어머니 옆에 서 있었지만 부모님이 같이 찍자는 말씀을 안 하셨다.

어색한 분위기를 피하기 위하여 나는 마치 목이 말라서 물을 마시고 싶은 것처럼 부엌문을 열고 안으로 들어갔다. 부엌에는 공동우물 샘에서 길어 온 물이 큰 항아리에 담겨 있었다. 나는 물 위에 비친 내 얼굴을 바라보며 그릇으로 물을 떠서 몇 모금 마시면서 동생의 사진 촬영이 끝나기를 기다렸다. 사진 촬영이 끝난 부모님의 대화 소리가 들리자 "이제 용호도 엄마 옆에 서라" 하시면서 함께 사진을 찍어주겠지~ 라고 기대를 하면서 얼른 부엌문을 열고 나갔다. 그러나 부모님은 마치 내가 투명인간이라 보이지 않는 것처럼 아무런 관심도 표명하지 않으셔서 그대로 상황이 끝나버렸다.

그 당시 아버지께서 가지고 계셨던 이 RICOLET 카메라는 약 55년이 지난 후 고향집의 장롱 속에서 발견되었다. "그때 왜 아버지께서 나는 사진을 찍어주지 않으셨을까?" 카메라만 보면 떠오르는 나의 질문이었다. 이런 궁금증은 어른이 되어서 나를 카메라에 유난히 집착하게 만든

아버지가 소장하고 계셨던 카메라

원동력이 되었다.

나를 사랑하신 부모님에 대한 기억에 이렇게 양면성이 있듯이, 나의 많은 은사님들에 대한 기억에도 양면성이 있었다. 그런데 특별히 나에게 많은 사랑과 은혜를 베풀어주셔서 나의 기억 속에 감사한 마음으로 저장되어 있는 몇 분의 은사님들이 계신다. 지금도 그분들을 생각하면 이름과 얼굴과 음성이 생생하게 재생될 정도로 장기기억에 아주 강하게 저장되어 있다.

1960년대에는 전국적으로 중고등학교 입학시험 제도가 있어서 6학년 학생들은 중학교에 진학하려면 공부를 엄청 많이 해야 했다. 5학년 5반 담임선생님이신 김병구 선생님은 5학년의 겨울방학이 시작되자 나에게 권영순 선생님을 과외 선생님으로 추천해 주셨다. 권영순 선생님은 풍기에서 생활하시면서 매일 자전거를 타고 약 3km 떨어진 봉현국민학교로 출퇴근을 하고 계셨다. 김병구 선생님의 추천으로 여학생 2명과 남학생 4명이 권영순 선생님 집에서 매일 밤 늦게까지 공부를 하였다.

권영순 선생님은 기회 있을 때마다 산에 있는 소나무와 바위를 예로 들면서 우리들에게 많은 인내심과 노력을 요구하셨다. 또한 시간의 중요성을 인식시켜 주기 위하여 선생님에게 인사를 할 때 '안녕'이라는 말 대신에 '시간'이라고 외치도록 가르치셨다. 선생님은 회초리로 종아리를 때려 가며 학습 지도를 하셨기 때문에 다들 무서워하였지만, 난 그분의 정신력을 강조하는 말씀은 다른 선생님들에게서 들어본 적이 없었기에 약간의 호감을 가지고 있었다. 그런 나의 태도가 권영순 선생님께는 좀 색다르게 보였던 모양이었다.

풍기초등학교를 졸업하고 권영순 선생님과 헤어진 지 약 42년이라는 세월이 흘렀다. 어느 봄날에 갑자기 소천하신 어머님의 장례식을 마치고, 아버님과 함께 친척분들을 모시고 소백산 주변에 있는 식당에서 점심 식사를 하는데, 갑자기 권영순 선생님이 친구분들과 함께 그 식당으로 들어오셨다. 나는 정말 오랜만에 권영순 선생님을 뵙게 되어서 반갑게 인사를 하였다. 권영순 선생님은 나를 보시며 "누구신지요? 저는 잘 모르겠습니다."라고 하시는 것이었다. 그래서 "저는 강용호입니다. 저를 모르시겠습니까?" 하면서 가지고 있던 영남대학교의 명함을 드리니 한참을 쳐다보시다가 "아, 용호구나." 하면서 알아보셨다. 그렇게 짧은 대화를 나누고 헤어졌다.

그해 12월 중순에 권영순 선생님은 내 명함에 있는 영남대학교 주소를 보시고 크리스마스카드를 보내오셨다. 선생님께서는 "어릴 때부터 뭔가 좀 다르더니 영남대학교의 학장을 하고 있다니 참으로 대견하다."라는 뜻의 글을 첨부하셨다. 처음으로 권영순 선생님의 진솔하신 마음이 담긴 카드를 받아 보니 나도 가슴이 뭉클하였다. 그래서 영남대학교 캠퍼스에 있는 문구점을 방문했다. 선생님께서 초등학교 때 '시간!'이라는 구호를 외치도록 한 것이 기억났기 때문이었다.

영남대학교의 로고가 새겨진 커다란 벽시계를 사서 우체국으로 가서 선생님 댁으로 발송하면서, 사모님과 함께 매일 소중한 '시간'을 알려주는 벽시계를 바라보시면서, 또 그 벽시계가 옛날의 어린 제자가 있는 영남대학교의 시계임을 보시면서, 기뻐하실 모습을 상상하였다. 그 시계 선물을 받자마자 선생님은 놀라서 즉시 전화로 응답을 해 주셨다. "이렇게 멋진 선물을 보내줘서 고맙네!" …… 스승의 마음은 제자가 은혜를 잊지 않고 있다는 의미로 보내는 작은 감사의 선물에도 감동의 물결이 크게 출렁이는 법이다.

풍기초등학교를 졸업하고 영주중학교에 입학을 하였다. 영주에서는 같은 해에 영주여고에 입학한 누나와 함께 자취생활을 할 예정이어서 어머님이 도와주러 잠시 방문하셨다. 나는 입학식을 한 날 밤에 방에서 자다가 연탄가스에 중독이 되었다. 몸이 추워서 깨어보니 비 내리는 마당 가마 더미 위에 내가 누워 있었고, 동네 어른들 몇 분이 걱정스럽게 바라보고 있었다. 부엌에서 저녁 설거지와 마무리 정리를 하시느라 나보다 늦게 잠자리에 들었던 어머님이 그날 옆에 계시지 않았으면 나의 운명은 거기에서 마침표를 찍었을 것이다.

나는 영주중학교 1학년 때부터 3학년 졸업할 때까지 수학 선생님이셨던 김동석 선생님에게 은혜를 많이 받았다. 그때는 3년 후에 다시 고등학교 입학시험을 쳐야 했기 때문에 김동석 선생님께 어려운 수학을 배우려는 학우들이 많았다. 김동석 선생님 밑에서 함께 공부하던 학우들은 영주고, 안동고, 양정고, 휘문고, 경기고, 서울고, 경복고, 용산고 등으로 진학하면서 뿔뿔이 흩어졌다. 중학교 1학년 때 교장선생님께서 학생들에게 '청운의 꿈'을 갖게 하려고 교내에 '청운탑'을 건립한 적이 있었는데, 그때의 중학교 친구들은 나중에 '청운회'라는 친목회를 조직하여 50년이 지난 지금까지도 변함없는 우정을 보여주고 있다.

인생의 진로를 바꾼 유전공학

소백산 산골 마을에서 자란 아이가 중학교를 졸업하고 서울이라는 대도시로 진출하니 생활환경이 급변해서 그런지, 내가 다닌 용산고등학교에서 특별히 기억나는 선생님이 없어서 죄송한 마음이 든다. 그러나 한양대학교에서는 화학공학과의 문세기 교수님이 4학년 12월의 마지막 수업 시간에 제자들의 미래를 위하여 해주신 한마디 말씀이 내 인생의 진로를 180도 바꾸어놓았다.

문세기 교수님은 마지막 수업 시간에 들어오셔서, "제군들은 이제 사회에 진출하게 되는데, 혹시 외국에 나가서 공부할 기회가 있으면, 최근에는 '유전공학'이 새롭게 떠오르는 학문이니 이 분야를 연구해 보길 바랍니다."라고 조언을 해주셨다. 나는 '유전공학'이라는 단어를 그때 처음 들어보았고 외국에 나가서 공부할 생각도 없었기 때문에 관심을 갖지 않았다.

대학교에서의 마지막 수업을 마치면 나는 대전연구단지에 있는 럭키LG중앙연구소에서 근무하도록 예정이 되어 있었다. 내가 연구소에 도착해 보니 그곳에 '유전공학연구실'이 있었다. 문세기 교수님이 말씀하시던 유전공학을 배울 수 있는 좋은 기회가 될 수 있어서 나는 유전공학연구실로 배정받기를 희망했지만 허락이 안 되고 화학공정실로 배정을 받았다.

럭키LG중앙연구소가 설립된 지 3년 정도밖에 안 되었기 때문에 미국에서 초빙돼 오신 박사급 연구원이 몇 분 계셨고, 대부분 석사급 연구원들로 구성되었다. 학사급 연구원들도 몇 명이 있긴 했지만 연구원이라기보다는 연구 보조원 역할을 하고 있었다.

럭키주식회사의 신입사원 연수 때 전국을 다니며 각 지역의 공장을 방문하였었는데 대전에 있는 연구소가 제일 마음에 들어서 난 이곳을 지원했었다. 그러나 학사학위 소지자는 연구소에 오면 안 된다는 것을 깨닫는 데는 많은 시간이 필요하지 않았다. 학사급 연구원은 연구소에 필요한 인물이 아니니 계속 있을 수도 없고, 그렇다고 다른 곳에 갈 곳도 없는, 그야말로 진퇴양난이었다.

산속의 꿩들이 대낮에도 소리를 내며 이리저리 날아다니는 한적한 대덕연구단지에서 혼자서 크리스마스를 보내게 되었다. 회사가 제공한 연립주택에서 나랑 함께 기숙하고 있던 4명의 동료들은 모두 서울 집으로 가고 나만 혼자서 외롭게 빈방을 지키고 있었다. 방 청소를 하다가 룸메이트가 읽다가 던져 놓은 겉표지가 찢어진 '리더스 다이제스트Reader's Digest' 잡지 책이 눈에 띄었다. 심심하던 차에 그것을 펼쳐서 읽다 보니 아르헨티나의 어느 가톨릭 신부님이 쓴 글이 감동적이었다.

그 신부님은 어린 시절에 삼촌과 함께 해안 가까운 곳에 밤낚시를 갔는데 고기 잡는 데 신경을 쓰다 보니 자신들의 배가 해류를 따라 연안에서 멀어져 가는 것을 인지하지 못했다. 아침에 해가 떠서 보니 자신들이 바다 한가운데 있었고 어디로 가야 해안이 있는지 전혀 알 수가 없었다. 집에서 가져온 물이 한 병만 남게 되자 삼촌은 "이 물을 둘이 마시면 얼마 못 버틴다. 너 혼자 이것을 마시면 좀 더 오래 버틸 것이다. 혹시 네가 구출되면 내 가족을 잘 부탁한다."라고 말하면서 바닷속으로 뛰어들어 사라져 버렸다.

혼자 남은 어린 조카는 기진맥진하여 마지막으로 애절하게 하나님께

기도를 했다. "하나님 저를 구해주시면 제 삶을 하나님께 바치겠습니다." 그러고는 의식을 잃었다. 한참 후에 의식이 들고 보니 자신이 일본의 참치잡이 어선 갑판에 누워 있었다. 어떻게 된 것이냐고 물어보았더니, 선원들은 원래 이 지역은 배가 다니는 정규 항로가 아닌데, 자기들이 탐지한 참치 떼가 이리로 와서 그 뒤를 따르다가, 작은 배 위에 기절한 아이를 발견하고 구출하게 되었다고 말했다. 결과적으로 그 아이는 아르헨티나로 무사히 돌아가게 되었고, 배 위에서 자기가 약속한 대로 가톨릭 신부가 되었다는 실제 상황의 글이었다.

그때까지 나는 기독교의 하나님도 우리나라의 단군신화처럼 인간의 상상력으로 만들어낸 신이라고 생각하고 있었다. 아르헨티나 아이의 이야기도 정말 극적인 우연의 일치라고 생각했지만, 그 당시 나의 심정은 망망한 바다 위에 아무런 희망도 없이 혼자 배에 남은 아이와 같았기 때문에, 믿거나 말거나 그런 건 나중에 따지기로 하고, 나도 한번 따라서 기도라도 해 보자라고 생각했다.

나의 기도를 하나님께서 들어주지 않는다고 해도 난 손해날 것이 없었다. 밑져봐야 본전이었기 때문이다. 그래서 고요한 산속의 빈방에 혼자 앉아 마음속으로 기도를 했다. "하나님 정말로 계신다면, 저를 미국에 보내주셔서 유전공학을 공부할 수 있도록 도와주세요. 그러면 하나님이 정말로 계신다는 것을 믿겠습니다." 이렇게 딱 한 번 마음속으로 기도를 하고는, 곧 괜히 쓸데없는 짓을 했다고 후회를 하였다. 왜냐하면 나에게는 아무런 변화도 일어나지 않았기 때문이었다.

연구소의 정밀화학실험실에서는 하루면 화학반응이 끝나는 것을 화학공정실에서는 3층 높이의 건물을 뛰어다니며 쉬지 않고 일하더라도 최소한 일주일이 걸렸다. 그런 힘든 육체노동을 주말도 없이 거의 나 혼자서 매일 하다 보니 몸이 너무 힘들어서 집에 가면 도저히 공부를 할 수 없었다. "아, 젊은 시절 미국 유학의 꿈은 결국 이렇게 한여름 밤의 꿈처럼 사라지는구나." 하며 자포자기 상태가 되었다. 그런데 한 해가 끝나갈 무렵인 12월 초에 기적 같은 일이 나에게 일어났다.

어느 겨울날 아침에 치약실험실에서 일하던 연구원이 갑자기 제2연구실 부장님이 나를 찾는다 하여 연구소에서 근무하면서 처음으로 제2연구실에 들어가보았다. 그곳은 생활용품을 개발하는 연구실이라서 들어서자마자 향긋한 향기가 나고 실험실도 무척 조용하고 깨끗하였다. 제2연구실 부장님 말씀이, 내가 속해 있는 4연구실에서 2연구실로 옮기고 싶은 마음은 없냐고 물으셨다. 왜 그러시냐고 물으니, 2연구실에 연구원이 필요하여 새해에 연구원 충원을 요청했더니 소장님께서 신규 인력 채용은 곤란하시다며, 신입사원들 중에서 적당한 사람을 찾아보라고 지시하셨단다. 그래서 연구소에 들어온 신입사원 중에서 찾아보니 내가 가장 열심히 일하는 것 같다면서 다들 나를 추천했다고 한다.

그 소리를 듣자마자 나는 마음속으로 쾌재를 불렀지만, 괜히 잘못 대답하여 현재 4연구실 부장님의 심기만 불편하게 하고 2연구실로 이전도 못 하면, 결국 나만 바보가 될 것 같아서 조심스럽게 다시 물어보았다. 저는 이곳으로 오고 싶다 해도 우리 부장님이 허락하시겠습니까? 하니, 2연구실 부장님 말씀이 그 점은 염려하지 말라며, 소장님이 본인만 동의한다면 누구든지 책임지고 인사이동을 시켜주겠다고 약속하셨다고 한다.

그래서 나는 본의 아니게 육체노동을 하는 제4연구실에서 정신노동을 하는 제2연구실로 이전을 하였다. 제2연구실에서는 퇴근 후에 몸이 피곤하지 않으니 본격적으로 미국 유학 준비를 시작할 수 있었다. 연구소 내에서 부서 간 인사이동은 이전에는 단 한 번도 없었던 일이었다.

그런데 어떻게 이런 기적 같은 일이 나에게만 발생할 수 있었을까? 이것은 단순히 극적인 우연의 일치였을까? 그렇다면 아르헨티나의 신부 이야기도 단순히 극적인 우연의 일치였을 뿐이었다. 그때부터 나의 생각은 복잡해지기 시작했다. 그 후에도 나에게는 극적인 우연의 일치가 반복적으로 나타났다.

마치 나는 어항 속에 있는 물고기인데, 누군가 어항 밖에서 나를 가만히 지켜보다가, 내가 곤경에 처하면 슬쩍 주변 환경을 터치하여 나를 안전한 곳으로 인도해 주는 것 같은 느낌을 받았다. 그렇게 보이지 않는 도움의 손길 덕분에, 나는 연구소에 입사한 지 2년 만에 사표를 내고, 드디어 꿈에서도 그리워하던 미국 유학을 가게 되었다. "밑져봐야 본전이다."라는 심정으로, "혹시나?" 하며 하나님께 드린 기도가 이렇게 현실이 된 것이 놀라웠다.

1984년 1월 1일 저녁에 미국으로 출국하려고 김포국제공항으로 갔다. 김포국제공항은 초등학교 4학년 때 한국은행에 다니시던 외삼촌께서 독일로 파견 나가실 때 아버지께서 나를 데리고 오신 적이 있었다. 공항에는 초등학생인 어린 아들을 데리고 나온 두 누님과 부모님과 함께 나의 약혼녀와 어머님도 함께 배웅을 나왔다.

언제 다시 만날지 모르는 이별을 안타까워하는 사랑하는 나의 약혼녀를 보니, 지금 내가 무작정 미국으로 가는 것이 과연 잘하는 것일까? 알지 못하는 두려움이 엄습해 왔다. 순간 '지知와 사랑'의 주인공 '골드문트'의 갈등이 생각났다.

사실은 나의 약혼녀도 정말 극적인 우연의 일치로 만나서 서로 사귀게 되었다. 그 당시 나는 혼자서 유학을 가는 것도 불안한데 결혼을 한다는 것은 상상조차 할 수 없었다. 어느 여름날에 대전 부근의 금강휴게소에서 데이트를 하다가, 나의 힘든 마음을 알고 있는 듯한 천국의 음성을 듣는 정말 신비한 체험을 하였다.

사도 바울이 다마스쿠스로 가는 길에서 예수님의 음성을 들었듯이, 내게도 어떤 남성의 음성이 강한 전파 메시지로 나의 뇌를 스치고 지나갔다. 얼마나 강하게 스치고 지나갔으면 그때의 음성이 아직도 나의 장기기억 속에 생생하게 남아 있다. 그런 신비한 체험을 하고 난 후, 미래는 불확실하지만 나는 미국으로 떠나기 한 달 전인 11월에 약혼식을 서두르게 되었다. 시간이 많이 흐르고 난 뒤 드러난 사실이지만, 그때의 약혼식은 내가 박사과정에 입학하는 데 결정적으로 중요한 역할을 하였다.

프레드 세나토레 교수님과 더글러스 라우펜버거 교수님

연구소에서 2년 동안 적금을 들고 고생하며 미국에 도착한 곳은 세계적으로 유명한 대학교가 아니라 등록금과 생활비가 가장 적게 드는 텍사스 테크대학Texas Tech University(TTU)이었다. 그곳에서 프레드 세나토레 Fred Senatore 교수님을 만났다.

프레드 세나토레 교수님은 뉴저지주의 미국 주립대학교Rutgers University에서 인공혈액Artificial Blood에 관한 논문으로 박사학위를 받고 TTU 화학공학과에 임용되신 신임 조교수이셨다. 프레드 세나토레 교수님에게 특별하게 감사한 것은, 본인의 연구비가 없음에도 불구하고 연구비가 많은 다른 원로 교수님에게 부탁하여, 한국이라는 가난한 나라에서 온 유학생인 나의 생활비를 지원해 주셨다.

프레드 세나토레 교수님은 미국국립보건원NIH에서 3년짜리 연구프로젝트를 지원받아서 나의 생활비를 계속적으로 지원해 주시면서도 나에게 무엇을 어떻게 하라는 요구를 전혀 하지 않으셨다. 그러나 내가 어떤 질문을 하거나 지원을 요청하면 그런 것들은 금방 잘 해결해 주셨다. 미국 주립대학교에서 박사과정 학생 시절에 본인의 지도교수님이 그렇게 모든 것을 스스로 찾아서 해결해 나가는 교육을 시켰다면서 나에게도 그렇게 지도를 하셨다. 이런 훈련 과정은 생소해서 다소 난감했지만 졸업 후 나중에 내가 영남대학교에 와서 스스로 새로운 연구 과제를 개발하며 추진해 가는 과정에서 정말로 큰 힘이 되었다.

프레드 세나토레 교수님은 내가 박사학위를 받고 졸업을 하자, 텍사스Texas에 있는 세계적으로 유명한 MD 앤더슨 암센터에서 근무할 수 있도록 강력하게 추천해 주셨다. 그 덕분에 난 그곳에서 말로만 듣던 바이러스 유전자를 편집하는 유전공학 기술을 충분히 실습할 수 있었다.

프레드 세나토레 교수님은 학생 시절에 의사가 되고 싶다는 본인의 소망을 이루기 위하여 교수직을 그만두고 텍사스공과대학교Texas Tech University (TTU) 의과대학 1학년으로 입학을 하여 4년 뒤에 졸업하시고 결국 의사가 되셨다. 그 후 텍사스를 떠나서 지금도 하버드 의학전문대학원Harvard Medical School과 미국 식품의약국Food and Drug Association (FDA) 정부기관에서 활동을 하고 계신다.

MD 앤더슨 암센터MD Anderson Cancer Center에서 유전공학에 대한 연구를 경험하고, 나는 텍사스를 벗어나 일리노이대학교University of Illinois at Urbana-Champaign 화학공학과에 계시는 더글러스 라우펜버거Douglas Lauffenbuger 교수님 연구실로 들어가게 되었다.

더글러스 라우펜버거 교수님은 인체 호르몬이 동물세포의 증식에 미치는 영향을 수학 방정식을 이용하여 컴퓨터로 시뮬레이션하며 특정한 효과를 예측하는 아주 특이한 연구를 하고 계셨다. 암연구소에서 근무한 나의 연구 경험이 교수님 연구실에 필요하여 기꺼이 나를 받아주셨다.

프레드 세나토레 교수

더글러스 라우펜버거 교수

더글러스 라우펜버거 교수님의 장점은 아주 소박하시면서도 제자들에게 매우 자상하시어 대학원 학생들을 마치 아버지같이 대하는 모습이었다. 많은 박사과정 학생들과 함께 집에서 싸 온 샌드위치로 점심도 같이 하시고, 매주 목요일 오후에는 농구도 같이 하시고, 성경 공부도 같이 하시고, 제자들을 위해서 기도도 해주시고, 날씨가 더우면 반바지 차림으로 학교에 나타나기도 하셨다.

학생들에게만 자상하신 것이 아니라 교수님 집을 방문해 보니 두 딸들에게도, 아내에게도 무척이나 자상하셨다. 그러면서 또 틈나는 대로 연구도 하시고, 저서도 집필하시고, 정말 1분 1초를 아껴 사용하시는 엄청난 에너지의 소유자이셨다. 프레드 세나토레 교수님에게서 배운 '스스로 문제점을 찾아 해결하는 방법'을 더글러스 라우펜버거 교수님 연구실에서 적용했더니, 교수님은 시키지 않아도 내가 알아서 잘한다고 무척 좋아하셨다.

일리노이에서 일 년이라는 시간이 지나면서 내 미국 체류비자가 만기되는 시점이 도래하였다. 그래서 미국 내에서 직장을 얻기 위하여 노력한 결과 더글러스 라우펜버거 교수님의 강력한 추천 덕분에 뉴욕주에 있는 브룩헤이븐 국립연구소Brookhaven National Laboratory에서 연구소 직원으로 채용하겠다는 합격 통지서를 받았다. 그런데 비슷한 시기에 한국에서도 영남대학교 응용미생물학과 교수 공채에 최종 합격했다는 반가운 소식이 들려왔다. 결국 난 8년간의 불안한 미국 생활을 끝내고 안전한 한국으로 다시 돌아오는 길을 선택했다.

1992년 1월에 더글러스 라우펜버거 교수님에게 가서 한국의 영남대학교에 교수로 채용됐다고 연락이 와서 귀국하겠다고 말했다. 그랬더니 조금도 주저함이 없이 나에게 그럼 2월분 급여도 줄까? 물으시는 것이었다. 2월에는 일도 하지 않았는데 한 달 치 급여를 보너스로 주시겠다는 뜻이었다.

자신이 손해를 보면서도 남에게 친절한 배려를 하는 마음은 하나님을 진심으로 사랑하는 크리스천이 아니면 쉽게 할 수 있는 일이 아니다. 나는 그런 예상치 못한 특별한 배려와 사랑에 너무나 감사하여 한국에 와서도 교수님에게 간혹 소식을 전하였다. 내가 영남대학교로 오는 해에 더글러스 라우펜버거 교수님은 매사추세츠 공과대학교 생물공학과 학과장Biological Engineering Head으로 가셔서 지금도 세계적 수준의 우수한 제자들을 양성하고 계신다.

이 글을 쓰면서 지나간 나의 과거를 어린 시절부터 천천히 회상해 보았다. 그동안 보이지 않는 손길로 나를 이끌어주신 부모님의 헌신적인 보살핌과 여러 은사님들의 가르침 속에 숨겨진 진실한 사랑을 되새기면서, 하나님께 감사 기도를 드렸다.

항상 나를 지켜보고 계시지만, 나에게는 보이지 않는,
하나님께서 나를 지극히 사랑하지 않으셨다면,
나의 아름다운 과거는 절대로 일어날 수 없는 기적의 연속이었다.
"왜? 왜 당신은 나를 그토록 사랑하셨나요?"

혹시 천국에 가서 하나님을 뵙게 된다면 꼭 물어보고 싶은 나의 질문이다.

지나간 모든 것이 이토록 아름다운 나의 인생이었듯이,
앞으로 다가오는 모든 것도 아름다운 나의 인생이 될 것이다.

사제 간에 맺어진 학문 사랑과 연원淵源

도명기

명예교수 | 화학과

나라 없는 설움 속에 1937년丁丑, 와룡산(299.6m) 자락 다랑이 논밭 곁에 새로 지은 초가집에서 낙음공諱 都慶兪 12대손으로 태어났다. 그리고 아버지諱炳洪와 어머니朴連伊 품 안에서 2남 3녀의 차남으로 추운 겨울에 태어나, 일제시대란 혹독한 환경에서 자라고 있었다.

초등학교 시절에 만난 선생님

몇 달 뒤 해방은 되었으나, 일제시대의 규정 아래, 1945년 4월 1일에 성서보통학교에 입학하였을 때, 운동장에서는 일본 병정이 말 수레에 병기와 군량미를 싣고, 성주 김천으로 올라가는 모습을 볼 수 있었다. 말에게 쌀밥을 주는 모습을 보고 어린 마음에 우리들은 보리밥도 제대로 먹지 못하는 처절한 상황이라, 눈시울을 적시며 '우리들은 왜 저 말보다도 못한 사람이 되었나?' 생각했다.

일제시대를 거쳐 오면서 가정환경과 경제 상황이 좋지 못하여 해방은 되었어도 초등학교에 들어가지 못하는 아이들이 많았다. 그러나 다행히도 부모님의 열정으로 나는 초등학교에 들어갈 수 있었으니 행운이었다. 1948년(76년 전) 초등학교 4학년 때 담임 여선생님(양계출 선생님)에게 받은 사랑은 나의 마음을 순화시킬 수 있었다.

10월경 교실 앞 화단 뜰에서 선생님과 나눈 대화가 너무나 가슴에 와 닿았다. 선생님은 사랑을 담아 나의 이름을 부르면서 "명기命基 군, 공부 재미는 어떠냐?"고 물으셨다. 앞으로 훌륭한 사람이 될 소양을 가지고 있으니 더욱 열심히 공부하여 사회에 공헌하는 사람이 되었으면 좋겠다고 하신 말씀을 항상 가슴속에 담아 두고 있었다. 졸업을 하고 어느 날 예식장에서 선생님을 만나게 되었을 때, 동창 친구들이 함께 모인 자리에서, 선생님은 내가 영남대학교 교수로 재직한다는 이야기를 들었다고 말씀하시면서, 그 옛날의 생각을 떠올리시며, "도 교수가 훌륭한 자리에 있게 되어 대단히 반갑네요!" 하셨다. 그 옛날 사랑이 담긴 말씀으로 제자를 지도하셨던 스승의 도리를 다하였던 분이라, 철없던 어린 나이의 일이라도 평생 가슴속에 잊지 않고 선생님의 그 한마디 말씀을 오래오래 기억하며 숨 쉬고 살아왔다. 그리고 그 말씀은 제가 오늘의 자리에 있게 된 초석이었지요!

중학교 시절에
만난 선생님

비가 오면 교실 바닥에 물이 들어와 철벅철벅하였지만, 전쟁 중에 학교를 다닌다는 자부심을 살려 열심히 공부하였던 일은 잊을 수가 없다. 도덕 시간에 한문 선생님[姑母夫 李逌雨]은 '쇄소응대灑掃應對'의 실천을 강조하셨다. 소학小學에 나오는 구절로 공부하기 전에 먼저 사람이 되어야 한다는 의미이다. 어릴 때 감수성이 빠르므로 어린 시절에 한자를 배워두는 일이 중요하다고 생각하였다.

고등학교 시절에
만난 선생님

대륜고등학교(1954~1956) 3학년 담임선생님[黃迪觀]은 김일성대학을 졸업하셨는데, 6·25사변 때 월남하시어 화학을 가르치셨다. 그때 북한이 우리(70불)보다도 GDP가 높다고 하시면서, 나라 경제가 발전하려면 과학기술이 선행이라고 하시며, 화학에 대한 중요성을 강조하셨던 말씀은 깊은 사랑이 담겨 있었던 지도라 생각한다. 당시 어려운 가정 사정에서도 인내심과 근면성을 가진 나에게 화학에 관심을 두게 하셨던 분으로, 대학에서 화학을 전공하고, 대학교수가 될 수 있는 기틀을 만들어주신 은사님이라 오랫동안 사랑이 담긴 친교를 두텁게 가지게 되었다.

인생에서 가장 중요한 고비는 고등학교 시절이라, 나는 대륜학교 교훈인 "스스로를 속이지 말고 남을 사랑하자."라는 가르침을 스스로 실천했고, 오늘날까지도 나의 좌우명으로 가슴에 담아 살아 오고 있다. 내가 걸어온 이 길은 특히 대륜중·고등학교 은사님들의 가르침 덕분이 아니였던가 생각된다.

대학교 시절
화학자로 살아갈 길을 열어주셨다

경북대학교 사범대학 화학과에 진학하게 된 것은, 6·25사변을 거쳐 오면서 경제 사정이 어려워져 앞으로 살아가기 위하여서는 교사나 과학자가 되는 길이 국제사회와 같은 배를 탈 수 있는 길이라고 생각하였고, 이북에서 월남하신 화학 선생님의 지도가 나의 호기심과 창조성에 맞는 공유결합으로 작용하여 의지를 더욱 활성화시켜 주셔서 화학자의 길을 걸을 수 있게 되었으니, 스승의 말씀을 따르게 되었던 일은 많은 교훈으로 남아 귀감으로 작용하게 되었다.

대륜 중·고등학교
교사 시절

대학을 졸업하고, 강원도 양구 북방, 방산 지역에서 대성산을 바라보며, 포병부대에서 1년 남짓 군복무를 마치고, 경북대학교 화학과 교수님으로 재직하시면서, 총장님이셨던 김상열金相悅 총장님의 추천을 받아, 모교 교사로 근무하게 된 행운의 길을 얻게 되었다.

이때 창조성 사고의 실천으로, 특별활동 시간에 모형항공기반과 과학반을 담당하였던 일은 하늘이 내려준 기회라 생각하고, 학생들과 함께 열심히 노력하여, 전국대회에 나갈 때마다 전국 제패의 성과를 얻게 되었던 결과는 과학자의 창조성 사고의 지름길을 걷게 되었던 일로, 지금도 사제 간의 열정적인 사랑의 결실로 가끔 만나 대화를 나누면서, 옛날 교사 시절을 회상하는 일은 행복의 씨앗으로 작용하고 있으니, 항상 마음에 잊을 수 없는 일로 기억에 오래 남기도 하였지요.

특히 대륜중·고등학교에 교사(1963~1969)로 근무하였을 때, 나의 삶에서 가장 중요한 기회를 얻게 되었다. 앞에서 말한 바와 같이 교사로서 창조성 사고의 혁신을 살려가며 열심히 하게 된 동기는, 스스로 부끄럽지 않은 교사가 되고자 한 마음가짐도 중요한 요소였지만, 지구촌이 하나 되는 세상에 살면서 성공하고 싶다는 의지의 영향이 컸다. 눈을 크게 뜨고, 연작안지燕雀安知 홍곡지지鴻鵠之志(제비와 참새가 어찌 저 높은 하늘에 나는 고니와 황새의 뜻을 알리오. 즉 땅에서 날고 있는 참새와 제비도 꿈을 가지고 실천하면 저 높은 하늘의 고니와 황새와 같이 날 수 있다.)라는 성현의 말씀을 살려가며, 꿈을 가진 자는 반드시 성공할 수 있다는 교훈을 거울삼아 노력하였더니, 모교 은사님은 대학원 진학을 허락해 주셨고, 그 따뜻한 사랑이 없었다면, 나의 꿈은 좌절되어 부끄러운 선생으로 살아오게 되지 않았을까?

대륜중·고등학교에서 열심히 교사로 근무하면서, '진인사대천명盡人事待天命'의 마음가짐으로 열심히 노력하였더니, 사랑이 남아 있는 '師弟同行'의 아름다운 길을 걷게 되어, 大人다운 스승으로, 부끄럽지 않은 제자가 되기로 마음속에 깊이 다짐하며, 과학자다운 학문 연구에 불타오르는 마음을 달랠 수 없어, 교사로 재직 중, 1967년 대구대학[嶺南大學校 前身] 대학원에 진학할 수 있는 길을 걷게 되었다.

학문의 길을 걸으면서

대학원에 진학하여, 황보한皇甫漢 교수(현재는 미국에 계심)와 사제 간에 새로운 동행관계를 맺고, 부끄러운 제자가 되지 않게 정열을 다하여 노력하였더니, 교수님으로부터 사랑의 지도를 받게 되어, 늦은 나이에도 더욱 연구에 재미를 느껴, 21세기의 첨단산업으로 부상할 혁신 나노기술Nano Technology을 개발하여, 비금속 자성재료Barium-Ferrite에 관심을 갖고, 무더운 여름 1,300℃의 고온에서도 재미를 느껴 연구와 실험에 열중하였다.

열악한 연구 환경에서도 교수님과 함께 사랑의 사제관계를 맺게 된 것은 행운의 기회라 생각하며, 열심히 노력한 결과 1969년 2월 영남대학교(1967년 12월 27일 영남학원으로 통합) 대학원을 졸업하고, 3월부터 화학과가 창설되어, 대학교수의 자리를 얻게 된 것은 어릴 때부터 꿈속에 가졌던 '연작안지燕雀安知 홍곡지지鴻鵠之志'의 높은 희망을 어느 정도 달성하여, 학문을 통한 우연한 기회가 참사랑으로 연결된 사제 간의 행복한 '유토피아'를 이루게 되었던 것이다.

외국 유학 시절 맺어진 사제 간의 두터운 사랑

대학원을 졸업하고 영남대학교 화학과 교수 자리를 얻게 되었으나, 연구 환경이 열악하여 외국 유학을 결심하고, 학문에 대한 호기심과 창의력을 더욱 알차게 살리면서, 일본 문부성이 주관하는 유학시험에 합격하여, 일본 동북대학 화학과에 유학할 수 있는 기회를 얻게 되었다.

영남대학교 교수 자리에 있으면서, 동북대학 화학과에 유학생으로, 1972년 4월부터 1974년 9월까지 후지타 준노스케藤田純之佑, 오기노 히로시荻野博, 사이토 카즈오齊藤一夫 교수의 세심한 공동지도로, 일본 도착 2개월 만에 일본 학생이 두 번이나 성공하지 못하였던 과제를 지시받아, 하루가 25시간이라는 생각을 머리에 담고, 정신일도하사불성精神一到何事

不成이라는 성현의 말씀과 경사고敬思考의 실천으로 열심히 노력하였더니, 하늘도 감탄하였던지 연구 과제의 맥을 찾게 되어, 가을 학회에 발표할 요지를 작성하고, 대학 내에서 외국인 유학생을 위한 북해도 여행을 다녀오게 되었던 일은, 여가 선용을 아름답게 하게 되었고, 이러한 결과로 매 학기마다 연속 학회에서 발표하게 되었던 행운은, 하늘에서 내려받은 천운이라 기억된다.

그래서 유학 기간 중에 매 학기 연속 3회에 연구 결과 발표로, 1972년 10월에는 동경 근처 대학에 참가하게 되어 논문을 발표하였고, 1973년 4월에는 오사카대학에 참가하여 논문을 발표하였으며, 1974년 10월에는 구주대학에서 논문을 발표하는 영광의 기회를 가지게 된 것은, 지도교수와 유학생 간의 따뜻한 사랑의 결실로 이루어진 일이라 생각하고, 학회에 참가하도록 많은 도움을 주신 점은 진정한 사제간의 깊은 애정이 없었다면 이루어질 수 있었을까 생각하며 항상 가슴속에 우러나는 깊

동북대학 유학 시절 북해도 소화신산 여행(1972년 7월 18일)

은 사랑을 잊을 수 없게 되었다.

교수들에게 찬사를 받게 되어 박사학위논문을 1974년 7월에 발표하고, 심사를 통과하여 9월 26일에 귀국하게 되었으니, 사제간에 믿음과 신뢰가 인정되지 않았다면 이루어질 수 없었던 일이 아니었겠는가?

연구생활 기간에도 한국에 두고 온 가족에게 향수병이 걸리지 않도록 세심한 배려와 함께, 연구생활에 흥미를 잃지 않도록 따듯한 사랑이 담긴 대화의 열정으로 노력한 결과를 학회에 발표할 수 있는 기회를 살려주기도 하여, 일본 화학회의 봄, 가을 총회가 있을 때마다 전국 학회 참석을 기회로 일본 전역을 여행할 수 있었다.

그리고 가끔 여가 선용으로, 교수와 함께 조수가 운전하며 센다이에서 북쪽으로, 모리오카盛岡를 지나 태평양을 바라보는 삼륙해안三陸海岸을 돌아 12시간 동안 함께 여행하였던 일이나, 또한 연구실 연수로 전원

동북대학 화학과 Saito 연구실 멤버(1973년 2월)

이 자오莊王 산장과 장미원에서 여가 선용과 학문적 토론을 겸하였던 일은, 일본 유학생활의 아름다움을 갖게 한 보람된 일로, 사제 간의 더욱 두터운 알찬 사랑으로 남게 되었다.

특히 외국 유학의 목적은 학문적 성과를 얻으면서, 맺어진 사제 간에 사랑의 결실은 더욱 중요하다고 생각되었고, 동북대학에서 이학박사학위를 받게 되어 학문적 가치를 인정받기도 하였지만, 인간관계의 친교가 더욱 중요한 성과로 작용하여 국제간 인간 교류의 활성화로 승화되었던 일은, 행복의 자리로 남기도 하였다.

그 이외에도 학문적 성과를 인정받은 결과, 일본학술진흥회JSPS의 초청으로 1979년 4월~1980년 1월까지 연구교수 자격으로, 동북대학교 화학과에 조교수로 계시다가 나고야대학 교수로 자리를 옮기신 후지다 준노스께藤田純之佑 교수와 공동연구를 하게 되었던 시절, 대학원 학생을 지도하였을 때, 학생의 연구 태도에 감탄하였던 일은 오랫동안 머리에 남아 있다. 즉 대학원 학생의 연구지도 과정에서 졸업 시기는 가까워 오는데 결과는 나오지 않아, 한국식으로 논문 과제를 바꾸면 어떻겠느냐 하였더니 "주어진 연구 과제를 끝까지 해 보는 것이 연구자의 자세가 아니냐!" 하며, 계속 밤잠을 설쳐가며 실험한 결과 훌륭한 성과를 얻어, 학회에 발표할 수 있게 되었던 일은 물론 외국 학생 지도였지만 인간관계에서 사제 간의 믿음과 사랑이 없었다면 이루어질 수 없었으리라 생각했다.

2차로 일본학술진흥회 초청으로, 1988년 4월부터 1989년 1월까지 동경공업대학 자원화학연구소에서, 노벨상 후보에 몇 번이나 올랐던 야마모토 카즈오山本一夫 교수와 공동연구할 기회를 얻어, 모르면 배워야 한다는 사제 간의 관계를 사랑과 애정으로 유지하였을 때, 훌륭한 연구 성

동경공업대학 자원화학연구소 야마모토 카즈오 교수 연구실
야마모토 카즈오 교수, 도명기 교수, 김봉곤 교수(진주 경상대학교, 제자)

과를 얻게 되어 미국 화학회지에 발표하였던 일은, 전 세계 과학 도서관에 나의 이름을 남겨 두게 되었던 일로 과학자의 꿈은 이와 같은 일을 하게 된 것이 행복한 생활이 아니었던가?

그 이외에도 미국 워싱턴대학과 영남대학교 간의 교환 프로그램에 의하여 교환교수로 가게 되었을 때, 미국 교수들의 폭넓은 인간관계는 배울 점이 많았다.

그리고 과학재단과 일본학술진흥회 공동 초청으로, 북해도대학 화학과 사사키 교수 연구실을 방문하였을 때, 추운 겨울 온천에서 담소와 연구 정보를 교환하였던 일은 살아온 인생 과정에서 한 폭의 그림으로 남겨두게 되어, 국제교류의 아름다움을 누리기도 하였다.

영남대학교 화학과 제자들과 사제 간의 사랑

1969년 3월 31일부터 영남대학 화학과가 창설되었는데, 김동수 교수님을 학과장으로 모시고 두터운 사랑을 받으면서, 교수로 재직하였던 일을 영원히 잊을 수 없는 교훈으로 삼고있다. 어려운 연구시설 사정으로 유리 비커 몇 개와 실험 약품 구입할 돈도 없는 상황에서, 들어온 학생들에게 애정 어린 지도로, 학부와 대학원 학생 지도에서 학생들이 열심히 연구한 결과, 화학과 조태섭 및 김석규 교수와 같이 근무하게 되었고, 사제 간의 돈독한 정을 함께 나누며 보내온 연구생활은 가장 보람 있는 일로 남아 있다.

그리고 '태초 먹거리 학교'를 설립해 자연식 건강법을 KBS에서 연속 방영하는 충남대학교 화학과 명예교수 이계호 박사는 영남대학교 화학과 출신 교수로, 그 명성을 높이 하며 영남대학교 홍보에 큰 역할을 하고 있는 제자라 언제나 감사함을 갖고 있다.

특히 직접 대학원 석·박사과정 지도에서, 온전한 연구시설 하나 갖추지 못한 상태였지만, 사제 간의 두터운 믿음과 본인들의 인내와 창의력을 발휘하여 노력한 결과, 훌륭한 연구 성과를 얻어 지방대학 출신으로 중앙 무대 학생들과는 어려운 경쟁을 돌파하여, 진주 경상대학 화학교육과 교수로 김봉곤 박사, 경일대학교 공업화학과 교수로 이동진 박사, 경북대학교 화학과 교수로 정맹준 박사, 영남이공대학 공업화학 교수로 김동엽 박사 등을 배출하여, 하나의 학맥을 형성하게 된 일은 학문의 연원으로 자리매김하게 되었던 일로, 제자들에게 감사한 정을 나누게 되었으니, 여기서도 눈에 보이지 않는 사랑의 공유결합이 있지 않았나? 생각한다.

험난하고 어려운 과정 속에서도 앞만 보고 달려온 연구생활에서, 1969년 3월부터 출발하여 사제 간에 동고동락하며, 40여 년간 대학교수로 생활하였던 일은 가장 보람된 삶이 아니었던가? 동시에 창조성을 함께 나누며, 인내로 참아온 연구 과정 속에 얻어진 보석 같은 연구 결과와 올바른 사람다운 생활의 실천 결과로, 대구광역시 문화상(학술 분야)을 받게 되었던 일은, 학술 분야에서 성과도 있었지만, 인간관계에서 보이지 않는 사제간에 주고받는 공유결합과 두터운 사랑이 작용하지 않았나 생각하게 되었다.

마지막으로 제자들에게 받은 사랑을 제자들에게 돌려주어야 한다는 생각을 가슴에 담아두고 있다. 미수米壽를 앞에 두고 회고하여 보면, 학문을 통한 깊은 연원淵源을 맺게 된 일은 사제 간에 두터운 믿음과 사랑이 있었기에 가능했다. 또한 오래오래 기억하며 행복을 누려 왔던 일은, 제자들에게 애정을 가지고 사랑이 담긴 지도가 있었기에 오늘날까지 행복한 시간을 함께 보내게 되었다고 생각한다.

2부

스승, 학계에 나를 세우고

나를 나 되게 하신 최종락 교수님

남효덕
명예교수 | 전자공학과

첫 만남과 실험실에서 취침

내가 교수님을 처음 뵙게 된 것은 대학 3학년 때인 1968년 2월 오하이오 주립대학The Ohio State University에서 1년간 연구를 마치고 귀국하신 바로 그때였다. 당시로서는 학부 학생 혼자서 교수님 연구실을 직접 찾아가 개인적인 부탁을 드린다는 것은 이례적이라 할 수 있다. 내가 처한 제반 사정을 말씀드리면서 연구실에서 공부할 수 있으면 좋겠다고 부탁을 드리러 갔던 것이다. 당시 학부 학생이 교수 연구실에 상주하는 것이 공식적으로 허용되지 않는 방침이었음에도 불구하고 교수님은 연구실 입실을 쾌히 승낙해 주셨다.

그런데 교수님으로부터 허락을 받은 것은 일과 시간 동안 연구실 정리를 돕고 틈틈이 공부해도 좋다는 뜻일 텐데, 내 부탁에는 연구실에서 침식까지 하겠다는 고약한 속셈이 깔려 있었다. 대담하게도 연구실 옆의 실험대 서랍에 이불과 냄비를 몰래 갖다 놓고 새로운 살림을 차린 것이다. 저녁에 아르바이트를 하고 늦게 돌아와 실험대 위에서 잠을 자고 3식 밥까지 거기서 해결한 것이다. 교수님이 출근하시기 전에 냄새가 나지 않도록 창문을 열어젖히고 깨끗이 청소를 했지만 연구실에서 침식까지 한다는 사실을 교수님이 눈치채지 못하실 리가 만무하다. 워낙 입이 무거우신 분이라 모른 척했을 뿐임을 알고 교수님께 사과 말씀드렸으나 교수님은 문단속, 불단속을 잘하라고 당부만 하셨지 별다른 말씀이 없었다.

그 계기야 어찌 되었든 교수님과의 첫 만남이 인연이 되어 최 교수님은 나의 대학원 지도교수가 되셨고, 그 후 교사 발령 혹은 교수로 임용되는 데도 보이지 않는 후원자가 되셨다. 아니 그보다는 생의 갈림길에서 헤맬 때 가야 할 길을 알려주신 길잡이 은사가 되셨다.

내가 가야 할 길을
일러주신 교수님

교수님께서는 평소 말씀이 적기 때문에 친구들 가운데서는 너무 어렵게 여기는 이도 없지 않다. 그러나 교수님을 자주 만나뵌 적이 있는 사람이면 그 인자하시고 자상하신 성품을 실감할 수 있을 것이다. 학문 연구에 몰두하실 때에는 정말 냉철하고 엄격한 면모를 분명히 보이시는 반면, 집념의 시간을 마치고 제자들과 정담을 나누실 때나 사적인 자리에서 세상사를 논하실 때는 인자하시고 따뜻한 인간미를 느끼게 하셨다. 강의에 임하실 때 충실하시면서도 적절히 사용하시는 유머는 수업 분위기를 한층 부드럽게 해주며 제자들에게 친근감을 더해주셨다.

교수님께서는 제자들에게 중용의 도를 일러주시며 참된 삶의 길을 가르쳐 주시면서 자기를 감추시기를 몸소 실행하신 분이시다. 인생의 가치는 생의 길이에 있지 않고 생을 걸어가는 과정과 활용에 있음을 강조하셨고, 오래 살기 위해서가 아니라 옳게 살기 위해서 노력해야 함을 일깨워 주셨으니, 우리 제자들은 옛 성현군자들의 면모를 배울 수 있었다. 하나뿐인 삶을 남을 위해 사는 것이 가장 가치 있는 삶이며 자기가 좋아하는 일만을 할 것이 아니라 해야 할 일을 즐겨 행하라고 깨우쳐 주셨다. 어떤 직장에서 일을 하더라도 자기가 하는 일이 국가와 사회에 얼마만큼 공헌하는 일인가를 먼저 생각하라고 당부하셨다.

나는 학부 3학년 초 연구실에 입실하여 대학원 석사과정을 마치기까지 4년과 경북대 강사로 출강했던 1년간을 교수님의 연구실에서 시간을 보냈다. 이와 같이 교수님을 가까이 모시게 된 것이 계기가 되어 내가 오늘날 부족하나마 대학 교단에 서게 되었고, 지금까지 조그마한 장학회 운용을 비롯하여 나눔을 실천하고 있는 것도 교수님의 큰 가르침 덕분이라 생각한다. 교수님을 만나게 된 인연이야말로 내 인생의 분기점이 되었다고 할 수 있겠다.

교수님은 어려운 제자들을 예사로 넘기지 않으시니, 교수님 허락도 없이 실험실에 이부자리를 갖다 놓고 침식까지 했던 나의 경솔한 일까지 묵인해 주신 것도 대표적인 포용의 사례라 하겠다. 내가 진로 결정을 앞두고 고민하고 방황할 때 나아가야 할 방향을 분명히 제시해 주셨던 교수님께서는 어려운 고비를 슬기롭게 극복한 여러 선배들의 이야기를 들려주심으로써 '자네도 충분히 할 수 있다'는 말로 나를 위로 격려해 주셨다.

특히 부산교육청의 교사 발령을 유예시킨 상태에서 대학원을 마치자 재임용 발령이 나 교사를 할 것인가 아니면 대학원 공부를 계속할까를 고심할 그때였다. 지금 당장은 불확실한 미래를 생각하며 초조하게 서두르는 나에게 두 시간의 '일반물리' 강좌를 맡기시면서 "굼벵이가 꾸물거리듯 더딜지라도 결코 쉬지 않으면 무엇이든 이룰 수 있다."고 일러주셨다. 그랬었다. 나는 그때나 지금이나 내 능력으로 보아 굼벵이 걸음으로밖에 나아갈 수가 없다. 그러나 결코 제자리에 머물지 않겠다고 그때그때 노력한 흔적이 있었다면 바로 교수님의 이러한 교훈이 밑거름이 된 결과라고 확신하고 있다.

중학교를 다니지 못해 고입 자격 검정고시를 거쳐 고등학교에 입학했다. 계성고등학교와 경북대 사범대학에서는 공부하기 위해 밤에는 일을 했다. 가정교사도 하고 기타 잡일도 마다하지 않았다. 대학 졸업과 동시에 야간고등학교 교사를 하면서 대학원에 다녔고, 대학 강사를 하면서 전문대학교를 거쳐 영남대학교 조교수로 임용되었으니 이 모든 과정을 내 개인적인 행운으로만 여길 것이 아니라 음으로 양으로 도와주신 선생님의 덕분이요 은혜라 하지 않을 수 없다.

우리나라 과학 교육의 선구자

최종락 교수님께서는 학생들로부터 존경받는 스승이실 뿐만 아니라 우리나라 과학 교육의 선구자이심을 이 분야에 관심을 갖고 있는 분들이면 자타가 공인하고 있다.

1921년 경남 고성에서 태어나신 교수님은 1943년 동경물리학교 고등사범과에 수학하시던 중 해방과 동시에 귀국하시어 1948년 8월 서울대학교 물리학과를 졸업하시고 같은 해 10월 대구사범대 전임강사로 임용되셨다. 모든 학문 분야가 그러했지만 과학 교육계 역시 갑자기 교직자가 턱없이 부족하여 대학은 물론 초중등학교에서도 비정상 수업을 해야 했던 그때였다. 그리하여 교수님은 중등학교에서 강의를 하시면서 대학교 전 과정을 수료하셨고, 사범대학에 부임하시고는 한글 교재 하나 없는 교육 환경에서 물리학도를 지도하셨기에 교수님은 불모지를 개척하는 선구자의 역할을 다하셨다.

우리나라 물리학을 비롯한 기초과학이 차차 기반을 찾게 되자 교수님은 과학 분야 연구가 계속 발전되어 활성화되기 위해서는 전공 분야 연구 못지않게 과학 교육 분야를 새로이 개척해야 한다고 역설하셨다. 원래 교수님의 주전공 분야는 물리학 중에 광학이지만, 과학 교육의 중요성을 깨달으신 이후에는 이 분야 연구에 주력하셨다. 60년대 미국에서 시작한 새로운 과학 사조를 도입하기 위하여 미국 오하이오주립대학에서 1년간 유학하셨고, 이 사조를 우리나라 현실에 알맞게 토착화시키는 데 앞장서셨다.

그 실례로 경북대학교에서 과학교육과정연구소를 창설하시어 초대 소장을 역임하시면서부터 과학 교육 관련 논문 발표회를 수차 개최하셨고, 과학 교육 관련 기관으로부터 지원을 얻어내셨다. 그리고 매년 방학기간에 연수를 실시하여 과학 교사의 양성과 재교육을 시행하는 기반과 전통을 세우셨다. 덕분에 과학 교육 연구가 활기를 찾아 오늘날 과학기술 발전에 선도적인 역할을 다하셨다고 생각하니, 우리나라 과학 교육의 역사가 바로 교수님의 발자취라 할 수 있겠다.

교수님께서 체험하신 풍부한 경험을 전수받은 우리 문하생들은 교수님의 열정을 직접 지켜보면서 2세의 과학 교육을 담당할 교사가 될 자세가 어떠해야 하는가를 배울 수 있었다. 학생 지도용 과학 교재 개발을 위해 몸소 볼록렌즈에 햇빛을 모으시고, PSSC 물리 시간에 타이머를 직접 작동하며 자유낙하운동을 설명하시던 그 결의에서 우리 문하생들은 새로운 책임감을 갖게 되었다.

과학 교육에 남기신 교수님의 공적을 기리기 위하여 후배 교수들과 제자들은 회갑기념논문집을 발간하였고, 정년퇴임 기념 특강에서도 교수님께서 우리나라 과학 교육과 인재 양성에 얼마나 관심과 열의가 많으신가를 읽을 수 있었다.

직접 발표하신 과학 교육 논문 영역도 참으로 광범위하였다. 우리나라 과학 교육 현황과 개선 방안, 교육과정 시안 작성에 관한 연구, 과학 교육 평가에 관한 연구, 과학적 사고력 신장을 위한 실험적 고찰, 국민의 과학운동과 과학 교육 등 주옥같은 논문들은 우리나라 과학 교육의 개선과 정책 수립에 크게 이바지하였다. 특별히 과학 교사의 양성과 재교육에 온갖 정열을 기울이신 공로는 자타가 인정하고 있으니, 우리나라 과학 교육의 역사에서 바로 선생님의 발자취를 읽을 수 있겠다.

선생님께서는 당시 지방대학에서 맡기 어려웠던 한국물리학회 부회장을 역임하셨고, 사범대학 학장 등 학내 중요한 보직을 맡으면서 탁월한 행정 능력도 보여주셨다. 그러나 선생님을 가까이 모셨던 나로서는 학내외에 남기신 어느 업적보다도 우리나라 과학 교사들에게 새로운 안목을 심어주신 공적을 더 높이 평가하고 싶다.

격의 없는 사제 간의 동행

앞에서 이미 언급하였다시피 교수님과의 우연한 만남은 오늘날의 나를 있게 하였고 모두가 아름다운 추억으로 남게 되었다. '사제 간의 동행'이라는 이름을 빌린다면 선생님과 나는 엄연한 '교수와 제자'와의 관계이다. 그런데 교수는 가르치고 통솔하는 반면, 학생은 배우고 따라야 하는 엄격한 상하의 관계를 연상케 한다. 그러나 최종락 교수님은 인생의 선배로서, 각각의 제자들이 어떤 진로를 택해 어디로 나아갈까를 이끌어 주시는 인도자로서, 그리고 생의 가치와 철학을 깨우쳐 주시는 선각자로서 직분을 다하셨다.

그런데 공적인 직분이나 관계를 떠나 사적인 친분으로 이어지는 사제 간의 동행 모습은 각기 달리 나타난다. 내 경우 교수 연구실에서 교수님과 점심 도시락을 같이 먹기도 하고 가끔씩 선생님 댁에 식사 초대를 받기도 하였으며, 사정상 집을 비워야 할 경우는 식구의 한 사람처럼 집안 전체를 관리하는 일일 경비대가 되기도 하였다. '제자는 스승'을 닮는다는 말이 있는데, 이 말은 제자들은 은연중 스승의 인품을 닮아가고 있다는 교훈이 아니겠는가. 그래서 나는 선생님의 인품에 흠이 되지 않으려고 다짐하곤 한다. 농담이기도 하지만 같은 반 친구들은 내 음성이 교수님의 음성을 닮아가고 있고, 연구수업 시간에 강의를 하면 그 스타일까지 점점 흉내 내고 있다고 놀리기도 한다. 굳이 부정하지는 않겠으며 교수님의 그림자라도 따라가야 한다는 사실을 잊어서는 안 되겠다.

내가 대학 졸업 후 교사 월급을 받고부터는 외식도 같이 하고, 낚시를 좋아하시는 교수님과 먼바다까지 동행하기도 하였다. 그런데 내 업무가 점점 바빠진다는 핑계로 선생님과의 식사 기회가 줄어들자, "요사이는 식사 한번 하자라는 전화가 제일 반갑구나." 하고 농담하시며 나를 반겨 주셨다.

교수님의 은혜를 잊지 못한 나는 웬만하면 명절 인사를 빠뜨리지 않았으며, 사정이 여의치 못하면 전화라도 드리곤 했다. 말년에 암 진단을 받고 누워 계실 때 "며칠 전 미국에서 좋은 약이 들어왔으니 곧 나을 것입니다."라고 말씀드리며 쾌유를 빈 기억이 있지만, 이젠 하늘나라로 먼저 가신 선생님의 명복을 빌 뿐이다.

故 김종설金鍾卨 교수님을 기리며

신동구
명예교수 | 순환기내과

사제동행은 권위적인 관계에서 벗어나 스승과 제자가 서로 배우고 성장하는 과정

'사제동행'이란 주제로 글을 부탁받고 많이 당황스러웠습니다. 제弟로서의 역할을 제대로 하지 못한 데서 오는 부끄러움 때문이 아니었을까요? "사제동행"의 사전적 의미를 찾아보았습니다. 스승[師]과 제자[弟]가 함께 간다는 의미로, 이는 스승과 제자가 지식 전달뿐 아니라 인격적으로 교류함으로써 상호 성장하는 관계를 강조하는 개념이라고 되어 있습니다. 단순한 지식 전달자가 아니라 스승이 제자의 학문적, 인격적 성장을 위해 동행하는 역할을 한다는 의미를 담고 있다고 합니다.

그동안 잊어버리고 살았던 초등학교 류익하·김재동 선생님, 중학교 시절 정희영·윤도은 선생님, 고등학교 시절 이동기·김대명·문영희 선생님 등 여러 은사님들과의 배움의 기억을 반추하면서, 나 또한 나이 들어 스승[師]의 위치에서 그분들처럼 제자들에게 영감을 준 훌륭한 스승이었는지 반성하는 계기가 되었습니다.

오늘 기억하고자 하는 교수님을 마지막으로 뵈었던 것은 2021년 국립중앙의료원에서였습니다. 96세로 영면하신 장례식장이었습니다. 돌아가셨다는 소식을 접하고 많은 기억을 공유했던 까닭에 더 큰 회한이 밀려왔습니다. 평소에 했어야 할 도리를 다하지 못했던 죄책감으로……

저는 영남대학교 의과대학 1회 졸업생입니다. 의과대학 강의실도 없었고 수련받을 수 있는 병원 시설도 물론 없던 상태에 입학한 것입니다. 학교도 환영해 주는 선배도 없는 다소 초라한 입학식에서 긍정적인 위안을 받았다면 바로 입학식 날 열정적이셨던 교수님을 뵈었던 것입니다. 1979년 10·26사태가 발생하면서 당시 학교가 정권과 연관이 있던 터라 한창 신축 중이던 병원 공사가 한참 동안 멈추었습니다. 그때 해부학 실습을 하면서 공사 자재 위에 걸터앉아 멈춰버린 공사 현장을 망연자실 바라보던 몇몇 동기들과 찍은 사진이 있었는데 찾지를 못하겠군요. 교수님께서 직접 설계하시고 막 기초공사를 마치고 건물 뼈대 사이를 헬멧을 쓰고 공사를 직접 지휘하시던 열정이 눈앞을 스쳐 지나갑니다.

저는 원래 다른 의과대학 동료들이나 선배들처럼 히포크라테스의 의업을 계승하고자 의과대학에 들어간 게 아니라 어쩌다 보니 의과대학에 들어갔습니다. 원래 법학도 지망생이었다가 갑자기 의과대학에 입학하게 되었으니 많은 자괴감과 갈등이 있었습니다. 이런 나의 마음을 헤아리셨던지 교수님은 저를 직접 불러 따뜻한 조언을 아끼지 않으셨습니다.

당시 완성된 영남대학교 병원은 드넓고 높은 로비홀과 에스컬레이터가 있는 최신식 병원이었습니다. 그러나 로비가 이렇게 넓고 에스컬레이터가 필요 있느냐고 질책하신 분들이 많았다고 들었습니다만, 이런 점들이 바로 김종설 교수님의 앞을 내다보는 혜안이셨습니다. 당시에는 최고 시설이었지만 지금은 오히려 좁아 보이지요? 그래서 폭넓은 경험과 견문, 그리고 이를 받치는 열정이 중요함을 배웠습니다.

제가 본과학생 때에도 나를 부르실 때 "닥터 신" 하고 불러주셨습니다. 이것만큼 고무적인 말이 있었을까요? 본과 4학년쯤인가요? 특강이 있었습니다. 김종설 교수님의 후배이시고 당시 캐나다에서 의과대학 교수로 계시던 이종구 박사님이 오셔서 저희 학생들에게 강의를 해주신 것이었습니다. 심전도 강의였던 걸로 기억합니다. 슬라이드 1장을 보여주시고 제일 앞에 앉아 있던 저에게 질문하셨는데, 제가 제대로 답을 못하여 영남대학교 의과대학의 위상을 실추시킨 듯 자책감에 크게 당황했었고 교수님께서도 앞에 앉아 계시다가 아쉬워하시던 모습이 지금도 생생합니다. '심방세동atrial fibrillation'에 관한 슬라이드였습니다. 참고로 김종설 교수님, 이종구 교수님 모두 심장내과의셨습니다. 지금 저는 심장내과를 공부하고 아직도 심방세동을 진료하고 연구하고 있으니 참 기막힌 인연이라고 생각합니다.

곁눈질할 틈도 없이 당연히 내과를 지원하였고 순환기내과를 하겠다고 결정한 것도 교수님의 영향이었습니다. 당시 내과는 분과가 되어 있지 않았기 때문에 회진을 돌 때면 요즘 드라마에서 보는 것처럼 모든 내과의 교수, 전공의, 학생들을 포함해서 20~30명씩 회진을 돌았습니다. 당시에는 요즘과 달리 의사 가운이 롱코트여서 병동을 거침없이 다니며

2008년 1월 3일, 서울 힐튼호텔에서

펄럭이는 가운을 보는 회진 시간은 멋진 장관이었습니다. 임상에서 환자의 가슴에 청진기를 대고 심잡음을 들어보라고 일일이 권하시면서 질환에 대해 설명하시는 모습은 움직이는 도서관이셨습니다. 요즘 때로는 의과대학 학생들이나 전공의들은 지식을 찾으러 구글링을 합니다. 요즘은 분과 단위로 움직이기 때문에 그런 장관을 찾아보기 힘들지요.

제가 전공의 2년 차 때 저의 선친이 돌아가셨습니다. 당시에는 요즘처럼 장례식장이 아니라 집에서 장례를 치르는 것이 보편적인 장례문화였는데, 교수님께서 직접 비좁은 집으로 조문을 오셨던 것도 저에게는 큰 힘이 되었습니다. 병원장으로 일개 전공의의 부친상을 찾아 위로를 주셨다는 것은 세세한 부분까지 챙기는 자상함으로 본받을 부분이었지요. 제가 병원장을 하면서도 교수님처럼 그렇게 제자 후배들을 챙기지 못했기 때문에 더욱 존경할 분이었다는 것을 실감합니다.

당시에는 내과 신년 하례회를 병원장이셨던 교수님 댁에서 하게 되었는데, 아침부터 술잔이 오가다 보니 술을 하지 못했던 제가 술에 취해 교수님의 뒷방에서 잠이 들었을 때 담요를 가져다 덮어주셨던 것도 생각이 납니다. 덕분에 저는 모임이 끝나고 모두들 다 집으로 돌아간 저녁 무렵이 되어서야 잠에서 깨어났을 때 무척 송구스러웠습니다.

장가도 못 갈 놈처럼 보였던지 저에게 인연을 맺어주시기 위해 중매서기를 자처하셨습니다. 교수님 후배 교수님의 따님이셨는데, 물론 지금의 아내는 그 사람이 아닙니다. 그때 왜 그랬는지는 모르겠지만 그때의 인연만큼은 성사되지 않았습니다.

불교에서는 스승을 선지식善知識, kalyanamitra이라고 한다지요? "화엄경"에는 진리를 가르쳐주는 스승으로서의 선지식의 특징을 비유로 들어, 자애로운 어머니, 보호해 주는 양육자, 피안에 이르게 하는 진리의 인도자, 번뇌의 병을 고쳐주는 좋은 의사, 밝고 깨끗한 지혜의 약을 키워주는 설산雪山, 두려움을 막아주는 용장, 생사의 괴로운 바다를 건네주는 뱃사공과 같은 존재라고 정의하고 있습니다.

과연 교수님은 선지식이셨습니다.

이제까지 제弟로서 이야기를 하였다면 이제 사師로서 이야기를 해볼까 합니다.

제가 과연 앞서 말한 대로 스승으로서 김종설 교수님과 같은 그러한 역할을 하였는지 궁금할 따름입니다. 스승으로서의 나를 평가하는 일은 앞으로 후배 제자들의 일이므로 긴 언급은 생략하도록 하겠습니다.

짧지 않은 지난 30여 년간의 여정을 큰 과오 없이 마칠 수 있었던 것은 그동안 잘 이끌어주셨던 선배 선생님과 동료, 그리고 후배 제자들의 관심과 도움 덕분이라고 생각합니다. 같은 의학적, 학문적 관심사를 가진 선생님들과 함께할 수 있었던 것은 저에게 크나큰 행운이었으며, 나의 존재를 확인할 수 있었던 이데아 그 자체였으며, 교학상장敎學相長의 장場이기도 했습니다

후배 제자들과의 모임에서 이야기를 나누다 보면 가끔 깜짝 놀랄 일이 있습니다. 제가 은연중에 내뱉었던 모든 말들이 그게 좋은 말이었든 나쁜 말이었든 모두가 기억하고 있다는 사실입니다. 큰 도움이 되었다고 할 때 무척 보람을 느꼈습니다. 아무쪼록 제가 기억 못 하는 허튼 말이었더라도 제자들이 인생을 사는 데 도움이 되었으면 하는 바람입니다. 더욱 말을 조심해야겠다고 생각합니다. 세 치 혀로 사람을 살리기도 죽이기도 한다고 하지 않습니까.

현재의 MZ세대에서의 사제동행은 과거의 사제동행과는 물론 다르겠지요? 현재는 사제 간의 관계가 보다 평등하고 상호적인 관계로 변화했습니다. 스승은 지식을 전달하는 역할을 넘어서 제자의 창의성과 자율성을 존중하고, 서로 배우며 성장하는 동반자적 관계로 여겨집니다. 현대 교육에서는 스승이 단순히 지식만을 주입하는 것이 아니라, 제자의 개성을 존중하고 학생의 잠재력을 끌어내는 지도자 역할을 해야 함을 강조합니다. 이로 인해 사제동행은 권위적인 관계에서 벗어나, 스승과 제자가 서로 배우고 함께 성장하는 과정으로 이해되고 있습니다. 제가 그러했는지 모르겠습니다.

요즘은 딥러닝이며 머신러닝, 인공지능 등이 세간의 화제입니다. 우리의 생활 전반에서뿐만 아니라 진료와 연구 영역에서도 활발한 최신 기

술의 개입과 변화가 진행되고 있습니다. 의료 분야에서도 패러다임이 급격하게 변화하는 제4의 물결이 도래하고 있습니다. 후배들은 이러한 미래의 변화를 현명하게 예측하여서 여러분의 미래가 더욱 발전하였으면 하는 바람입니다. 저는 제가 이러한 변화와 미래에 대한 예측할 수 있는 능력이 부족함을 느끼고 제자들에게 영감을 줄 수 있는 선지식이 될 수 없음을 느꼈기에 교육 현장에서 물러나는 것이 맞다고 느꼈습니다. "공축신퇴 천지도功遂身退 天之道"의 변辯이지요.

나를 형같이 생각하라

정봉교
명예교수 | 심리학과

명예교수회에서 '사제동행'을 주제로 하는 글을 청탁받고, 그동안 내가 성장하는 데 길잡이가 되셨던 스승들과 내가 지도했던 제자들을 추억해 보는 보람 있는 시간을 가졌다. 나는 나에게 師弟와 兄弟가 아우 '弟'를 같이 사용하는 의미를 알게 해주신 장현갑 선생님에 대한 추억을 글로 쓰기로 했다. 장 선생님과 나의 인연은 서울대학교 교양과정부에서 시작하여 심리학과를 거쳐 영남대학교 심리학과로, 그 후 선생님이 타계하실 때까지 48년간 이어졌다.

공릉동
교양과정부에서

나는 1972년 서울대 심리학과를 입학하였는데, 그때 신입생은 서울 공릉동 공대 옆에 있는 교양과정부에서 1년간 수업을 받았다. 그 당시의 정치 상황은 박정희 정권이 장기 집권을 공고히 하려고 시도했던 혼란의 시기였다. 내가 교양과정부에서 수업을 했던 72년도 전반기는 시국이 비교적 조용하였으므로, 희망찬 대학생활을 보낼 수 있었다. 그러나 2학기는 10월 유신 사태로 인해 수강신청을 한 후 즉시 휴업 사태가 발생했다. 따라서 출석 수업이 없이 기말에 리포트 제출만으로 성적이 평가되었다. 나는 장 선생님이 강의하시는 교양심리학을 수강신청했고, 이것이 장 선생님과 처음 만날 기회였지만, 수업이 정상적으로 진행되지 않았고, 리포트도 간접적으로 제출하였으므로 직접 대면은 이루어지지 않았다.

동숭동
문리대 캠퍼스에서

이듬해 나는 2학년이 되어서 동숭동 문리대 캠퍼스에 진입하여 장 선생님이 강의하시는 생리심리학을 수강함으로써 처음으로 직접 만남을 가졌다. 당시 문리대의 다수 강의는 휴강이 빈번했고, 3학점의 경우에도 보통 2시간만 수업했다. 특히 2학기에는 대학의 휴업 사태로 인해 수업이 정상적으로 잘 진행되지 않았다. 그 와중에도 장 선생님의 생리심리학 강의는 토요일 오전에 3시간 동안 이루어졌고, 휴강이 한 번도 없었다. 이것이 내가 장 선생님에게 호감을 품게 된 첫 번째 이유였다. 그때 장 선생님은 교양과정부 소속이어서 심리학과에 실험실이 없었는데, 심리학과의 배려로 심리학과 가장 안쪽에 있던 기존 실험실을 변경하여 생리심리학 실험실을 개설하셨다. 장 선생님은 실험실에서 실험동물을 사육하고 동물실험을 실시하기 위해서 실험실원을 구하였고, 나는 실험실원으로 지원하여 장 선생님과 처음으로 강의를 넘어서 개인적 인연을 맺었다.

생리심리학 실험실은 전공과 무관하게 자원했던 한 명의 대학원생과 나를 포함한 학부생 4명으로 출발했다. 실험실에서는 세미나, 동물 사육, 실험, 식사 등이 동시에 이루어졌고, ISO 표준을 충족하는 최신 설비가 갖추어진 동물 사육실이 필수 조건인 요즘과 비교하면 상상할 수 없을 정도로 열악했다. 그때 생쥐와 흰쥐를 사용하여 인삼과 향정신성 약물이 동물 학습에 미치는 효과를 알아보는 실험이 주로 수행되었다. 장 선생님도 심리학과에 연구실이 없었으므로 실험실에서 우리들과 함께 동고동락하셨다. 실험은 가끔 이루어졌지만, 휴일 없이 계속 실험동물을 돌보아야만 했다. 같이 자원했던 학부생 실험실원은 동물 사육과 실험 수행이 부담스러워서 서서히 실험실을 떠났고, 결국 실험실 관리는 거의 나의 몫이 되었다. 생쥐는 크기가 작아서 관리 실수로 사육 상자를 탈출하여 다른 연구실과 실험실에 돌아다니면서 책상 서랍에 들어가서 배변과 배뇨를 해서, 심리학과 선생님과 학생의 원성을 샀던 웃지 못할 에피소드가 많았다. 그러나 이런 노력은 장 선생님과 나의 인연을 스승과 제자의 관계를 넘어서 깊게 만들었고, 나아가서는 다른 선생님들의 신망도 동시에 얻도록 만들었다. 장 선생님과 개인적 접촉 시간이 증가함에 따라, 나는 다른 사람에게 말하기 어려운 개인적 사정을 털어놓을 기회가 많아졌다. 장 선생님도 과거 한일협정 비준 반대 데모에 참여한 일로 인해 서울대 심리학과를 떠나 고대 심리학과 대학원으로 진학하게 된 사정, 우리나라에서 처음으로 생리심리학을 전공하면서 겪은

애로사항을 극복한 일 등 본인의 이야기를 들려주셨다. 장 선생님은 사석에서 "봉교야, 나를 형같이 생각해라."라는 말씀을 하셨고, 이런 관계는 영남대학교 교수 시절까지 유지되었다. 평소 장 선생님은 자신을 이성적이기보다는 감정적이고 저돌적으로 새로운 영역에 도전하여 개척하는 사람이라고 말하시는 반면에, 나에 대해서는 총명하고 성실하고 신뢰할 수 있지만, 감정에 잘 휘둘리지 않고 냉정하여서 인간적인 면이 부족하다고 지적하셨다. 이런 소개는 내가 영남대학교 교수로 부임하였을 때 학생들이 나에 대한 첫인상을 형성하는 데 지대한 영향을 미쳤다.

신림동
관악캠퍼스에서

서울대학교는 1975년에 신림동 관악캠퍼스로 이전했고, 분리된 캠퍼스를 가졌던 단과대학들은 관악캠퍼스에 모이게 되었다. 문리대는 관악캠퍼스로 이전하여 인문과학대학, 사회과학대학, 자연과학대학 등으로 재편되었다. 심리학과는 사회과학대학으로 소속이 변경되었고, 학과 교수 수는 기존 4명에서 10명으로 증원되었다. 장 선생님도 이때 막내 교수로 심리학과에 합류하셨다. 이전 초기에는 심리학과 실험실이 완비되지 않아 나는 1학기 동안 장 선생님 연구실에서 학교생활을 하였다. 실험 공간과 동물 사육실이 분리된 새로운 생리실험실이 완성된 후에 나는 실험실에 머물면서 실험 장비의 제작, 동물 사육, 실험 등에 참여했다. 4학년 말에 학부 졸업논문을 작성했는데, 과거 실험실 경험이 많은 도움이 되었다.

당시 심리학과 학생들의 진로는 행정고시 혹은 외무고시를 준비하거나, 빨리 병역의무를 마치고 취업 준비를 하여 당시에 인기 있었던 종합상사에 취직하는 것을 목표로 했고, 일부는 대학원 석사과정을 마치고 해외 유학을 계획했다. 나는 생리심리학 실험실 경험으로 인해 대학원 진학에 뜻을 품었다. 4학년 2학기가 시작되었을 때 나는 병역 문제가 해결되었으므로 당연히 장 선생님을 지도교수로 하여 대학원에 진학하겠다는 의사표시를 했다. 그러나 장 선생님은 즉시 허락하지 않고, 시간을 두고 생각해 보자고 하셨다. 학기 중간이 되어서 장 선생님은 그동안 나와의 관계로 봐서 당연히 석사과정 지도학생으로 받고 싶은 감정이 앞서지만, 대학에서 생리심리학 전공으로 학위를 취득한 후의 진로가 너무 험난하므로 응용심리학 분야인 산업심리학을 전공하는 것이 어떻겠냐고 말씀하셨다. 장 선생님은 그동안 홍미 삼아 기업 직원을 대상으로 성공 동기와 긍정적 사고를 주제로 강의했고, 이런 인연으로 취업을 추천해 줄 수 있을 거라고 하셨다. 그러나 당시 나는 서울대학교 대학원에서 산업 및 조직심리학 전공을 지도해 줄 교수가 마땅치 않다고 난색을 표시했다. 결국 나는 장 선생님의 중재로 사회심리학 교수인 차재호 선생님의 허락을 얻어서 선생님의 지도하에 석사과정에서 산입심리학을 전공하기로 했다. 차 선생님은 원칙주의자로 소문이 나서 다른 전공 학생의 지도교수를 맡아줄 가능성이 매우 낮았는데, 흔쾌히 석사과정 지도를 허락하셨고, 나중에 박사과정에서 생리심리학을 전공할 때도 지도해 주셨다.

나는 대학원에 진학하여 심리학과 조교로 임용되었고, 생리실험실에서 사회심리학 대학원생 연구실로 자리를 옮겼다. 나는 석사과정을 다니는 동안 틈틈이 장 선생님 연구실을 찾아가 커피를 마시면서 홍미로운 연구 주제나 서적, 실험 결과, 외부 강연 등에 관한 이야기를 듣고, 또한 신상 문제에 관한 이야기를 나누었다. 그 당시 장 선생님은 건강 문제, 학과 내 막내 교수로서의 고충, 연구 인력과 설비의 미비 등으로 어려움을 겪었으므로 속을 터놓고 대화할 상대가 필요했고, 내가 그 점에서 조금 위로가 된 바가 있다고 생각한다. 당시 심리학과 분위기에서 대학원생이 지도교수가 아닌 다른 교수를 자주 찾아간다는 것은 상당히 부적절한 처신이 될 수 있었지만, 주변에서 장 선생님과 나의 관계를 이해하고 이를 비난하지 않았던 것은 참 다행이었다.

직장에서 석사학위 논문을 쓰다

나는 석사과정 2년 차가 되었을 때, 국내에서 박사과정을 진학할 것인지 아니면 해외로 유학하여 박사과정을 진학할 것인지를 결정해야 했다. 그 당시 국내 대학교에서 심리학과 교수직을 얻는 것은 거의 불가능했으므로, 시간적 여유와 기회의 폭을 넓히기 위해서 국내에서 박사과정을 진학했던 대학원생들도 중도에 해외로 유학을 떠났다. 나는 형편상 선뜻 해외 유학을 결정하기 곤란했으므로 진로에 대해 상당히 고민했고, 따라서 장 선생님과 의논할 수밖에 없었다. 장 선생님은 대한전선 주식회사 종합조정실 인사과 과장으로 근무하는 심리학과 동기에게 그동안 만날 때마다 심리학 전공자의 채용 필요성을 설득해서 긍정적인 답을 얻었으니 내가 그곳에 취직할 의향이 있는가를 물으셨다. 별로 선택의 여지가 없었던 나는 일주일 동안 고민하다가 취직을 결정했다. 그래서 나는 석사학위논문을 완성하지 않은 채로 급히 심리학과 대학원생 특채로 회사에 입사하게 되었다. 내가 취업한 다음 해에는 대한전선 사원 공채 공고에서 전공 자격 요건에 국내 최초로 심리학 전공을 포함했다.

나는 입사 후 2년 동안 인력 및 조직 개발 분야에서 심리학 지식을 응용하면서 무난한 직장생활을 하였다. 특별한 일이 없었다면 대학교에서 맺은 장 선생님과 학연은 그것으로 끝났을 것이다. 그러나 그때 우리나라에는 제2차 오일쇼크가 닥쳐와서 상당한 기업들이 부도 위기를 겪었다. 내가 근무하는 회사도 경비를 줄이기 위해서 생산과 영업 부서 이외에는 비용을 대폭 절감하였으므로 회사에서 내가 할 업무가 줄었다. 나는 시간이 많이 남았으므로 선배와 동료들의 협조와 지원을 바탕으로 논문을 완성하여 1980년 2월에 석사학위를 취득했다. 그때는 전두환 군부 쿠데타로 인해 정치와 사회가 혼란스러웠지만, 대학입시 문제 해결 대책으로 대학 정원이 대폭 증원되었고 많은 대학에서 새로운 학과들이 신설되기 시작했다. 심리학과도 신설되기 시작하여 그 후 30여 대학에서 신규 설립되었다. 장 선생님은 서울대학교 박사과정을 수료하시고 박사학위논문을 완성해야 한다는 압박감을 받다가, 1978년에 교육 및 연구 설비를 충분히 지원해 주겠다는 약속을 받고 영남대학교 심리학과 교수로 부임하셨다. 이때 장 선생님은 상경할 때마다 몇 번이나 회사를 방문하여 나를 만나고 가셨는데, 특히 내가 석사학위논문을 쓰는 것을 격려해 주셨다.

새로운 일터가 된 영남대

장 선생님은 1981년에 심리학과에 심리학 연구방법론 교수 채용을 요청하였는데, 이것이 수락되면 나에게 지원을 해보라는 정보를 주셨다. 나는 1981년에 영남대학교에 채용되어 심리학과 교수로 부임하였고, 서울대학교 심리학과에서 장 선생님과 스승과 제자 관계로 보낸 5년을 넘어서 2007년 장 선생님이 정년퇴임을 하실 때까지 26년간 영남대 심리학과에서 함께 생활하였다. 장 선생님은 교육, 연구 및 생활에서 나의 여러 부족한 면을 채워주는 멘토로 역할을 충분히 해주셨다. 내가 영남대학교에 부임한 초기에 장 선생님이 박사학위논문을 준비하셨는데, 나는 연구방법론 지식으로 논문 작성을 조금이나마 지원할 수 있었던 것이 은혜를 갚았던 기억이다. 장 선생님이 학교에 요청하여 마련한 동물 실험실과 동물실험 장비가 나에게 연구방법론에서 생리심리학으로 전공을 바꾸어 박사학위를 취득하는 계기가 되었다. 영남대학교에서 보낸 시간 동안에도 항상 나에게는 든든한 버팀목이 되어주셨던 장 선생님은 2020년 4월에 78세 생일을 열흘 앞두고 타계하셨는데, 얼마 동안 나는 삶에서 중요한 가족 동반자를 상실한 허전함을 느꼈다. 요즘도 어쩌다 장 선생님과 공통 추억의 공간이었던 심리학과 실험실에서 생시와 같이 이야기를 나누는 꿈을 꾼다.

현장에서 보고 배운 학문의 길 -최재석 선생님과의 만남

이창기
명예교수 | 사회학과

어느 철학자는 인생은 만남이라고 설파했다. 사람의 한살이는 수없이 많은 만남의 연속이라는 것이다. 그 수많은 만남 중에서도 시대와의 만남, 사상과의 만남, 인물과의 만남이 인생을 엮어가는 데 가장 중요하다고 했다. 특정한 시대에 태어나서 그 시대가 제공하는 사회적 과제에 대응하고, 특정한 사상과 접하면서 인생의 방향을 설정하고, 특정한 인물과 교유하면서 삶의 질과 내용을 가다듬는다는 것이다.

한 시대를 풍미하는 영웅호걸이야 말할 것도 없겠지만 소박한 삶을 살아가는 필부에게도 이러한 만남은 소중하지 않을 수 없다. 거창하게 시대와 사상까지는 논하지 않더라도 누구와 만나서 어떤 관계를 교환하느냐 하는 것은 한 사람의 인생에 매우 의미 있는 영향을 미칠 수 있다.

내가 살아오는 과정에서도 많은 사람들로부터 삶의 교훈을 얻고 어려운 고비마다 분에 넘치는 도움을 받았지만, 그중에서도 최재석 선생님과의 만남을 가장 첫머리에 들지 않을 수 없다. 선생님은 2016년에 만 90세로 타계하실 때까지 가족사회학, 농촌사회학, 고대한일관계사 등의 분야에서 논문 369편과 저서 26권의 탁월한 연구 업적을 남긴 사회학자이시다. 선생님은 나에게 학문에 대한 열정을 심어주셨을 뿐만 아니라 좌절의 늪에서 허우적거릴 때 경제적 지원과 함께 격려와 채찍을 아끼지 않으셨다. 항상 가까이에 두고서 학문하는 자세와 방법을 몸으로 가르치셨다. 선생님의 학문적 경지에 비하면 나는 선생님의 근처에도 얼씬거리지 못할 처지이지만, 그래도 학문의 길을 포기하지 않고 선생님의 뒤를 따르고자 안간힘을 쏟았던 것은 선생님께서 베풀어주신 가르침의 그늘이 그만큼 짙고 길기 때문이라 믿고 있다.

첫 만남

내가 선생님을 처음 뵙게 된 것은 1969년 대학 입학 면접 고사장에서였다. 갓 고등학교를 졸업하고 교복을 입은 채 잔뜩 긴장해서 면접고사장에 들어선 나에게 선생님은 대뜸 '사회학과는 취직이 잘 안 되는데 왜 사회학과를 지원했느냐'고 물으셨다. 간단한 상식이나 테스트하리라 생각했는데 뜻밖의 질문에 순간 당황했지만, 대학교수가 되어 계속 학문을 하겠다는 나름의 뜻을 세우고 있었기 때문에 취직이 안 되더라도 계속 공부하겠다고 주저 없이 답변을 드렸다. 뒤에 알게 된 사실이지만 선생님께서는 나뿐만 아니라 그날의 모든 면접생에게 똑같은 질문을 하셨고, 학생들도 모두 한결같이 취직에 연연하지 않고 열심히 공부하겠다는 답변을 드렸다고 한다. 선생님의 이 질문은 면접 때 그냥 한번 던져보는 의례적인 질문이 아니라 학문에 대한 선생님의 강한 집념이 반영된 것이라는 점을 우리는 대학생활을 하면서 점차 깨닫게 되었다. 우리가 게으르거나 과제가 너무 많다고 불평이라도 하는 날이면 선생님께서는 '입학할 때 공부만 하겠다고 약속했잖아!' 하고 우리를 압박하셨고, 그럴 때마다 우리는 어느 누구도 선생님의 말씀에 항변할 수 없었다. 긴장 속에서 철없이 한 약속이 대학 4년 내내 우리를 옥죄는 족쇄가 된 셈이었다. 그러나 나에게는 그날의 이 짧은 대화가 막연하게 가슴에 품고 있던 장래 진로에 대한 나의 생각을 기정사실화하고 다시 다짐하게 하는 계기가 되었다.

입학식을 마치고 달포나 지났을까? 봄이 무르익어 가는 어느 일요일, 선생님께서는 나를 연구실로 부르셨다. 당시 선생님께서는 일요일은 물론이고 설과 추석 명절날에도 연구실을 지키기로 유명했다. 내가 연구실에 들어서자마자 선생님께서는 질문을 쏟아부었다. 부모님은 무엇을 하시느냐, 왜 사회학과를 지망했느냐, 사회학자 중에서 일고 있는 사람은 누구냐, 매스컴에 자주 등장하는 사람들은 열심히 공부하는 학자가 아니다, 학문의 길은 배고프고 고달픈 가시밭길인데 그래도 학문을 계속하겠느냐 등등 심문과도 같은 질문이 오전 내내 이어졌다. 아직 학문이 무엇인지도 모르는 나에게는 등골에 땀이 고일 정도의 고역이었다. 그러나 사적으로 선생님을 처음 뵈었던 이날의 면담은 학문의 길을 거스를 수 없는 나의 길로 각인되게 만들었다.

원고 정리를 통한 실습

첫 개별 면담이 있은 후 나는 자주 선생님에게 불려 가 여러 가지 일을 거들어 드리게 되었다. 주로 원고 정리와 자료 심부름이었다.

선생님은 논문 초고를 시험용 8절지 갱지에 볼펜으로 작성하셨다. 때로는 광고 전단 뒷면이나 편지봉투를 뜯어서 그 이면에 메모한 것들도 있었다. 중간에 첨가할 내용이 있을 때는 가위질을 해서 풀로 덧붙이기도 하였다. 위치와 순서를 찾아가는데 혼동이 없도록 번호나 별표를 붙여둔 곳이 한두 군데가 아니었다. 복잡하기 짝이 없어서 흡사 누더기를 꿰어 맞추는 듯했다. 게다가 써야 할 내용은 많고 성품은 급해서 글씨는 쉽게 알아보기 어려울 정도로 난필이었다. 이러한 논문의 초고를 200자 원고지에 정서하는 일이 나에게 부여된 중요한 임무였다. 처음에는 몹시 힘들고 혼란스러웠지만 한 번 두 번 거듭하면서 요령이 생겼다. 필체의 획도 점차 눈에 익기 시작했다. 일이 반복되면서 다른 학생들이 판독할 수 없는 원고도 나는 쉽게 판독할 수 있게 되었다. 다른 학자들보다 엄청나게 많이 발표하시는 그 많은 원고가 이 시기에는 거의 내 손을 거쳐서 정리되었다. 이렇게 시작한 원고 정서 작업은 내가 대학원을 마칠 때까지 계속되었다.

원고를 정서하는 작업은 단순한 노동이 아니다. 원고를 정서하기 위해서는 원고 전편을 정독하여야 하고 전후 문맥을 꼼꼼히 살펴야 한다. 누구보다 먼저 논문을 읽는 첫 번째 독자가 되는 것이다. 논문의 구성이며 논리의 전개 과정, 자료의 처리 방법 등에 대해서 충실한 학습의 기회가 된다. 문장력이 매우 약했던 내가 논문 작성의 능력을 제대로 키워갈 수 있었던 것은 이때의 원고 정서 작업이 큰 힘이 되었다. 가장 값진 수련 과정이었다.

선생님께서 자료를 수집하는 과정에서 심부름해야 할 일들도 적지 않았다. 다른 대학이나 연구기관에 계시는 선생님들을 만나 자료를 빌려오거나 원고를 전해 드리는 심부름을 하면서 많은 분들을 만나고 여러 가지 자료들을 접할 수 있었다. 다양한 학문의 세계를 접하고 시야를 넓힐 수 있는 계기가 되었다.

이렇게 선생님을 도우면서 배우는 기회가 늘어나자 나는 아예 선생님의 연구실 한쪽에 책상을 마련하고 들어앉게 되었다. 온종일 선생님과 함께 생활하는 개인 조교가 된 것이다.

선생님의 첫 선물

선생님의 원고를 정서하는 일이 반복되던 어느 날 선생님께서는 원고 정서와 함께 지금까지와는 다른 새로운 주문을 하셨다. 대학 2학년이 되는 1970년 1학기 초로 기억한다. 그날 받아 온 원고 초고도 난필에 복잡하기는 종래의 초고와 마찬가지였지만 마지막 결론 부분이 빠져 있었다. 선생님께서는 나에게 서론과 본론을 읽고 결론을 직접 써서 정서해 오라고 명하셨다. 그동안 몇 편의 원고를 정서하였다고는 하지만 이제 갓 2학년이 되는데 선생님의 논문에 결론을 써 오라니 가당치 않은 일이었다. 내 능력으로는 감당할 수 없는 일이라 극구 사양하였지만, 선생님께서는 당신이 수정할 터이니 걱정하지 말고 써보라 강권하셨다. 아마도 족히 두 주일은 넘게 고심해서 결론 부분을 써서 제출하였던 것으로 기억한다. 한참 시간이 지난 후 출판된 논문의 별쇄본을 받아 보았을 때 그 논문의 결론 부분에 내가 쓴 문장은 단 한 줄밖에 찾아볼 수 없었다. 논문 작성의 능력을 테스트할 겸 훈련을 시키고자 시도하셨던 것이 아니었을까 짐작한다.

그 일이 있은 얼마 후 선생님께서는 새로이 인쇄된 『韓國家族硏究』의 재쇄본을 선물로 주셨다. 1966년에 초판이 발간된 이 책은 이때 매진이 되어서 시중에서는 구할 수가 없었다. 그래서 1970년 5월에 초판의 지형을 활용해서 다시 인쇄하여 간행하였는데 출판사에서 저자에게 증정한 세 권 중에 한 권을 나에게 선물로 주신 것이다. 책 옆머리에 '贈呈 民衆書館'이란 증정인이 찍힌 이 책 첫 장에 '李昌基君/著者'라고 직접 서명을 해서 주셨다. 시중에서 구할 수 없는 귀중한 책을 저자로부터 증정받았다는 것은 무한한 영광이 아닐 수 없었다. 나는 책상 앞 제일 가운데 자리에 꽂아두고 책상에 앉을 때마다 설렘을 되새기곤 하였다.

그런데 이 설렘이 채 가시기도 전에 변고가 생겼다. 기말고사를 며칠 앞둔 어느 날 내 친구를 가장한 도둑이 들어 다른 몇 권의 책과 함께 이 책을 훔쳐 간 것이었다. 책 한 권 사기도 어려웠던 당시 내 형편에 여러 권의 책을 도난당한 것이 여간 마음 상하는 일이 아니었지만, 특히 선생님께서 직접 서명해서 선물로 주셨던『韓國家族硏究』를 도난당했다는 것은 참으로 가슴이 쓰리고 아팠다. 도저히 그냥 넘길 수 없는 일이었다.

기말고사가 진행 중이었음에도 나는 이 책을 찾아나섰다. 시중 서점에서는 이 책을 찾을 수 없다는 것을 나는 잘 알고 있었다. 초판본은 이미 구할 수 없었고, 재쇄본은 아직 시중에 배포되기 전이었기 때문이다. 만약에 시중 어느 서점에 이 책이 있다면 그것은 분실된 내 책임이 분명할 것이란 생각에 청계천 헌책방을 뒤지기 시작했다. 첫날 청계천 헌책방과 안국동 고서점을 다 뒤졌지만 허탕이었다. 일주일 후 다시 찾아나섰지만 역시 허탈한 가슴을 안고 돌아왔다. 그러나 지성이면 감천이라 했던가. 세 번째 찾아나선 길에 청계천 어느 헌책방에서 이 책을 발견했다. 두근거리는 가슴을 진정하며 서가에서 책을 뽑아 들었다. 책 옆머리에 '贈呈 民衆書館'이란 증정인이 선명했다. 첫 장을 펼쳤다. 선생님께서 직접 써 주셨던 '李昌基君' '著者'란 서명은 예리한 면도칼에 긁혀 지워져 있었다. 내 책이 분명하였다. 떨리는 목소리로 주인에게 전후 사정을 얘기하고 책을 돌려달라고 간청하였다. 대학생 교복을 입은 어느 학생이 가져와서 구입했다고 하였다. 그 학생에게 지불했다는 돈을 내가 대신 지불하고 책을 되찾았다. 이때의 날아갈 듯한 기분을 나는 지금까지도 어제의 일처럼 생생하게 기억하고 있다. 선생님과의 인연이 서려 있는 이 책은 지금도 선생님의 서명이 긁힌 채 내 서가에 고이 간직되어 있다.

첫 현지조사 참여
경산군 남천면 금곡동의 수리집단 조사

선생님의 논문 초고를 원고지에 정서하는 일을 주로 돕던 내가 현지조사에 따라나서게 된 것은 대학 3학년이던 1971년 7월 초였다. 기말고사가 끝나고 방학이 시작되자 선생님께서는 경산에 있는 저수지의 수리집단을 조사하기 위한 계획을 수립하고 나에게 동행할 것을 요청하셨다. 본가가 대구에 있었기 때문이기도 하겠지만 단순한 원고 정서를 넘어서 현지조사를 직접 체험할 기회를 제공하시려는 의도였던 것으로 짐작된다. 출발하기 며칠 전에 조사 내용, 예상 논문 목차, 그리고 수리집단에 관한 관련 자료를 한 보따리 주시면서 일주일 이내로 모두 읽고 머릿속에 정리해 두라고 하셨다. 자료가 많지는 않았지만, 현지조사의 경험이 전혀 없는 대학 3학년의 능력으로 체계적으로 정리되지 않은 자료를 읽고 이해하기란 쉬운 일이 아니었다. 현지조사가 거듭되면서 알게 된 사실이지만 선생님께서는 늘 조사를 떠나기 전에 그동안 모아둔 자료를 몽땅 전해주시고는 현지에서 조사할 내용을 충분히 숙지하도록 예비 학습을 시켰다. 선생님의 머릿속에 있는 아이디어와 정보를 내 머릿속으로 옮기는 과정이라고 할 수 있다. 때로는 선생님께서 주시는 자료의 양이 엄청나게 많아서 정해진 기간 내에 읽기조차 벅찰 경우도 많았다. 그러나 지나고 생각해 보면 시행착오를 줄이고 조사의 효율을 극대화시키는

데에 이보다 더 능률적인 방법은 없을 듯하다.

조사 대상 지역은 경산군 남천면 금곡동이었다. 경산군은 전국 시군 중에서 저수지가 가장 많은 지역이었는데, 금곡리에는 두 개의 저수지가 있었다. 각 저수지에는 물을 공동으로 이용하는 몽리민의 조직이 구성되어 있고, 물을 분배하고 공동으로 이용하는 규칙과 질서가 매우 엄격하다는 사실을 나는 이때 처음 알았다.

현장조사는 이틀 동안 진행되었다. 마을 유지들과 각 수리집단의 역원들을 면담하고 그 내용을 하나하나 기록하였다. 때로는 산골짜기를 한참 거슬러 올라가 비탈진 밭고랑에서 인터뷰를 진행하기도 하였다.

둘째 날 아침. 조사 나갈 준비를 하는 나에게 선생님께서는 오늘 조사는 혼자 다녀오라고 하셨다. 몸이 불편하여 현지에는 못 가겠다는 것이다. 생전 처음 현지조사에 따라나선 나를 보고 혼자 조사를 다녀오라니. 아! 이 일을 어쩌나! 눈앞이 아득하였다. 그러나 선생님의 명이니 어쩔 도리가 없다. 뒷날 생각해 보니 그날 선생님께서 몸이 불편하단 말씀은 사실이 아니었을 것으로 짐작된다. 아마도 나를 훈련시키기 위해 짐짓 칭병하셨던 것이 아니었을까 추측된다. 어쨌든 그날 나는 혼자서 마을을 헤매며 여러 사람을 만났다. 떠나기 전에 숙지해 둔 내용과 어제 선생님께서 하시던 모습을 생각하며 두서없이 하루 일과를 마쳤다. 혼자서 질문하고, 이야기 듣고, 메모하는 일이 꽤 힘이 들었지만 처음의 두려움도 점차 가셨다. 메모가 쌓이면서 조사 내용도 가닥이 잡히기 시작하였다. 선생님께서 떠나기 전에 왜 자료를 모두 읽고 머릿속에 정리해 두라고 하셨는지 이해가 갔다.

망각도는 시간에 비례한다

조사를 마치고 경산을 떠나는 시각에 선생님께서 하신 말씀은 나를 더욱 당황스럽게 하였다. 선생님께서는 "망각도는 시간에 비례한다."라는 경구를 상기시키면서 나에게 두 가지를 지시하셨다.

첫째는 대구에 있는 집에 들러서 일주일만 쉬고 상경하라는 것이다. 조사 내용을 잊어버리기 전에 자료 정리를 마쳐야 한다는 것이다. 그때 나는 겨울방학을 마치고 서울에 올라가서 중간에 한 번도 집에 들르지 못했다. 부모님과 동생들도 보고 싶고 만나야 할 친구도 많은데, 한 학기 만에 처음 귀가하는 제자를 일주일만 쉬고 상경하라니, 야속한 마음도 들었다. 그러나 어쩌랴. 선생님의 지시니 따를 수밖에.

선생님의 두 번째 지시는 나를 더욱 황당하게 만들었다. 상경 후 두 주일 이내에 보고서를 작성해서 제출하라는 것이었다. 자료를 정리하는 수준이 아니라 미리 학습한 예상 목차에 맞추어 논문의 틀을 완전히 갖춘 보고서를 만들어 오라고 하셨다. 그동안 선생님의 원고를 정서하면서 꽤 여러 편의 논문을 읽어보기는 하였지만 아직 한 번도 논문을 써보지 않은 대학 3학년에게 선생님의 이 지시는 너무나 부담스러운 것이었다. 일주일을 채우지도 못하고 서둘러 상경하고 말았다. 서울에 돌아왔다고 보고서 작성 작업이 제대로 진척될 리가 없었다. 약속된 두 주일은 걱정만 하다가 후딱 지나가고 말았다. 선생님의 재촉과 질책이 빗발쳤다. 만날 때마다 '보고서 다 되었냐?' '뭐 하느라 그렇게 꾸물대느냐!' '망각도는 시간에 비례한다고 했잖아!' 하며 채근하셨다. 선생님을 뵙기가 무서울 정도로 스트레스를 받았다. 아마도 한 달도 훨씬 더 넘어서야 보고서를 완성하였던 것으로 기억한다. 비록 습작이지만 내가 논문의 형태를 제대로 갖춘 작품을 직접 만들어보기는 이것이 처음이었다.

이렇게 작성한 보고서는 선생님의 손질을 거쳐서 논문으로 발표되었다. 인쇄된 논문에 내가 작성한 보고서의 내용이 상당 부분 살아남았다. 일년 전 결론 부분만 썼던 글이 대부분 사라지고 한 줄만 달랑 살아남았던 것에 비하면 장족의 발전이라 생각되었다. 이렇게 시작된 현지조사와 보고서 작성 훈련은 1970년대 초반의 농촌 조사와 1970년대 후반의 제주도 가족 조사로 이어졌다. 조사 때마다 "망각도는 시간에 비례한다."라는 경구는 늘 나를 긴장시켰다.

저명 종족마을 양동 조사 수행

1971년 여름방학 때 경산에서 수리집단을 조사한 후부터는 방학 때마다 선생님의 현지조사에 동행하게 되었다. 그해 겨울방학에는 경주 인근의 유명한 양동마을을 조사하게 되었다. 이번 조사에는 단일 주제가 아니라 여러 가지 주제를 함께 다루는 복합조사였다. 반상관계, 지주 소작관계, 권력구조, 농촌 계층 등이 조사의 주요 내용들이었다. 조사의 내용이 복잡한 데다가 양동은 전국적으로 소문난 반촌이라 더욱 조심스럽고 힘들었다. 게다가 현지 마을에는 숙박시설은 고사하고 식사할 수 있는 식당도 없었다. 2~3㎞ 떨어진 안강읍에 숙박을 정하고 출퇴근했다. 점심 식사는 빵과 우유로 때웠다.

양동마을은 전국적으로 잘 알려진 여강이씨와 월성손씨가 세거하는 유명한 반촌으로 반상 차별의식이 매우 강하고, 두 성씨 사이에는 대립과 갈등이 매우 심했다. 이런 마을에서는 주민들이 자기 자신을 쉽게 드러내지 않기 때문에 공식적이고 일시적인 면접만으로는 사회조사가 매우 힘들다. 그래서 종손을 비롯한 두 문중의 주요 지도자들과 이장을 비롯한 마을의 공식 지도자들을 두루 만나야 하고, 신분이나 계층별로 다양한 사람들의 이야기를 청취해야 한다.

그런데 지나간 여름의 경산 조사에서와 마찬가지로 양동에서도 선생님께서는 3일만 같이 조사를 하고 서울로 올라가셨다. 남은 나머지 조사는 나 혼자서 마무리해 올라오라는 것이었다. 고되게 훈련시키겠다는 의도임이 분명한 것 같았다. 걱정이 안 된 것은 아니었지만, 여름에 혼자서 조사해 본 경험이 있었기에 일단 부딪쳐 보기로 하였다. 혼자서 많은 사람들을 만났다. 상민 출신의 개발위원도 만나고, 정자의 고직이 부부도 만났다. 양반 출신의 한 인물에게서는 스스로 밝히기 어려운 양반가의 부끄러운 얘기들까지 들을 수 있었다. 외지 출신의 전직 초등학교 교사였던 어느 선생님하고는 밤늦게까지 막걸리 잔을 기울이며 양반을 비판하는 얘기를 듣다가 막차를 놓치고 한밤중에 형산강의 칼바람을 맞으며 먼 길을 걸어서 숙소로 돌아오기도 했다. 혼자서 해내기에는 벅찬 일이기는 하였지만 많은 사람을 만나서 그들의 가슴속에 묻어누었던 다양한 이야기를 들을 수 있었고, 많은 것을 배우고 느낄 수 있는 기회가 되었다. 현지조사는 긴 시간에 걸친 참여관찰과 비공식적인 접촉이 꼭 필요하다는 것을 절감하였다.

1971년의 경산과 양동 조사 이후 선생님께서는 경북뿐만 아니라 경기도 여주, 강원도 원성, 충남 청양 등 여러 지역에 흩어져 있는 마을들로 현지조사의 범위를 점차 넓혀나갔다. 그때마다 나도 선생님을 수행해서 현장을 돌았고, 때로는 나 혼자서 조사를 수행하기도 여러 차례였다. 이렇게 축적된 현장조사의 경험은 내가 오늘날까지 농촌 주민들의 마을 생활과 문중 활동에 관심을 가지고 연구를 지속하게 된 바탕이 되었다. 매우 부끄러운 작품이지만 졸저 『영해지역의 반촌과 어촌』(경인문화사, 2015), 『한국종족집단연구』(경인문화사, 2023)는 바로 이러한 선생님의 가르침과 현장 학습의 흔적이다.

제주도 조사연구

1975년부터 선생님께서는 제주도의 가족과 친족에 관한 연구에 착수하셨다. 1975년 5월 10일부터 6월 7일까지 29일간 진행한 제주도 친족 연구의 제1차 현지조사에 나는 직장에 근무하고 있어서 참여하지 못하였지만, 1975년 12월 14일부터 이듬해 1월 22일까지 40일간 진행된 2차 조사부터는 내가 전담하게 되었다. 2차 조사 이후 나는 여러 차례 제주도를 왕래하며 가족 유형, 상속제도, 혼인의례, 촌락내혼과 친족조직, 양자제도, 이혼과 재혼, 첩제도, 사후혼, 조상제사, 장례 등 제주도 가족제도의 전반에 걸쳐 자료를 수집하고 보고서를 작성하였다. 이러한 조사 내용들은 선생님의 저서 『濟州島의 親族組織』(일지사, 1979)에 수록되었다.

선생님의 제주도 친족 연구에 현지조사원으로 참여하게 된 것은 나에게 엄청난 자극을 주었다. 한국 문화가 동질적일 것으로 믿고 경상도의 가족을 중심으로 한국의 전통 가족을 이해하고 있던 나에게 한반도의 전통적인 가족제도와 매우 상이한 제주도 가족의 모습은 경이로움과 동시에 충격이었다. 제주도의 동쪽에 위치한 중산간 마을에서 추운 겨울 한철을 보내면서 이국적인 제주도의 풍광보다도 신비로운 제주문화에 깊이 빠져들었다. 이때의 충격과 학문적 호기심이 오랫동안 나를 제주도 연구에 천착하게 만들었다. 이를 계기로 1980년부터 3년간 제주대학교 사회학과에서 근무하게 되는 영광을 얻기도 하였고, 제주대학을 떠난 이후에도 제주도 연구를 계속하여 『濟州島의 人口와 家族』(영남대출판부, 1999)을 펴냈다. 제주문화와 제주 사람에 대한 이러한 지속적인 관심으로 제주학회의 회장에 선임되기도 하였다.

단계적이고 치밀한 도제식 훈련

선생님께서는 제자를 아끼고 사랑하는 마음이 한없이 깊고 넓지만, 학문의 영역에서는 매우 엄격하고 철저하셨다. 현장을 중심으로 이루어지는 선생님의 제자 훈련 방법은 매우 치밀한 계획 아래서 단계적으로 진행되는 것 같다. 나의 경험에 비추어보면 제자를 선택할 때 먼저 원고 정리를 시켜서 학문적 기초 소양을 파악하고, 현지조사를 떠나기 전에는 관련 자료를 충분히 숙지토록 하는 확실한 예비학습을 시키고, 현지에서는 직접 몸으로 부딪쳐 주민들의 삶의 현장을 직접 경험하도록 하며, 조사를 마친 후에는 망각도가 작동하기 이전에 보고서를 완성해서 제출하도록 독려한다. 그래서 많은 제자들이 선생님을 존경해 마지않으면서도 어려워하고 두려워한다. 나 또한 선생님의 일을 거들면서 힘들고 어려운 일들이 적지 않았다. 그런데도 내가 선생님 곁을 떠나지 못한 것은 제자를 아끼고 사랑하는 마음이 누구보다도 강하다는 것을 너무나 잘 알고 있었기 때문이다.

나는 학문의 길을 선택하고 사회학과에 진학하였지만, 가정 사정으로 학업을 계속하기 어려운 난관에 봉착하기도 하였다. 그럴 때마다 선생님께서 나를 다잡아주셨다. 따뜻한 격려와 함께 경제적 지원도 아끼지 않으셨다. 이러한 선생님의 격려와 지원이 있어서 오늘 내가 존재할 수 있었다. 내가 결혼하던 날 선생님 내외분이 대구까지 내려오셔서 참석해 주셨다. 나는 선생님을 하객으로 모실 수가 없었다. 집안 어른들과 의논하여 혼주석 뒤에 따로 자리를 만들어 선생님 내외분을 모셨다. 학문의 자식으로 나를 길러주신 선생님을 나는 부모의 예로 모시고 싶었다.

선생님께서는 평소에 당신께서 심혈을 기울였던 학문 영역에 후속 연구가 이어지지 못하는 것을 안타깝게 생각하시고 후진 육성을 위한 장학사업에 깊은 관심을 가지고 계셨다. 그런데 2016년 가을에 갑자기 돌아가심으로써 그 뜻을 펴지 못하셨다. 이를 안타깝게 생각한 사모님께서 유산을 정리하여 거금 10억 원을 한국사회사학회에 기증하여 '최재석 학술상'을 제정하였다. 2020년부터 본상(저작상)을 비롯하여 우수박사학위논문상, 우수학위논문계획상, 공동연구 과제상을 시상하고 있다. 나는 이 상의 운영위원장을 맡아 선생님의 영전에 작은 정성을 보태고 있다. 이 사업이 선생님의 유지를 계승하는 데 일조가 되기를 기원하면서 선생님의 명복을 빈다.

스승과의 동행을 회고하며

이청규
명예교수 | 문화인류학과

애정 어린 관심을 보여주신 삼불 김원용 교수

사제동행이라 함은 문자 그대로 스승과 제자가 함께 길을 간다는 것으로, 구체적으로는 한마음으로 같은 분야를 연구하여 나아간다는 것을 의미한다. 연령으로 보나 사회 경험으로 보나, 더 나아가 가르치고 배운다는 점에 스승과 제자가 동등하지 않은 수직관계에 있어서 언뜻 와 닿지 않는 말이다. 그러나 스승이라 하더라도 제자를 권위로만 다스리지 않으며, 제자라 하더라도 스승을 숭배하여 거리를 두지만 않는다면 가능한 표현이다.

그러한 의미에서 사제동행을 이야기하고자 할 때, 화자는 스승일 수도 있고 제자일 수도 있으며, 다루고자 하는 이야기는 교육과 연구에 대한 것일 수도 있고 사적인 인간관계에 대한 것일 수도 있다. 시간적으로는 초중고 시절일 수도 있지만, 대부분의 다른 정년 교수가 그러하듯이 나는 대학 이후에 제자로서 스승과 함께한 이야기를 하고자 한다.

대학에서 첫 스승은 삼불三佛 김원용 교수이시다. 경성제대 사학과를 졸업하고 1947년부터 1961년까지 국립박물관 학예연구관과 관장으로 활동하셨다. 미국 뉴욕대학에서 「신라토기 연구」 논문으로 학위를 하시고, 1961년에 개설된 서울대학교 고고인류학과의 초대 교수로 부임하셨다. 처음으로 『한국고고학개설』, 『한국미술사』 정식 개론서를 펴내시는 등 고고학, 미술사, 역사학 분야를 두루 거쳐 학계를 주도하신 분이다.

처음 선생님을 뵙던 것은 1973년 대학 입시 면접 때이다. 김 교수님은 영어로 고고학을 무어라 하는지 질문을 하셨는데, 나는 답을 제대로 하지 못하였다. 변명이지만, 당시 고등학교 수업 때 고고학이라는 분야에 대해서 제대로 들은 바 없었다. 다만 국사를 가르치시던 이존희 선생님(후에 서울시립대 교수)이 당시에는 어렵지만, 앞으로 각광을 받을 분야라는 막연한 말씀을 듣고 나의 성적을 감안해서 지원하였을 뿐이다. 정작 지원한 전공 분야의 영어 명칭 archaeology를 알고 있어야 했는데, 그렇지 못하여 지금도 이에 대해서는 자괴심이 막심하다.

1975년 서울 종로구 동숭동에서 관악구 신림동으로 대학캠퍼스가 이전되고, 문리대 고고인류학과는 인문대 고고학과와 사회과학대 인류학과로 분리되었다. 10명 채 안 되는 동학년생 대부분은 인류학과로 가고, 전통문화대학교 총장을 역임한 동기 김재열과 나는 고고학과에 잔류하였다. 대학에 입학한 후 강의실과 유적 발굴 답사현장에서 선생님과 접하는 기회가 많았지만, 선생님으로부터 본격적인 지도를 받게 된 것은 학부 졸업논문을 작성할 때이다.

당시 선생님은 한반도 구석기에 대하여 관심이 많으셨다. 이미 1960년대 초에 연세대 손보기 교수께서 공주 석장리 유적을 발굴하여 남한에서 구석기문화의 존재를 처음으로 확인하였는데, 고고학과의 교수로서 구석기 연구 성과를 내지 못했던 선생님은 그 아쉬움이 컸던 것 같았다. 그런 상황에서 내게 주신 학부 졸업논문의 과제는 일본 구석기 연구의 성과를 정리하라는 것이었다. 당시 이에 대하여 학계에서 정리 발표한 글이 없어 아쉬웠던 차에 그러한 제의를 하셨던 것이다.

당연한 이야기이지만 당시 학부생으로서 내가 찾을 수 있는 자료가 절대적으로 부족하여, 선생님께서 갖고 계신 관련 자료에 상당 부분 의존할 수밖에 없었다. 손수 자료를 찾으시고, 확보되면 학과 연구실에 있던 나에게 전화로 연락을 주셨다. 선생님 연구실은 다른 건물 4층에 있었는데, 걸어 올라오지 말고 연구실 건물 1층 바깥에 오면 자료를 던져 주겠다 하시고, 실제로 그렇게 자료를 받은 적이 여러 번 있었다. 나름대로 논문 형식을 갖추어 원고를 작성하였는데, 선생님께서 친히 교정을 봐주시고, 학회지에 제출해도 좋겠다는 말씀을 주셨다. 그러나 학부생의 졸업논문이라는 점에서 나로서는 계면쩍어 그렇게 하지 못하였는데, 결국 그 논문은 원고지 상태로 아직 내가 갖고 있다.

집안 형편도 그러했지만 순진하게 고고학은 유적 현장과 박물관에 집중하는 것만이 중요하다고 생각하여 외국 유학은 생각도 못 하였다. 단순하고 편하게 고고학을 하는 길을 택한 셈으로 대학교수로서 재직할 때는 물론 정년을 한 지금도 유학에 대한 아쉬움이 무겁게 남아 있다.

여하튼 유학 생각을 못한 나의 2-30대의 행로는 선생님께서 결정하여 주신 것이나 다름없었다. 대학원 2년 차 때에 대학박물관 기성회직 직원으로 직업으로서 고고학을 시작하였다. 당시 서울 동숭동에서 관악 신림동으로 캠퍼스가 이전하면서 대학박물관은 단독 건물을 갖추지 못하고 도서관 6층 일부를 점유하던 상태이었다.

관장이신 선생님의 명을 받아 책임지었던 업무는 신석기시대 안산 별망패총 발굴조사였다. 처음으로 조사용역의 실무 책임을 맡았는데 그 당시 조사원으로 함께 참여하였던 노혁진, 이선복, 이남규 등 여러 후배들은 훗날 한림대, 서울대, 한신대 교수로 임용되었다. 외딴 서해안 포구의 구멍가게 살림집에 숙소를 정하고 2주 정도 발굴하다가 마무리가 가까운 어느 날 서로 어울려 저녁때 술자리를 같이하였다. 나는 잔뜩 취해서 화장실 간다고 나아가다 문지방에 걸려 엎어지는 바람에 얼굴에 큰 상처가 나고 말았다. 작업 보고차 연구실에 들러 상처 난 얼굴로 선생님을 뵈었을 때 꾸중을 각오했지만 아무 말씀 없으셨다.

같은 해 10월 선생님은 사립미술관 연구원으로 가지 않겠느냐고 물으셨다. 선생님은 고고학뿐만 아니라 미술사에도 깊은 이해가 있으셔서 규모가 큰 사립미술관의 자문위원으로 활동하고 계셨다. 많은 사람이 아는 일이지만, 고고학과 미술사는 작품이나 유물 실물에 대한 이해를 절대로 요구하는 분야이다. 이론만으로 부족하고 실물을 많이 접해서 익혀야 하는데, 진열장에 전시된 상태로 보는 것만으로는 부족한 것은 물론이다. 선생님은 대학박물관에 있어 공부하는 것도 좋지만 보다 많은 미술작품을 직접 접할 수 있는 기회가 있어 조심스럽게 의견을 물으셨던 것이다. 추천하신 미술관은 국립박물관도 소장하지 못한 귀중한 고고유물, 고미술뿐만 아니라 국내외 현대미술 등의 작품을 소장하고 있었다.

고고학과 6년 위이고 관악캠퍼스 초대 학과 조교이었던 이종선 선배가 이미 1년 전부터 근무하면서 개관 준비를 하고 있는 상황이어서 부담도 적어 흔쾌히 선생님 말씀에 따랐다. 그로부터 6년간 소장품 수집, 관리, 그리고 평가에 이르기까지 미술관이 있는 용인과 재단 사무실이 있는 서울을 오가며 일을 하였다. 업무량이 적지 않아 야간 근무한 적도 적지 않아 힘들어하였는데, 지금 생각하면 상당히 귀중한 고미술품을 관찰 실견하는 귀중한 기간이기도 하였다.

미술관에 근무하면서 1981년 석사과정 4년 차에 학위논문을 부랴부랴 제출하였다. 논문 주제는 「세형동검 시기 유적유물에 대한 고찰」로 동 미술관에 소장하고 있던 대구 비산동 출토 청동기가 단서가 되었다. 학위논문을 마친 후 1982년부터 학계의 인적 관계를 폭 넓게 갖고 계신 선생님은 서울대, 서강대, 인하대, 한신대 등 여러 대학의 강사 자리를 추천해 주셨다. 담당한 강의는 한국 고고학과 미술사이었는데, 서강대의 경우 수강학생이 4학년이어서 나이 차이가 별로 나지 않아 수업 끝나고 신촌 맥줏집에서 허물없이 자주 함께 자리를 같이했던 기억이 난다.

선생님은 또 한 번 나의 행로에 큰 변화를 주신다. 미술관의 연구원으로 자리 잡아갈 무렵인 1984년 1월에 또다시 새로운 직장을 주선하여 주셨다. 제주대학교 전임강사 자리로, 나로서는 연고가 없는 전혀 새로운 곳의 직장이었지만, 이번에도 선생님 제안을 고맙게 받아들였다. 그야말로 고고학을 원초적으로 다시 시작하는 셈이 되었다. 고고학 연구는 유적에 대한 지표조사와 발굴조사의 성과를 토대로 하지만, 연고가 없는 지역 전역에 대해서 그러한 1차 조사를 수행하고, 그 성과를 토대로 논문을 쓰고 발표하는 사례는 그렇게 많지 않았던 시절이었다.

당시 제주도는 고고학 조사 연구의 불모지나 다름이 없었다. 12년 선배이신 우리 영남대 정영화 교수께서 1970년대에 구석기시대 동굴 유적과 지석묘에 대한 지표조사를 단기간 실시한 것 말고는 고고학자가 제주도 전역에 걸쳐 장기간 지표조사와 발굴을 실시한 적이 없으므로 학자로서 능력을 발휘할 더없이 좋은 기회인 셈이었다. 1984년 3월에 제주대 사학과에 임용되면서 1995년 9월 영남대학교로 자리를 바꾸기까지 11년 6개월은 그야말로 고고학 조사 현장에 있는 형국이었다.

제주도 전역의 지표조사부터, 신석기시대 고산리와 북촌리 유적, 청동기시대 상모리 유적, 탐라시대 용담동 고분과 곽지리 패총, 고내리 토기공방 유적, 용담동 제사 유적, 그리고 고려시대 법화사지, 조선시대 제주목 관아 터 등 전 시대에 걸쳐 직접 발굴한 성과가 있었다. 그러한 조사에서는 당연히 제주대학교 사학과 제자들이 기여한 바가 적지 않았는데, 특히 현 제주고고학연구소 강창화 이사장, 제주문화재연구원 고재원 이사장의 역할은 절대적이었다. 그 조사 성과를 토대로 1995년에 나는 「제주도 고고학 연구」라는 제목의 박사학위논문을 작성하여 제출할 수가 있었다.

선생님께서는 당연히 1961년도 학과 창설 때부터 제자를 육성하셨으므로 나와 같은 73학번 어린 제자에게까지 관심을 보여주시기 쉽지 않은 게 당연한 일이었다. 그럼에도 불구하고 선생님은 남다른 표현 방식으로 애정 어린 관심을 보여주셨다. 정년 1년 앞서 1986년에 저술하신 『한국고고학 개설』 제3판을 보내주셨는데, 책의 뒤 페이지 판권란에 도장을 찍은 대신, 당신 얼굴 모습을 그려 넣으신 자상함과 재치를 보여주셨다.

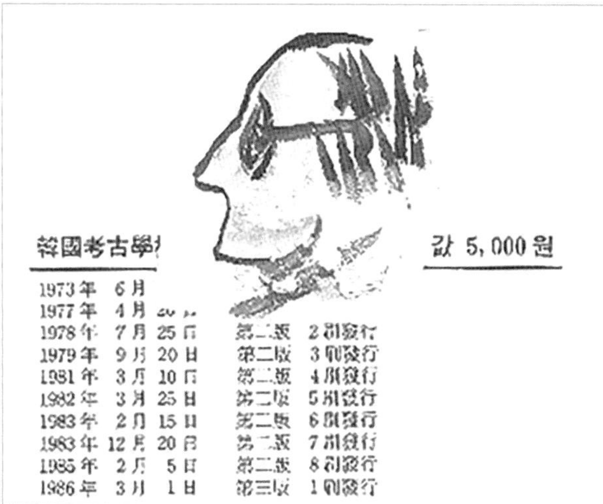

판권 자화상

학자, 문인화가, 수필가 그리고 제자 사랑

서울대에서 정년을 맞이하신 1987년에는 청화채로 친히 그림과 글을 쓰시고 가마에서 구워낸 백자 필통을 제자들에게 선물하셨다. 공직을 관두고 고향으로 돌아가신다는 뜻의 '歸去來'라는 짤막한 글과 함께, 뒷짐을 지고는 걸으시는 거사의 모습으로 당신 자신의 그림을 그리셨다.

또한 다른 대학에 석좌교수로 계시면서 1991년 30주년 학과 개설을 기념하는 청화백자 필통을 손수 제작하시고 제자들에게 나누어주셨는데, 겉면에 쓰신 글은 '도약을 위해서'이고 그린 그림은 개구리 한 마리이었다.

1992년 설에 제주도산 옥돔 건어물을 보내드렸더니 바로 역시 손수 글과 그림을 그리신 엽서를 보내주셨다. 글은 '遠送歲珍 感慰無極 祝願 李

教授 新歲 大吉 壬申 一日 三佛庵', 그림은 소나무 한 그루이었다.

선생님은 학자로서뿐만 아니라, 몇 차례의 작품전을 개최한 문인화가, 여러 편의 수필집을 출간하신 수필가로서 명성이 높으셨는데 그러한 재능을 제자 사랑에 활용하셨던 것이다. 그렇게 바삐 사시면서 언제 돌아가실지 모른다고 연구실 책상머리에 유서 봉투를 붙여놓고 계신 일은 많은 사람들이 알고 있는 유명한 일화이다. 그만큼 건강을 돌보지 않고 열심히 사시다가 급기야는 1993년 고희를 갓 넘기시자마자 갑자기 유명을 달리하셨다.

선생님은 당신께서 돌아가시면 화장을 해서 아무것도 남기지 않고 강물에 뿌려달라고 하셨다. 그러나 제자들은 의논 끝에 구석기 유적으로 유명한 연천 전곡리 한탄강변 들판에 화장한 선생님의 유해를 산골하였다. 그리고 수년이 지나 그 자리에 배기동 전 국립중앙박물관장이 적극 주도해서 연천군의 협조를 받아 유적 공원 내에 선생님 흉상을 세우기에 이르렀다.

그것은 생전의 선생님 의지에 반하는 것이지만 제자들의 선생님을 오래 추모하기를 원했던 바에 비롯된 것이다.

두 번째 스승
희정希正 최몽룡

선배이자 박사과정 지도교수인 두 번째 스승은 희정希正 최몽룡 선생이시다. 1946년생이시니까 나보다 8살 위이시므로 형님과 같은 분이다. 선생은 1972년에 전남대학교 전임강사로 임용되어, 하버드대학에서 학위를 마치신 후 1981년까지 근무하시다가 서울대로 자리를 옮기셨다. 나는 선생님 권유로 1977년 대학원 1학년 때에 활동하고 계신 전남 지역의

김원용 교수 흉상

여러 유적, 청동기시대 나주 보산리 지석묘 유적, 삼국시대 나주 대안리 석실분, 조선시대 고흥의 발포진 유적 현장의 발굴에 참여하였다.

그중에 나주 대안리 석실분은 판석조로서 당시 전남지방에서 발견 사례가 많지 않은 백제 사비시대 7세기 고분이다. 나주 지역은 백제에 병합된 마한의 대형 옹관묘군이 집중 분포하는 곳으로, 그런 곳에 확인된 부여 지역의 백제계 석실분에 묻힌 사람이 토착 세력인지 백제 중앙에서 파견된 엘리트인지 논란이 될 수 있었다. 1978년 미국 하버드대학에 학위과정 하시러 부랴부랴 떠나시면서 발굴보고서 원고를 내게 맡기셨는데, 선생님이 말씀한 의견과 달리 묻힌 사람을 외지에서 온 지방관일 가능성이 크다고 보고문 결론을 작성하여 제출하였다. 지금 생각해 보면 어린 나이에 무모한 반론이었는데, 선생님은 화가 나셨을 법하지만 내내 전혀 내색을 하지 않으셨다.

선생님께서는 슬하에 3형제를 두시고 사모님과 함께 당시 광주 산수동 공무원의 소형 아파트에 거주하셨다. 어느 날 광주 시내에서 저녁 늦게 회식을 마친 후 댁에서 자게 되었는데, 자제분과 사모님은 건넌방에서 자고, 나를 선생님과 함께 안방에서 자게 배려하셨다. 워낙 후배 제자를 친구처럼 스스럼없이 대해주시면서도 존중해 주는 깊은 마음의 발로로 생각되었지만 사모님에게는 더없이 송구스러운 상황이었다. 과연 나는 대학의 제자들을 어떻게 대하였는지, 아끼는 마음이 제대로 있기나 하였는지 반추하게 되는 일화이기도 하였다.

무엇보다도 선생님은 전남대학교에 재직하신 동안 전남 전역에 대한 지표조사를 통해서 문화재 지명표를 작성하는 작업부터 시작하여 지역 고고학 연구를 몸소 실천하셨다. 내가 제주대학교에 재직하면서 제주도 전역의 지표조사부터 시작한 것은 선생님의 선례에 힘입은 바가 크다. 또한 선생님은 지역 현지의 발굴조사 성과를 토대로 학위논문을 작성하여 제출하셨는데, 나도 은연중 선생님의 영향을 받아 같은 방식으로 학위논문을 완성하였다. 물론 서구 이론을 숙지하시고, 본격적으로 한국 고고학에 적용해서 설명하신 점은 내가 도저히 따르지 못한 차원이었다.

선생님은 호남 지역 지석묘 조사 성과를 토대로 하버드대에서 「영산강 유역의 지석묘 사회」라는 제목의 학위논문을 제출하셨다. 서구의 신진화론의 관점에서 한반도 지석묘 사회가 치프덤chiefdoms 사회 혹은 족장사회라는 당시로서는 새로운 견해를 제시하셨는데, 1990년대 중반까지 고대사학계는 물론 고고학계의 상당수 연구자들은 이에 동의하지 않았다. 그러나 2천 년 이후 지석묘의 새로 구조와 형식의 사례가 발표되면

연하장

청화백자 필통

서, 선생님의 족장사회론에 대해서 상당 부분 동의할 수 있는 분위기가 조성되었다. 나의 경우 제주도의 지석묘 조사는 물론 선생님 추천으로 1986년, 1987년에 전남 지역의 보성강댐 수몰 지역 지석묘 발굴을 할 수 있었다. 또한 2000년대 이후 영남 지역의 새로운 발굴 성과에 힘입어 같은 치프덤 사회에 속하면서 청동기시대 지석묘는 족장사회, 초기 철기 시대 청동기 부장묘는 군장사회라는 관점을 갖게 되었다.

선생님은 서구 고고학의 이론을 소개하기 위해서 번역에도 힘을 기울이셨다. 대표적인 역서로 브라이언 페이건의 『인류의 선사시대』(1987), 조나단 하스의 『원시국가의 진화』(1989), 그리고 찰스 레드만의 『문명의 발생』(1995) 등이 있다. 유학 경험 없이 1년 단기간의 영국 케임브리지대학의 연수에 그친 나로서는 정년이 지난 지금도 선생님이 관심을 가지신 서구의 현대고고학에 대해서 충분히 숙지 못한 아쉬움을 갖고 있다. 뒤늦게나마 그 아쉬움을 달래고자 페이건과 스카레의 『고대문명의 이해』, 리펑의 『중국 고대사』를 번역 출간하고, 부르드뱅크의 『지중해문명의 형성』의 번역 작업을 하는 것으로 만족해야 했다.

1987년 선생님은 한국상고사학회를 창립하여, 1995년까지 회장으로 역임하셨다. 고고학과 역사학의 학제 간 연구가 절실하다고 생각하셨던 터에 특유의 추진력으로 이루어내신 것이다. 학회 창간호는 1988년에 발간되었는데, 나는 「남한지방 무문토기문화의 전개와 공렬토기문화의 위치」라는 논문을 게재하였다. 이 논문은 제주도 최남단 대정읍 상모리 유적의 발굴 성과를 토대로 그동안 남한 전지역에 걸쳐 다루지 못했던 청동기시대 무문토기문화의 전개 과정을 살피는 논문이었다.

상고사학회의 가장 중요한 성과는 국립문화재연구소와 함께 한국 고고학사전을 편찬한 일이었다. 한국고고학회에서도 엄두를 못 낸 작업을 추진한 것인데, 사전 편찬이 성공적으로 마무리된 것은 물론 그 이후 각 시대별, 분야별로 고고학 사전을 지속적으로 편찬하게 된 계기를 선생님께서 만드신 것이다. 내가 동 학회 부회장과 회장을 맡았던 기간에 『한국 고고학 사전』(2001)과 『청동기시대 고고학 사전』(2004)이 발간되었다.

스승 같은 선배
석심石心 정영화

직접 지도하신 교수는 아니지만, 1995년 이후 영남대에서 25년을 봉직할 수 있는 기회를 주신 스승과 같은 선배로서 석심石心 정영화 선생님을 이야기하지 않을 수 없다. 프랑스 유학하시고 1972년 귀국해서 영남대에서 1973년부터 재직하셨는데, 나는 선생님께서 서울대로 출강한 1974년 2년 차에 서양고고학 수업을 들을 수 있었다.

무엇보다도 선생님께서 영남대박물관 건립에 애쓰신 일, 그리고 영남대 앞 임당동 고분의 발굴에 주력하시던 일을 통하여 영남대 문화인류학과 위상을 전국 최고 수준으로 끌어올리셨다. 특히 대학박물관이 최상위 활동을 할 수 있는 터전을 마련해 주신 것은 선생님의 뚝심과 에너지가 발현된 결과이다. 그 결과 내가 후임 박물관장으로 일하던 2002년에 대한민국 최우수 박물관으로 선정될 수 있었다.

선생님은 술을 좋아하셔서 밤새 술자리를 같이 한 적이 많은데, 그럴 때마다 격의 없이 대하여 주신 턱에 어렵지 않게 12년 오랜 기간을 모실 수 있었다. 무엇보다 BK사업 일환으로 고대도시 경주의 보존과 활용이라는 주제 연구차, 2000년 12월에 이탈리아 로마 답사를 대학원생들과 함께 선생님을 모시고 10여 일 답사를 간 기억이 또렷하다. 로마 전역을 대중교통과 도보로 다니면서 보는 것도 많았지만, 밤낮 할 것 없이 선생님과 동행할 수 있었던 것은 행복한 기억이다.

정년한 후 지금 새삼스럽게 세 분 선생님께서 나의 생애에 결정적인 영향을 주셨던 것을 더욱 절실히 깨닫게 된다. 김원용 선생님께서는 귀중한 가르침도 있었지만 실질적으로 직업으로서 고고학을 할 수 있는 여건을 마련해 주시고, 최몽룡 선생님은 고고학을 하는 방식을 몸소 알려주셨다. 그리고 정영화 선생님은 수준 높은 박물관 활동을 제대로 할 수 있는 기반을 마련해 주신 잊지 못할 스승이신 것이다. 세 분이 베풀어주신 것을 비교해서 나는 정작 제자들에게 해준 것이 무엇인가 생각할 때 그저 고개를 숙일 수밖에 없다.

신앙과 학문이 일치하신 분

이상욱
명예교수 | 법학전문대학원

내게 가장 큰 영향을 주신 덕헌 이태재 선생님

39년 6개월의 교수생활, 법학과를 졸업하고 대학원에서 석사논문을 시작으로 법학에 관한 연구를 시작한 지 42년이 지난 2021년 8월 정년퇴임을 하였다. 돌이켜 보니, 1974년 법대에 입학한 이래 퇴임할 때까지 대학의 울타리를 넘어서지 않고 계속 대학에 머물면서 법학자라든가 법학교수라는 커다란 호칭을 받고 살았다. 이는 전적으로 오롯이 대학원의 은사이시고 대부님이셨던 덕헌德軒 이태재李太載 선생님 덕분이었음을 고백한다. 물론 초등학교 3학년 때 글짓기를 지도하셨던 선생님, 6학년 때 졸업을 앞두고 삼국지를 읽어주시던 선생님도 기억나고, 중학교 고등학교 대학교에서 뵙게 된 훌륭하신 선생님도 많이 계셨다. 그러나 그분들 중 오늘의 내가 있기까지 가장 큰 영향을 주신 분은 이태재 교수님이시다.

선생님을 처음 뵙게 된 것은 1977년 대학원 석사과정 입학을 위한 면접시험 때였다. 당시 경북대학교 대학원의 등록금이 영남대학교의 3분의 1밖에 되지 않는다는 이유 하나로 경북대학교 대학원에 원서를 냈었다. 그때는 면접위원 3분 중에서 가장 차분하고 비교적 친절하게 질문을 하시는 모습만 기억되고, 긴장했던 탓인지 별다른 감흥은 없었다. 다만, 선생님은 "제2외국어로 불어를 했구나." 하시면서 관심을 표명하셨다. 아마 당시 제2외국어는 모두 독일어를 선택할 때라 프랑스 민법을 연구하셨던 선생님의 눈에 띄었던 듯하다. 고등학교 때 내 의사와는 전혀 관계없이 '불어반'으로 배정되어 3년 동안 불어 기초를 다졌고, 대학에 가서도 불어책을 놓지 않고 계속 공부했던 것이 내 인생의 중요한 기점에서 이토록 중요한 인연을 맺게 되는 계기가 될 줄이야.

그 후 강의가 시작되면서 접하게 된 선생님의 첫인상은, 책상에 단정하게 앉으셔서 왼손의 검지와 중지 사이에 담배를 끼고 한 번씩 동그란 연기를 내뿜으시며, 열심히 원고를 쓰고 계시는 모습이었다. 연구실 문을 열면 정면 바로 마주 보는 곳에 큰 책상이 있었는데, 쓰시던 원고를 마무리할 때까지 잠시 앉아 있으라고 하실 때가 많았다. 소파에 앉아 기다리는 동안 선생님 모습을 살짝 엿보노라면, 담배 연기로 도넛을 몇 번 만드신 연후에야 책상에서 일어나셨다. 당시 사법시험을 준비하던 사람들이 열심히 구독했던 월간지 『고시계』나 『고시연구』를 비롯하여 『사법행정』이나 신문사 등에서 원고 청탁을 많이 받으셨던 탓이다. 또한 사법시험을 준비하는 수험생들에게 상당히 인기가 많았던 기존의 교과서

『채권총론』과 『채권각론』에 이어서, 『민법총칙』과 『물권법』을 출판함으로써 재산법의 체계를 세우셨고, 기초법 분야에까지 통달하셔서, 일찍이 출판된 『자연법개론』, 『서양법제사』 외에도 『법철학사와 자연법』, 『로마법』까지 저술하셨다. 당시 민법학계로 본다면, 서울대학교 법학과의 김증한 교수님과 곽윤직 교수님 이외에, 지방에서는 영호남을 막론하고 단연 이태재 교수님의 명망이 가장 높았다. 동국대학교 총장을 역임하시고 국민대학교 교수로 재직하던 서돈각 교수님(상법 전공)이 1979년 경북대학교 총장으로 부임하시면서 선생님을 찾아뵙고, '선생님이 계시는데 총장으로 부임하게 되어 송구스럽다'고 하시면서, '대학에서 학문의 상징은 도서관이니 중앙도서관장을 맡아주십사' 하고 정중하게 부탁하셨다는 일화는 유명하다. 따라서 교수님의 제자라는 사실만으로도 나는 큰 힘을 얻을 수 있었다. 1980년대 초, 교수 초년병 시절에 민사법학회나 가족법학회, 법사학회 등 각종 학회에 참가하면(선생님께서는 학회에 자주 참석하라고 권하셨다) 지방에서 온 이름도 없는 무명의 교수로서 별다른 존재감이 없었지만, 이태재 교수님의 제자라는 사실을 알게 된 후부터는 당시 원로 교수들은 물론, 처음 접하는 젊은 교수들도 나를 대하는 태도가 남달랐음을 체감하였다. 특히 지방대학 교수로서, '민사법의 이론과 실무학회' 회장, '한국가족법학회' 회장, '한국토지법학회' 회장 등을 역임할 수 있었던 것 역시 선생님의 명성 덕분에 힘입은 바가 실로 컸다.

그뿐만이 아니다. 1978년 석사과정 1학기를 마치고, 성모승천 대축일인 8월 15일 선생님을 대부님으로 모시고 계산성당에서 영세하게 되면서, 선생님과의 인연은 더욱 각별하게 되었다. 모태신앙인 고등학교의 절친이 적극적으로 권유한 탓도 있지만, 법의 근원을 자연법으로 보시는 선생님의 학문과 독실한 신앙생활에서도 많은 영향을 받았다. 세례를 받던 날 선생님께서는 제임스 C. 기본스 추기경님의 저서 『교부들의 신앙』(장면 박사 편역)을 선물로 주셨다. 1876년에 초판이 출간된 다소 오래된 책이지만, 가톨릭 교리의 정수를 자세히 알려주는 진정한 고전으로서, 당시 교리를 잘 알지도 못하고 풋내기 신자였던 내 영적인 삶에 큰 도움을 주었던 책으로 기억된다.

두 학기를 마치고 석사논문을 준비하겠다고 말씀드리자 선생님께서는 반갑게 맞으시면서 논제를 직접 선정해 주셨다. '한국상속법사'를 정리해 보라고 하셔서, 석사학위논문은 「한국상속법사에 관한 연구」로 발표하였다. 석사논문을 발표할 때, 법학과 교수님들은 전공을 불문하고 전원이 참석하였을 뿐만 아니라, 행정학과, 정치외교학과, 사회학과, 국민윤리학과 등 인접한 학과의 교수님들도 대거 참석하셔서 이런저런 질문을 하셨다. 그 당시 민법 전공 법학석사 논문 발표가 근 10년 만에 있다 보니, 교수님들의 관심도 많았던 듯하다. 발표 당일, 발표장에 가득 앉아 계시는 교수님들을 보고 무척 긴장되었지만, 참고문헌을 첨부한 10페이지 정도의 발표문을 공판으로 인쇄하여 배부하는 등, 부족하지만 나름대로 열심히 준비해서 발표하였다. 처음 뵙는 교수님들의 질문에 대한 답을 무난하게 했던지, 발표를 마치고 난 후 교수님들로부터 수고했다는 인사말을 많이 들었던 기억이 난다. 그때는 무엇보다도 선생님의 제자로서 크게 누는 끼치지 않았다는 안도의 마음이 제일 컸던 듯하다. 그 후 논문을 인쇄하여 선생님을 찾아뵈었을 때, 선생님께서도 좋게 보셨던지 박사과정의 진학을 권유하셨다. 그런데 가정 형편상 확답을 못 드리고, 1년을 헤매다가 1981년 3월 박사과정에 입학하면서 선생님을 평생의 지도교수로 모시게 되었다.

박사과정에 입학하고 한 학기가 끝나갈 무렵, 대학원 행정실에서 급하게 연락이 와서 가보니, 난데없이 45만 원의 연구비를 받게 되었으니 관련 서류를 제출해 달라는 것이었다. 알고 보니 당시 자연 계열의 박사과정에 재학 중인 자들에게 지급하던 '산학협동재단'의 연구장려금을 대학원장으로 계시던 선생님께서 내가 받을 수 있도록 선처를 하셨다는 것이다. 사실 당시 박사과정에 재학 중인 자들은 모두 현직에 직을 두고 있는 분들이라 학비에 대한 부담이 그다지 크지 않았지만, 당시 무직인 나로서는 당장 다음 학기 등록금 준비가 예삿일이 아니었다. 선생님께서는 이미 그 사실을 간파하신 듯, 가장 큰 과제인 금전적인 어려움을 해결해 주셨다. 지금 생각해도 참으로 큰 배려를 해주셨는데, 그때는 그저 좋아서 인사도 제대로 하지 못한 듯하여 더욱 송구스럽기만 하다. 사실 나 자신을 돌이켜봐도 교수로서 학생들의 어려움을 간파하여 금전적인 문제에 도움을 준 기억은 별로 나지 않는다. 결코 쉬운 일이 아니다. 그리고 그해 겨울에 이력서를 효성여자대학교(현 대구가톨릭대학교)에 제출해 보라고 하셔서 제출하였는데, 총장님 면접을 보니 '얼라가 왔다'고 하시면서 결혼부터 먼저 하라고 하여, 이듬해 3월에는 전임대우 같은 신분으로 강단에 서게 되었다. 그때가 1982년이니 내 나이 만 25세였고, 대학원 박사과정 1년을 마친 상태였다. 그 후 결혼하고 1983년 3월에 전임강사 발령을 받아 오늘에 이르게 된 것이니, 이 모든 것은 순전히 선생님 덕분이다.

그런데 선생님께 또 하나 무례했던 사건이 생각난다. 어느 날 연구실로 찾아오신 선생님의 제자분이 점심을 사겠다고 하여 나까지 따라나서게 되었다. 경북대학교 정문까지 걸어 나와서 택시를 타고 시내 일식집으로 가는 중, 앞 좌석에는 제자분이 타고 선생님과 나는 뒷좌석에 타게 되었다. 그때 나는 무례하게도 택시 문을 잡고 선생님을 먼저 안으로 타시게 강권하였다. 사실 예법으로 따지면 불편한 안쪽 좌석은 상석이 아니므로 내가 먼저 안으로 들어가고 선생님을 뒤에 편하게 타시도록 하여야 하는데, 결례를 한 것이다. 그런데 선생님께서는 아무런 말씀도 없이 그냥 안쪽 좌석으로 쑥 들어가셨다. 훗날 내가 비슷한 상황이 되어,

제자가 나보고 택시 안으로 들어가라고 했을 때, 나는 서슴없이 제자에게 네가 먼저 들어가라고 무안을 준 기억이 있다. 학문적으로나 신앙적으로는 매우 엄격하셨지만, 제자들의 허물을 덮어두시는 선생님의 그 인품과 인격을 지금도 잊을 수 없다.

선생님께서 중앙도서관장으로 근무하실 때의 일화이다. 아침에 선생님께서 도서관장실로 출근하시는데 지나가는 복도에 직원들이 여러 명 모여서 웅성웅성하고 있었다. 그런데 선생님께서는 조금도 개의치 않으시고 곧장 관장실로 들어가시더라는 것이다. 여느 사람 같으면 호기심이 발동하거나 궁금해서라도 무슨 일인지 가까이 가서 왜 그러느냐고 물어보는 등 어떻게든 관여할 터인데, 직원들이 곤혹스러워하거나 어려워할까 봐 그냥 지나치시더라는 이야기를, 그날 복도에 있었던 직원에게서 직접 들었다. 선생님의 인품을 엿볼 수 있는 대목이다. 『물권법』의 출간을 앞두고 교정을 볼 때, 선생님 댁으로 와서 작업을 하자는 말씀을 듣고, 5월 초순으로 기억되는 어느 토요일 오전에 선생님 댁을 방문한 적이 있다. 선생님 댁은 이천동에 있었는데, 여러 가지 꽃과 나무가 울창한, 중앙에 샘이 솟는 아담한 연못이 있는, 정원이 장대한 주택이었다. 대문에서 현관까지 나무 사이로 오솔길을 걷듯이 꽤 걸어 들어가야 했다. 선생님 서재에서 교정을 열심히 보고 있는데, 사모님께서 점심을 준비해 주셨다. 기름이 말끔히 제거된 맑은 곰탕에 두릅을 한 접시 내주셨다. 당시는 두릅이 무척 귀한 때라 맛있게 먹었던 기억이 지금도 생생한데, 선생님께서는 양주 한 잔을 반주로 드시면서 내게도 권하셨는데 당연히 고사했다. 그러고 보니 선생님께서는 늘 반주를 즐겨 드셨다.

1983년 박사과정을 수료하면서 논문을 준비해 보겠다고 말씀을 드리니, 흔쾌히 논문 주제를 선정해 주셨다. 한국 상속법이 성문화되는 과정을 연구해 보라고 하시면서, 귀한 자료 두 권을 빌려주셨다. 후지타 히가시조藤田東三의 『朝鮮親族法 相續法』(1933)과 나구모 유키요시南雲幸吉의 『朝鮮親族相續法類集』(1935), 이 두 권을 기초로 해서 논문 준비를 시작하였다. 사실 지금이야 참고문헌 찾는 일은 아주 쉬운 작업이 되었지만, 1980년대에는 그렇지 않았다. 또한 선생님의 탁월한 식견으로 정해주신 논제 덕분에 일제강점기에 '내선일체'라는 동화정책에 따라 우리의 전통 상속법 제도가 어떻게 왜곡되었는지 소상하게 검토하고 밝히는 박사학위논문 「한국상속법의 성문화 과정」(1986)을 작성할 수 있었다. 그 후에도 일제강점기에 왜곡된 가족법 제도를 천착함으로써 학계에서 그 분야에 일가견을 가진 학자로서의 입지도 굳힐 수 있는 계기가 되었다. 나도 박사논문을 지도할 때 중요한 참고문헌 2권 정도는 늘 소개하고자 하였지만 그게 쉬운 일이 아니었다. 또한 학계의 흐름을 통찰하여 박사학위논문으로서 적절한 논제를 선정해 주는 일도 실로 어려운 일임을 실감한 적이 많았다.

그뿐만이 아니다. 선생님께서 소장하고 계시던 프랑스 민법 관련 책들, 당시는 구하기 어려운 소중한 문헌들을 편하게 읽을 수 있도록 기회를 주셔서 프랑스 민법에도 관심을 가지고 연구하게 되었다. 이를 계기로 1990년대 프랑스에서 논의되고 있던 '계약상의 정보제공의무 L'obligation de renseignement dans les contrats'와 '계약체결 전의 정보제공의무 L'obligation précontractuelle de renseignement'를 우리나라에 처음으로 소개하는 논문을 발표하게 되었다. 이를 시발점으로 하여 우리나라에서도 정보제공의무에 관한 논의가 활발하게 전개되었는데, 결국 2008년 '보증인 보호를 위한 특별법'이 제정되었고, 2015년 민법전에 '채권자의 정보제공의무와 통지의무(제436조의 2)'라는 명문 규정을 두기에 이르렀다. 이처럼 국내에서 손꼽히는 프랑스 민법 연구자의 반열에 오르게 된 것도 일찍이 프랑스 민법 연구에 눈을 뜨게 해주신 선생님의 배려 덕분이었다.

선생님의 크신 은혜가 또 있다. 1980년대 후반에 효성여자대학교의 내홍에 휘말려 정신적으로 어려움을 겪고 있을 때, 영남대학교 법학과에 민법 교수를 채용한다는 공고가 났다는 사실을 알게 되었다. 선생님을 찾아뵙고 영남대학교로의 이직 여부를 조심스럽게 말씀드렸다. 당시 선생님께서는 경북대학교에서 정년퇴임하시고 경일대학교 총장으로 계셨는데, 며칠 뒤에 대구 시내 대학교 총장들 회의가 있는데 영남대학교 총장(당시 김기동 총장님은 법학과 은사님이다)에게 특별히 내정된 자가 있는지 한번 알아볼 터이니 신중히 행동하라고 말씀해 주셨다. 특히 대구 내에서의 이동은 아주 조심스러운 일이라, 확신이 설 때 비로소 추진하여야 한다고 재차 강조하셨다. 며칠을 기다리니 선생님께서 전화를 주셨는데, 영남대학교 김 총장께서도 자네를 좋게 생각하고 있으며, 특별히 내정된 사람도 없으니 원서를 내보라고 말씀하셨다면서, 추천서를 써줄 터이니 서류를 준비해서 지원해 보라고 하셨다. 그렇게 해서 1990년 3월부터 모교인 영남대학교 법과대학 교수로 근무하게 되었다. 이 역시 선생님 덕분이라고 하지 않을 수 없다. (여담을 덧붙이자면 영남대학교 법과대학 교수로 발령이 나면서 김기동 총장님의 연구실을 그대로 사용하게 되어 그 방에 있던 모든 책과 자료들도 그냥 물려받는 영광을 누렸다.)

지금 이 글을 준비하면서 돌이켜 보니 선생님께 받은 은혜가 이처럼 많았는데, 그동안 무엇이 그렇게 바빴는지 생전에 자주 찾아뵙지 못한 것이 못내 후회스럽기만 하다. 선생님께서 모든 공직에서 물러나시고 난 후, 거동이 다소 불편하게 되었을 때 이천동 저택을 처분하시고 아파트로 이사를 하셨다. 인사차 찾아뵈었을 때, 잠시 불편한 다리를 주물러 드리니 너무 좋아하시는 듯하여 한동안 매주 강의가 없는 시간에 잠시

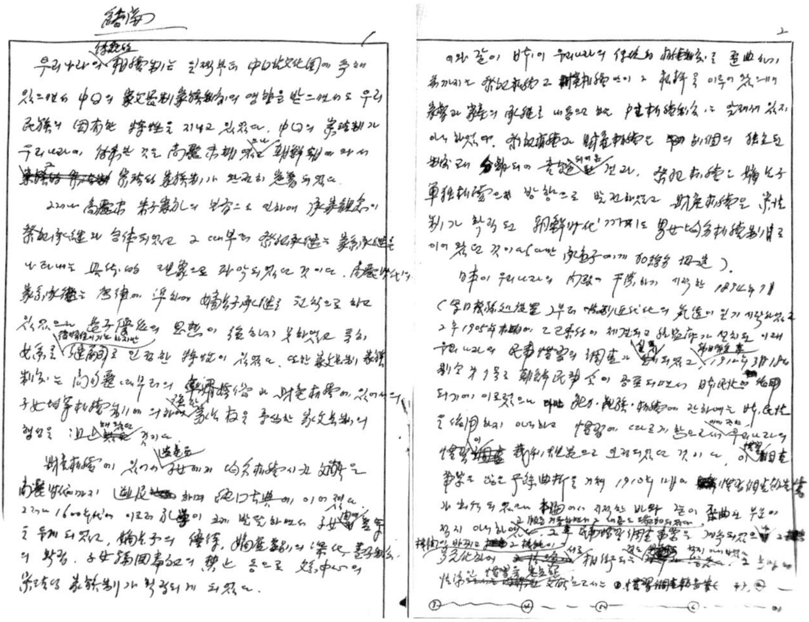

선생님께서 직접 교정해 주신, 필자의 박사학위 청구논문 결론의 서두 부분

선생님 댁에 들러서 다리를 주물러 드리곤 했었다. 길지 않은 시간이지만 다리를 주물러 드리는 내내 선생님께서는 한마디 말씀도 하지는 않으셨지만, 사모님께서 말씀하시기를 제가 언제 오는지 은근히 기다리고 계시는 것 같다고 하셔서 참 기분이 좋았다. 그러던 어느 날 내가 감기에 걸려 혹시나 선생님께 감염될까 조심스러워 찾아뵙지를 못하고 또 그렇게 시간이 흘렀다. 그런데 갑자기 돌아가셨다는 부음을 받게 될 줄이야. 경북대학교 영안실에 마련된 빈소의 영정 앞에 무릎을 꿇고 앉으니, 그저 눈물이 줄줄 흘렀고, '죄송합니다. 선생님! 죄송합니다'라는 말밖에는 나오지 않았다.

계산성당에서 영결미사를 마치고 군위에 있는 천주교 묘지로 모실 때까지 묵묵히 추모 행렬의 뒤를 따라가자니 만감이 교차하였다. 평소에 보았던 선생님의 곧은 기개와 깊은 신앙심, 그리고 법학에 대한 열정을 다시금 되새기면서 조금이라도 선생님께 누가 되는 삶을 살아서는 안 된다는 다짐을 하고 또 하였다. 아니 그보다, 감기가 조금이라도 차도를 보였을 때 곧바로 찾아뵙지 못한 나의 불찰과 게으름이 너무나도 애통하여 통한의 눈물이 앞을 가렸다.

지난 2023년은 선생님께서 탄생하신 지 100주년이 되는 해였다. 마침 대구가톨릭학술원 50주년 기념사업으로 『대구가톨릭학술원 50년사: 기억과 희망』을 발간하였는데, 그중 제3장 「디딤돌이 된 우리 얼굴」에 '아버지의 발자취를 따라서: 德軒 李太載 마티아'라는 제목으로 선생님의 고명딸이신 이은영 교수님(경북대학교 불문학과 명예교수)께서 선생님을 회고하는 글을 쓰셨는데(272-289쪽), 영광스럽게도 그 말미에 1986년 내가 『가톨릭 교육연구』 제1집에 발표했던, 졸고 「천주교와 한국의 자연법론(195-218쪽)」에서 일부를 발췌하여 소개해 주셨다. 이제 나는 또 그 글을 그대로 다시 옮기면서 이 글을 마무리하고자 한다.

> "우리나라의 천주교 사상은 근대적 전환기에 중국 중심으로부터 세계 속으로 나아가고 신분계급 사회에서 평등사회로 나아가는 역사의 발전 방향을 제시하는 역할을 담당하였다. ……
> 특히 천주교의 전례를 중심으로 가톨릭적 자연법과도 접할 수 있었지만, 일제강점기에 접어들면서 일본 치하에서 도입된 법사상과 정치사상은 자연법사상과는 상반되는 법실증주의와 전체주의 사상이었다.
> ……
> 해방 후 대학에서 법철학 강의를 담당한 우리나라 교수들 모두 그 범주를 벗어나지 못하고, 모두들 '켈젠학도Kelsenian'임을 자처하였다.

……

이처럼 Kelsenism 일색으로 되어 있던 당시 한국의 법학계에 일파만파를 던지게 된 것은 우리나라에 처음으로 존재론적인 자연법사상을 소개한 이태재 박사로부터 비롯된다. Louvain 대학과 Paris 대학에서 다년간 연구한 후 귀국하여 1958년 8월 『사상계』에 「最近 佛蘭西法學의 動向」이라는 제목으로 발표한 글이 곧 이 땅에 자연법사상을 재흥케 하는 계기가 되었다. ……

그 후 학계의 요청에 의하여 1962년에 계몽적인 자연법 입문서 『자연법개론』(법문사)을 집필하여 출간하자 그 위력은 대단하여 불과 수년 내에 우리나라 대부분의 법철학자들이 이제 나름대로 자연법학자를 자처하게 된 것이다. ……

초기 천주교 신자들이 뿌린 씨는 결코 그대로 썩지 않고 다시 이 땅에 자연법은 부흥하였던 것이니, 이는 깊은 신앙에 뿌리를 둔 이태재李太載 박사의 학문적인 노력에 힘입은 바가 크다고 할 것이다. 숭국의 우징시옹吳經熊 박사(1899-1986), 일본의 다나카 고오다로田中耕太郞 박사(1890-1974)와 더불어 이태재 박사는 동양의 대표적인 가톨릭 법사상가라고 하겠다."(이은영, 앞의 글, 288-289면)

선생님!

감사합니다!

뭘 해도 잘할 거야 –가메다 히사오 선생님

亀田壽夫, Hisao Kameda

김종근

명예교수 | 컴퓨터공학과

"사기 아닌가?"

연구실 세미나 시간에 나의 발표를 유심히 들은 가메다 선생님이 냉정한 표정으로 평가한 첫마디였다. 갑자기 눈물이 핑 돌았다. 수개월 준비한 나의 야심 찬 연구 결과였기에, 나 자신도 이렇게 좋은 결과에 내심 놀라고는 있었지만, '사기'라고 느낄 정도로 설득력이 부족한 발표였는지 낙담했던 것 같다. 연구에 대한 나의 윤리성, 창의성과 정확성에는 자신이 있었기에 꽤 억울했었던 것 같다.

"2-3주 시간을 주시면 보완한 내용을 다시 발표하겠습니다."

이렇게 발표는 마무리 지었다. 반성도 하고 인정받지 못했다는 섭섭함도 컸지만, 좋은 내용으로 인정받을 가능성을 보았다는 기쁨도 꽤 컸다.

일본 문부성 국비장학생으로 선발되어 1987년 8월에 도쿄에 있는 전기통신대학 정보공학과의 가메다 히사오 선생님의 연구실에 연구생으로 입실을 허락받았다. 일본의 대학에서는 대학원에 정식 입학하기 전에 연구생이라는 신분으로 연구실에 참여해서 자질을 검증받은 후 시험을 거쳐 정식으로 대학원에 입학하는 것이 일반적이다.

이전에 2년간 일본 도쿄에 있는 컴퓨터 관련 회사에서 프로그래머로 근무한 이력이 있어 일본어 의사소통에는 거의 문제가 없었지만, 한국에서 석사과정을 마치고 박사과정에 바로 입학을 희망하는 나에 대해 가메다 선생님은 의구심 반, 기대 반으로 맞이해 주셨다. 장학생 신분이라 생활비를 비롯한 모든 학비는 학업을 수행하는 동안 문부성이 충분하게 지원해 주기 때문에 경제적인 고민은 거의 없었다. 모든 역량을 학업에만 쏟을 수 있는 환경이라 큰 다행이었다.

가메다 선생님은 동경대학 물리학과를 졸업하시고 전기통신대학電気通信大学에 부임하신 후 I.B.M 왓슨 연구소 방문연구원을 거치면서 컴퓨터 분야 연구를 시작하셔서 운영체제, 분산처리 등에 큰 관심을 가지고 계셨다. 이후 컴퓨터 관련 기기의 성능 향상에 큰 관심을 가지셨고, 큐잉이론 등을 활용한 성능평가 분야에서는 일본에서 최고로 꼽히는 저명한 분이시다. 연구실에서 수행하는 연구 내용은 컴퓨터 및 분산처리 시스템의 새로운 구조 제안과 큐잉이론과 같은 상당히 어려운 수학을 이용하는 평가 작업을 주로 수행하고 있었다. 연구실에서는 매주 일주일간의 연구 혹은 공부한 내용을 정리 발표하는데, 입실한 이후 선생님은 몇 개의 연구 논문을 주시면서 읽어보고 정리한 내용을 세미나 시간에 발표하게 하셨다. 비교적 쉬운 내용이라고 말씀하셨지만 수많은 수학 표현이 들어간 내용을 파악하는 데는 많은 어려움이 있었다. 수개월 동안 헤매는 과정을 통해 조금씩 적응이 되어가던 때에 다행히 박사과정에 정식 입학할 수 있었다.

입학 후에는 학점 취득을 위한 수업 내용도 쉽지 않았지만, 연구에 대한 요구 수준도 높아졌다. 그때 선생님이 평소에 관심이 많은 내용이지만 그동안 다른 학생들이 잘 파악하지 못했던 내용이라면서, 논문 하나를 주시면서 열심히 읽어보라고 하셨다. 주신 논문은 Tantawi와 Towsley의 "Optimal static load balancing in distributed computer systems"였다. 분산시스템의 수학적인 모델을 대상으로, 시스템의 전체 최적화 방안을 연구한 것으로 편미분한 모델 함수들을 단계적으로 풀어 해를 구하는 방식으로 최적해를 찾아 문제 해결이 가능하다는 것을 증명하는 것이었다.

사실 단 세 줄로 표현한 위의 연구 내용을 어느 정도 파악하는 데는 고통스러운 6개월 정도의 노력과 시간이 필요했다. 어느 정도 내용이 파악되자 갑자기 '이 문제를 왜 이렇게 어렵게 푸는가'라는 의문이 생겼고 고민하고 있던 중에 해결의 실마리가 꿈속에서 갑자기 보였다. 이미 컴퓨터를 활용하는 프로그래밍에는 어느 정도 경험을 가지고 있던 터라, 이진 탐색법과 같은 알고리즘을 잘 적용하면 동일한 모델에서 최적해를 훨씬 빠르게 찾을 수가 있을 것 같았다.

새로운 방안은 기존 논문의 모델 함수는 그대로 이용하고, 중간의 단계적 함수 해결 과정은 생략하고, 새로 제안하는 알고리즘으로 목적하는 최적해를 바로 찾아내는 방안을 제시했다. 새로 제안된 방식의 정확성과 유효성을 평가하기 위해, 기존 방식의 단계적 함수 해결 과정과 새로 제안된 알고리즘 기반 해결 과정을 수개월에 걸쳐 모두 FORTRAN 프로그램으로 구현하고 비교 평가하였다. 상당한 인내의 시간이 필요했지만 성능평가 결과는 놀라웠다.

그 당시는 컴퓨팅 환경이 열악했기에, 컴퓨팅 자원의 절약이나 컴퓨팅 시간의 감축은 성능 향상에서 중요했다. 동일한 문제를 해결하는 데, 제안한 알고리즘 기반의 새로운 방식이 자원은 1/n 정도 사용하고, 처리시간은 1/3 정도 소요한다는 결과를 얻었다.

더욱 중요한 것은 문제해결 방식을 이해하기 훨씬 쉬워서 그리 많은 시간이 필요하지 않다는 것이었다. 다양한 파라미터 환경에서 두 방식을 비교하였는데, 모든 최적해 결과는 정확하게 일치하면서, 성능 향상 차이는 그대로 유지되었다. 보완된 실험 결과와 기존 방식과의 차이를 열심히 정리한 내용을 가지고 다시 세미나 시간에 발표했다.

"아, 지난번엔 이해가 부족했다. 정말 대단하다!"

정말 흔히 볼 수 없었던 감탄을 가메다 선생님이 해주셨다.

"제대로 보완하면 박사학위논문 내용 수준으로 손색이 없다!"

그다음에 또 보완된 내용으로 발표했을 때 가메다 선생님이 보이신 반응이셨다.

연구실에는 일본인 학생들과 더불어, 중국인, 인도인, 브라질인 등 외국 유학생이 많았지만, 한국인 유학생을 처음으로 연구실 멤버로 받으신 선생님은 처음에는 지켜보기만 하셨다. 나는 가족을 한국에 두고 혼자서 유학을 갔던 터라 빠른 연구 성과가 절실히 필요했기에, 일요일을 제외한 6일간은 매일 9시부터 저녁 9시까지 연구실에서 시간을 보내고 있었다. 당시에 일본은 토요일이 휴무라 토요일에는 대부분의 학생들이 연구실에 나오지 않았기 때문에 연구실에는 자연스럽게 나 혼자만 있게 되었다.

그럼에도 토요일에도 자주 연구실에 나오시던 선생님과 가끔 차나 점심 식사를 같이 하면서 친밀감을 높여갔던 것은 참 좋은 기회였다. 연구실 분위기에 완전히 적응하고, 어느 정도 연구 성과가 나오기 시작하자, 내가 잘 모르는 일본의 학교생활, 연구자의 생활, 일본의 문화 등에 대해서도 많이 가르쳐주셨다.

사실 이전에 2년 정도 도쿄에서 회사원 생활하는 동안 어지간한 곳은 거의 가보았기 때문에 특별히 돌아다니거나 가보고 싶은 곳도 별로 없었다. 시부야 근처의 도쿄대 교양학부가 있는 캠퍼스 근방에 문부성 국비유학생들 전용의 유학생회관이 있는데, 이곳에 거주할 수 있어서 거주 정착에도 별다른 어려움이 없었다. 일요일이면, 전용 테니스장에서 유학생들과 어울리는 것이 큰 즐거움의 하나였다.

여름에는 희망하는 유학생들을 데리고 선생님이 직접 운전하여 동해안 쪽에 있는 섬에도 가고, 태평양 쪽의 섬에도 놀러 가곤 했다. 섬 주변의 자연환경 보존이나 일본 민박에서의 즐거움을 즐길 수 있었다. 여행에서 무엇보다 즐거움은 민박집의 현지 식재료로 만들어주는 저녁과 아침 식사였다. 특히 섬의 민박집에서는 양동이를 주면서 소라나, 조개 등을 직접 잡아오라고 해서 잡아온 것이 저녁 요리로 나왔는데, 해변에는 소라나 조개가 지천으로 널려 있어, 정말 재미있는 시간을 보냈다. 약간 깊은 바위틈에 전복이 보여, 동료에게 나의 몸을 위에서 눌러달라고 부탁하고 잠수하여 전복을 따 오는 것을 보고, 선생님은 "김 군은 못 하는 것이 없네."라며 기뻐해 주셨다.

전기통신대학 정보공학과 박사학위 취득을 위한 심사 조건에는 국제 저명 논문지에 최소한 논문 한 편 게재, 국제 저명 학술대회에 최소 논문 한 편을 발표라는 조건이 있었다. 가능한 빨리 학위를 취득하고 귀국하고 싶어 하는 상황을 이해하신 선생님은 내가 제안한 알고리즘 기반 최적화 방식 해결 방안 내용의 정확성과 가치를 높이는 데 많은 도움을 주셨다.

가메다 선생님의 정년퇴임식 파티(2006년 2월)

그래서 비교 대상 논문인 T&T 방식에 대해 K&KKim&Kameda 알고리즘을 비교 평가하는 논문으로 작성해 당시에 상당히 저명했던 IEEE Transactions on Computers 논문지에 투고하게 되었다. 좋은 내용의 논문이라 하더라도, 재심사 등을 거치면 게재까지 1~2년 정도의 시간은 걸리는 게 일반적이지만, 선생님은 이 논문은 좀 더 빠르게 게재될 수도 있을 것이라고 자신을 보이셨다. 정말 기쁘게도 투고 후 몇 달 만에 약간의 수정 후 바로 게재라는 놀라운 심사 결과가 날아온 것이다. 그리고 보완한 내용이 'An algorithm for optimal static load balancing in distributed computer systems'라는 제목으로 몇 개월 후에 논문지에 게재 확정되었다.

가장 어려운 학위 심사 조건 하나를 통과한 것을 선생님은 본인의 일처럼 기뻐하셨다. 사실 같은 해에 정보공학과 박사과정에 입학한 동기가

5명 있었는데, 박사과정 3년 이내에 국제 저명 학술지에 논문을 게재한 사람은 나 혼자밖에 없었고, 3년 만에 박사학위를 취득한 입학 동기도 나 혼자밖에 없었다.

박사학위 취득이 거의 확실해지는 분위기가 되자, 어느 날 선생님이 식사에 초대해 주셨다. 일본에서는 같이 식사를 한다고 해도 대부분은 각자가 자기 먹은 것을 계산한다. 그런데 선생님이 밥을 사주시겠다고 나를 데려간 것이다. 내가 한국에 빨리 돌아가고 싶어 하는 것은 충분히 알지만, 전기통신대학에 교원으로 남을 생각이 없느냐고 물으셨다. 물론, 굉장히 감사하고 좋은 기회인 것은 맞지만, 일본에서의 회사생활 경험과 가메다 선생님의 교수로서의 생활 패턴을 잘 알고 있던 나는 선생님만큼 열심히 일에 매달려 살 자신이 서지 않았다. 또 다행히 국내에서도 나에게 관심을 보이는 기관들이 몇 군데 있었기에, 상황을 설명하고 감사를 드렸다.

무난히 학위 취득이 확정되고 귀국이 가까워지던 때에, 선생님이 조언 하나를 해주셨다.

"김 군은 앞으로 무얼 해도 잘해 나갈 것 같네. 대학이 평생직장이 된다면 가능하면 본부 보직은 사양하고 학생 교육과 연구에 집중하는 것도 큰 보람을 가지는 것이네."

가메다 선생님은 이후 쓰쿠바대학에서 정년퇴임하셨고, 퇴임 이후도 연구활동에 관심이 많으셨다. 3년 반 동안 가메다 선생님 옆에서 배우고 느낀 것들은, 이후 나의 교직과 연구생활에서 큰 이정표가 되었다.

진정한 선비의 모습을 생활 속에서 보여 주신 나의 스승

윤대식
명예교수 | 도시공학과

공사公私를 철저히 구분했던 스승, 필립 바이톤 교수

나는 요즘 세태로 치면 조금 늦은 나이에 박사과정을 밟기 위해 1986년 미국 유학을 떠났다. 미국 유학을 떠나기 전 한국에서 석사과정을 마치고 국책 연구기관(현 국토연구원)에서 3년 6개월 동안 근무하다가 유학을 떠나게 된 것이다. 그리고 내가 유학했던 오하이오주립대The Ohio State University 도시계획학과에서 진정한 선비의 참모습을 보여준 스승인 필립 바이톤Philip Viton 교수를 지도교수로 만나게 되었다.

당시 필립 바이톤 교수는 펜실베이니아대University of Pennsylvania에 있다가 오하이오주립대로 옮긴 지 얼마 되지 않아 오하이오주립대에서는 내가 그의 첫 번째 박사과정 제자가 되는 행운을 안게 되었다. 필립 바이톤 교수 나이는 나보다 몇 살 정도 많았다. 미국의 경우 군 복무가 우리나라처럼 징병제가 아니라 모병제를 취하다 보니 대부분 대학(학부)을 졸업하고 바로 박사과정을 밟는 경우가 많다. 이런 이유로 미국 토박이들은 20대에 박사학위를 받는 것이 다반사다. 바로 이런 이유로 그도 20대에 박사학위를 받았다.

잠시 필립 바이톤 교수를 소개하면, 전형적인 미국 백인으로 아버지의 직장으로 인해 이탈리아 로마에서 어린 시절을 보낸 것으로 얘기를 들은 적이 있다. 그는 훤칠한 키에 신사적인 용모를 가졌지만, 정장에 넥타이를 맨 그의 모습은 보지 못했다. 그는 아이비리그 명문인 브라운대Brown University에서 경제학을 전공하고 미국 서부의 명문 캘리포니아 버클리대University of California, Berkeley 경제학과에서 교통경제학과 교통수요분석을 주요 연구 분야로 하여 박사학위를 받았다. 그는 아마 도시계획학과가 소속된 공과대학의 교수 가운데 유일한 경제학 박사였던 것으로 추측된다.

미국 유학을 가면서 내 지도교수는 이미 필립 바이톤으로 배정되어 있었다. 나는 당시 그곳 교수들에 대한 정보가 없어서 내가 특별히 지도교수를 선택할 수 있는 여지가 없었다. 그래서 당시 박사과정 입학 허가를 하면서 교수들 간의 협의에 따라 잠정적으로 필립 바이톤으로 지도교수가 배정된 것이었다. 유학을 갈 때 지도교수에게 한국의 토속적인 기념품을 선물로 가져가는 것이 당시의 분위기여서 나는 한국의 접이식 부채를 사서 가져갔고, 필립 바이톤과의 첫 번째 만남에서 전달했다. 그는 학생들한테 어떤 선물도 받지 않는다고 했지만, 값이 별로 나가지 않는 기념품이어서 전달할 수 있었다. 그러나 그 후 그의 연구실을 방문할 때마다 내가 가져간 접이식 부채는 포장도 뜯지 않은 채 거의 1년 이상 그의 책상 구석에 놓여 있었다.

내가 박사과정을 밟고 있을 때 당시 행정고시 출신의 교통부 사무관이 도시계획학과 석사과정으로 유학을 왔다. 그는 나를 찾아와서 지도교수로 배정된 필립 바이톤을 찾아가면서 한국에서 가져온 서울올림픽 기념주화를 주었더니 받지 않더라고 했다.

필립 바이톤 교수는 평생 독신으로 지냈다. 그리고 1년 365일 계절에 따라 한두 가지 옷만 바꿔가며 입고 다녔다. 특별한 취미도 없는 듯했고, 별다른 스포츠도 즐기지 않았다. 학교 주변에 있는 그의 집에서 걸어서 출퇴근하면서 건강을 챙기는 것 같았다. 공부와 연구 외에는 관심이 없는 듯 보였다. 그리고 제자들에게 따뜻한 인정을 좀처럼 표현하지도 않았다. 그렇다고 권위적이지도 않았다. 교수와 제자 사이에 갑을甲乙 관계도 없었다. 그러나 그에게는 공사公私를 구분하는 원칙만은 분명히 있었다. 그래서 그는 연구조교나 강의조교에게 과도한 일을 맡기는 일도 없었다. 그리고 사적인 일을 시키는 일은 더더욱 없었다. 당시만 해도 다른 학과의 일부 한국인 유학생들은 박사학위논문은 거의 다 준비했는데 지도교수가 계속 일을 시키기 위해 박사학위논문 심사와 졸업을 미루는 일이 많다고 불평을 토로하기도 했다.

박사과정 2년 차가 되던 해 그의 과목을 수강하면서 기말 과제를 논문term paper 형태로 제출하게 되었다. 그 논문을 읽고 그가 바로 연구조교와 강의조교들이 함께 쓰는 방으로 나를 찾아왔다. 그리고 그는 그 논문을 당시 세계적으로 권위 있는 국제학술지에 투고하라고 강하게 권했다. 그리고 기본적인 문장 표현은 그가 약간만 수정해 주겠다고 했다.

그래서 그에게 두 번째 저자로 그를 포함하면 되겠느냐고 물었다. 그러나 그는 자신은 특별한 기여가 없으니 저자가 되면 안 된다고 단호하게 사양했다. 그래서 그 후 박사학위를 받기 전에 학생 신분의 단독 저자로 그 논문을 *Transportation Research-B*라는 저명 학술지에 실을 수 있었다.

그리고 박사학위를 받은 후 내 박사학위논문을 간추려서 국제학술지에 게재하기 위해 그에게 공저자로 참여할 의향을 물었다. 그때도 그는 단호하게 거절했다. 나의 박사학위논문을 위해 통계자료를 제공한 다른 교수는 두 번째 저자로 이름을 올리겠다고 했지만, 필립 바이톤 교수는 자신의 기여가 공저자로 이름을 올릴 정도가 아니라고 극구 사양했다. 그의 원칙과 생활철학을 엿볼 수 있는 대목이다.

냉철한 머리와 따뜻한 가슴을 가진 스승

그는 내가 박사과정을 밟는 기간 내내 나와 한 번도 식사를 함께 한 적은 없었다. 그리고 그의 집에 초대한 적도 없었다. 그는 평생 독신으로 살았기 때문일 수도 있다. 그러나 박사학위논문 심사가 끝나던 날 내 가족들과 식사를 같이 하자고 그가 먼저 제안했다. 당시 나는 아내와 두 명의 자녀가 있었다. 그래서 그가 예약한 이탈리안 레스토랑에 우리 가족이 함께 갔다. 그리고 거기서 지금까지 나누지 못했던 많은 이야기를 나누었다. 식사 비용도 그가 지불했다. 박사학위논문이 통과되면 당연히 지도교수가 밥을 사는 것이라고 했다.

박사학위를 받고 한국으로 돌아온 후에도 연말에는 연하장도 서로 보내고 필요하면 이메일로 소통했다. 그러다 1998~1999년 사이 1년간 나

필립 바이톤 교수와 함께(1999년 7월 오하이오주립대 방문 당시)

는 인디애나주에 있는 퍼듀대Purdue University로 연구년을 가게 되었다. 미국에 도착한 후 바로 그에게 연락했다. 그리고 얼마 후 오하이오주립대가 있는 오하이오주의 주도州都인 콜럼버스Columbus로 가서 우리 가족들은 그와 함께 식사하는 기회를 가졌다. 그때 이번에는 내가 밥을 사겠다고 했고, 그는 흔쾌히 승낙했다. 그리고 그는 나에 대한 호칭을 과거와 다르게 했다. 박사과정 학생 시절에는 Mr. Yun(윤)이라고 불렀지만, Mr.와 나의 성姓은 빼고 이름first name만 불렀다. 전통적인 미국인들에게 이름만 부르는 것은 가까운 친구를 부를 때 쓰는 호칭이다. 이제 친구로 지내자는 의미가 내포되어 있었다.

진정한 서양의 선비, 인생의 나침판으로 남아

필립 바이톤 교수는 10여 년 전쯤 은퇴했다. 그는 학문적 열정은 빛났지만, 물욕이나 권위의식은 없었다. 본인에게는 엄격했고, 남에게는 관대했다. 그리고 매우 자유로운 영혼을 갖고 있었다. 그에게서 금방 따뜻한 인간미를 느낄 수는 없었지만, 그를 오랫동안 만나면서 신뢰를 쌓게 되면서 매우 편하게 교류할 수 있었다. 그는 진정한 자유주의자였으며, 학문적으로는 매우 냉철한 머리를 가졌고, 마음속 깊은 곳에는 따뜻한 인성을 갖고 있었다. 그리고 그는 자유주의자의 면모를 유지하면서 남을 대할 때는 공정성을 지키려고 노력했다. 그래서 어떤 사람들에게는 매우 냉정한 인물로 비추어지기도 했다. 아울러 그는 세속적인 가치에 물들어 있지 않았고, 허례허식은 멀리 했다. 그는 학문적 소신과 철학은 분명했지만, 남의 생각까지 불필요하게 구속하지는 않았다. 그리고 그는 남들과의 사교에도 별로 관심이 없었고, 학과 내 교수들 사이에서도 그랬다.

필립 바이톤 교수는 진정한 선비의 모습을 생활 속에서 보여준 나의 스승이었다. 그는 진정한 학자였으며, 공인公人이었다. 그는 그가 가진 지식과 능력을 출세와 돈벌이의 수단으로 활용하려고 하지도 않았다. 돈벌이를 위한 연구, 연구만을 위한 연구에는 관심이 없었다. 그래서 그의 연구논문은 아주 많은 다작多作은 아니었지만, 그의 영향력 있는 연구결과는 저명 학술지의 논문으로 남아 있다. 그의 강의는 명쾌했고, 연구를 위한 컴퓨터 프로그래밍도 연구조교에게 맡기지 않고 그가 직접 했다. 그가 동양에서 온 제자를 대하는 태도를 보면 제자도 하나의 인격체로 바라본다는 것을 알 수 있었다. 그는 나를 학문적 동지로, 그리고 오랜 친구처럼 대해주었다. 그는 자유주의자였으며, 학문적 열정으로 가득 찬 연구자요 공정한 교육자였다. 말 그대로 그는 서양의 '진정한' 선비였다. 내가 교수생활을 하면서 이상과 현실 사이에서 고민할 때 만약 필립 바이톤이라면 어떤 생각과 의사결정을 했을까? 하고 종종 생각했던 것도 눈에 보이지 않는 그의 영향 때문이 아닐까 생각한다. 이제 그도 은퇴했고, 나도 정년퇴직을 하다 보니 자연스레 그를 만날 기회도 별로 없을 것 같다. 이제 그의 건강과 행복한 노후를 바라는 마음만 간절할 뿐이다.

넌 생각이 너무 많아 -쑤 선생을 그리며

Chieh Su HSU, 1922-2014

이원경

명예교수 | 기계공학부

첫 학기

드디어 유학생활이 시작되었다. 1984년 8월 말의 어느 월요일 아침 8시였다. 강의실이 제도실로도 사용되는 모양인지 모든 책상이 교탁보다 훨씬 컸다. 내가 일찍 등교하여 교탁에 바로 붙은 책상을 차지한 건 의도적이었다. 키는 거의 등소평만 하게 보이지만 얼굴은 훨씬 더 잘생긴 분, 그러니까 불과 일 미터 남짓 거리를 둔 저분 하나만 바라고 나는 이곳 버클리로 박사 공부하러 왔다. 몇 주 전, 복도에서 그가 지나가는 모습을 물끄러미 바라보기만 한 일이 있다. 흰 와이셔츠의 양쪽 소매를 걷어붙이고 빠르게 걸음을 옮기는 그에게 당장 다가가, 당신한테 지도받으러 한국에서 왔다는 말을 하고 싶었지만 참았다. 한 학기 강의를 수강하면서 피차 상대를 알아볼 기회를 갖는 게 나을 거라고 김면철 선배(이미 키작은 분의 지도를 받고 있던)가 해준 충고를 진지하게 받아들였기 때문이다. 그러니 이번 학기에 '선형진동'이라는 과목을 통해 그와 잘 사귀어두어야 했다. 하지만 일이 야무졌던 계획만큼 매끄럽게 풀리지는 않았다.

개강하고 몇 주가 지났을까. 그가 임의 가진력에 대한 계의 응답이란 주제에 대해 강의하던 중에, 나도 모르게 "강의를 완벽하게 하려면-" 하고 말을 꺼냈다. 그러자 그가 "난 강의를 완벽하게 하고 싶지 않아!"라고 날카롭게 대꾸했다. 잠시 정적에 이어 수업이 다시 진행되었다. 양자가 사용한 단어가 perfectly였는지, exactly였는지는 확실하지 않다. 질문자의 영어가 서툰 것은 어쩔 수 없다 하더라도, 그동안 나름 고민해 오던 대목에 맞닥뜨리자 얼떨결에 말을 꺼내어 상대의 심기를 상하게 하는 바람에 문제의 본질을 꺼내지도 못한 건 아쉬운 일이었다.

과거의 어떤 돌발 상황을 해명하는 일이 쉽지 않겠지만 원인 없는 결과가 없으니 지난 일을 되짚어볼 수밖에 없다. 하지만 학부생을 위한 것이든 대학원생을 위한 것이든 교과서나 교수의 설명이 천편일률적인 데 불만이었던 학생의 체험이 독자에게 잘 전달될지 모르겠다. 물체에 임의 가진력이 가해져서 생긴 효과는 충격량의 총량이니 그 결과로 생긴 운동은 각각의 미소 충격량에 대한 선형해석 응답의 중첩으로 본다는 게 선형계 해석의 고갱이다. 그런데 계는 질량뿐만 아니라 감쇠기와 스프링으로도 구성되어 있으니 충격이 가해지는 동안 이들에 의해 물체에 작용하는 힘이 만든 효과는 왜 고려하지 않느냐는 의문이 배우는 사람으로선 생길 법하다. 하지만 이런 근본적인 질문은 소수 학생들의 전유물이다. 학생이 명석하다면야 그 원인을 유추를 통해서든 계산을 통해서든 알아낼 테고, 평범하다면 그런 질문을 아예 하지도 않을 테니 말이다. 다만 학생으로선 충격이 가해지는 시간이라는 게 너무 짧아서 그 결과를 눈으로 관찰해서 유추하기에는 어려움이 있는 데다가, 교수가 교과서에 쓰인 대로 강의할 것 같으면 이 과목은 왜 수강하겠느냐는 반감을 가질 수 있는 것이다. 그러니 능숙한 교수면 감쇠기와 스프링의 영향을 무시할 만한 이유를 언급하는 게 마땅하다고 나는 보았다. 이 불만을 해소해 준 어떤 교과서가 미국에서 출판된 걸 보고서야 그날 잘못 시작한 질문으로 낭패를 경험한 사람이 위안을 받은 건 세기가 바뀐 뒤의 일이다.

그는 학생들에게 점잖다고 소문이 나 있었다. 따라서 나로서는 잘못에 대해 자책도 해야 했지만, 점잖은 분한테 질문을 함부로 한 매너 없는 학생으로 동료들 사이에 각인될지 모른다는 점이 무척 아프게 느껴졌다. 게다가 찾아가서 지도교수가 되어달라고 부탁할 날이 다가오는 마당에 이런 일이 생겼으니 이만저만 난감하지 않았다. 속은 상했지만 그를 찾아가서 사과하지는 않았다. 구태여 뭘 따져보고 그렇게 했다기보단 시간이 지나는 동안 아픔이 잊히길 바라지 않았나 싶다. 될 대로 돼라, 하는 심정도 있었을 것이다. 그러나 돌이켜 보면 그런 처신은 옳지도, 현명하지도 않았다.

그날 이후에도, 나는 아무 일이 없었다는 듯 강의 중 교수와 서너 자 남짓한 거리를 유지하면서 별 거리낌 없이 질문했고 그때마다 진지한 답변을 받아냈다. 학기 말쯤 되어 서로가 상대의 표현에 익숙해지자, 다른 학생의 질문에 교수가 엉뚱하게 대답했을 때는 내가 질문자의 취지를 설명해 주면 그제야 교수가 제대로 답하기도 했다. 마침내 학기가 끝나고 크리스마스 직전에 그를 찾아뵙고 지도받고 싶다는 뜻을 드러냈다. 그는 몇 가지 물어보고 내가 준비해 간 논문을 훑어보더니 지도는 물론이고 한 학기 뒤부터 연구조교로 써주겠다고 확답했다. 지난날의 불상사는 누구도 입에 담지 않았다.

둘째 학기

그다음 학기 그러니까 1985년 봄 학기에, 나는 선생의 대학원생들이 쓰는 연구실의 책상 하나를 차지했다. 그러자 책을 보관할 수 있는 데다 빈 시간에 도서관까지 가지 않아도 되니 공부 능률이 향상되었다. 마음에 여유가 생기자 비로소 학교신문에 눈이 갔다. 당시 주요 뉴스는 아파르트헤이트에 반대하는 학생시위 소식이었다. 시위대는 학교 기금이 투자된 펀드가 남아공의 다이아몬드 광산에 투자되었다며, 어서 그 기금을 회수하라고 요구한 것이다. 나로선 학생들이 저런 정보를 어디서 알아내는지 궁금했다. 그러나 기계과와 핵공학과가 같이 쓰는 에치베리 홀이 캠퍼스의 북쪽 맨 가장자리에 있다 보니 시위 현장을 직접 목격한 일도 없어서 그런 뉴스에 대한 관심도 차츰 사그라들지 않았나 싶다.

그 학기 선생이 맡은 과목 '비선형진동'은 나로선 필수과목이었다. 학기 초는 겨울이었으니 월, 수 아침 8시 수업을 위해서 깜깜할 때 집을 나서며, 왜 선생은 아침 수업을 고집하는지 모르겠다고 생각했다. 이제 앞자리는 경쟁자도 없어서 지정석이나 다름이 없었다. 학기 말쯤인 어느 날 수업을 마치고 선생이 강의 자료를 챙길 무렵에 나는 교탁에 복사물 한 장을 내밀며 "이 서평을 기억하십니까?" 하고 여쭈었다.

내가 C. S. Hsu라는 이름을 처음 알게 된 건 나이피Nayfeh와 묵Mook이 쓴 '비선형진동'이란 책을 통해서였다. 이 책은 교과서라기보단 저자네 연구의 총합에 가까운 데다가 책의 뒤에는 방대한 참고문헌을 달아두어 나 같은 초보 연구자에게 안성맞춤인 책이었다. 곧 저자 별로 마련된 참고문헌 목록으로부터 상당히 많은 논문을 발표한 선생의 이름을 발견하고는, 미국 유학에 뜻을 두었던 나는 자연스레 그를 잠재적인 지도교수로 꼽게 되었다. 그에 대해 관심을 갖게 되자 그가 당시에 미국기계학회 응용역학 잡지의 편집인technical editor을 맡고 있다는 사실도 알게 되었다. 결국 나이피와 묵의 책에 대한 서평도 이 잡지에서 읽었다. 코넬대학 이론 및 응용역학과의 홈즈P. J. Holmes는 서평에서 '책에서 저자들은 비선형진동이란 분야를 연구하기 위해 매우 제한적인 방법인 다중척도법method of multiple scales만 사용했는데, 이 방법으론 엄청나게 발전하는 이 분야의 문제 즉, 카오스Chaos나 이상한 끌개Strange attractor 등을 두루 다룰 수가 없으니 앞으로 이 분야의 책을 쓸 사람들은 이런 식으로 쓰면 안 된다. 게다가 이 책은 1,300여 편의 참고문헌을 담아 완전한 체했다pretended to be complete'라고 썼다. 잡지에 실리는 서평의 논조는 흔히 저자에게 호의적이기 마련인데, 홈즈의 논조는 매우 신랄하다는 느낌을 주었다. 하지만 나로선 그보다 신경 쓰이는 것은 홈즈의 말이 사실에 가깝다면 그도 잠재적인 지도교수에 포함시켜야 하는지를 고민하게 만들었다는 점이다. 결국 해당 페이지를 복사해서 유학 올 때 챙겨왔다. 나는 나이피와 묵의 책을 따라 공부를 시작해서 논문을 두 편 썼고, 그 덕분에 선생의 눈에도 쉽게 들었고, 또 이 책은 그가 한 학기 동안 맡았던 과목의 교과서이기도 했으니, 서평이 실린 잡지의 편집인이었던 분으로부터 한마디 듣기로는 지금이 적기라고 보았던 것이다.

복사물을 잠시 들여다보고는 선생이 "기억하지."라고 하더니, "서평을 홈즈한테 부탁한 사람이 나니까."라고 대답했다. 내가 "이걸 어떻게 생각하십니까?"라고 묻자, 그는 "홈즈가 옳았어. 하지만 그가 공정하지 못했어."라고 대답했다. 그때 강의실을 빠져나가려다가 교탁에서 사제가 머리를 맞대고 논의하는 모습을 본 학생들이 우리 두 사람을 원처럼 둘러쌌다. 이 원의 밖에선 선생의 모습이 보이지 않았을 것이다. 그들로서는 학기 말이니 혹시 시험에 나올 만한 힌트라도 주고받는지 궁금했을지 모른다. "왜 그렇게 말씀하십니까?"라고 내가 묻자, 그는 "저자로서는 책을 쓰면서 자신이 강조하고 싶은 부분에 집중하는 것은 당연하다."라고 대답했다.

홈즈는 두 해 전에 구켄하이머J. Guckenheimer와 함께 쓴 비선형진동 책이 잘 팔리는 바람에 그즈음 엄청 유명해졌다. 이건 공학도를 위한 것이라기보단 수학자를 위한 책에 가까웠는데 그 서문에서는 나이피와 묵의 책이 좋은 책으로 소개되었다. 홈즈가 서평을 쓰던 시기에 그는 이 책을 구상하거나 집필 중이었을 것이다. 그는 서평을 쓰면서 곧 자기의 입장이 달라질지 미처 몰랐던 것이다. 잠시 앞을 내다보지 못했으니 젊음이 까닭이라고 해야 할까. 저자에게 호의적이지 않았던 서평으로 말미암아 편집인으로서 선생이 얼마나 난처했는지는 모르지만, 내가 유학을 꿈꾸던 당시 그 서평이 미국의 비선형진동 연구 동향에 대해 별로 아는 게 없던 젊은이로 하여금 많은 생각을 하게 만든 건 분명하다.

연구조교가 되고

유학 와서 처음으로 맞은 여름방학에 나는 연구조교로서 일을 시작했다. 선생의 기존 논문을 읽고 검증하는 게 주된 일이었다. 그러니 일이라기보단 공부에 가까웠다. 고국을 떠나오기 전 그렇게 어렵게 여겨졌던 논문이 차츰 읽히는 경험을 하면서 안도했던 시절이다. '논문도 읽을 수 없는 마당에 저기에 가면 무슨 소용이 있겠나.' 하고 고민하던 시절을 떠올리면서 격세지감을 느꼈을 것이다. 당시 선생은 비선형 동역학계의 문제를 수치적으로 해결하는 방법으로서 셀매핑법methods of cell mapping을 고안해서 성과를 내던 중이었다. 이걸 간단하게나마 소개하는 게 낫겠다. 일단 동역학계 즉 운동방정식이 주어지면 운동 즉 계의 상태는 오로지 초기 조건에만 달려 있다. 계의 상태란 상태공간에서의 한 점을 뜻하는데, 이것은 물체의 위치와 속도를 말해준다. 이 점에서 시작한 운동이 다음 얼마의 시간 후에는 어디로 가느냐가 문제인데, 물론 해석을 통해서건 수치적으로건 계산이 가능하다. 문제는 이렇게 계산을 반복해 나가는 게 비효율적이란 점이다. 셀매핑법은 상태공간에서 서로 가까이 있던 점들은 얼마의 시간 후에도 서로 가까이 있을 수밖에 없다는 특성을 고려하여, 어떤 매우 작은 공간 내(셀이라고 이름 붙여진)의 점들이 다음 단계에도 새로운 셀에 함께 도달한다는 가정에 근거를 둔 방법이다. 이 가정의 타당성은 셀의 크기를 얼마나 작게 잡느냐에 달려 있다. 결국 동역학계를 점에서 새로운 점까지의 매핑으로 보지 않고 셀에서 셀까지의 매핑으로 근사하겠다는 말이다. 선생은 이 새로운 개념의 고안자로서 단순셀매핑법simple cell mapping을 거쳐 확률론을 동원한 일반화셀매핑법generalized cell mapping까지 확장하고는 실제 문제에 성공적으로 적용하던 중이었다. 나는 이 과정을 따라잡는 데 거의 한 해가 걸렸다.

면담은 대체로 한 주에 한 번 내가 원하는 아무 때나 방문하는 방식이었다. 이런 방식은, 강의 시간을 제외하고 거의 언제나 연구실에 있는 분을 지도교수로 삼은 학생만 누릴 수 있는 특권이란 걸 알게 된 건 한참이 지나서였다. 면담 시간의 대부분은 지난 한 주 동안에 얻은 결과나 의문점에 대해 논의하는 형식이지만 드물게 사적인 질문도 하게 되었다. 하루는 "선생님께선 왜 전공을 바꾸셨습니까?"라고 물은 적이 있다. 중국 북경 태생이며 소주에서 성장했다는 선생은 성이 서徐, Hsu씨인데 충칭공대重慶工大를 나온 후 '국비유학생에 선발되는 행운'을 차지했다. 자신에게 행운을 안겨준 국민당 정부와 장개석보다 먼저 대륙을 벗어난 선생은 1951년 스탠퍼드 대학에서 탄성론에 관한 연구로 박사학위를 받은 후 IBM에서 타자기의 소음을 줄이는 문제를 연구했다. 그는 1955년 오하이오 주의 톨레도 대학으로 자리를 옮겼다가 비선형 정규모드에 관한 논문을 썼다. 이게 당시 그 분야의 전문가인 로젠버그Rosenberg 교수의 눈에 드는 바람에 결국 1958년 버클리로 옮겨오게 되었다. 이런 이력을 전해들은 나는 진작부터 선생이 왜 연구 분야를 동역학으로 바꾸게 되었는지 궁금했던 것이다. 그는 "고체 분야엔 천재가 너무 많아."라고 대답했다. 나는 그의 대답에는 많은 의미가 담겨 있다고 보았다. 그게 선생의 진솔함을 반영했을 수도 있고 겸손을 보여준다고도 볼 수 있었는데, 나는 후자에 무게를 두었던 것 같다. 연구를 해나가면서 학자가 연구 분야나 주제를 바꾸는 것은 자연스러운 일이지만, 당시의 나는 그 궁금함을 참지 못할 만큼 젊지 않았나 싶다.

A: "써먹지도 못할 비선형진동은 뭐하러 연구하는가?"

B: "그렇게 말하는 자네는 왜 진동 교과서에 비선형진동에 관한 챕터를 두 개나 써넣었는가?"

A: "그렇게 구색을 갖춰야 책이 잘 팔리니까 그랬지."

버지니아 공과대학의 공업역학과에서 함께 역학을 가르치는 (A)유태인 마이로비치Meirivitch 교수와 (B)요르단 사람 나이피Nayfeh 교수가 나눴다는 짧은 대화를 들려준 분도 쑤 선생이었다. 그날도 면담이 끝난 후, 비선형진동의 실용성에 관한 가벼운 언급 끝에 나이피 교수로부터 직접 들었다며 얘기를 전하던 선생의 얼굴에는 미소가 담겼다. 그 미소는 가시 돋친 이 설전을 즐긴다는 여유를 의미하는 것이겠지만, 이 분야를 평생의 연구 분야로 정한 지 얼마 되지 않은 나로선 자못 심각하지 않을 수 없었다. 그 이유는 마이로비치 교수의 도발적인 질문 때문이 아니라 나이피 교수는 답변이 그렇게 궁했던가 하는 점 때문이었다.

그날인지 다른 날인지, "선생님은 왜 실용적인 연구를 하지 않으십니까?"라고 내가 여쭙자, 그는 "사실은 나도 실용적인 연구를 해봤어."라며 자신의 경험을 털어놓았다. 1970년대, 셸Shell 사로부터 지원받아 해양 시추봉의 진동을 매개변수 가진력Parametric excitation 문제로 해석했는데 연구가 성공적이지 못해서 내용을 잡지에만 싣고 말았다고 했다. 그런데 나는 1991년 여름 노르웨이에서 개최된 미국기계학회의 해양 및 극공학 학술회의에 참석한 일이 있다. 발표장에서 논문집을 훑어보다 보니 제법 많은 논문에서 예전에 선생이 성공하지 못했다던 연구의 결과물인 해당 논문이 인용된 걸 알게 되었다. 이유가 궁금하여 어느 참가자에게 물었다가 '그 분야에서 참고할 만한 유일한 논문이니 당연하다'는 대답을 들었다. 이 사실을 선생이 아시면 어떤 반응을 보일지 궁금했다. 하지만 몇 차례 찾아뵙는 동안 확인할 기회가 있었는데도 제자가 무심하여 다 놓치고 말았으니 유감이 아닐 수 없다. 다만 연구자 본인이 실패했다고 인정한 연구 결과가 세월이 한참 지나서 어떤 현장에서는 활발히 활용되는 현실은 연구의 실용성에 대해 많은 것을 생각하게 한다.

스승의 책 출간 전후

에치베리 홀은 멋없는 콘크리트 6층 건물이다. 이게 샌프란시스코만을 향하다 보니 꼭대기 층에 있던 선생 방의 창문을 통해 금문교를 정면으로 볼 수 있었다. 하지만 그걸 등지고 앉은 스승을 상대할 부담 때문인지 아름다운 풍경이 제자의 눈에 들어오는 날은 드물었다. 대학원생들의 연구실은 교수 연구실과 ㅁ 자 복도로 구분되다 보니 창문이 없었는데, 내가 몸담은 연구실은 선생 방의 맞은편에 자리했다. 게다가 방들이 서로 천장이 통하는 데다, 복도 안쪽 벽에 주된 스위치가 있어서 때로밖에서 누가 이걸 꺼버리면(자기가 마지막으로 퇴근하는 줄 알고) 암흑이 되는지라, 큰 소리로 아직 사람이 있다는 걸 알려주어야 했다. 그러면 "쏘리."라는 대답과 함께 다시 불이 켜지곤 했다.

1986년 크리스마스이브였다. 퇴근 시간 가까운 무렵 노크 소리에 이어 문이 열리더니 선생이 들어왔다. 그는 사모님께서 준비한 것이라며 작은 비닐봉지를 내밀었다. 봉지 안에는 갓난아이의 옷과 장난감이 들어 있었다. 반갑게도 국산이었다. 학생과 사적인 관계를 꺼렸던 선생으로선 이례적인 일이었다. 곧 퇴근해서 집에 들어서며, 선물이 하나 들어왔는데 누가 준 건지 맞춰보라고 했더니, 태어난 지 한 달이 채 안 된 둘째를 안고 있던 장모께서 "자네 지도교수지 누구겠나?"라고 했다. 내가 "와! 우리 장모님 총명하시다. 그런데 어떻게 아셨어요?"라고 했더니 "이런 날도 늦게까지 일 시켜서 미안한 모양이지."라고 했다. 사실은 그날도 저녁을 먹고 다시 학교로 가야 했다. 당시 나는 스승의 일을 돕느라 바쁘기는 했지만 강제로 한 일은 아니었으니 장모의 말씀에는 해명이 필요하다.

연초에 선생은 스프링거 페를라크Springer-Verlag와 출판 계약을 맺었다. 따라서 원고가 일 년 안에 마무리되어야 했다. 초고를 완성하는 건 선생의 일이지만 그걸 읽어줄 사람이 필요했는데 그 일을 대학원생보다 잘할 사람은 없었다. 하지만 김 선배를 비롯한 연구실의 동료와 함께 하는 일이어서 나로선 별로 부담되지 않았다. 오히려 스승이 일을 해 나가는 과정을 지켜보는 게 흥미롭고 배울 점이 많았다. 다만 일이 더뎌져서, 연말이 되자 계약 시한을 놓칠까 봐 피차 어느 정도는 긴장할 수밖에 없었다. 그런데 원고를 두 번째 읽는 일이 끝날 때까지 선생이 서문을 보여주지 않았다. 서문 쓰는 일이 마지막까지 미뤄지기 십상이란 걸 이해는 했지만, 속으로 '서문을 보여주지 않으시려는 건가?' 하는 생각도 들었다. 어느 날 나는 더 참지 못하고 그에게 서문이 완성되었는지 물었다. 결국 나는 서문을 받아냈다. 다음 면담에서 그에게 의견을 말해도 되겠는지 물었다. 책에서 가장 중요한 부분이니 조심스러울 수밖에 없었다. 허락을 받은 나는 세 가지를 언급했는데, 그중 하나를 소개한다. 선생은 서문에서 '셀매핑법의 발전 순서상 단순셀매핑법 다음에 일반화셀매핑법이 등장한 데다가 후자를 통해 더 많은 정보를 얻을 수 있으니 후자가 더 고등하고 나은 방법이다'라고 강조했다. 그런데 이용자의 입장에서 보자면 후자는 확률론까지 동원해야 할 만큼 익히기가 어려우므로, 고등할지는 모르겠지만 더 낫다고 볼 이유는 없다는 점이다. 가령 전자는 누구나 쉽고 간단히 결과를 얻을 수 있는 반면, 후자는 나의 경우 스승과 선배의 도움을 받고도 그 방법을 익히는 데 근 일 년이 걸렸으니, 아무나 쉽게 사용할 수 있는 방법이 아니라는 것이다. 게다가 그 방법을 사용하는 데는 계산 시간이나 저장 공간 등에 많은 제약이 따른다. 즉 어느 방법이 좋으냐에 대한 답은 문제와 사용자의 능력과 환경에 달린 것이다. 따라서 나는 비록 저자가 개발한 방법이더라도 어느 방법이 더 좋은지는 이용자가 판단하게 남겨두어야지, 두 방법에 대한 기호를 책머리에 밝혀서 독자에게 선입관을 갖게 하는 건 바람직하지 않다는 뜻을 드러냈다. 곧 선생의 변명이 이어졌고 난 무언으로써 뜻이 확고함을 전했다. 하지만 저자가 판단할 문제이니 이야기를 길게 할 것은 없었다. 이윽고 선생이 생각을 더해보겠다고 했다. 다음 면담에서, 그는 "생각한 결과 네 의견을 따르기로 했다."고 입을 뗐다. 가슴속에선 뿌듯함이 차올랐지만 그걸 표정에 담을 수는 없었다.

제자가 스승의 업적을 빛나게 하는 일을 희생이라고 할 수는 없다. 왜냐하면 그건 자신을 위하는 일이기도 하기 때문이다. 사제관계는 일정 기간 공동운명체에 가깝다. 그 기간이란 게 관계에 따라 유동적이긴 하지만 말이다. 나는 연구실의 막내여서 스승의 책을 풍성하게 하는 데 기여한 게 없으니 원고를 수정하는 데라도 도움이 되면 그것 역시 보람이요 영광일 터였다. 장모로서는 출산한 딸을 도우러 낯선 곳에 오니 사위는 얼굴 보기도 어려워서, 백화점이라도 가려면 여섯 살 난 손자한테 안내 겸 통역을 받아 시내버스를 타야 하니 답답해서 그런 불평을 하게 되었을 것이다.

책은 1987년 봄에 "Cell-to-Cell Mapping-A Method of Global Analysis for Nonlinear Systems"라는 제목으로 Applied Mathematical Sciences 시리즈의 제64권으로 나왔다. 나를 비롯한 연구실 동료들은 선생의 서명이 담긴 책을 받았음은 물론이다. 여름이 들어설 무렵 LA의 김 선배 집에서 출판기념 모임이 있었다. 나는 차를 몰고 내려갔다. 선생으로선 이 책이 평생의 연구를 아우르는 결과물인 셈이니 이번 모임이 뜻깊을 수밖에 없었다. 그러니 일의 과정을 지켜본 제자로선 참석해서 축하하는 게 마땅해 보였다. 게다가 나로선 한 번도 본 적이 없는 선배들도 만나게 될 기회를 놓치기가 아까웠다. 참석자는 주인 내외와 선생 내외, 대만 출신 선배 내외, 남가주대학의 이스라엘인 플래쉬너Flashner와 인도인 라메쉬Ramesh 그리고 나까지 모두 아홉 명이었다. 대만 선배는 구순이 넘은 자기 부친이 써준 거라며 작은 정사각형 액자를 스승께 선물했다. 액자에는 '力學典範(역학전범)' 넉 자가 써 있었다. 그 글에는 '이번에 당신이 쓴 책은 역학 분야의 교과서로 남을 것'이란 뜻이 담겼을 것이다. 아니면 '당신은 이제 역학의 살아 있는 교과서다'라는 뜻일지도 모른다. 액자를 받으며 선생께서 매우 흡족해하시던 모습이 생각난다. 곧 그 선배가 선생 내외분의 청으로 부른 '내 마음 샌프란시스코에 남아I left my heart in San Francisco'는 축하 행사의 백미였다. 평생의 연구 업적을 총괄하는 책을 쓴 노학자가 제자와 그 가족으로부터 받는 조촐한 축하인사야말로 진정으로 값진 선물 아니겠는가. 곧 자유롭게 대화하는 시간이 되자 사모님께서 다가와 '작년에 딸의 결혼식에 와서 축하해 주어 고마웠는데, 선물로 준 목각인형의 의미가 궁금하여 남편한테 물어봐 달라고 부탁한 지 한 해가 다 되도록 답을 듣지 못했다'고 했다. 그 결혼식에 초대받은 우리 부부는 교회의 예식뿐만 아니라 바닷가의 근사한 식당에 마련된 피로연에도 참석했다. 사모님이 말한 목각인형이란 우리가 그 피로연에 가져간 선물을 말한다. 유학 올 때, 직장 동료들이 '지도교수한테 잘 보여서 빨리 학위 마치고 오란 뜻'이라며 많은 민예품을 주었다. 학생과 사사로운 관계를 맺는 일을 꺼리는 선생의 성품을 아는지라, 이것들 대부분은 아들의 유치원 교사들 차지가 되었고, 노인 부부를 깎아놓은 목각만 남았다가 스승의 딸 결혼 선물이 된 것이다. 백년해로하란 뜻이라고 하자 사모님은 밝게 웃으시며 자기도 그런 의미가 담기지 않았겠는가 짐작은 했지만 선물한 사람으로부터 듣고 싶었다며, 딸에게 뜻을 전하겠다고 말했다. 부인의 부탁에도 사적인 일로 제자에게 질문하기를 불편하게 여긴 분, 쑤 선생은 바로 그런 분이었다.

딸 캐시의
결혼식 피로연 장면

딸의 결혼식 얘기가 나왔으니 피로연의 한 장면을 소개하고 넘어가는 게 낫겠다. 선생은 그 피로연에서 세 명의 제자(당시 김 선배와 나 말고도 중국인 썬Sun이라는 제자가 있었다) 내외를 밴드가 연주하는 무대에서 가장 가까운 테이블에 앉게 했는데, 그 자리엔 어떤 구순 노인과 그 아들도 함께 했다. 노인은 선생의 충칭공대 시절 스승이라고 했다. 나는 그분의 이야기를 들으며 사제가 인연을 맺었던 충칭은 상해에서 쫓겨난 우리 임시정부가 장정 끝에 머문 곳임을 떠올렸다. '김구를 비롯한 임시정부 인사들은 남의 나라의 번듯한 대학을 바라보며 어떤 생각이었을까? 나라를 되찾으면 저런 대학부터 세워야겠다고 다짐하지 않았을까?'라고 생각하다 보니 밴드의 연주가 시작되었다. 음악이 춤곡으로 바뀌자 맨 먼저, 우리 옆 테이블의 라이트만과 골드스미스, 존슨 교수가 모두 부인을 동반하고 나와서 춤추기 시작했다.

비엔나 태생인 조지 라이트만George Leitmann(1925-) 교수는 유대계로서 1940년 나치의 탄압을 피해 가족과 함께 미국으로 이민 왔다가 전투 공병으로 참전했으며, 전후 뉘른베르크재판에서 심문을 담당했다고 한다. 내 종합시험에서 그는 자신이 초대한 연사를 소개하러 곧 세미나장으로 가봐야 한다면서 첫 질문자를 자청했다. 그렇게 시작한 질문이 한 시간 반이나 수험생을 난처하게 할 줄이야. 그와 나 사이에 일반화 좌표의 개념에 대한 의견이 갈리는 불상사가 생기고 만 게 화근이었다. '일반화 좌표란 물체의 운동을 확정해 주는 한, 문제를 푸는 사람이 임의로 정의할 수 있다'는 나의 주장에 대하여, 그가 '그러면 일반화 좌표가 무슨 소용이냐?'고 되묻는 바람에 촉발된 사고였다. 게다가 수험생이 '책의 저자에 따라 정의가 다르다'라는 말까지 해서 출제자를 당황하게 했다. 교내에서 가장 명료하게 설명하는 분이라고 알려진 데다, 신사 중의 신사이자 나토의 무슨 위원이라던 그는 나의 답변 때문에 자극을 받았던지 계속 질문을 이어나갔다. 나도 덩달아 분위기에 끌려 반발심이 생기는 바람에 점점 수렁으로 빠져드는 기분이었다. 마침내 내가 그의 질문에 만족스레 답하지 못한 단계에 이르렀다. 어느새 예상한 시험 시간의 절반이 지난 걸 확인한 그는 떠나기 전에 의견을 밝히겠다며 나보고 방에서 나가달라고 했다. 나는 밖에 나와서도 흥분이 채 가라앉지 않았다. 10분이면 끝날 줄 알았던 그의 질문이 이렇게 시간을 끌었으니 실망스럽기 짝이 없는 데다, 짐작하건대 시험 결과가 뻔해 보였기 때문이다. 곧 그가 나오더니 잠시 물도 마시고 냉정을 되찾아서 시험에 잘 대비하라고 했다. 나는 멀어져 가는 노인의 뒷모습을 바라보며 속으로 '병 주고 약 주시는가.' 하는 마음이 생겼다. 어쨌든 시험은 계속되었는데 십오 분쯤 지났을까, 라이트만 교수가 되돌아왔다. 웬일인지 그때부터 그는 동료들의 질문을 잘라내기도 하는 등 나를 일방적으로 돕기 시작했다. 그는 나에게 그 시험 초반엔 낭패감을 안겨주었지만, 결국은 동아줄을 내려준 셈이다. 최적제어의 전문가인 그는 나중에 내 학위논문 심사위원까지 맡아주었다.

역시 유대인인 베르너 골드스미스Werner Goldsmith(1924-2003) 교수는 아우슈비츠에서 부모를 여의고 청소년기에 단신으로 대서양을 건넜다고 한다. 그는 아까 말한 시험 시간에 책을 들고 들어와서, 동료들로부터 '오늘 시험은 오픈 북 테스튼가?'라고 놀림까지 받았다. 자기 질문 차례가 되자 아니나 다를까 그는 시험문제랍시고 책을 들여다보면서 질문했다. 나는 유학 첫 학기에 그의 중급동역학을 수강했는데, 그로부터 잘 가르친다는 인상을 받지는 못했다. 나로선 그 과목이 매우 중요한 과목이어서 부실하게 여겨졌던 강의를 보완하기 위해 교과서 외의 책을 한 권 더 읽을 수밖에 없었다. 게다가 그가 숙제를 엄청 내주는 바람에 학습량이 다른 과목의 몇 배가 되는 느낌이었다. 과목에서 뭔가를 배워내야 하는 학생으로서는 잘 가르치는 교수의 과목은 공부를 대충하더라도, 잘못 가르친다고 여겨지는 교수의 과목은 독실하게 독학하는 입장을 취할 수밖에 없다. 그래서 후자의 경우, 학생은 실력이 뜻밖으로 향상되는 경험을 하게 되는 것이다. 그러니 개별 학생의 노력 여하에 따라서, 잘 가르치는 교수와 잘 못 가르치는 교수의 영향이 역전되는 현상이 발생한다. 좋은 교육이 뭔지를 알아내기가 그리 만만치 않다는 걸 나는 골드스미스 교수의 경우를 통해 배웠다. 어느 날은 안정성stability을 강의할 차례였다. 나는 그가 해당 부분 수업을 어떻게 끌고 나갈지 무척 궁금해하던 참이었다. 그가 라이트만 교수에게, "어이, 조지, 안정성이 뭔가?"라고 물었더니, "안정성의 정의가 서른 가지가 넘는데 그중 어느 걸 원하나요?"라고 되묻더라고 했다. 라이트만 교수는 골드스미스 교수의 두 번째 박사 제자라고 알려졌다. 모르는 걸 알아내기 위해 옛 제자에게 물었다는 사실을 털어놓는 일은 아무나 따라 할 수 있는 게 아니란 걸 깨우치는 데 나로선 시간이 많이 걸렸다. 충돌역학의 전문가인 골드스미스 교수는 1991년 발생한 로드니 킹 사건과 관련한 심리에서 두 번 증언했다고 알려졌다. 나로선 그가 검찰 측 증인이었는지 피고 측 증인이었는지 알아내지 못한 게 못내 아쉽다. 전문 분야에 대한 확고한 지식을 바탕으로, 온 나라를 들쑤신 사건을 수습하기 위해 당당하게 증인으로 나선 그는 진정한 학자의 모범이 되었을 게 분명하다.

분위기가 무르익어 다른 하객들이 춤추러 나오자 선생의 세 동료 내외는 썰물처럼 빠져주었다. 쉰 명 넘는 같은 과 동료 중에 세 분만 피로연의 맨 앞자리에 앉았다가 왜 각본에 있는 듯이 처신했는지 등 그들 사이의 유대관계에 대해서 나는 아는 게 없었다. 하여튼 그날 우리는 스승의 스승한테서 청년 쑤에 대한 이야기를 듣느라 그 자리가 조금도 지루하게 여겨지지 않았다. 자신의 옛 스승과 제자가 한자리에서 즐거운 시간을 갖도록 배려한 것도 쑤 선생의 한 모습이다.

연구실의 경사

1988년 봄이었다. 버스 정거장에서 어떤 대만 학생과 마주쳤다. 모우트Mote 교수의 제자인 그는 저희와 우리 연구실에 경사가 생겼다고 했다. 내가 뭐냐고 묻자 두 분이 최근에 공학아카데미National Academy of

Engineering의 회원으로 뽑혔다고 했다. 모우트 교수는 내 과학원 지도교수인 조형석 교수의 박사과정 지도교수였던 분이다. 조 교수는 내가 이곳에 지원할 때 추천서를 써주었다. 나로선 공학아카데미의 회원이 되는 게 대단한 건지 몰랐지만 다음 면담 때 선생께 축하인사를 건넸다. 그러자 선생께서 수줍어하셨다. 내 생각으론 선생의 책이 그 경사의 중요한 밑거름이 되었음은 의심할 여지가 없었다.

학위논문

그 일이 있고 얼마 지나지 않아 나는 학위논문을 제출하고 졸업식에도 참석했다. 우리 유학생 동기들은 유학 초기에 '삼 년 뒤쯤 이 지역에 큰 지진이 온다니 모두 얼른 학위를 끝내고 이곳을 벗어나는 게 좋을 것'이라는 얘기를 농반진반으로 나눈 일이 있었다. 이른바 '공기단축工期短縮'이 필요하다고 했다. 아무리 서두른다 해도 '공기'를 그렇게 '단축'하기는 어려울 것이라며 웃어넘겼다. 다행히 그 예보가 틀리는 바람에 유학기간에 심각한 지진을 경험하지 않았다. 그러다 귀국 후 1년 남짓 뒤인 1989년 10월 이 지역에 큰 지진이 발생해서 고속도로가 무너지는 등 엄청난 피해가 발생했다는 소식을 듣고 선생께 안부전화를 한 일도 있다. 캔들스틱 파크에서 진행될 예정이었던 월드시리즈가 중단되는 바람에 '월드시리즈 지진'이라고도 불린다는 그 사건으로 짐작해 보면, 1984년 가을에 우리가 들은 예측은 시기만 2년 차이가 날 뿐 제법 근사한 예측이었던 셈이다.

이쯤에서 학위논문에 대해 잠시 언급하는 게 낫겠다. 선생의 연구조교가 되어 내가 인식한 자신의 처지는 셀매핑법을 2자유도계에 적용하는 것이었다. 곧 선생은 내게 직각으로 굽은 데다 끝에 집중질량이 달린 외팔보 모델을 제안했다. 오래지 않아 나는 문제가 포함하는 항이 너무 많다며, 선체운동을 거쳐 결국 탄성진자계Spring-pendulum system로 바꾸는 게 낫겠다고 제안해서 선생의 허락을 받아냈다. 문제의 본질을 알기 위해서는 가급적 단순하고 직관적인 설명이 가능한 문제를 다루는 게 낫다는 데 사제가 합의한 것이다. 어느 날은 면담 중에 선생이 화를 버럭 냈다. 나로선 힘들게 결과를 얻어가는 중이었는데 그게 확정되지 못하고 계속 바뀌는 게 문제였다. 하지만 내막을 따져보면 기왕의 결과에서 새로운 정보가 추가되는 중이었으니 그렇게 비관적으로 볼 이유가 없었다. 연구자로서 겪는 진짜 위기는 사방이 안개로 막힌 것처럼 도무지 무얼 어떻게 해야 할지 모르는 경우다. 몇 주 후 면담에서 다시 바뀐 결과를 내가 내밀었을 때, 선생은 비로소 '이제 네 연구가 본 궤도에 들어선 것 같다'며 반가워했다. 똑같이 바뀐 결과를 보였는데, 한 번은 화를 내고 다음엔 반가워한 선생을 학생으로선 이해하기 어려웠을지 모른다. 하지만 그런 경우는 양자의 직관력 차이로 생긴 일이라고 보는 게 대체로 옳을 것이다. 또 어느 날은 내가 뭘 말하려다 망설이자, 선생이 "넌 생각이 너무 많아. 머뭇거리지 말고 그냥 말해!"라고 다그쳤다. 그날 내가 뭘 말하려 했는지는 전혀 기억나지 않는다. 근 3년 반 가까이 사제관계를 유지하다 보면 별일이 다 생기는 법이다. 그러니 선생이 한 말에 일희일비할 일이 아니란 걸 그때 알았더라면 더 좋았을 것이다.

1987년 10월 전후, 그러니까 '블랙먼데이'라고 알려진 미국 증시 역사상 가장 큰 폭락을 경험했다는 시기에 나는 나대로 연구의 막바지에서 돌파구를 찾지 못해 힘든 시기를 보내고 있었다. 가진 거라곤 주식은커녕 빚뿐이었던 유학생에게 주가 폭락 소식은 강 건너 불에 불과했다. 논문 때문에 내 속이 타는 게 더 급하다고 보았던 것이다. 모두 꿈같은 시절의 이야기다. 면담 중 선생은 대체로 묻고 내가 답하는 방식이었지만,

그가 결정적인 힌트를 주는 경우도 많았다. 그런 경우 학생은 좋은 지도교수로부터 지도받는 게 얼마나 큰 특권인지를 절실히 깨닫게 된다. 만약 그런 게 없었으면 내 논문은 더 볼품이 없었을 것이다.

논문 심사위원 중 한 분인 수학과의 토시오 가토 교수Tosio KATO(1917-1999)에게 논문을 드렸더니 "이 문제가 아직 안 풀렸어?"라고 했다. 학생한테는 '앞으로 천년 넘게 풀릴 문제'가 교수한테는 간단한 문제로 보였다는 말인데, 누가 옳을지는 두고 볼 일이다. 언젠가 면담을 위해 그의 방을 찾았을 때, 가토 교수는 '쑤 선생한테 갖다드리라'며 뭔가를 주었다. 살펴보니 어느 잡지에 실린 자기 자서전 혹은 전기의 별쇄본이었다. 거기에는 일본이 패전한 직후 극심한 식량난을 겪었을 때 그도 영양실조로 오래 고생하다가, 도쿄대학에서 물리학 박사학위를 받고도 실직 상태에 놓였는데 주일 미국대사관의 직원에게 발탁되는 바람에 미국으로 건너왔다고 적혀 있었다. 세월이 지나서 생각해 보니 그 자리에서 "별쇄본 여분이 있으면 저도 하나 주십시오."라고 하지 못한 게 후회된다. 나더러 "자네가 중국인인 줄 알았다."라던 그는 종합시험 세 시간 반의 거의 대부분 동안 의자를 돌려서 창밖을 내다보았다. 당시 나로서야 질문에 답하느라 정신이 없었지만 시간이 지나서 보니 '그때 교수는 참 지루했겠구나.' 하는 생각이 들었다. 지루함을 견디는 것은 어느 분야의 직장인도 갖춰야 할 능력이라는 점에서 천재도 예외일 수 없다는 걸 보여주는 대목이다. 1995년 런던의 어느 서점에서 저자의 소탈한 인품만큼 두꺼운 'Perturbation Theory for Linear Operators'란 책을 발견하자 나는 반가운 마음에 구입하며 '이 책을 읽을 일이 있을까' 하고 생각한 일도 있다. 가토 교수한테 들은 말을 떠올릴 때마다 쑤 선생에 대해 감사한 마음이 절로 우러나곤 한다. 왜냐하면 선생이 관대하지 않았더라면 기계공학도가 그런 고전적인 문제에 매달리는 걸 지켜볼 리 만무했을 것이기 때문이다.

스승의 뒷모습

이제 교내에서 마주한 선생의 사적인 모습 몇 가지를 소개할 차례다. 선생에게는 선호하는 주차 공간이 있었는데 토요일이면 늘 그곳에 주차했다. 그곳은 에치베리 홀 마당에 해당하는 교수 주차구역의 맨 오른쪽 자리였는데, 토요일엔 일찍 출근하는 교수가 없었기 때문에 당신이 선호하는 곳에 주차한 것이다. 일요일이면 대학원생도 그 구역에 주차가 가능했지만 난 그 자리를 피했다. 대체로 일요일엔 선생이 출근하지 않는다는 걸 알았지만 왠지 그림자를 밟는다는 느낌이 들었기 때문이다. 어느 날 면담하러 방문했더니 선생이 소설책으로 보이는 책을 읽고 있었다. '우리 스승도 한가하실 때가 있구나.' 하는 생각이 들어 신기해했다. 또 어느 날은 그러니까 출판기념 모임 직후로 기억되는 즈음에 방에 들어섰더니 라디오를 듣고 계셨다. 라디오에서는 이란-콘트라 사건의 주역인 올리버 노스 중령의 의회 청문회를 중계방송하는 중이었다. 나는 속으로 '선생은 저 인사의 말을 다 믿으시는가.' 하는 생각이 들었다. 어느 날 학과 사무실 근처를 지나오는데, 선생이 탤벗Talbot 교수에게 "왜 남의 우편물을 가져가는가?" 하고 물었다. 복도의 벽에는 오가는 우편물을 보관하는 함이 문이 없는 채 사용되도록 배열되어 있었다. 각각의 함에는 교수들 각자의 이름이 붙어 있었다. 그러니 혼동하여 남의 함에서 우편물을 꺼내는 일도 가능했을 것이다. "질문이 틀렸어! 이건 내 거야.Wrong question! It's mine"란 답을 들은 선생이 난감해하는 모습을 뒤로하고 나는 얼른 그 지역을 벗어났다. 참 간결하지만 강력한 표현도 있다고 생각하는 한편, '스승도 실수하실 때가 있구나.' 하는 생각이 들어서 속으로 웃고 말았다.

하직 인사

마침내 선생께 하직할 날이 왔다. 1988년 초여름의 일이다. 그때 선생은 훔볼트 재단의 지원을 받아 독일에서 연구년을 보내기 위해 며칠 후 출국할 예정이었고, 나는 한 달쯤 뒤 귀국할 처지였다. 전날 그는 내 학위논문을 가져가고 싶은데 무게를 줄여야 한다며 양면 복사본을 요청했다. '아예 안 가져가면 무게를 더 줄일 수 있을 텐데 이걸 뭣 하러 가져가시지.' 하는 생각을 하며 복사본을 드렸더니, 선생이 장차 뭘 연구하고 싶으냐고 물었다. 나는 보나 판, 셸 등 구조 동역학을 연구하고 싶다는 뜻을 밝혔다. 선생의 셀매핑법을 이어가겠다는 말을 하지 못해 미안한 마음이 들긴 했지만 지키지 못할 다짐을 할 수 없었다. 그가 내 연구 계획에 행운을 빌어주었음은 물론이다. 귀국 후, 다섯 명의 박사를 지도하는 동안 한 명은 보를, 네 명은 원판을 연구했으니 스승과의 약속은 대체로 지켜진 셈이다. 셸까지 가지는 못했지만 말이다. 처음 학위논문 주제로 선생이 구조 동역학 문제를 제안한 점을 상기해 보면, 선생의 관대함으로 말미암아 구조 동역학으로의 진입이 조금 늦춰진 셈이다.

그 후, 1992년과 1994년, 2001년 등 모두 세 차례 찾아뵈었다. 맨 처음엔 학교의 연구실로 갔더니 지난해에 은퇴했지만 습관처럼 출근한다고 했다. 두 번째엔 딸이 결혼할 때 피로연을 열었던 식당에서 뵈었다. 마지막엔 아내와 같이 팔로알토의 댁으로 찾아뵈었다. 그동안 선생은 딸 가족이 있는 이곳으로 이사했다. 사모님은 휠체어에 앉아 계셨는데 우리를 알아보긴 했지만 말씀은 못 하는 처지였다. 우리와 인사를 나누기 위해 기다렸던 딸 캐시가 곧 떠나고 넷만 남았다. 아내가 선생을 위해 준비한 나무로 된 마사지 기구를 드렸더니 반가워하시며 어떻게 사용하느냐고 물었다. 아내가 사용법을 알려드리자 그는 신기해했다. 이윽고 우리가 떠날 때, 선생은 사모님의 휠체어를 밀고 문밖까지 나와서 우리가 가는 모습을 지켜보았다. 후방 거울로 보니 두 분의 머리 위에서는 백열등이 빛났으며 스승 내외분이 손을 흔드는 모습도 점점 작아져 갔다. 그땐 물론 이분들을 마지막으로 뵙는다는 걸 알지 못했다. 그 후로 산불인가 지진 소식이 있어 전화로 한 번 안부를 여쭌 일이 있다.

다시 버클리로

2016년 5월 중순, 우리 내외는 작은아들의 졸업식에 참석하러 LA에 갔다. 아들은 우리가 유학 시절 살던 지역을 가보고 싶어 할 줄로 알고 캘리포니아 북쪽으로 여행 계획을 마련했다. 일정에 따라 몬트레이에서 이틀을 보내고 팔로알토로 출발하기 전 우리는 가게에서 스승 내외분께 바칠 꽃을 골랐다. 마침 스승의 날 무렵이었다. 가게 주인은 카네이션을 권했다. 스승은 재작년, 사모님은 작년에 작고하셨다. 딸에게 연락하여 오후에 공원묘지에서 만나기로 약속했다. 캐시는 우리한테 꽃을 건네받더니 능숙하게 줄기를 적당히 잘라내고 두 분의 유골이 보관된 자그만 서랍 앞에 꽂아두고는 자리를 비켜주었다. 나는 절을 두 번 하고 이런저런 생각에 잠겼다. 선생 같은 거인도 때가 이르면 가루가 되어 저런 서랍에 보관되니 평범한 존재야 뭘 더 바라랴 하는 생각도 들었다. 딸이 건네준 유인물(장례식에서 사용된)에는 선생의 사진과 함께 이력이 자세히 기록되어 있었다. 2011년 미국기계학회로부터 덴 하르토그 상Den Hartog Award을 받았다는 내용도 있었다. 길러낸 박사가 25명이라는 내용도 보였다. 선생이 내 뒤로 박사과정 학생을 받지 않은 점을 감안하여, 내가 만나보지 못한 선배의 수를 셈해보았다. 그날 저녁 스승의 딸과 사위는 우리 가족을 식사에 초대했다. 아내는 고등학교에서 미적분을 가르친다는 그렉을 보더니 콧수염이 결혼식 때와 마찬가지로 멋있다고 칭찬하여 상대를 기쁘게 했다. 나는 이 사람이 옛날 그 날씬하던 청년이 맞나 싶어서 긴가민가하다가, 아내의 눈썰미에 감탄할 수밖에 없었다.

선생 내외의 유가족과 헤어진 후 우리는 버클리 즉, 하나같이 굴곡진 현대사의 증인이었던 스승들이 평생 절차탁마를 실천한 곳으로 향했다. 이리저리 되짚어보다 보니 한 인물의 특별함이 저 작은 종이에 다 기록될 수는 없다는 생각이 들었다. 선생이 베풀어준 것 중에 제자의 마음속에 자리 잡은 걸 말로 끄집어내기는 쉽지 않다는 생각이 들었기 때문이다. 가령, 난 강의조교를 단 한 학기 맡았는데, '연구비가 바닥났으니 다음 학기를 대비해 강의조교 자리를 찾아보라'는 선생의 당부에 따를 수밖에 없었다. 옆에서 운전하는 아들이 그때는 태어나기 몇 달 전이어서 이래저래 매우 힘든 시기였다. 결국 우여곡절을 거쳐 강의조교 자리를 찾아냈고 낯선 경험을 통해 얻은 교훈이 크다는 것도 깨달았다. 다음 학기에 선생은 다시 연구비 상황이 좋아졌다며 연구조교를 회복시켜 주었는데, 아무래도 제자가 낯선 경험을 통해 뭔가를 배워보라고 일부러 그렇게 했을지 모른다는 생각이 든다. 선생을 너무 편드는 것 아니냐고 조롱할 사람도 있겠으나 그 시절을 돌아보면 자꾸만 생각이 그쪽으로 기우는 건 어쩔 수 없다. 한 인물의 성향을 아는 사람만 느낄 수 있는 무언가를 남에게 말로 설명하기는 어려운 법이다.

그 저녁, 이런저런 생각 끝에 정신을 차려보니, 저 멀리 만 건너 금문교의 불빛이 오랜만에 돌아온 사람을 반기는 듯했다.

3부

따르고 싶은
스승께
내 혼을 얹고

스승님
백영
정병욱
-우리의 동방일사 東方一士

이강옥
명예교수 | 국어교육과

선생님의 침묵이 잔잔하고 따뜻한 미소의 조건

정년퇴임을 하니 '일과 시간'이 한가한 게 참 좋았다. 한동안 오전 중에 용지봉에 올랐다. 오르고 내려오는 동안 사람을 전혀 만나지 못하는 때가 있을 정도로 산은 고적했다. 자연의 소리에 묻히는 듯한데, 이상하게도 그럴 때마다 퇴임 전 대학에서 겪었던 일들과 거기 등장했던 얼굴들이 떠올랐다. 특히 온갖 서사를 만들게 된 제자들의 얼굴이 더 자주 떠올랐다. 그럴 때면 으레 나는 선생으로서 그들에게 도리를 다했던가, 자문하고 또 자문하며 얼굴을 붉혔다. 이어 나의 스승님들이 떠올랐다. 놀란 것은, 학부 시절 잠시 뵈었던 그때 그분들의 모습과 말씀과 행적이 그 뒤 내내 내 곁을 떠나지 않고 내 사유와 행위에 의미심장한 영향을 주어왔다는 사실이다. 그중 가장 위력적이면서도 은은하게 내 곁에 계셨던 분이 백영 정병욱 선생님이시다. 백영 선생님은 판소리와 한국 고전 시가 연구 분야의 대석학이셨다.

관악의 도서관 앞 광장에서 망연자실해 있던 학부 시절의 어느 날, 나는 백영 정병욱 선생님으로부터 당신의 연구실에서 공부하며 연구실을 지켜달라는 부름을 받았다. 선배들이 부동자세로 대하던 그 근엄하신 분과 매일 좁은 방에서 함께 있어야 한다는 부담감 때문에 순간 머뭇거릴 수밖에 없었지만, 선생님의 연구실에서 내려다보는 광장의 모습은 어떠할까 궁금하기도 했다. 그로부터 삼 년 반 동안 '동방일사東方一士'와 '덕불고필유린德不孤必有隣'이란 현판이 마주 걸린 관악 연구실에서의 기식 생활이 시작되었다.

선생님께서 말씀이 많지 않다는 사실은 알려져 있었다. 연구실에서는 더욱 그러신 것 같았다. 하루 종일 한 방에 앉아 있어도 한마디 말도 나누지 않은 때가 있었다. 나도 그렇게 어려운데 연구실을 찾아오시는 분들은 얼마나 부담스러울까 내심 걱정했다. 과연 대부분의 방문객들은 문밖에서 머뭇거리는 것 같았고, 문을 열고 들어서도 방 안의 침묵에 주눅이 들어 칸막이 앞에서 우물쭈물하기도 했다. 칸막이를 돌아간 분들은 인사말을 건네자마자 으레 평소보다 빠른 속도로 이야기를 엮어 나가는데, 그럴 때면 선생님은 가끔 잔기침을 하시면서 듣고만 계셨다. 나는 방문객들이 침묵의 부담감을 떨쳐버리기 위해 서둘러 말을 한다고 생각했다. 그리고 선생님의 그 침묵과 과언의 본질이 무엇인지 알고 싶었다.

그러던 어느 날, 어떤 손님이 문을 열고 들어와서 칸막이를 돌아가는

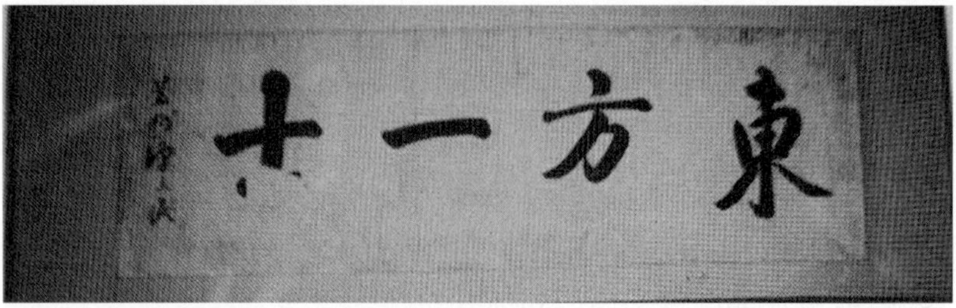

동방일사東方一士 현판
원고 하단 '동방일사전' 참고

정병욱 교수님(오른쪽)과 윤동주 시인 (연희전문 시절, 1941년경)

순간 나도 모르게 고개를 돌려 선생님 쪽을 바라보았다. 갑자기 밝은 쪽을 향해서인지 처음에는 아무것도 보이지 않다가 서서히 선생님의 얼굴 모습이 선명해졌다. 선생님은 아침 햇살을 후광인 양 뒤로하고 막 들어선 손님을 향해 잔잔하고 따뜻한 미소를 보내고 계셨다. 그것은 얼굴의 순연한 아름다움을 보여주는 장관이었다. 비로소 나는 선생님의 침묵이 그 잔잔하고 따뜻한 미소의 조건임을 알았다. 연구실을 찾아오는 사람들이 선생님을 뵙는 순간 주눅 드는 것이 아니라 마음이 화평해져 더 많은 말을 하게 된다는 사실도 알게 되었다. 연희전문에 다닐 때, 부끄럼 많던 윤동주를 이 세상 시인으로 만들어준 힘도 선생님의 저런 따뜻한 표정에서 비롯했을 터라 아련히 헤아렸다.

만나서 말씀을 나눌 때의 과묵함은 헤어질 무렵 작별의 말씀을 나눌 때까지 이어지지는 않았다. 선생님께서는 떠나는 사람에게, 떠남의 의미를 곱씹게 할 정도로 자상한 축원과 당부의 말씀을 아끼지 않으셨다. 한번은 지방에서 무척 아끼시는 제자 한 분이 올라왔는데, 작별의 인사를 드리자 끼니를 거르지 않는 일부터 자질구레한 일상사들까지 자상하게 걱정하신 뒤, 고속버스는 안심되지 않으니 꼭 열차를 타고 내려가라고 당부하셨다. 마치 그 제자를 다시는 만나지 못할 듯 선생님의 작별사는 끝날 줄 몰랐다.

떠날 때의 자상함은 선생님 스스로에 대해서도 예외가 아니었다. 1981년 꼴레지 드 프랑스의 초빙교수로 가실 적 일이다. 선생님이 떠나신 뒤 나는 청소를 하려고 연구실의 구석구석을 뒤져보고 책상 서랍도 열어보았다. 그런데 거기에 있던 선생님의 흔적들은 이미 완벽하게 지워지거나 정돈되어 있었다. 선생님은 당신의 함자가 적혀 있거나 자필이 남아 있는 종이들을 모두 수거하여 큰 봉투에 단단히 넣어두었거나 아예 없애버린 것이었다. 그리고 선생님의 자취가 남아 있는 모든 집기들이나 잡동사니들도 가지런히 정돈해 두셨다. 그런 선생님의 태도가 그때는 온전히 이해되지 않았다.

교수가 된 나는 1988년 봄, 졸업반 학생들을 인솔하고 제주도로 가는 배에 올랐다. 가을에 열리는 올림픽 때문에 대부분 대학이 졸업여행을 봄에 가게 된 탓으로 이미 모든 배편과 비행기편이 매진되어 우리는 진도 청해진에서 오래되고 작은 배에 겨우 오를 수 있었다. 이미 폭풍주의보가 내렸음에도 배는 출항했다. 추자도를 지나자 거대한 파도가 일정한 간격으로 배를 덮치기 시작했다. 그럴 때마다 이번이야말로 마지막이라고 생각했다. 나는 다시는 집으로 돌아가지 못할 것을 예감하며 떠나올 때를 생각했다. 그 순간 81년의 선생님이 떠올랐다. '아, 책상 서랍 속의 일기와 편지들을 정리하고 올 걸.' 하며 후회했다. 천행으로 살아 돌아온 나는 집이나 연구실을 나설 때마다 항상 다시 방 안을 되돌아보며 그 모습이 나의 마지막 모습으로 부끄럽지 않을지를 살펴보게 되었다. 나아가 어느 때고 찾아올 나의 마지막 모습으로부터 지금의 자신을 성찰하게 되었다. 그것은 선생님이 가르쳐주신 가장 소중한 삶의 자세이다.

나는 선생님의 품 안에 오랫동안 있었음에도 불구하고 우매함 때문에 그 학문의 깊이와 넓이를 계승하지 못했다. 그러나 학부 2학년 때부터 석사과정까지 선생님의 강의를 들으면서 학문하는 기본 자세를 갖추게 되었다고 자부한다. 지금도 '고전문학사' 과목의 과제물에 대한 기억을 간직하고 있다. 선생님께서는 그해 간행된 『한국고전시가론』(신구문화사)을 '객관적으로 철저하게 비판해' 오라는 과제를 주셨다. 막 전공 공부를 시작한 우리들은 당황했다. 우리가 어찌 한국시가 연구의 대가이시며 우리를 가르치시는 스승의 글을 비판할 수 있단 말인가. 그러나 우리는 대학 중앙도서관은 물론 남산 시립도서관, 국립중앙도서관 등에까지 가서 선생님의 주장을 비판할 수 있는 자료들을 찾아 글의 얼개를 만들

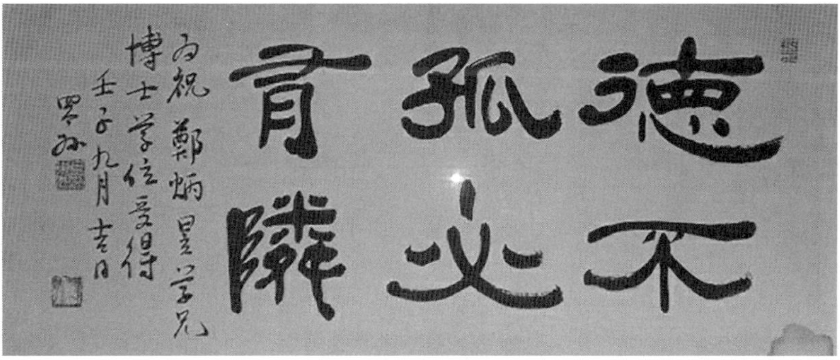

덕불고필유린德不孤必有隣 현판

기는 했다. 그런데 도대체 그 책의 저자를 어떻게 지칭해야 할지 몰랐다. '객관적으로 철저하게'란 선생님의 말씀에 흥분하여 '필자', '저자'보다는 '정 교수는', '정병욱은'이라 표현한 동기들이 더 많았으니 그 글들을 읽고 선생님은 어떤 표정을 지었을지 아직도 궁금하다. 제자들이 당신의 함자를 거명하면서 자신의 학설을 비판하게 하신 선생님의 아량과 학문적 패기는 내가 교수가 된 뒤로 변함없이 지속한 내 학문의 자세가 되었다.

선생님께서는 가난한 제자의 생활에 대해 자상한 배려를 해주셨다. 방학 때 몇 달 고향에 있다 올라올 때면 손자를 맞이하는 할아버지의 표정으로 환하게 웃으며 맞이해 주셨다. 그리고 그 학기의 생활을 걱정해 주셨다. 석사논문을 인쇄할 돈을 마련하려 애쓰고 있을 무렵에는 모 출판사 사장님께 나를 소개하시며 적지 않은 액수의 장학금을 주게 하셨다. '앞으로 많은 저서를 낼 사람이니 미리 필자로 확보해 놓으라'는 것이 그 추천의 말씀이셨다. 뒤에 알고 보니 비슷한 추천의 말씀 덕에 그 출판사의 장학금을 받은 선후배가 적지 않았다.

췌장암으로 서울대병원에 입원하신 선생님을 찾아뵈었을 때 선생님께서는 대수롭지 않은 병이라시며 오히려 나의 자취생활의 어려움을 걱정해 주셨다. 그리고 병원에서 하루 동안 제공한 죽을 다 먹고 가라 강권하시기도 했다. 선생님께서는 병상에서도 제자의 두꺼운 논문 원고를 정독하시고 자상한 지적을 해주셨다. 석사논문 심사도 선생님의 댁에서 받았다. 그리고 곧 입대하게 되어 누워 계신 선생님을 향해 큰절을 올리고는 논산 훈련소로 떠났다. 떠나면서 생각하니, 선생님이 계시지 않았다면 『국문학연구』 60호로 번호가 매겨진 나의 석사논문은 간행되기 어려웠을 것이며, 내가 그동안 서울에서 살아남는 것조차도 불가능했을 것 같았다. 훈련이 끝나고 자대에 배치되면 그동안의 은혜에 대한 감사의 말씀을 편지로 올리고자 다짐했다. 그런데 훈련소에서 꿈을 꾸었다. 나는 아직도 선생님의 연구실에서 공부를 하고 있었다. 화장실을 다녀오기 위해 잠시 나갔다 돌아오다 복도에서 검은 옷 입은 두 사나이를 만났다. 그들은 선생님 연구실의 책들을 안고 있었다. 주인의 허락도 받지 않고 왜 책을 가져가느냐고 나는 화를 내었다. 두 사나이는 어이없다는 표정을 지었다. 달려가 보니 선생님의 방은 휑하니 비어졌고 창틀 위 '동방일사' 현판만이 의연히 내려보고 있었다. 나는 그 현판을 향해 두 번 절을 올렸다. 그리고 깨어났다. 얼마 뒤 훈련소에 배달된 신문에서 선생님의 서거 소식을 접했다. 연구실 꿈을 꾼 그날이 선생님이 돌아가신 날이었다.

훈련소에서 나는 선친과 선생님을 며칠 사이로 여의었다. 임종을 하지 못하고 장례식에 참석도 못한 불효와 배은망덕을 어찌할 것인가. 갚지 못한 백영 선생님의 큰 은혜를 나의 학문과 교육에 되살리는 일은 너무나도 힘들다. 오히려 선생님의 그 단아한 존안은 아직도 선명하고 그 행적의 찬란함은 내 학문의 길을 밝혀주고 계시니, 나는 여전히 당신의 은혜를 받고 있을 따름이다.

백영 선생님은 학문과 일상에 있어 엄격함과 자상함이라는 상반된 덕목을 오묘하게 조화시켜 우리 시대의 사표가 되셨다. '도리는 스스로 아무 말 하지 않아도 그 아래에 어느덧 길이 만들어지네.[桃李不言 下自成蹊]'라고 했듯 살아 계셨을 때는 물론 돌아가시고 세월이 흘러도 그 그늘 아래 뭇 문화인들이 모여 당신을 기린다. 그런데 가끔 나는 선생님에 대한 우리의 언어들이 얼마나 당신의 깊은 마음에 닿았는지 자신이 없어질 때가 있다. 제자로서의 언어가 진실되지 못하고 언어 자체가 있는 그대로 사실을 담는 데 한계가 분명하기 때문일 것이다. 창가에 서서 격동하는 도서관 앞 광장 쪽을 우두커니 내려다보시곤 했던 선생님의 뒷모습이 왠지 외롭게만 느껴졌던 기억을 아직도 떨쳐버릴 수가 없다. 선생님을 기리고 칭송하는 사람이 아무리 많아도 그 언어가 당신의 진심을 정식하게 남지 못했다면, 선생님은 세상 속에서 세상을 피하다가 도연명을 만나서야 비로소 거문고 한 곡조를 탄 '동방일사'이실 것이다. 그리고 동방일사가 되신 선생님의 그 모습이 어느덧 나의 모습과 겹쳐지는 착각에 빠져들기도 하는 요즈음이다.

[**참고**]

이익李瀷**의 동방일사전**東方一士傳

동방일사東方一士라는 자는 이름도 성도 없어 어떤 사람인지 알 수 없다. 다만 도연명陶淵明의 팔운시八韻詩에 근거하여 그런 사람이 있었는 줄 안다. 대개 유송劉宋(420~479) · 의희義熙(405~418) 연간에 동방에 은거한 자이다.

이때 도연명은 팽택 영彭澤令을 사직하고 돌아왔는데, 그에 대한 풍문을 듣고 기뻐하여 서둘러 찾아갔다. 푸른 소나무는 길을 끼고 자라고 흰 구름은 처마 끝에 머물러 있었으니, 머나먼 땅이었다. 옷은 해져서 온전하지 않았고, 한 달에 아홉 번 식사를 하며[삼순구식] 10년에 한 번 관冠을 썼다. 생활이 이렇게 고달파도 항상 낯빛이 좋고 즐겁게 지내느라 가난도 잊었다.

그는 도연명이 찾아온 뜻을 알고 거문고를 가져와 연주하였는데, 별학別鶴과 고란孤鸞의 곡조[이별한 학과 외로운 난새라는 뜻으로 모두 악부樂府 금곡琴曲의 이름이다. 서로 헤어진 부부의 각별한 정을 노래함]를 타니, 애달파하고 원망하는 내용이었다.

도연명이 마침내 그와 막역한 친구가 되고자 했다. 이런 일이 없었다면 뒷사람들이 어찌 그들의 깊고 얕음을 알 수 있겠는가.

대저 선비가 천하에 태어나 불행한 때를 만나 사람을 피하고 세상을 피하여 조수鳥獸들과 함께 무리 지어 살다가 묻혀서 알려지지 않은 자가 얼마나 많았겠는가? 느낌이 있어 기록에 남긴다.

나는 새는 흔적을 남기지 않는다

立つ鳥跡を濁さず

한재숙
명예교수 | 가정관리학과

사제동행, 은사恩師님을 추억하는 글을 쓰도록 청을 받았다. 필자는 원래 글을 즐겨 쓰는 재주도 없고, 무엇보다 어느 은사님을 대상으로 할까 생각하는 것도 쉽지 않았다. 특별히 한 분만을 떠올리면 …… 괜스레 많은 은사님들께 송구한 마음이 들기 때문이다. 누구나 그러하겠지만 필자 역시도 지금껏 훌륭하신 많은 은사님들의 가르침과 배려 덕분에 이렇게 살아가고 있기 때문이다.

추억할 은사님, 사제동행이라는 말을 떠올리면서 필자는 먼저 제자의 현실적 삶의 안내자였던 은사님을 찾았다. 교수로 연구자로서 제자가 걷는 길을 앞서 걸으시며 잘 인도해 주신 선생님, 그리고 한 번 더 모시고 싶은 선생님, 무엇보다 제자가 본받고 따르고 싶은 삶을 사신 선생님을 생각하면서 필자는 지난 세월을 찬찬히 떠올려보는 의미 있는 시간을 가질 수 있었다.

일본인답지 않게 yes, no가 분명하신 우라카미浦上 선생님

1970년 당시 만 22세의 필자는 일본 유학이라는 겁 없는 도전을 했다. 여학생의 해외 유학은 지금도 쉽지 않겠지만 당시에는 더욱 여러 가지로 열악한 상황이었으니, 진심으로 필자의 무모한 도전을 만류하는 분들이 많았다. 필자는 여권과 비자 수속을 위해 교육부(당시 문교부), 외무부 주일대사관을 16차례나 오가야 했다. 서울을 왕래하며 6개월이 소요되는 길고도 험난한 과정을 거쳐 마침내 오사카시립대학과 인연을 맺게 되었다. 그때 필자를 제자로 받아주셨던 우라카미 지에코浦上智子 선생님과의 인연을 회상하고자 한다.

우라카미浦上 선생님의 이름에 대해서는 일화가 하나 있다. 浦上智子는 원래 우라카미 토모코로 읽어야 하지만 출생신고 때 우라카미 지에코浦上智恵子의 恵자를 담당 공무원이 빠트려 일본어 恵자가 빠진 상태로 등록되었다. 선생님과 가족은 지에코에 마음을 두고 있었기에 한자와 일본어 읽는 방법이 다름에도 불구하고 선생님은 평생을 우라카미 지에코라는 이름으로 사셨다. 선생님은 이미 고인이 되셨지만 필자의 마음 속에 항상 간직하고 있었던 여성교육자로서의 선생님의 삶에 대한 찬탄과 감사를 부족한 글로써 표현하고자 한다.

우라카미 선생님은 1912년 2월 15일에 태어나셨다. 당시 일본은 메이

지유신의 영향으로 근대화와 산업화에 박차를 가하며 급속하게 성장하던 시기로 '서쪽엔 영국, 동쪽엔 일본'이라는 별칭이 붙을 정도였다. 그러나 결국 일본제국은 무모하게 태평양전쟁을 일으키고 그로 인해 미국에서 생활하시던 선생님의 청년기는 참으로 혹독한 고초를 겪으셨다고 회고하셨다.

선생님께서는 1930년대 초 미시간대학(Ann Arbor 캠퍼스) 약학부를 졸업하시고, 동 대학 대학원 화학과 석·박사과정으로 박사학위를 취득하셨다. 귀국 후, 오사카시립대학 재직 시에도 당신 자신에게는 매우 근검절약하시면서 매월 미시간대학 동창회에 기부하시는 일은 변함없이 지속하셨다.

1940년 8월부터는 외국인등록법Smith Act이 시행되었을뿐더러, 일본이 진주만을 기습공격한 1941년 12월 7일 이후 미국은 일본과 일본인을 적이라 생각했었던 것 같다. 미국에서 일본인은 지정된 구역에서 오후 8시부터 다음 날 6시까지 통행이 금지되었다. 1942년 말부터 일본은 'dirty Japs'라 불리며 집단수용소에 갇혀서 가혹한 생활을 해야만 했다. 제대로 먹을 수도, 다닐 수도 없이 거부와 놀림과 멸시를 당했던 그 시절 선생님께서는 극한 상황이 어떠한 것인지를 일찍부터 체험하면서 난관을 극복하고 당당하게 살아가는 것에 대해 깊은 통찰을 하신 것 같다. 일본의 패전이 거의 확실시된 즈음 배에 실려 40여 일의 항해 끝에 일본에 도착했다고 하셨다.

지기추상持已秋霜의 여중군자女中君子이셨던 선생님

극심한 시련을 겪으시면서 선생님께서는 스스로에게 늘 엄정하고, 치열하게 자신의 주변을 관리하고, 또 전문적인 역량을 키워가는 것이 제대로 살아가는 유일한 방책이라고 생각하신 것 같다. 자신에게는 모름지기 가을 서릿발처럼 엄하게 대하라는 지기추상持已秋霜의 체화된 지혜를 일상에서 실천하신 것이다. 청년기 선생님은 혹독한 시련 속에서도 미래를 향한 원대한 꿈을 키우며 마침내 영어가 유창한 일본의 신여성으로 오사카시립대학 교수(1944년 4월)가 되셨다. 필자의 감정이 이입된 것인지도 모르지만 선생님께서 공부하시고 사회활동 하시던 그 당시에는 여성이라는 이유만으로 많은 제약을 받고 그것을 극복해야 하는 어려움은 또 그 몇 배나 되지 않았을까 생각해 보게 된다.

실제로 혼인이 당연하던 그 시절 선생님께서는 비혼으로 지내시며 교육자와 연구자의 한결같은 삶을 살아내고자 하셨다.

성장기와 청년기의 삶이 이러고 보니 우리 선생님은 여린 모습과 달리 매사에 쉽게 포기하거나 나약하게 주저하거나 또 게을리하는 것을 싫어하시고 경계하셨다. 물론 제자들에게도 언제나 성실하고 강직하게 목표를 향해 노력할 것을 요구하셨다. 그리고 선생님은 제자들을 아주 엄격하게 대하시며 사제 간의 경계는 분명하게 지키셨다. 그렇게 늘 제자들을 채근하시기 위해서라도 선생님 당신 역시 연구자로서 탁월한 능력은 물론이고 성과도 남다르게 만들어내셨다. 부드러운 모습과 달리 선생님은 장부와 같은 굳은 기개를 함께 지니셨으니 여중군자女中君子라고 해도 지나치지 않은 것 같다.

우라카미 선생님께서는 1975년 오사카시립대학에서 정년퇴직을 하셨으니, 필자는 선생님께서 정년을 얼마 남기지 않은 시기에 처음이자 마지막으로 만난 외국인 유학생이었다.

석사학위논문 제목은 "은행銀杏의 지질에 대하여"였으며 1975년 미국 유화학회지Journal of American Oil Chemists' Society에 논문이 게재되는 영광을 가질 수 있었다.

대학원 재직 중에는 실험실습 환경이 비교할 수 없는 우리의 처지를 생각하면 일본의 교육 환경은 실로 엄청나게 발전된, 그리고 연구에는 아낌없이 투자하는 나라임을 알 수 있었다. 그 당시(1970~1972년) 대구경북을 통틀어 대학에서 GC(Gas Chromatography)와 같은 기기가 1~2대 있을까 말까 하던 시기였으나 기기에서 발생할 수 있는 오차를 감안하여 우라카미 선생님 연구실 대학원생 2인에게 각각 1대의 GC를 사용하도록 해주셔서 석사과정 기간 중에는 마치 장난감 다루듯 거의 매일 GC와 지난한 시간을 보냈었다. 이 밖에도 TLC(Thin Layer Chromatography), 다른 이학부理学部에 의뢰하긴 했지만 GC-MS를 다루는 등 그야말로 초고급 기술과 기자재로 대학원생은 연구활동을 마음껏 할 수 있었다.

실험 재료는 오사카시립대학 캠퍼스 내의 은행銀杏을 주워 시료로 사용하였으며, 대학원 연구실에서 실험을 위해 고약한 은행 냄새를 진동하게 하던 한국인 여학생을 동료 연구생들은 참아내느라 힘들어하기도 하였다. 그러나 선생님은 싫은 내색 하나 없이 오히려 더 많은 격려와 관심을 보내주셨다. 또 선생님은 당시 일본 대학가를 중심으로 왕성하게 활동하던 급진 적군파와 일본 내 친북한 조직인 조총련으로부터 필자가 어떤 영향을 받지 않을까, 또한 그들로부터 애꿎은 피해를 당하지나 않을까 항상 걱정하셨다. 당시 일본은 치열한 이데올로기적 대립과 갈등을 겪었다. 이런 일본의 사회적 혼란 속에서 선생님은 청년기 당신께서 체험했던 여러 어려움을 딸 같은 한국인 제자가 겪지 않고 또 상처받지 않도록 하기 위해서 특별한 관심과 격려를 해주셨다.

한국에 계신 부모님보다 더 꼼꼼하게 챙겨주신 선생님의 탁월한 지도와 세심한 배려는 필자가 후학을 지도하면서도 참 따르기 어려웠다. 그렇게 선생님의 지도와 배려로 필자는 석사과정을 잘 마칠 수 있었다. 그 결과 필자는 당시 대구 경북권에서는 흔하지 않은 외국의 석사학위 소지자로서 마침내 1973년 3월 모교인 영남대 가정대학 가정학과에 대우전임강사로 임용되었다. 2004년 3월 위덕대 총장의 소임을 맡게 되어 영남대를 떠날 때까지 31년간 모교에서 후학을 양성하는 교수로 생활하였다.

외국인 제자가 모국으로 돌아가서 대학 강단에 서게 된 것을 선생님께서는 참 대견해하시고 또 자랑스럽게 여기셨다.

나는 새 뒤를 깨끗이

立つ鳥跡を濁さず

선생님께서는 자주 제자들에게 '나는 새 뒤를 깨끗이'라는 말씀을 하셨다. 선생님 스스로는 물론이고 제자들에게 늘 주변을 깨끗이 할 것을 강조하신 것이다. 일본인들은 특히 타인의 평판에 민감하고, 청결함을 매우 중요하게 생각한다. 이러한 일본의 문화와 일본인의 가치관 속에서 선생님은 주변정리와 청소掃除(そうじ)를 잘하라고 강조하셨다. 청결함은 일본 정체성의 정수라 할 수 있는 신도神道의 핵심이라고 할 수 있다. 신도에서 청결함은 곧 신독愼獨이며 독실篤実함이고 또 여여如如함이다. 선생님은 일상을 어쩌면 구도자의 마음가짐과 태도로 지내셨는 지도 모르겠다. 언제나 스스로 주변을 단정하게 정리하여 뒤이어 오는 사람들에게 폐를 끼치지 않는 지극히 평범한 정신과 실천을 강조하신 것이다. 지속 가능한 사회를 이루기 위해서는 선생님께서 늘 말씀하시던 나[出]고 듦[入]에 있어 흔적 남기지 않는 새의 모습을 교훈 삼아도 좋을 것 같다. 이는 또한 염치廉恥 있는 사람이 되어야 하는 것이기도 하다. 몰염치로 인한 걱정이 심해지는 오늘날 반추해 볼 선생님의 가르침이다.

자기 일은 자기 스스로

自分のことは自分で

선생님은 또한 제자들에게 '자기 일은 자기 스스로'를 강조하셨다. 아무리 커도 멍텅구리배는 동력이 없는 배라서 스스로 움직이지를 못한다. 사람을 바라보는 데는 외형에 앞서 자기 동력성을 가지고 주체적으로 능동적인 삶을 살아가는가 하는 것이 중요하다는 것이다. 선생님께서는 연구하는 제자들에게 늘 주문하셨다.

'자기 일은 자기 스스로'

자주적인 삶, 스스로 주인 되는 삶을 지향하는 것은 교육자가 되고자 하는 사람의 최소한의 덕목이라 생각하신 것 같다.

선생님은 1975년 오사카시립대학을 정년퇴직하시면서 사재 1억 엔을 대학에 장학금으로 기부하셨다. 지금도 큰 금액이지만 50여 년 전 그 당시로는 엄청나게 큰 금액이라 모두가 놀랐었다. 머리로 좋은 일임을 알더라도 마음과 몸이 그 좋은 일을 행하는 것은 또 얼마나 힘든 것인지 다들 잘 알겠지만, 퇴직하는 노년의 선생님은 후학을 위해서 많은 장학금을 쾌척快擲하셨다. 더 놀라운 것은 장학금 수혜자를 '일본인이 아닌 아시아 지역 유학생'으로 특별하게 지정하신 것이다. 덕분에 여러 명의 한국 유학생이 장학 혜택을 받았다고 들었다.

오사카시립대학大阪市立大学을 정년퇴임하시고 소아이여자전문대相愛女子短期大(1975~1978)와 소아이여자대학相愛女子大學(1978~1980)에서 교수로서 후학을 지도하고 교육하신 후 퇴직 후에는 코베神戸에 있는 유유노사토ゆうゆうの里라는 실버타운에서 생활하셨다.

퇴직 후에 선생님은 유화를 즐겨 그리셨으며 기념으로 한 점을 필자에게 선물해 주셨다. 골프, 수영을 즐기고, 일흔을 훌쩍 넘기신 연세에 새로운 도전을 하시면서 늘 외국 귀빈이 오실 때에는 영어 통역관으로도 활약하셨다. 주위의 노인들을 위한 봉사활동을 오랫동안 하셨으며 아흔이 넘은 시기에도 거처하시는 유유노사토에서 반장 역할을 담당하시기도 하였다.

1980년경부터는 한국인 위안부 할머니를 돕는 일에도 적극적으로 참여하셨으며 우리나라와 일본과의 풀리지 않는 수원愁怨을 어떻게 풀어야 하는지 선생님은 말없이 몸소 그렇게 보여주셨다. 선생님은 힘이 있고 여유가 있는 자들이 어떻게 처신하고 살아야 하는지를 증명하는 삶을 사셨다. 필자는 재주도 마음 그릇도 작지만, 우라카미 선생님의 철학과 삶을 새기고 따르고자 마음으로는 늘 다짐하곤 하였다.

큰 나무 곁에서
많은 이들은 그늘을 즐긴다

선생님께서 생존해 계실 때는 매년 2월 15일 전후해서 선생님의 생신을 축하하기 위해 흰머리의 후학들이 모였었다. 그때마다 필자는 선생님께서 특별히 좋아하시던 애플파이를 준비하였다. 작은 선물상자를 손에 들고 들어서는 필자를 선생님께서는 환하게 웃으시며 반갑게 맞아주셨다. 환한 미소의 선생님 그 모습이 지금도 선하고 그립기도 하다. 그렇게 소담하게 준비한 다과와 커피를 함께 나누며 흰머리 된 제자 노인들이 상노인을 가운데에 모시고 시간 가는 줄 모르게 그렇게 이야기꽃을 피웠었다. 웃음꽃 피우며 담소하던 그 모습 또한 아련하고 그립다.

1970년에 필자가 선생님 그리고 일본과 맺은 인연은 그렇게 반백 년

우라카미 지에코 선생님이 퇴직 후 선물로 준 유화

선생님(앞줄 오른쪽) 95세 생신 때 찾아뵙고 함께 찍은 사진(2007년)

을 훌쩍 지나고 있다. 선생님과의 인연을 시작으로 필자는 선생님의 생신을 전후해서, 아니면 적어도 1년에 한 번 이상은 찾아뵈려고 노력했었다. 그렇게 필자에게 친근해진 일본과는 필자가 모교의 학교법인 이사장의 소임을 맡으면서 한일 대학 법인 간 교류활동을 하는 것으로 이어지고 있다. 선생님의 후학들이 이제는 거의 팔순을 전후한 노인이 되었다. 그럼에도 지금까지 선생님 제자들은 서로의 안부를 확인하며 정례적인 교류를 지속하면서 선생님의 위패를 모신 산사를 찾아가곤 한다. 현명한 부모님을 둔 가족은 자녀 간에도 후의를 나누는 것처럼 선생님의 다함 없는 제자 사랑의 큰 나무 아래에서 많은 후학들과 제자들이 선생님을 그리며 그렇게 그늘을 즐기고 있다.

선생님은 2010년 8월 30일 98세를 일기로 유명을 달리하셨다. 평소 다른 사람에게 폐를 끼치는 것을 극도로 싫어하셨던 선생님의 유지를 받들어서 장례는 가장 가까운 소수의 친척들만 참여하는 가족장으로 치르셨다고 한다. 필자는 물론이고 많은 일본의 후학들도 조문하지 못했다고 한다. 나중에야 알았지만 필자의 동료였던 일본인 제자들도 당시 필자가 경북여성정책개발원장의 공직을 맡고 있어서 일본 방문이 어려울 것이며 직접 조문 역시 쉽지 않을 것이라 판단해서 제때 연락하지 않았다고 한다. 그 스승에 그 제자들이다.

당시에는 다소 서운한 마음도 있었지만, 자식 같은 제자에게도 폐를 끼치지 않으려는 선생님의 뜻을 너무도 잘 알기에 이해가 되고 또 더욱 선생님을 존경하게 된다.

구도자와 같던 선생님의 삶을 새기고 살펴 따르겠습니다.

선생님의 영면 이후에 알게 된 것은 선생님의 기일에 대한 행사였다. 일본에서 드러내어 기일忌日 행사를 하는 것은 처음 맞이하는 1년과 3년, 7년, 13년, 17년, 23년, 27년 주기로 특별히 챙기는 기일이 있다고 들었다.

코로나 팬데믹을 지나면서 선생님의 제자들은 13주기를 앞당겨 2022년 11월 24일에 선생님의 위패를 모신 사찰을 방문하였다. 당시에는 코로나 팬데믹이 진정되지 않았던 시기라 비자 발급 문제와 항공기 운항이 극히 제한되던 시기였다. 기시다 총리가 총리직을 승계한 다음 10월부터 무비자 입국이 가능해졌으며 오사카행 비행기는 KAL기만이 인천공항을 통해서 하루 1차례 운항이 가능했었다.

선생님은 교토京都 아라시야마嵐山에 있는 조자쿠코지常寂光寺에 모셔져 있다. 이 사찰은 특히 가을 단풍이 아름답기로 유명하다. 그날도 사찰에는 낙엽과 단풍으로 단장한 만추의 고즈넉함이 가득했다. 오랜만에 사찰을 방문한 제자들도 이제는 나이가 적지 않으니 당신의 위패를 쉽게 찾기 어려웠는데 유독 한국 제자의 눈에 맨 먼저 현현顯現하셨다. 필자는 어린 소녀처럼 반갑고 또 선생님께서 나를 특별하게 생각하시나 하는 마음을 가졌다. 필자의 그 마음을 알아챈 듯이 함께한 동료들도 선생님은 재학 시절에도 필자를 특별히 아끼고 그러시더니 오늘까지도 필자가 선생님의 사랑을 독차지한다며 부러운 핀잔을 하며 함께 웃었다. 2026년 필자에게 있어 또 하나의 큰 행사는 선생님의 17주기를 준비하고 참석하는 일이다. 코로나 관련 지장이 적어졌으니 좀 더 큰 규모의 졸업생들의 모임을 만들게 되기를 바라고 있다.

선생님, 당신의 위패 앞에서 지나간 시간을 되돌아보고 또 앞으로 맞을 제자의 시간에 대해 선생님께 지혜를 여쭙고자 합니다.

천천히, 긍정하며 믿음으로 더딘 제자들의 한 걸음 한 걸음의 성장을 참고 기다려주신 선생님, 정말 감사합니다.

조급함, 짧지 않은 교직 기간을 보내면서 그리고 여러 자녀와 손자녀를 키우면서 필자 역시 익숙한 듯 자주 범하는 오류다. '왜 이것을 이해하지 못하고 스스로 해결하지 못하는지' 부모와 선생은 급한 마음에 쉽게 채근하게 된다. 돌아보면 선생님은 우선 스스로 몰입하는 제자에게 절대로 재촉하지 않으셨다. 오히려 좌충우돌하는 제자를 격려하고 기다려주셨다. 스스로 답을 찾아내는 교육에는 학생의 노력 이상으로 교육자의 인내가 중요하다는 것을 알게 되었다.

요즘 교육 현장에서 강조하는 개별학습, 문제해결학습을 선생님은 반백 년 전 그 시절에 이미 실천하셨던 것이다. 후학들과 자녀들에게 채근하지 않고 우직하게 기다려주는 것, 선생님을 통해 얻은 매사 조급해하지 않는 가르침을 필자 역시 실천해 보고자 노력하고 있다.

선생님은 '공부하는 사람은 외모를 드러내기 위한 장식이나 꾸밈이 필요하지 않다'고 하셨다. 선생님께서는 평생 반지 하나 손에 끼지 않으신 것이 여전히 나의 뇌리에 남아 있다. 나 역시 치장하는 일에는 둔한 편이며 가능하면 멀리하고 있다.

우라카미 선생님,
당신께서는 저의 일상에 지금도 저를 지켜보고 계신 듯합니다.

선생님, 참 그립습니다.
늘 감사드립니다. 열심히 살겠습니다.

35년간을 모산慕山 선생 곁에서

홍우흠

명예교수 | 한문교육과

이 글을 쓰는 의의와 목적

1998년 3월 20일(음2월 28일)은 은사 모산慕山 심재완沈載完 박사께서 탄신 80주년을 맞이하시는 날이다. "인생칠십고래희人生七十古來稀"란 옛말에 비추어보건대 사람으로 태어나서 80세의 수를 누린다는 것은 매우 드물고 어려운 일이다. 그뿐만 아니라 선생께서는 일생 동안 오로지 교육과 학문에만 전념하신 결과 절대로 역사의 뒤안길에 묻혀버리지 아니할 뚜렷한 학문적 업적을 남기셨다. 선생께서 편찬하신 『교본역대시조전서』는 그 대표적인 예에 해당한다. 한국 문학사가 존재하는 한 김천택의 『청구영언』이나 안민영의 『가곡원류』가 없을 수 없듯이, 지금부터 한국 문학을 연구하는 사람에게 있어서 『교본역대시조전서』는 『청구영언』이나 『가곡원류』 이상의 절대적인 국학 자료로 활용되지 않으면 안 될 것이다.

그런데 이러한 학문적인 업적은 단시일 내에 우연히 성취된 것이 아니다. 그것은 오랜 가문의 전통을 배경으로 한 선생의 천부적인 자질과 후천적인 교육 및 학문적인 수련이 혼융일치渾融一致되어 이루어진 결과일 것이다. 때문에 『청구영언』이나 『가곡원류』의 역사적인 가치를 이해하려면 김천택과 안민영을 알아야 하듯이 『교본역대시조전서』를 연구하려면 선생의 환경과 사상 및 그 전체 생애의 과정을 모르고 가능할 수 없다. 김천택과 안민영은 당시 사회에서 소외된 위항문인委巷文人이었던지라 생존 시에는 아무도 그의 인간적인 면모와 학문적인 업적을 중요하게 여기지 않았다. 다행히 『청구영언』과 『가곡원류』는 전해지고 있으나 그 편자인 김천택과 안민영의 자세한 전기적 자료가 남아 있지 아니함은 한국 문화사상 하나의 큰 모순이요 결함이며 안타까움이라 하지 아니할 수 없다.

과거는 현재의 역사이듯이 현재는 미래의 역사임을 생각할 때, 우리는 마땅히 미래의 한국 문화사를 연구하는 후예들을 위해 『교본역대시조전서』의 편자인 선생의 전기적 기초자료가 될 수 있는 기록을 남겨두어야 할 것이다. 이러한 관점에서 생각할 때 그 기록은 정확해야 하고 객관적이어야 할 것이다. 하지만 "맞은편에서 본 여산廬山은 재嶺이더니 옆에서 본 여산廬山은 봉우리峯를 이루고 있으니, 여산廬山은 보는 사람의 시각이 멀고 가깝고 높고 낮음에 따라 각각 같지 아니하구나.[橫看成嶺側成峯, 遠近高低各不同]"란 소식蘇軾의 말과 같이 한 인물에 대한 사실을 객관적으로 정확히 기록한다는 것은 실로 어려운 일이다. 다만 여러 사람이 각각 다른 시각으로 한 인물을 조명하게 되면 그 인물의 진면목은 비교적 자세히 부각될 수 있을 것이다.

필자는 1963년 3월 영남대학교 전신인 청구대학 국어국문학과에 입학할 때부터 선생을 뵙게 되었고, 1998년 현재에 이르기까지 줄곧 선생의 곁을 떠나지 않았으니 어언 35년이란 긴 세월 동안 선생을 배우고 선생을 바라보면서 산 셈이다. 그러나 필자는 아직 단 한 번도 선생의 완정完整한 모습을 본 적이 없다. 손끝에 닿을 정도로 가까이 계시는 것 같으면서도 다가서면 아득히 멀어지며, 봄 햇볕같이 따사로우면서도 추상秋霜같이 냉엄冷嚴하시며, 평범한 기거동작起居動作 속에 그 누구도 흉내낼 수 없는 비범한 인격과 지혜가 숨어 있으며, 소심할 정도로 치밀하고 섬세하시면서도 모든 것을 초월한 달인達人처럼 호방광달豪放曠達하시다. 때문에 필자는 고백하건대 공자孔子의 제자들이 공자의 깊이와 넓이를 모르고 소동파蘇東坡가 여산廬山의 진면목을 알지 못했듯이 지금도 선생을 따르고 배우기는 하나 선생의 도량과 경지를 모르고 있다. 다만 35년 동안 비교적 가까운 거리에서 선생을 바라보고 느낀 몇 가지 소감을 가능한 한 솔직하고 가감加減 없이 나열해 보면 다음과 같다.

건장활달한 선생의 초면 인상

필자가 선생을 처음 만나게 된 것은 1963년 어느 날 대구시 중구 문화동에 있었던 청구대학 강의실에서 시조문학 강의를 들을 때부터였다. 회고하건대 그때 검은 가방을 옆에 끼고 처음 강의실 문을 들어와 교단에 오르시는 선생의 첫인상은 한마디로 '건장하고 활달함'이었다.

보통 사람보다 훤칠하고 당당한 체격에 단정한 의복, 용안龍顔처럼 긴 얼굴, 넓은 이마 밑에 힘차게 뻗어 우뚝이 솟은 콧날, 길고 뚜렷한 인중 아래 팔자八字를 마주 합한 듯 굳게 다문 입술, 꼬리가 조금 아래로 처져 유순하고 온화해 보이면서도 야심 차고 예리함이 번득이는 봉안鳳眼의 눈매, 그 위에 짙지 않게 가로놓인 인자하고 지혜로운 눈썹, 눈 위치 아래로 두껍고 여유 있게 자리 잡은 후덕한 귓밥, 모발을 짧게 깎아 운동선수같이 윤곽이 뚜렷한 두상, 금성옥진金聲玉振의 카랑카랑한 음성 등은 처음 대하는 사람에게 생동감과 신뢰감을 풍기는 동시에 무언가 대인다운 비범함을 느끼게 하는 인상이었다.

나중에 관찰한 일이지만 선생의 두 발은 그 건장한 체격을 무리 없이 지탱할 정도로 큰 편에 속하나 두꺼운 양손의 손가락은 굵기는 하나 체격에 비해 다소 짧아 보이는 편이다. 특히 좌우수左右手의 새끼손가락은 유별나게 가늘고 짧아 보이며, 손금은 잔금이 적으나 두 손바닥의 중앙을 횡으로 가로지른 굵은 금이 단선單線으로 그어져 있다. 속설에는 이러한 손금을 '총명하고 성실함을 암시하는 막 쥔 손금'이라 하여 부러워하기도 한다. 그리고 걸음은 언제나 의장대가 사열 연습을 하듯이 어깨를 활짝 펴고 두 팔을 힘차게 흔들며 보무도 당당하게 걸으신다.

필자는 선생의 선장先丈을 친견한 적이 없으나 몇 번 자당慈堂을 뵐 기회가 있었다. 자당의 모습은 누가 보아도 평범한 규중부인閨中婦人이 아닌 전중단아典重端雅하신 여중군자女中君子의 용태였다. 아마 선생은 자당의 골격과 심성을 많이 이어받았던 것으로 여겨진다.

돈후엄격敦厚嚴格한 선생의 사제 정의

선생은 일제식민지 치하에서 선산초등학교를 졸업한 뒤 당시 모든 사람들의 선망의 대상이었던 경성사범학교를 졸업하고 문경초등학교에 부임하여 교사생활을 시작하셨다. 해방이 되자 김천농고, 대구상고, 대륜고등학교 등의 교사를 거치면서 청구대학 국어국문학과에 편입하여 학사과정을 마치고 경북대학교 국어국문학과에서 석사학위를, 영남대학교에서 박사학위를 받으셨다. 때문에 선생이 각급 학교 과정을 수료하면서 스승으로 모셨던 분은 많았던 것 같다. 그중 필자가 선생의 구전口傳을 통해 들었거나 직접 뵌 분은 초등학교 재학 시절의 박두은朴斗銀 선생과 일본인 교사 다쿠마 신宅間梓 선생, 경성사범학교 재학 시의 스승이며 박사학위논문 심사위원이었던 도남 조윤제陶南 趙潤濟 박사, 경북대학교 대학원 재학 시의 청계 김사엽清溪 金思燁 박사 등이다.

선생이 박두은 선생과 다쿠마 신 선생에 대해 가졌던 존경심과 애정은 남다른 데가 있었던 것 같다. 스승의 도리를 말씀하실 때마다 선생은 언제나 그 두 분을 모범의 실례로 들었다. 그리고 그 두 분 선생이 초등학교 시절에 보내주신 작은 엽서 몇 장을 전쟁·피란·이사 등 많은 어려움의 와중에서도 70년 동안 그 무엇보다 가장 소중하게 간직하시면서 언제나 그때 그 사랑과 은혜를 잊지 않으셨다. 그 엽서는 1997년 선생이 이사장으로 계시는 금옥장학회 회보 제10호에 소개된 바 있다. 김사엽 박사와는 학문적인 교분이 두터웠던 관계로 돌아가신 뒤 그 묘비 건립 추진에 상당한 정성을 기울이셨던 것으로 기억된다.

선생께서 도남 조윤제 박사를 스승으로 존경하고 모시는 도리는 각별하였다. 5·16군사혁명 직후 당시 군사정부의 부도덕성을 비판하며 협력하지 아니한 결과 대학 강단에서 물러나 야인으로 계시던 도남 선생을 여러 가지 어려움 속에서도 청구대학 국어국문학과 전임교수로 모셔온 것은 그 하나의 예다. 이로 인해 도남 선생은 그 학문과 교육의 최후를 영남대학교에서 마무리할 수 있게 되었으며, 그가 일생 동안 심혈을 기울여 수집한 방대한 국학 자료를 영남대학교 도서관에 기증하게 되었으니 한국 문학계의 상징인 도남 학맥은 영남대학교에서 최후의 봉우리를 남겼다고 할 수 있을 것이다. 도남 선생이 세상을 떠난 뒤에도 그러하였다. 도남 선생이 생시에 보내오신 십수 통의 서간문書簡文을 소중히 간직하시면서 도남학회의 이사장직을 맡아 그 기금을 확충하기 위해 대구에서 서예전을 열기까지 하였으며, 언제나 국학계의 태산교악泰山喬嶽으로 경앙敬仰해 마지않으셨다.

필자의 소견에 의하면 선생께서 제자에게 베푸신 정의情誼는 크게 두 가지 시각에서 조명될 수 있을 것 같다. 첫째는 열정적인 면이며, 둘째는 냉정한 일면이다. 그러나 그 열정과 냉정은 매우 투철한 원칙과 기준을 근거로 한 것이었다. 다시 말하면 열정적이어야 할 경우에 냉정하거나, 냉정해야 할 경우에 열정을 쏟는 경우는 거의 없었던 것 같다. 그럼 필자의 눈에 비친 그 열정과 냉정이란 무엇인가.

선생은 제자들 가운데 그 누구라도 바르고 착한 길을 걸어 나가려고 노력할 경우에는 흡사 자기 자녀가 그 일을 하고 있는 것처럼 칭찬과 격려와 협조를 아끼지 않으셨다. 보다 훌륭한 신입생을 모집하기 위해 동분서주하시며, 인품과 전공 지식을 구비한 졸업생이 배출되면 그 취직을 위해 불원천리 해당 학교와 회사로 달려가 끝까지 길을 열어주는 데 최선을 다하셨다. 그러한 정의는 누가 보아도 열정적이라 하지 않을 수 없었다.

그러나 자기 자신을 위해 정직 성실하지 아니한 일을 하는 제자가 있을 때에는 즉석에서 그 잘못을 힐책하거나 공박하여 그 인격에 손상을 입히지 아니하고 관용하시는 일면, 그 사람 자신이 자기의 잘못을 스스로 깨달아 교정할 수 있도록 무언의 암시를 하시면서 참고 기다리시는 것이었다. 그래도 계속 그 시중示衆의 연화蓮花가 무엇을 의미하는지 알아차리지 못할 경우에는 그의 성장을 자연의 섭리에 맡기시는 것만 같았다. 될 수 있으면 무언의 채찍으로 제자들을 훈도하시는 그 발이중절發而中節의 교육 방법을 혹자는 냉정과 무관심으로 생각할 수도 있었을 것이라 여겨진다.

필자는 때때로 무언無言 무심無心한 돌부처님 앞에 앉아 기도하면서 부처님이 필자에게 베풀어주시는 자비가 무엇인가를 생각해 본 적이 있다. 거기서 얻은 결론은 "대자대비하신 부처님도 착한 나에게는 열정적인 자비를 베푸실 것이며, 악한 나에게는 냉정한 자비를 베푸실 것이다." 였다. 선생께서도 돌부처님이 중생을 깨우치는 그 뜨겁고도 차가운 교육 방법을 터득하셨던가.

온유와 강직, 열정과 냉정을 조화시킨 이 양단겸전兩端兼全의 중용적인 교육 방법은 단순한 이론을 통해 배우거나 이해할 수가 없는 것이다. 다만 그러하리라 추측하면서 흉내를 내보려고 노력할 뿐이다.

선생의 대인관계와 의리정신

선생이 얼마나 많은 인사들과 어떠한 교유관계를 유지해 오셨으며 어떤 사상과 신념으로 사람들을 대해 오셨는지 필자는 자세히 알 수가 없다. 다만 필자가 듣고 본 몇 분과의 관계와 그 속에서 견지해 오신 자세와 풍겨온 인상을 적기해 보면 다음과 같다.

첫째는 한국과 일본에 산재해 있는 경성사범학교 동기생들과의 교분이다. 선생은 재학 시절 일본 학생들과의 관계는 불가근 불가원不可近 不可遠한 사이였다고 한다. 때문에 특별히 미워한 사람도 없었지만 별로 친한 사람도 없었다. 초등학교 교사로 부임한 뒤에는 일본의 간악한 식민

정책에 대한 적개심으로 인해 일본인 동창생들과의 관계도 소원하기 그지없었다. 해방 후 한국과 일본의 국교가 정상화된 다음 몇몇 동창생들과 새로운 관계를 정립하여 우의를 다져온 것으로 듣고 있을 뿐이다. 특히 안동대학 학장으로 재직하다가 퇴임하신 교육학자 김학수金學守 박사와는 두 분의 성격과 취향이 서로 다르면서도 항상 동기동창으로서 돈독한 신의를 다져오셨다.

영남대학교와 관련이 있는 분들 가운데 가장 의기투합했던 분으로는 고 소정 최해종韶庭 崔海鍾 선생과 계당 최해태桂堂 崔海泰 박사 형제 외에 이동영李東寧 이사장, 신기석申基碩·이선근李瑄根·조경희趙敬熙 총장, 이용구李龍九·박원규朴元圭 교수 외에 많은 분들이 있었던 것으로 짐작된다. 그중에서도 한학자인 소정韶庭 선생을 매우 존경하며 계당과 상호이해, 도의상마道義相磨하신 친분과 이용구李龍九 교수를 친아우처럼 끔찍이 아끼시던 일은 더욱 아름다운 모습으로 비쳐졌다.

영남대학교 외의 인사 가운데 친밀히 교왕하신 분은 학계의 임창순任昌淳·이가원李家源·최진원崔珍源 교수, 박태권朴泰捲 교수, 정완영鄭椀永 시조시인時調詩人, 서화계의 김충현金忠顯·김응현金膺顯·조수호趙守鎬·민경갑閔庚甲 씨 등이 있으며, 대구를 중심한 주변에는 조경희趙敬熙, 정달용丁達龍, 곽예순郭禮淳, 이병재李炳載 씨, 그리고 매달 모임을 갖는 경사동창회京師同窓會, 오목회五睦會, 구인회九人會 회원들과 부단한 우의를 다져오신 것으로 알고 있다. 그러나 정계政界나 관계官界의 인사들과는 대부분 경이원지敬而遠之한 태도를 견지하셨던 것으로 여겨진다.

청구대학과 대구대학을 합병하여 영남대학교를 창설한 고 박정희 대통령과의 관계는 그 좋은 예의 하나라 여겨진다. 박 대통령은 선생과 먼 척인戚因이 있는 동향인同鄕人으로서 같은 사범교육을 받은 동도同道이었을 뿐만 아니라, 선생께서 경성사범학교를 졸업하고 처음 부임한 문경초등학교 교사 자리가 바로 박 대통령이 교사로 재직하다가 사관학교에 진학하기 위해 사표를 제출했던 그 빈자리였다. 그러므로 선생이 만일 저 천박비루한 속인들처럼 교육과 학문을 팽개치고 권력이나 영달에 대한 야심을 품었더라면 그 누구보다도 더 박 대통령을 가까이하고 그 후광을 이용하여 부귀영달을 누릴 수 있는 기회와 인연과 능력이 마련되어 있었다.

그러나 선생은 박 대통령이 육군사관학교에 진학한 동기와 방법 및 그 군인으로서 저지른 행위行爲를 내심으로 끝까지 찬동하시지 않았기 때문에 단 한 번도 박 대통령을 직접 만나거나 교제하려고 노력하지 않으셨다. 다만 한 사람의 학자로서 그 강력한 정치세력을 어찌할 수 없었는지라 그의 생각이나 행위를 강력히 비판하거나 광정匡正할 수는 없었지만, 시종일관 일정한 거리를 두고 경이원지敬而遠之한 관계를 유지해 왔을 뿐이다. 그때 선생의 그 참신 고고한 조행操行은 도남 선생을 이어 영남사림의 선비정신을 오늘에 되살려놓은 표본이라 할 수 있다.

여기서 잠시 붓을 멈추고 생각해 보건대 동서고금을 막론하고 사람에게는 해야 할 일과 해서는 안 될 일이 있었다. 해야 할 일을 다 하고, 해서 안 될 일은 절대로 하지 아니하는 사람을 우리는 '성인聖人' 혹은 '현인賢人'이라 불러왔다. 예를 들면 중국 고대 주周나라의 주공周公은 무왕武王의 아우요 성왕成王의 숙부로서 무왕이 죽고 강보에 싸인 성왕이 왕위에 오르기까지 주나라의 모든 권력을 한 손에 장악한 사람이었다. 그에게는 사람이면 누구나 욕심을 부릴 수 있는 임금이 될 수 있는 권능權能까지 자신의 손안에 들어와 있었다. 그러나 그는 어린 조카 성왕을 위해 끝까지 신하로서 해야 할 도리를 다했을 뿐, 해서는 안 될 임금 자리를 탈취하는 반역행위는 하지 않았다. 때문에 공자孔子와 같은 성인聖人도

주공을 꿈에도 잊지 못하는 자신의 거울로 삼아 유가사상儒家思想의 핵심인 인仁과 의義를 확립했던 것이다.

한국 역사에 있어서도 그러하다. 이성계李成桂가 임금으로 모시던 고려의 공양왕恭讓王을 내쫓고 근세조선近世朝鮮을 건국했을 때, 고려 충신 정몽주鄭夢周와 길재吉再는 그 이성계의 반역행위를 끝까지 용납하지 않았다. 정몽주는 고려에 대한 충절을 지키다가 죽임을 당했고, 그 충절을 계승한 길재는 부귀영화에 대한 모든 회유와 유혹을 다 뿌리치고 영남 선산의 금오산 밑에 숨어 일생을 야인으로서 마무리하였다. 여기서 그는 김숙자金叔滋·김종직金宗直 등 이른바 영남의 후진들에게 '사람으로서 해야 할 일이 무엇이며, 해서는 안 될 일이 무엇인가'를 교육시켰다. 그 뒤 영남 지역을 중심으로 한 식자識者들 가운데 이 정몽주와 길재의 절의정신節義精神을 계승하여 생활화해 온 사람들의 유파를 '영남사림파嶺南士林派'라고 불러왔다.

이 영남사림파의 정신은 지금도 맥맥이 살아 숨 쉬고 있다. 그러나 단순히 영남에 사는 식자識者이거나 과거 영남사림파의 혈통적인 후예라고 해서 영남사림이 될 수 있는 것은 아니다. 영남지방의 학자나 영남사림파의 후예들 가운데서도 영남사림의 선비정신을 욕되게 하고 파괴한 사람이 많았음은 말할 것도 없다.

근래 영남의 식자들 가운데 그야말로 '해야 할 일은 끝까지 하고, 해서 안 될 일은 할 수 있는 능력이 있으면서도 끝까지 안 하는 모범을 보여준 선비'가 과연 몇 분이나 되겠는가. 다시 말하면 박정희 대통령 집권 당시에 박 대통령이 부귀영화를 보장할 것을 암시하면서 도와달라고 요청하는데도 그의 불의不義를 미워하여 협력하지 아니하다가 직장에서 추방당한 선비가 몇 명이나 있었던가. 거기서 한 걸음 더 물러나 박 대통령과 연줄을 달아 남다른 권세나 지위를 확보할 수 있는 인연과 기회와 능력이 있었는데도 불구하고 다만 그의 의리를 탓하여 초연히 일정한 거리를 유지하면서 생활한 학자가 몇 명이나 있었을까. 좌정관천坐井觀天, 아전인수我田引水의 졸견拙見인지는 몰라도 전자는 은사 도남 조윤제陶南趙潤濟 선생과 같은 분이요, 후자는 모산慕山 선생이 그러한 류에 해당하지 아니할까 여겨진다.

저간 우리들 주변에는 '팔공산이나 토함산 속의 화조월석花朝月夕에 매혹되어 물외신선物外神仙이 된 것처럼 보였던 분들'이 계셨다. 우리들은 그 분들이 노래했던 달콤한 언어의 향기를 멀리서 믿고 호흡하면서 혼탁한 속세의 정신을 맑히는 청량제로 삼고자 했던 것이다. 그러나 이 어찌 된 셈인가. 그렇게 미려개결美麗介潔하고 청초고아淸楚高雅해 보이던 이분들 가운데는 저 높은 곳에서 걸려 온 전화 한 통에 그만 오금을 떼어놓지 못한 분들이 있었다. 그분들은 인륜 기강에 대한 의리나 시비是非를 분별하지 못한 채 권력 앞에 머리를 숙임으로써 우리의 믿음과 꿈을 산산이 부숴버리고 말았다. 그분들은 그렇게도 사랑하고 아름답게 여겼던 팔공산과 토함산의 화조월석花朝月夕을 헌신짝처럼 팽개치면서 "어와 성은聖恩이 이제야 당도했구나!"를 외치는 동시에 기차도 느려 비행기를 타고 서울로 달려갔다고 한다.

그때 그 사실을 눈치챈 팔공산과 토함산 정령精靈들은 그분들의 옷소매를 부여잡고 '가지 말라'고 간곡히 만류하였다. 하지만 본래 의리함양義理涵養과 시비분변是非分辨을 뒤로한 채 언어유희言語遊戲에만 몰두했던 그 화조월석 속의 가신선假神仙들은 끝내 팔공산과 토함산 정령들의 그 뼈저린 충고를 이해하지 못하고 저 높은 곳을 향해 까마득히 달려가고 말았다. 팔공산과 토함산의 정령들은 '연못 속의 이무기'와 '산속의 호랑이'를 잃어버린 듯 허탈하고 괘씸한 마음을 억누르며 그들을 바라보았다.

그러나 그 가신선들이 산령山靈들의 충고를 뿌리치고 그 높은 곳에 달려가 얻어 온 것이 과연 무엇이었던가. 추측하건대 허망한 홍진속세紅塵俗世의 구린내 나는 오물 이외에 무엇이 더 있었겠는가. 그래도 그분들은 자신들의 몸과 마음속에 감염된 그 '구린내 나는 오물'의 실체가 무엇인지를 깨닫지 못한 채 의기양양하게 다시 팔공산과 토함산으로 되돌아와 옛 보금자리를 찾고자 하였다. 하지만 팔공산과 토함산 정령들은 저 처량하게 '오물단지'를 끌어안고 돌아온 가신선들을 다시는 용납하지 않았다. 토함산 정령은 그들이 돌아오자 운무雲霧로 산문山門을 봉쇄했으며, 팔공산의 정령은 분노하여 산자락에 다시 들어선 그들을 고함쳐 내쫓아 버렸었다. 이러한 현상은 분명히 영남 현대정신사의 안타깝고 부끄러운 일면이었음에 틀림이 없다.

이렇게 혼탁한 시대 상황의 와중에서도 도남 선생과 모산 선생 두 분이 이 팔공산 밑에서 영남사림의 의리정신을 꿋꿋이 지켜주셨음은 얼마나 다행스러운 일이었던가. 이 두 분이야말로 영남의 선비정신, 나아가서 공맹유학孔孟儒學의 진정한 의리사상을 오늘에 되살리신 분들이라 해서 과언이 아닐 것이다. 참으로 진정한 영남학맥이 태백산의 억센 능선처럼, 낙동강의 완곡한 굽이처럼 살아 흘러내리고 있음을 실증한 분들임에 틀림이 없다. 오늘 선생의 이 전기자료傳記資料를 수집하여 후세에 남기고자 하는 이유 중의 하나도 바로 여기에 있다고 생각한다.

영원불후할 선생의 학문 업적

조선조 명문 청송심씨의 후예로 태어나신 선생은 일찍이 면면부절한 가학家學의 배경을 통해 유년기부터 한문과 서예를 익혀오신 일면 초등학교와 사범학교 과정을 이수했기 때문에 신구 학문에 대한 기초를 겸전하셨던 것이다. 그러나 일제치하에서의 초등학교 교원생활, 해방 후 혼란한 사회 상황과 6·25전쟁의 국란을 거친 뒤의 고등학교 교원생활 등은 오랫동안 선생에게 학문 연구에 전념할 수 있는 기회를 허락하지 않았다.

하지만 그러한 어려운 여건 속에서도 학문을 중시해온 가문의 전통과 선생 자신의 천성적인 학문 애호 취향, 그리고 경성사범학교 재학 시절에 은사로 모셨던 도남 조윤제 박사의 영향 등으로 인해 선생은 국문학 연구에 대한 강한 집념을 버리지 않으셨다. 다시 대학과 대학원에 진학하여 고전문학을 전공하시고 대학 강단에서 시조문학時調文學을 강의하시게 되었다. 그것이 계기가 되어 개인적으로는 감내하기 어려운 재력財力과 정력精力을 기울여 국내는 물론이고 일본·프랑스 등 전 세계 학술기관에 소장되어 있는 각종 고시조 자료를 수집 정리, 드디어 한국 문학사상 불후의 금자탑이 될 수 있는 『교본역대시조전서』를 편찬하는 동시에 『시조의 문헌적 연구』를 비롯한 수많은 저서와 논문을 찬술하게 된 것이다.

그 학문적인 업적의 역사적인 의의는 이미 본고 서두에서 언급한 바와 같으며, 거기에 응용된 연구 방법은 고증학考證學을 기본으로 한 문자학文字學·교감학校勘學·서지학書誌學 등이라 할 수 있다. 국학계는 그 업적을 높이 평가하여, 영남대학교에서는 문학박사 학위를 수여하고 대한민국학술원에서는 제18회 학술상 중 저술상著述賞을 수여하여 그 실적과 노고를 치하致賀한 바가 있었다. 그 외의 여러 가지 업적에 대한 소개는 생략하기로 하겠다.

인성도야를 위주한
선생의 교육이념

사관학교를 졸업한 사람은 항상 군인다운 생각에 익숙해 있듯이, 사범학교 출신인 선생은 언제 보아도 스승으로서의 조행과 이상에 젖어 있었다. 선생은 공자가 그 제자들을 깨우칠 때 항상 개개인의 개성과 수준에 따라 가르침의 내용을 달리했음과, 서양에서 근대교육의 아버지로 불리우는 스위스의 교육학자 페스탈로치Pestalozzi, Johann Heinrich의 교육관을 자주 말씀하시면서 '인성 도야 교육'의 중요성을 강조하셨다. 유럽 여행 중 예정에 없었던 수백 리 길을 달려 기어이 루소와 페스탈로치의 동상銅像을 둘러보고 오셨다니 사범학교 시절에 익숙히 배웠던 루소와 페스탈로치의 교육관을 얼마나 신봉하고 계셨던가를 암시해 주는 좋은 증거이기도 하다.

특히 목전 우리의 교육 현실 중 지식 암기를 위주로 한 이른바 '일류 지향 교육'의 병폐에 대해서는 개탄을 금하지 못하셨다. 가정에서 자제들을 지도하심을 보면 그 교육에 대한 이념과 실제를 얼마나 잘 조화시켜 나가시는가를 더욱 깊이 이해할 수가 있다. 선생은 슬하에 5명의 아들을 두고 계신다. 그 다섯 아들은 모두 훌륭하게 성장하여 사회의 명사名士들이 되어 있다. 필자는 비교적 자주 그리고 오랫동안 선생을 모셔 왔지만, 그 아들들에게 한 번도 '일등一等을 하라'거나 '일류학교에 가야 한다'라고 강조하시는 말씀을 들어본 적이 없다. 그뿐만 아니라, 이른바 일류 중·고등학교와 일류대학을 나온 아들이라고 해서 특별히 칭찬하시거나 자랑하시는 말씀을 들어본 적이 없다. 그 다섯 명의 자제들을 한결같이 자기 능력과 적성에 맞는 학교에 진학시켜 타고난 자신의 개성을 최대한 발휘하도록 뒷바라지를 해주실 뿐이었다. 때문에 선생의 아들들은 어느 학교 무슨 학과에 입학을 했거나 간에 다 긍지와 자부심을 가지고 전공에 최선을 다해왔으며, 졸업 후에는 그 길로 매진하여 각자의 분야에서 큰 업적을 쌓아가고 있다.

근간 어느 교육자들이 모인 자리에서 서울대학교 진학을 마치 중등학교 교육의 지상과제인 양 열을 올리고 있는 좌중을 향해 "서울대학에 진학을 시키는 것이 중요한 것이 아니라, 개성 개발, 인성 도야를 위주한 전인교육을 시켜야 한다."고 역설하신 것은 평소 교육에 대한 소신의 일단을 피력한 증거라 여겨진다.

광범심취한
선생의 예술 취향

선생의 선장先丈이신 퇴산공退山公은 한시문漢詩文에 능했을 뿐만 아니라 서법書法에 대해서도 깊은 조예를 쌓으신 분이었다. 그러므로 선생은 일찌부터 가학家學의 영향으로 한학과 서예의 기초를 익히시게 되었고, 학교에 진학한 뒤에도 거기에 대한 취향을 버리지 못하셨다. 특히 서예에 대해서는 중국 서예사를 탐독하여 그 발전 과정을 이해하고 각종 법첩의 임서臨書로 실기를 익힌 동시에 중국에서마저 명성을 떨쳤던 성제 김태석惺齋 金台錫 공에게 사사師事하는 일면, 학생 신분으로서 당대 명필가들을 두루 예방하여 안목을 넓히기도 하였다.

그뿐만 아니라 사범학교 교육과정을 통해 폭넓은 예능의 기초를 수련체득했기 때문에 선생은 많은 문인·서예가·음악가·화가들과 더불어 폭넓은 교유를 하심과 아울러 그 발전을 위해 적지 아니한 활동을 전개해 오셨다.

필자는 몇 년 전 선생을 모시고 대만과 일본을 다녀온 적이 있었다. 그때마다 서예와 관련된 기관과 인사들을 방문하게 되었다. 필자도 평소 선생께서 서예를 좋아하시는 줄은 알고 있었지만 진실로 깊이 이해한 것은 그 여행 중에서 겪은 다음 몇 가지 경험을 통해서였다.

첫째, 선생은 명인들의 서예 작품이 진열된 전시장이나 박물관에 들어가시면 때때로 삼매경三昧境에 몰입하여 옆에 동행인이 있음과 예정된 시간이 초과함을 잊으시는 점이다. 기다리다 지쳐서 짜증이 날 정도였던 적이 한두 번이 아니었다.

둘째, 개인 소장품 가운데 마음에 드는 작품을 발견하시면 지갑에 든 여행비를 계산하지 않고 그것을 기어이 구입하시는 열성이었다. 한번은 대만에서 어느 명사가 소장했던 하소기何紹基의 작품과 우우임于右任의 여비서 모씨가 소장하고 있던 우우임의 서예 작품들을 보시더니, 그것을 살 수 있는지, 살 수 있으면 값은 어느 정도인지를 물어보라고 하셨다. 지금 회고하건대 그 작품들은 실로 구하기도 어려울 뿐만 아니라 값도 엄청난 것이었다. 교수 봉급을 받아 생활하는 사람에게는 그야말로 그림의 떡일 수밖에 없었다. 그 값을 들으시더니 선생께서도 어안이 벙벙하셨는지 먼 하늘만 치어다 보시며 말이 없었다.

그날 저녁 호텔로 돌아오신 선생은 몇 번인가 자제를 하시더니 결국 일본에 있는 제씨弟氏에게 전화를 걸어 전후 사정을 설명하고 그것을 구입할 수 있는 금액을 빌려달라고 하셨다. 어지간해서는 누구에게도 금전을 빌려달라고 하시는 선생이 아닐 뿐 아니라, 선생의 말씀이라면 콩을 팥이라 해도 믿는 제씨였던지라 흔쾌히 호응하셨다. "내일 아침 대만 중앙은행 모모 구좌로 송금할 터이니 가서 찾으라."라는 것이었다. 그때 제씨의 그 말을 듣고 즐거워하시던 선생의 모습은 흡사 천진난만한 소년이 신기루의 환상에 도취되어 있음과 같았다. 아마 한국에서 우우임의 진품 글씨를 가장 많이 소유하신 분은 선생일 것이다.

셋째, 서예와 관련된 귀중한 자료가 있으면 모든 것을 다 뒤로 미루어두시고 그것을 먼저 관람하셨다. 일본 동경에서 있었던 일이다. 필자와 고 이현규李鉉奎 박사는 동경엘 처음 간 기회라 먼저 일본을 이해할 수 있는 동경의 관광명소를 보고 싶었다. 선생께서도 모처럼 들르신 동경인지라 여러 가지 볼일이 많으셨다. 그러나 선생께서는 "다 그만두고 서예에 관한 귀중한 자료나 보러 가자."라고 하시면서 지하철과 버스를 몇 번이나 갈아타고 어디론가 계속 가셨다. 최후에는 택시를 타고 동경 변두리 어느 조용한 마을로 들어섰다. 도착한 곳은 전형적인 일본식 이층고가二層古家, 중촌부절기념서도박물관中村不折紀念書道博物館이었다. 본래 서양화가였던 중촌부절이 서예에 심취하여 일생 동안 중국 서예사와 관련된 만여 점의 금석자료를 수집했는데 중촌씨가 죽은 다음 그 자료들을 본가에 진열하여 기념박물관으로 활용하게 되었다는 것이다. 집의 아래위층에는 중국 고대에서부터 근대에 이르기까지의 서예 발달과정을 일목요연하게 이해할 수 있을 정도의 자료들이 알차게 진열되어 있었다. 일본의 한 개인이 어디서 어떻게 그렇게도 많고 체계적인 중국의 골동 자료를 수집했는지 실로 놀라움을 금할 수 없었다. 서예에 대해 혹호심취酷好深醉하신 선생의 취향이 아니었다면 절대로 볼 수 없는 박물관이었다.

효우화목한 선생의 치가법도

수신修身·제가齊家·치국治國·평천하平天下의 순서에 입각해 보면 수신修身을 바탕으로 한 제가齊家, 즉 치가治家는 치국과 평천하의 전제가 되는 것이다. 다시 말하면 수신을 통해 치가를 못한 사람은 치국을 할 자격이 없는 사람이며, 치국을 못한 사람은 자연히 평천하 사업에 동참할 수가 없다.

선생은 훌륭한 천성을 타고나 철저한 사범교육을 받았던 탓이었는지 항상 남을 가르치기 전에 자신을 먼저 함양하며, 나라를 걱정하시기 전에 집을 다스리는 데 정성을 기울이셨다. 그간 필자의 눈에 비친 몇 가지 구체적인 내용을 적기摘記해 보면 다음과 같다.

첫째, 선조先祖에 대한 추원보본지심追遠報本之心을 잊지 않으시며, 부모에게는 효성을 다하셨다. 일본의 계씨季氏 성금으로 집안사람들과 합심하여 고향 큰댁 사랑채 자리에 봉고정사鳳皐精舍를 중건重建하여 조상의 은덕을 기리시며, 선고先考, 조고祖考, 증조고曾祖考 3대의 유고遺稿를 정성스럽게 수집 번역하여 봉고세고鳳皐世稿를 출간하여 자손들에게 그 뜻을 전하시며, 구십 세까지 계신 자당慈堂에게는 노래자老萊子와 같은 효성을 다하셨다.

둘째, 사모師母 조정순趙貞順 여사와의 부부생활은 이 세상 모든 사람들의 본보기가 될 수 있는 "요조숙녀, 군자호구窈窕淑女, 君子好逑"의 금슬지도琴瑟之道를 일관하셨다. 선생과 사모는 두 분의 체격과 용모와 성품이 부부간이라기보다는 오히려 친 남매간과 같이 닮은 분들이시다. 사모는 출가하시기 전에 그 친정 자당과 조모님으로부터 철저한 양반가 규중의 교양과 법도를 익히시면서 학교를 졸업하신 다음 불교에 귀의하여 부처님의 대자대비를 일상생활에 실천하고 계시는 분이다.

회고하건대 선생께서는 사모의 훌륭하신 부덕과 정성 어린 내조를 바탕으로 『교본역대시조전서』란 불후의 학문적 업적을 남기시게 될 수 있었고, 다섯 아들을 출중하게 성장시켜 나가셨을 것으로 여겨진다. 선생 내외분은 '여빈여우如賓如友'를 부부간의 근본 도리로 삼아 언제나 '서로 손님같이 공경하고, 친구같이 다정하게 지내시어' 일가친척과 제자들에게 진정한 부부의 아름다움과 도리가 어떠한 것인가를 솔선수범해 주셨다.

셋째, 앞에서도 언급한 바와 같이 다섯 자제들에게 지식 암기식의 경쟁교육을 강요하지 아니하고 인성 도야 원칙에 입각한 개성 함양 교육을 실시하여 가정에서는 효자요 사회에서는 남을 위해 봉사하는 민주시민으로 기르셨다.

한국자동차보험회사에서 발군의 경영 능력을 인정받아 상무직까지 역임한 뒤 (주)택산澤山을 경영하고 있는 장남 홍필弘弼 사장, 경영학을 전공하여 미국 미시시피대학 경영학과 교수로 재직하면서 국제적 명성을 떨치고 있는 차남 정필正弼 박사, 토목공학을 전공한 뒤 인하대학교 공과대학 교수로 부임하여 국내외 토목학계의 촉망을 받고 있는 삼남 명필名弼 박사, 경영학을 전공하여 안동대학교 무역학과 교수로 있으면서 기획실장을 담당하고 있는 사남 원필元弼 박사, 서양화를 전공하여 불란서 파리에서 유학하면서 현지 화단의 호평과 장려로 여러 번 수상과 전시회를 개최하며 성장해 나가고 있는 오남 문필文弼 화백 등은 그 점을 입증해주고 있다.

넷째, 선생 내외분께서는 선대의 봉제사에 대해 항상 정성을 다하시며, 형제자매에 대한 우애를 돈독히 하셨다. 그리고 원근 일가친척과 동료 제자 일반인 등 귀천을 가리지 않고 많은 사람들이 자택을 방문하여 제반사를 묻고 의논함을 조금도 번거롭게 여기거나 꺼리지 않으신다. 누가 언제 가도 항상 새로운 손님으로 반가이 맞이하시는 선생 내외분이시다. 때문에 선생의 문전에는 언제나 손님의 내왕이 그치지 않는다.

실로 화목하고 자연스러운 속에 정연한 법도와 질서가 있는 모범 가정을 이룩하셨다고 할 수 있다.

평범 속에 비범한 선생의 일상생활

선생의 일상생활을 눈여겨본 사람이면 누구나 다음과 같은 여러 가지 평범 속의 비범한 모습을 발견하게 될 것이다.

첫째, 선생은 전통적인 유가의 인의예지신仁義禮智信과 삼강오륜의 덕목을 익히심과 아울러 도가道家 불가佛家에 대한 이해를 겸했으며 그 위에 현대교육의 이론을 체득하신 탓인지 어느 한쪽으로 편중된 종교 이념이나 사상에 얽매이지 않으신다. 가정에서는 철저히 유가풍의 생활을 하시면서도 자주 산사山寺의 고승高僧을 찾아 담화를 나누시기도 하고 사원의 법당에 들어가시면 불상佛像을 향해 경건히 예배도 드리신다. 때문에 언제나 명랑 쾌활하시고 자신만만하시면서도 신중치밀愼重緻密하고 고아청신高雅清新한 품격을 잃지 않으신다.

둘째, 가족·동료·제자·일반인 등 그 누구에게나 항상 자상하고 정중하게 대하시며 전통적인 양반 가문의 언어생활을 영위하신다. 예를 들면 선생으로부터 '너'라는 호칭이나 '해라' 식의 낮춤말을 들어본 제자는 드물 것이다.

셋째, 선생은 기상에서부터 취침까지 할 일 없이 시간을 보내는 법이 없으시다. 무료한 시간이 나면 글씨를 쓰시거나 책을 읽으시며 혹은 운동을 하신다. 그리고 의·식·주에 있어서 과분한 사치나 낭비를 절대로 하지 않으신다. 비록 기거하시는 건물의 규모는 여유가 있으나 일상생활에 사용하는 가구나 기타 생활 용구는 화려하거나 값비싼 물건을 구입하지 않으시며 그 수명이 다할 때까지 쓰신다. 예를 들면 가정에서 식사하실 때나 남과 함께 외식하실 때도 항상 채소를 중심으로 한 소박한 음식을 꿀맛이 나는 듯 맛있게 드시며, 신으시는 구두를 두고 이중 삼중으로 새 구두를 사지 않으신다.

넷째, 선생은 언제나 소박하고 겸손하시며 주위 사람을 믿고 편안하게 해주신다. 몇 년 전 필자 내외는 선생 내외분을 모시고 약 20일 동안 대만·홍콩·태국·싱가포르·말레이시아 등 동남아 여행을 한 적이 있었다. 연세가 높으신 노인분네들인지라 사실상 여러 가지로 신경 쓰일 일이 많을 것을 각오하고 떠난 여행길이었다.

그러나 그것은 완전히 기우에 불과하였다. 집을 떠난 그날부터 구미에 맞지 아니한 음식, 언어 소통의 불편함, 비 내리고 무더운 열대기후, 전문 안내원이 없는 산만한 여행 일정, 장거리 여행의 피로함 등등 여러 가지 견디기 어려운 일이 많았으나 단 한 번도 불편하거나 짜증 나는 기색으로 필자 내외의 심기를 초조하거나 불안하게 하시는 일이 없으셨다. 여로旅路에서 만날 수 있는 매사에 대해 항상 깊은 흥미를 기울여 듣고 보실 뿐만 아니라 혹 마음에 들지 아니한 일이 생겨도 태연자약하시며 때로는 적절한 유머로 여행의 분위기를 한층 여유롭고 신선하게 만드셨다. 연세 높으신 선생 내외분으로 인해 신경을 쓴 것이 아니라 도리어 여행을 즐거워하시는 선생의 정취와 멋에 도취되어 날짜가 흘러감이 아쉬울 지경이었다.

"그 사람을 알려면 함께 여행을 해보라."고 하는 말과 같이 오랫동안 함께 여행을 해보면 누구든지 그 평소의 인품과 본색이 드러나기 마련이다. 선생을 모시고 여행을 해본 사람이면 시종일관 평안하여 날짜가 지나갈수록 더욱 새로운 분위기에 젖어들게 될 것이다. 이것은 참으로 쉬운 것 같으면서도 지극히 어려운 대인군자의 도량과 운치가 아니면 불가능할 것으로 사료된다. 참으로 잊을 수 없는 선생 내외분의 아름다우신 마음씨와 멋진 몸가짐이었다.

다섯째, 선생은 공公과 사私를 엄격히 구분하시어 사정私情으로써 공사公私를 어렵게 하시는 일이 절대로 없으시다. 선생께서 모산학술재단과 모산학술연구소를 대하심은 그 하나의 좋은 예라 할 수 있다. 본 재단과 연구소는 물론 선생의 덕행과 학문적인 업적을 기리기 위해 설립 운영되고 있는 학술연구 기구이다. 그러나 설립된 지 10년 세월이 흐른 지금까지 선생은 본 재단과 연구소에 매일 출근하여 연구하시되 단 한 번도 "이것은 내 것"이란 생각이나 표현을 하신 적이 없었던 것으로 여겨진다. 항상 엄격한 "공중학술기관公衆學術機關"으로 여기시면서 이사장이나 연구소장이 처리하는 일에 대해서 일체 간섭을 하지 아니하신다. 혹 재단의 정기적인 이사회와 연구소의 운영위원회에 옵서버로 참석하셔도 다만 노고를 위로하고 감사의 소회를 피력하실 뿐 운영 방침에 대해서는 전적으로 공론에 일임하실 뿐 선생 자신의 사적인 견해를 피력하시지 않으신다. 때문에 이사진과 연구소 임원들은 더욱 책임을 지고 봉사할 뿐만 아니라 일을 할수록 새로운 보람을 느끼게 된다.

여섯째, 피아노를 칠 수 있는 음악의 기초와 사교춤을 이해하시지만 대중들과 어울려 노래를 부르거나 춤을 추지 않으시며, 화투·장기·바둑 등 잡기에 전혀 손을 대지 않으신다. 그러나 남이 즐기는 것을 질책하거나 못마땅하게 여기지도 않으신다.

일곱째, 주석酒席에 접대부들이 동석하면 소탈한 농담을 잘하시며, 주량은 두주불사斗酒不辭의 거량巨量이지만 아무리 음주를 하셔도 그로 인해 몸을 가누지 못하거나 실언과 실례를 하지 않으신다. 1974년 여름 어느 날 대구 명덕로터리 모 중국 음식점에서 필자와 대만 중국문화대학에서 온 여자유학생 오혜순吳惠純 그리고 김주한金周漢 동문이 선생을 모시고 식사를 하면서 두 홉들이 고량주 9병을 마신 적이 있었다. 지금 생각하면 그 9병 가운데 적어도 3병 이상은 선생에게 권하고 나머지를 필자와 김동문이 나누어 마셨을 터인데, 당시 나이 어린 필자는 몸을 가누지 못할 정도로 취하여 선생 댁을 찾아가 횡설수설 제멋대로 춤을 추며 이웃이 떠나가도록 노래를 부른 실수를 저지르고 말았으나 선생은 끝까지 태연자약하셨다. 주중불언진군자酒中不言眞君子가 바로 선생임을 그때서야 깨닫고 고개를 숙인 적이 있었다.

그런데 선생께서는 필자가 그 주중에 저질렀던 횡설수설한 실언과 경거망동한 실례를 까맣게 잊으셨는지 지금까지 한 번도 되씹어 말씀하시거나 꾸짖지 않으셨다. 때문에 필자는 아직도 선생의 그 무언의 채찍 속에 어떤 교훈적인 의미가 내포되어 있는지 의아스럽고 두렵게 여기고 있다.

여덟 번째, 외국 여행 중에 계실 때는 아무리 바쁜 일정 속에서도 주위 사람들에게 정다운 편지를 잘 쓰시며, 귀국 시에는 차나 기타 정성 어린 선물을 자주 하신다. 특히 아는 사람의 전공에 맞는 서책을 보시면 불편함을 무릅쓰고 사다 주시면서 정진을 당부하신다.

아홉 번째, 장래에 해야 할 일을 반드시 수첩에 기록하시며, 매일의 생활을 그 기록에 의해 시행하시기 때문에 착오가 없으시다. 그뿐만 아니라 연초年初가 되면 많은 사람들에게 수첩을 선물하며 기록하는 생활 습관을 들이도록 권장하신다.

열 번째, 주위 사람들의 단점이나 부족한 점은 가급적 말씀하지 아니하시고 장점과 좋은 점을 칭찬하고 격려하신다. 그리하여 그 사람 스스로가 자연스럽게 자신의 단점을 보완하거나 개선해 나갈 수 있도록 유도하신다. 제자들에 대해서는 특히 그러하시다.

열한 번째, 평소 건강에 대한 지론은 식사를 잘하며 바로 앉고 많이 걷는 것이라고 하신다. 대만 여행 중 오후 6시 화련花蓮에서 배를 타고 익일 아침 8시 기륭基隆에 도착하기까지 밤새도록 꼿꼿이 앉아 계시던 그 모습은 지금도 눈에 선하다. 그러나 필자의 눈에 비친 선생의 건강 비결은 성실 근면하시며 "앙불괴어천仰不愧於天 부부작어인俯不怍於人"한 일상생활에서 비롯된 것이 아닌가 여겨진다.

선생과 모산학술재단의 설립

필자는 평소 현세에서 보기 드문 선생의 덕행을 존경한 동시에 선생께서 혼신의 정성을 기울여 편찬하신 『교본역대시조전서校本歷代時調全書』의 역사적인 의의를 소중하게 생각해 왔다. 왜냐하면, 이 책은 시조문학에 대한 이론서가 아니라 문자 그대로 역대의 시조를 총망라하여 대교對校 집성集成한 자료집이기 때문이다. 이론서는 아무리 유명해도 끊임없이 개발되는 새로운 이론서에 밀리고 파묻혀 언젠가는 생명이 다할 날이 있다. 그러나 필수불가결한 자료집은 시간이 지날수록 그 가치가 더욱 보배스럽게 활용됨으로써 영원한 생명을 갖게 된다. 멀리는 중국의 공자가 편찬한 『시경』과 소통이 편찬한 『문선』 등이 그러한 예이며, 가까이는 조선조 서거정의 『동문선』·김천택의 『청구영언』·안민영의 『가곡원류』 등이 그 좋은 예에 해당한다.

만일 『교본역대시조전서』가 불후의 역사적 가치를 지닌 문헌이라면, 그 책이 전하는 한 저자인 선생도 반드시 역사적인 인물로 남게 될 것이다. 그렇다면 『교본역대시조전서』의 가치와 선생의 덕행을 알고 있는 현재의 우리들은 그 영원한 미래의 역사를 위해 무엇을 해두어야 할 것인가.

필자는 대만에서 유학하고 있을 때 중화민국中華民國의 고궁박물원故宮博物院이 유지 경영하고 있는 장대천기념관張大千紀念館을 관람하고 일본 동경에 있는 중촌부절기념서도박물관中村不折紀念書道博物館 등을 둘러보면서 더욱 그러한 생각을 해왔다. 선생의 학문적인 업적과 고아한 덕행을 오래도록 기릴 수 있는 조그마한 사업을 주선해 보아야겠다는 막연한 상상을 해본 것이었다. 그 뒤 귀국하여 대학에 취직한 다음 선생을 모시고 서울 어느 학회에 가는 기차 안에서 그 문제에 대한 필자의 뜻을 조심스럽게 말씀드려 보았다. 그러나 선생께서는 일언지하에 "가당치 아니한 일"이라고 하시면서 두말을 못 하게 하셨다. 하지만 필자는 그에 대한 구상을 머릿속에서 지워버릴 수가 없었다.

선생께서 고희古稀를 맞기 1년 전인 1987년 어느 날, 필자는 선생의 장남 홍필弘弼 씨를 만나 마음속에 되새기고 있던 의견의 일단을 제시해 보았다. 홍필 씨 역시 필자와 똑같은 생각을 하고 있었다. 여기서 필자와 홍필 씨는 선생을 위한 조촐한 '학계學契'를 모으기로 합의하고 함께 그 계획을 선생께 말씀드렸다. 선생께서는 전과 다름없이 허락하지 않으시면서 "사실은 고향 선산 사람들도 그러한 제안을 해왔으나 단호하게 거절했다."라고 하셨다. 필자는 그 말씀을 듣고 '그렇다면 이 일은 하면 될 수 있는 분위기가 무르익었으니 이 기회를 놓치지 말자'고 다짐하였다.

다시 필자와 홍필 씨는 선생께 몇 번이고 그 일을 할 수 있도록 허락해 주실 것을 간청하였다. 그러나 선생은 물론이고 옆에 계시던 사모께서도 "지금 그런 일을 시작하면 공연스레 어려운 주위 사람들에게 번폐를 끼치게 될 터이니 애당초 그만두는 것이 좋겠다."라고 하셨다. 참으로 겸양의 미덕을 보여주시는 말씀이었으나, 이 일은 단순히 선생 개인의 덕행과 업적을 기리는 데서 그치는 것이 아니라 현재의 영남문화 나아가서 미래의 한국 문화사를 위한 일임을 생각할 때 절대로 중도에서 그만둘 일이 아니었다.

그 얼마 뒤 필자의 계속된 간청을 뿌리치지 못한 선생께서는 "자네의 뜻이 굳이 그러하다면 내가 평소에 가장 믿고 있는 문삼수文三洙 사장과 오세도吳世度 변호사에게 가서 그분들의 의견을 들어보라."라고 하셨다. 필자는 그날 당장 두 분을 찾아가 전후 사정을 말씀드리고 고견을 타진해 보았다. 초면인 두 분은 모두 필자의 설명이 채 끝나기도 전에 "매우 잘 생각한 일입니다. 마땅히 해야 할 일이기 때문에 하면 될 수 있습니다. 이왕 일을 시작할 바에는 그런 소규모의 학계學契 정도로 할 것이 아니라 학술재단을 구성하면 어떠하겠습니까."라고 하셨다. 필자는 이 두 분의 의외의 제안에 오히려 할 말을 잊었다. "고소원固所願이나 불감청不敢請일 뿐입니다. 그러나 그렇게 하려면 상당한 기금이 마련되어야 할 테니 가능하겠습니까."라고 반문하였다. 두 분은 흡사 사전에 약속이라도 한 듯이 "선생에 관한 일은 하면 될 수 있습니다. 나도 적극 협력하겠습니다."라고 하셨다. 그날 두 분을 만나고 돌아오는 필자는 실로 흥분된 마음을 진정할 수가 없었다. 그 뒤 계속해서 선산善山의 문화원장으로 계시던 고 이경일李景一 씨와 문화원 사무국장으로 계시던 김태규金泰圭 씨를 찾아갔다. 이경일 원장과 김태규 국장 역시 전적으로 공감을 표시하면서 "만시지탄晩時之歎을 금할 수 없는 일입니다. 우리들은 선생의 고향인 선산을 대표하여 적극적으로 협력하겠습니다."라고 하셨다.

필자는 이때부터 평소 선생을 존경하고 보필해 온 영남대학교 사무과장 장상두蔣相斗 씨와 손발을 함께하며 영남대학교 국어국문학과 동문회장 이근후李根厚 사장을 비롯하여 영남대학교 국사학과 김윤곤金潤坤 교수와 국어국문학과 이현규李鉉奎·이동희李東熙·윤영옥尹榮玉·김주한金周漢 교수, 포항공대 김원중金元重 교수, 대구대학 최창록崔昌祿·권재선權在善·이강언李康彥 교수, 경산대학 김영숙金榮淑 교수 등 많은 사람들을 만나 이 일을 상의하였다. 계획을 설명하자 어느 누구도 그 일에 전적으로 호응하지 아니한 사람이 없었다.

이러한 우여곡절을 거쳐 1987년 6월 25일 드디어 모산학술재단慕山學術財團을 설립하기 위한 발기위원회가 구성되었다. 위원장 문삼수, 부위원장 오세도, 위원에 김원중·김춘룡·김태규·심우정·오상인·윤영옥·이근후·이현규·최창록·서근섭·장상두 씨를 위촉하고 필자는 간사幹事 직무를 맡아 재단 설립 기금을 확보하기 위해 백방으로 노력하였다. 문삼수 위원장과 오세도 부위원장을 비롯한 위원 여러분과 선생을 존경하는 각계각층의 인사들이 기금 확충에 적극적으로 협력해 주었다. 불과 몇 달 만에 수천만 원의 거액이 모금되어 재단 설립에 필요한 경제적인 요건을 충족하게 되었다. 지금 회고하건대 단시일 내에 무無에서 유有가 창조된 감동적인 순간이었다.

그러던 어느 날 재일본경북도민회장이며 송본가구松本家具 사장으로 있던 선생의 제씨 심재인沈載寅 사장이 귀국하였다. 심 사장은 그 재단 설립의 취지와 지금까지의 추진 상황을 듣고 "요즘 세상에 이런 아름다운 일이 어디 있느냐. 참으로 보람 있고 감사한 일이다."라고 하시면서 두 차례에 걸쳐 2억여 원의 기금을 협찬하였다. 당시만 하더라도 토지 가격이 비교적 헐하던 때이긴 했지만 현금을 두면 상승하는 물가고를 따라갈 수가 없었던지라 당장 그 기금으로 1988년 2월 15일 대구시 수성구 두산동 88-4번지 67평의 현 재단회관 부지를 구입했다. 그와 동시에 1988년 5월 31일 대구직할시 교육위원회로부터 「사단법인 모산학술재단」(설립허가사체25600호)를 받게 되고, 이어서 정식 이사진(명예이사장 심재인, 이사장 문삼수, 이사 오세도·이근후·이현규·이경일·홍우흠·심홍필, 감사 김춘룡·심우정, 간사 장상두)을 구성하여 대구지방법원에 「사단법인 모산학술재단」의 등기328호를 완료하였다. 그리고 이어서 1989년 5월 10일 재단회관 신축 기공식을 거행하게 되었다. 설계는 한국건축설계사무소 대표 윤영도尹永道가 맡고, 공사는 대노건설회사大爐建設會社가 담당하였다. 기금 관리를 책임진 필자는 기금을 출연한 여러분들의 고귀한 뜻을 어기지 않기 위해 건축공사를 시작한 그날부터 매일 현장에 나가 소홀한 공정을 일일이 시정하면서 인부들의 작업을 독려하였다.

동년 10월 28일 드디어 지하 1층, 지상 5층 연건평 270평의 모산학술회관을 완공 개관하게 되었다. 그때 수성 들판에서는 유일하게 우뚝이 솟은 오층빌딩 모산학술회관(上樑文에 道德宣揚, 國學暢達을 씀), 그 옥상에 올라가 멀리 북쪽으로 팔공산을 병풍처럼 등지고 남쪽으로 거울 같은 수성못 넘어 아늑히 펼쳐진 비슬산을 바라보던 필자는 가슴속에서 치솟는 감회를 억누를 길이 없었다.

처음 부지 물색 과정에 있어서 "대명동 영남대학교 부근이 좋을 것 같다."라고 말씀하시던 선생께서도 이 건물이 완공된 뒤에는 매우 흡족해하시면서 "이 자리를 잘 선택했다. 홍 군, 자네는 풍수야, 풍수!"라고 농담까지 하셨다.

그리고 이어서 1990년 4월 20일, 모산학술연구소(초대소장 이현규 박사, 운영위원 권재선·김영만·김원중·김윤곤·염선모·윤영옥·조수학·홍우흠·김주한, 간사 김영숙)를 설립하여 본격적인 학술연구 활동을 전개해 왔다. 1995년 12월 27일 이현규 소장이 별세, 1996년 4월 26일 필자가 제2대 소장으로 취임한 이래 현재까지 국내외 학술세미나 개최, 논문집 발간, 연구총서 간행 등등 끊임없이 목적한 본연의 연구 사업을 추진해 왔다. 재단이 설립되고 회관이 준공된 지 어언 10년 세월, 그간 본 모산학술연구소가 국학 발전을 위해 공헌한 바는 실로 적지 아니하다.

삼가 생각하건대 선생의 남다른 덕행과 학문적인 안목은 『교본역대시조전서』란 불후의 업적을 남기게 되었고, 『교본역대시조전서』는 「사단법인 모산학술재단」과 「모산학술연구소」가 설립될 수 있는 동기를 부여했으며, 「사단법인 모산학술재단」과 「모산학술연구소」는 국학계의 금자탑인 『교본역대시조전서』와 그 편자인 선생을 영원히 빛나게 할 수 있는 역사적 밑거름이 될 것으로 믿어 의심치 않는다.

모산학술회관

필자에게 베푸신 선생의 은혜

1963년 봄, 필자는 여러 가지 어려움 속에서 근근이 고등학교를 졸업하고 청구대학 국어국문학과에 입학하였다. 학과에는 학과장 우촌 강복수又村 姜馥樹 교수를 비롯하여 모산 선생과 노산 이은상李殷相·긍포 조규설肯浦 趙奎高·두산 김택규斗山 金宅圭·이재선李在銑 교수가 계셨고 그 뒤에 도남 조윤제陶南 趙潤濟 박사가 오셨다. 전국 어느 대학에 가도 이보다 더 훌륭한 교수진을 만날 수는 없었다.

그러나 가정 형편이 극도로 어려워 고학신세苦學身勢를 면치 못하게 된 필자는 아무리 노력해도 학비를 제때 조달할 수가 없었다. 때문에 제적除籍과 복학을 반복함은 물론 의식주衣食住의 곤란으로 건강마저 악화되어 학업을 계속하기가 어렵게 되었다. 부득이 학과장에게 가서 휴학할 계획을 말씀드렸다. 이러한 절박한 사정을 들으신 선생께서는 백방으로 알아보시더니 필자를 자신의 처종숙이며 금성방직 상무로 계시는 고 조봉선趙鳳善 씨 댁의 입주 가정교사로 추천해 주셨다. 그때 사정을 미루어 좀 더 정확히 말하건대, 조 상무께서 가정교사를 원하여 추천하신 것이 아니라 사실상 필요도 없는 가정교사를 선생께서 억지로 떠맡기신 것이다. 조 상무는 일본에서 학교를 졸업하고 방직기술을 습득하신 분으로 용안容顔이 옥골玉骨이며 학문을 이해하고 심성이 인자하신 신사였다. 비록 종질서이지만 선생을 매우 아끼고 좋아하신 분으로 필자가 한문 공부를 하는 것을 보고 격려와 칭찬을 아끼지 않으셨다. 대학교 2학년 때부터 4학년 1학기까지 필자는 조 상무댁에 들어가 그 집 여러 자녀들과 더불어 같이 생활하고 공부함으로써 절박했던 의식주를 동시에 해결하여 건강을 회복함과 동시에 다소의 학비까지 보조받게 되었다.

그때 선생과 조 상무의 특별하신 배려가 없었다면 필자는 아마도 대학 과정을 끝내지 못했을 것이며 또 기한飢寒으로 인해 극도로 악화된 건강을 회복할 수도 없었을 것이다. 필자는 이 두 분의 높고 큰 은혜로 1967년 2월에 드디어 대학을 졸업하게 되었고, 그해 3월 1일부로 그렇게도 얻기 어려웠던 취직 자리, 모교 대구성광고등학교 국어 교사로 발령받게 되었다. 필자의 일생에 있어서 실로 건너지 못할 뻔했던 "난관難關의 다리"를 거뜬히 건너게 해주셨던 높고 큰 은인들이셨다.

1969년 3월 필자는 다시 영남대학교 대학원 석사과정에 입학하였다. 그때 역시 남모르는 가정 사정으로 어려움이 많았지만, 선생의 격려와 지도로 뜻을 굽히지 아니하고 고전문학을 공부하여 1972년 석사학위를 취득하였다. 석사학위를 받고 보니 거기서 그쳐서는 아무 의미가 없었다. 다시 중국 유학을 결심하고 완전히 독학으로 중국어 공부를 시작하였다. 고등학교 3학년 담임을 하면서 일주일에 정규수업 24시간, 과외수업 6시간, 외부출강 6시간, 총 36시간의 수업을 하고 나면 사실상 피곤하고 여유 시간이 없었다.

그러나 항상 선생의 격려를 되새기면서 출퇴근 버스 안에서는 책을 보고, 밥 먹고 화장실에 가는 시간에는 녹음기를 들으며, 취침 시간 잠이 들 때까지는 중국어 라디오 방송을 청취하면서 있는 힘을 다해 중국어 기초를 다져나갔다. 그런데 어찌 된 일인가, "뜻이 있는 곳에 길이 있다."란 격언과 같이 1972년부터 영남대학교와 대만 중국문화대학이 자매결연을 체결함과 동시에 교수와 학생을 교류하기 시작하였다. 필자는 내심 천우신조天佑神助의 기회로 여기면서 당시 영남대학교 교무처장으로 계시는 선생을 찾아가 "대만에 유학할 수 있는 교환학생의 자격을 취득할 수 있겠느냐."고 여쭈어보았다. 선생께서는 "아직 재학생 가운데 아무도 희망자가 없으니 문교부에서 실시하는 중국 유학시험에 합격만 해오면 가능할 것"이라고 하셨다. 선생의 말씀을 들은 필자는 사실상 있는 힘을 다해 중국어 공부를 계속하였다. 그해 가을 학기 드디어 중국문화대학에서 제1차로 우초병于超屛·오경제吳慶第·오혜순吳惠純 등 세 사람의 교환학생을 파견해 왔다. 참으로 희망과 갈등으로 가슴 설레는 순간이었다.

필자는 우초병을 개인적으로 초청하여 중국어 작문을 배우는 동시에 선생의 지도를 받게 된 오혜순 양의 정성 어린 도움으로 중국어 회화를 연습하기 시작, 2년간의 각고면려刻苦勉勵 끝에 1974년 드디어 문교부에서 주관하는 중국 유학시험에 합격하였다. 실로 어렵고 험난한 고비를 넘은 셈이었다.

여기서 선생께서는 즉시 총장과 국제부 등 학교 당국과 협의하여 필자가 영남대학교와 대만 중국문화대학 간의 제1차 교환학생이 될 수 있는 길을 마련해 주셨다. 필자는 7년간 봉직한 성광고등학교 교사직을 사직하고 그해 10월 그렇게도 소원하던 대만 유학의 길을 떠나게 되었다.

필자가 4년간 유학하는 기간, 선생께서는 중국문화대학 중국문학과 교수이며 필자의 지도교수인 반중규潘重規 박사와 돈후敦厚한 교분을 맺으시며 필자의 학업 과정을 음양으로 도와주셨음은 물론이거니와 1978년 한국사회사업대학(현 대구대학 전신)에 전임으로 취직할 때며, 1980년 한국사회사업대학에서 영남대학교로 옮겨오기까지 그 어느 고비를 막론하고 선생의 높고 큰 은혜가 깔려 있지 아니한 곳이 없었다.

아버지는 필자를 낳아주신 분이지만 선생은 필자를 길러주신 분이었다. 그 높고 큰 은혜에 보답은 못 할지언정 어찌 잊을 수 있겠는가.

리덴쾌이 교수(좌)와 모산 선생(가운데), 필자(우)(1995년 동화사)

이 글을
맺는말

이상 필자가 35년간 모산慕山 선생 곁에서 선생에 대해 보고 듣고 느낀 몇 가지 소감과 필자 개인이 선생으로부터 입었던 은혜의 일단을 두서없이 기록해 보았다. 될 수 있으면 객관적으로 정확하게 서술해 보려고 노력했으나 때로는 주관적인 정감에 얽매여 소기所期의 필치筆致로 일관했는지 스스로 확언하기가 어렵다.

서언緖言에서도 이미 밝힌 바와 같이 어느 한 인물에 대한 사실을 객관적으로 정확하게 묘사한다는 것은 그리 쉽지 아니한 일이다. 특히 그 인격이 고매高邁하고 사상이 심원하며, 조행操行이 전아典雅하고 업적이 방

대한 분은 더욱 그러하다. 때문에 위에서 필자가 모산 선생에 대해 서술한 몇 조목의 내용은 오로지 필자의 개인적인 입장에서 보고 듣고 느낀 일면일 뿐이다.

그러나 여기서 필자가 다시 한번 확신하고 강조해 두고자 하는 바의 객관적인 모산은 "고매한 인격과 돈후敦厚한 덕행을 갖추신 분인 동시에 민족문화사상 만인이 필요로 하는 불후의 업적을 남기신 분"이다. 인류 역사상 만인이 필요로 하는 업적은 시공時空을 초월하여 그 생명을 잃지 아니했다. 동서양의 성현들이 남긴 경전經傳들은 저 일월과 같은 존재라면, 소통의 『문선』·서거정의 『동문선』·김천택의 『청구영언』·모산 선생의 『교본역대시조전서』 등은 밤하늘의 뭇별들처럼 영원히 그 빛을 잃지 아니할 것이다. 따라서 선생은 그 불후의 업적과 함께 온 인류의 가슴속에 항상 새로운 희망과 빛을 밝혀주는 뚜렷한 하나의 별자리로 남게 될 것이다.

끝으로 탄신誕辰 80주년을 맞이하신 선생의 만수무강을 기원하는 동시에 먼 훗날 이 졸문拙文을 읽으며 미소 짓는 배달겨레 후예들의 생기 넘친 얼굴들을 상상해 본다.

사제간의 인연 -42년의 동행

김한곤
명예교수 | 사회학과

우리의 인생은 끊임없는 만남과 헤어짐의 연속이다. 그와 같은 다양한 형태의 크고 작은 인연 중에는 한 개인의 삶에 지대한 영향을 미치는 인연이 있게 마련이다. 오늘 필자는 그런 인연을 소개하고자 한다.

박사학위논문을 지도해 주신 더들리 L. 포스톤 주니어 교수님

캘리포니아에서 석사학위를 마치고 텍사스대학교The University of Texas 오스틴Austin 캠퍼스의 박사과정 프로그램으로 옮긴 때가 1983년 1월 초순경이다. 사회현상을 연구하는 여러 사회과학 중에서 사회학은 사회학

나름의 독특한 시각으로 사회현상의 원인을 논리적이고 체계적으로 연구하는 분야이다. 필자는 미국 유학길에 오르면서 사회학 내에서 상대적으로 실용성이 높은 분야를 공부하겠노라고 내심 마음먹고 있었다. 1월 하순 봄학기가 시작되면 신입생들은 관심이 가는 교수와 연락하여 지도교수를 결정해야 한다. 마침 박사과정에 진학한 학교에는 미국 상원의회에서 핵심 펀드를 지원하는 미국 내 5대 연구기관 가운데 하나인 인구연구센터Population Research Center가 있었다. 박사학위 과정에서는 실용성이 높은 인구학 분야를 전공하겠다고 마음을 정하고 있었는데, 그 과정에서 필자의 박사학위논문을 지도해 주신 더들리 L. 포스톤 주니어Dudley L. Poston, Jr 교수님을 만나는 인연이 시작되었다.

당시 필자가 교수님의 연구실을 처음으로 방문했을 때의 기억을 되살려 보면, 연구실 한쪽 벽에는 보스턴 마라톤 대회에 참가하여 완주하는 사진이 걸려 있었다. 나중에 알게 된 사실이지만 교수님은 오랫동안 마라톤을 즐겨 하시는 분이었다. 지도교수님의 경우, 조부 때에 미국 캘리포니아 북쪽 나파벨리로 이민하여 그 이후 샌프란시스코에 정착한 아일랜드계 가톨릭 종교를 가진 백인이다. 베트남전이 한창 막바지일 때 박사학위 취득 후 곧바로 대위로 임관하여 부인과 어린아이 둘을 남겨둔 채 베트남전에 참전한 전역 장교이기도 하다. 베트남에서 귀국하여 전역한 직후 텍사스대학교, 오스틴의 사회학과 조교수로 학자의 길을 시작하셨다. 필자가 처음 만날 당시 지도교수께서는 40대 초중반의 나이에 연구활동이 왕성한 인구연구센터의 책임자Director였다. 나중에 알게 된 사실이지만 서양인으로서는 보기 드물게 동양적인 정서를 가진 정이 많은 분이었다.

교수님의 관심과 지원으로 박사학위 과정을 마칠 때까지 경제적인 부

Dudley L. Poston, Jr 교수님과 함께

분은 별 걱정 없이 지냈던 것 같다. 학기 중에 TA II(Teaching Assistant II)를 하게 되면 등록금 면제에 의료보험까지 학교에서 지원해주고, 일주일에 20시간 업무를 담당하는 조건으로 월 780불 정도의 생활비를 받았기에 미혼이었던 나로서는 비교적 넉넉하게 생활할 수 있었다. 방학 때에는 학교에서 생활비를 지원하지 않았으므로, RA(Research Assistant) 업무를 수행함으로써 경제적인 면은 해결이 되었다. 학위논문을 쓰던 1년 동안은 TA 주당 20시간에 RA 10시간을 하게 되어 매달 약 1,200불 가까이 지급되었기에 그 당시 오스틴의 물가로는 비교적 넉넉하게 생활할 수 있었다.

지도교수님이 정해지면서 캠퍼스 본관 건물 타워 16층부터 20층까지 사용하던 인구연구센터에 공간을 배정받았다. 박사과정 1년 차에는 제법 넓은 방을 4명의 대학원생들이 공동으로 사용한다. 동서남북 네 방향으로 각자의 책상을 놓고서 공부하고 연구할 수 있는 여건이다. 2년 차로 올라가면 공간은 좀 좁아지지만 2명이 공유하는 곳으로 옮겨가며, 학위논문 작성을 위한 자격이 주어지면ABD: all but dissertation 공간은 작지만 홀로 사용할 수 있는 독립된 사무실을 제공받는다. 이때부터는 오롯이 학위논문 작성에 모든 시간을 집중적으로 투자하는 시기이기도 하다. 필자가 공부했던 인구연구센터에는 그 당시 인구학 분야에 쟁쟁했던 거목들이 여러 분 계셨으며 평등주의Equalitarianism에 입각하여 동부 지역과는 다르게 학생이 교수를 호칭할 때 Last Name에 존칭을 붙이는 대신 First Name을 사용하도록 하였다. 이와 같은 평등주의 방침에도 불구하고 필자의 경우에는 교수님들의 퍼스트 네임을 부르기까지 무려 2년이란 긴 세월이 필요하였다. 어릴 때부터 몸에 익숙한 문화적 차이를 걷어내는 것은 결코 쉽지 않은 일이었다.

교수님은 학기가 끝날 때쯤이면 모든 대학원생을 당신의 자택으로 초대하여 포트럭potluck party 형태의 종강 파티를 열어주셨다. 대학원생들은 그러한 자리를 통하여 교수님과 더욱 가까워지는 기회를 가졌으며, 대학원 동료들 사이에는 친목을 도모하는 장소가 되었다. 그때 받은 영향으로 필자 역시 영남대학교에서 어느 정도 자리가 잡힌 후부터는 특별한 일이 없는 한, 학기 말에는 비슷한 형태의 종강 모임을 실내 혹은 실외에서 정년퇴임을 맞을 때까지 지속하였다.

박사학위 과정에서 요구하는 학점을 모두 취득하고 종합시험을 통과한 후에, 학위논문 계획서를 제출하여 통과하게 되면 학위논문을 쓰기 시작한다. 학위논문을 작성한 1년 동안 거의 2주에 한 번씩 지도교수님과의 미팅을 통하여 논문의 진행 정도를 점검받고, 무수한 수정 및 보완 과정을 거쳤다. 작성된 논문의 일부를 가지고 지도교수님과 미팅할 때면 항상 붉은색 필기도구로 틀린 영어 문장이며 바로잡아야 할 내용을 꼼꼼하고도 친절하게 하나하나씩 수정해 주셨다. 제자에 대한 헌신과 열정이 없으면 도저히 할 수 없는 일이다. 수십 년이 흐른 지금도 그 당시의 모습이 눈앞에 또렷하게 남아 있다. 지도교수님을 비롯한 많은 분들의 도움 덕에 1985년 12월 18일 박사학위 최종 구두시험에 통과하면서 학위 취득이 결정되었다. 최종 구두시험에 통과할 당시 지도교수님은 "오늘부터 독자적으로 연구를 수행할 능력을 인정받은 것이니, 앞으로 학문적 동료로서 많은 발전을 기대하네"라는 말씀을 주셨다.

박사학위를 취득하고 귀국하는 길에 지도교수님께서는 하와이대학에 소재하는 동서문화센터East West Center 방문을 주선해 주셨다. 덕분에 동서문화센터 숙소에 머물면서 당시 Vice Director로 계시던 조리재 박사님과 하와이대학에 근무하고 계시던 한국계 교수 여러 분들을 만나는 기회가 있었는데, 필자에게는 무척 소중한 경험이었다. 그리하여 미국 유학생활을 마치고 1986년 1월 16일 당시 김포공항을 통하여 귀국하였으며, 같은 해 3월 1일 영남대학교 사회학과 조교수로 임용되었다.

교수님께서는 1987년에 6개월간 대만국립대학교에서 사모님과 함께 안식년을 보내고 계셨는데, 그해 여름에 교수님을 한국으로 초청할 기회가 있었다. 교수님으로서는 생애 최초의 한국 방문이었는데, 그 당시 새내기 신부였던 아내를 비롯하여 부모님 등 가족과 첫 만남을 가졌다. 그 이후 교수님은 1988년 코넬대학교 농촌사회학과 학과장으로 자리를 옮기셨다. 코넬대학교는 사회학과보다는 농촌사회학과의 인구학 전공이 훨씬 활성화되어 있었다. 1989년에는 록펠러재단Rockfeller Foundation

이 지원하는 연구사업에 필자와 공동으로 신청한 연구 과제가 선정되어, “Women's Status and Fertility in the Republic of Korea”란 연구 과제를 수행한 바 있다. 1990년에는 이 연구와 관련하여 한국을 두 번째 방문하셨는데, 방문 기회에 한국보건사회연구원, 서울여자대학교 그리고 영남대학교에서 특강을 실시하였다. 1991년에는 연구보고서 마무리 작업을 위하여 필자가 코넬대학교의 연구교수 자격으로 약 한 달 남짓 머물면서 이타카를 방문하여 보고서를 마무리한 바 있는데, 그때 교수님께서는 당신이 쓰시던 숙소를 필자가 사용하도록 배려해 주셨다. 코넬대학교에서 연구보고서 집필이 거의 마무리되어 가던 어느 날, 교수님은 왕복 6시간 이상이 소요되는 나이아가라폭포 여행을 제안하셨다. 그 후 다시 방문한 적은 있지만, 그 당시 나이아가라폭포 관광은 나에게 처음이었다. 웅장하고 장엄한 폭포를 내려다본 후 폭포 바로 아래까지 운항하는 크루즈를 탔다. 비옷을 입었음에도 불구하고 온몸이 폭포에서 떨어지는 물로 흠뻑 젖었지만 무척 즐겁고 오랫동안 기억에 남는 교수님과 함께 한 시간이었다.

그 이후 1992년 가을에 교수님은 코넬대학교Cornell University를 떠나 텍사스 A&M대학교Texas A&M University의 사회학과 석좌교수로 이직하셨으며, 필자는 미국에서 개최되는 학회 참석 때에는 그 대학을 방문하여 특강을 하기도 하였다. 한번은 학회 참석차 뉴올리언스New Orelans를 방문할 기회가 있었는데, 교수님께서 필자에게 텍사스 A&M대학교를 며칠간 방문하여 학생들 대상으로 특강을 하라고 제안하셨다. 그 대학교에는 호텔학과에서 운영하는 호텔이 캠퍼스 내에 있었는데, 교수님의 배려로 그 호텔에서 며칠간 휴식을 취하면서 특강을 하였다. 저녁에는 자택으로 필자를 초대하여 사모님과 함께 저녁 식사를 하고, 시내로 나와 아이스크림을 교수님 부부와 함께 먹었던 기억이 아직도 남아 있다.

필자가 2021년 2월 정년퇴임을 할 때까지 교수님께서는 모두 16번에 걸쳐 한국을 방문하셨는데, 한 번을 제외하고는 모두 필자와 관련된 공동연구, 국제학술회의 연사 혹은 특강을 위해 방문하셨다. 사실 미국에서 한국을 방문하는 일은 최소한 열 몇 시간 이상의 장거리 항공편을 이용해야 하기 때문에 쉬운 일이 아니다. 그럼에도 불구하고 교수님께서는 일정이 중복되는 경우를 제외하고는 한 번도 제자의 요청을 거절한 바가 없다. 지금 생각해 봐도 제자에 대한 특별한 애정이 없으면 불가능한 일이다.

교수님의 한국 방문은 매번 특별하지 않은 것이 없지만, 그 가운데 특히 필자가 한국인구학회장을 맡고 있던 시기에 있었던 일들이 기억에 많이 남는다. 세계인구학회는 매 4년마다 개최되는데 2013년 8월 말 부산 벡스코에서 세계 곳곳에서 수천 명의 인구학자들이 참석하는 제27차 IUSSP(International Union for the Scientific Study of Population) 학회가 개최된 바 있다. 필자는 조직준비위원회 위원 중 한 명이기도 하였지만 교수님과 '출생 시 성비불균형 분과'를 조직하여 함께 발표하고 토론하였는데, 그 행사에는 우리 대학원생 약 50여 명이 참석하였다. 행사 후 저녁에 해운대 바닷가 식당에서 함께 했던 시간과 기억은 오랫동안 머릿속에 남아 있다.

2014년 7월 중순에 제18차 세계사회학대회XIII ISA World Congress of Sociology가 일본 요코하마에서 개최되고 있었다. 그 당시 필자는 국제학술회의 개최와 그와 관련된 저서 출간을 조건으로 한국보건사회연구원KIHASA으로부터 상당한 금액의 예산을 확보한 상태였는데, 세계적 석학을 설득하여 이 프로젝트에 참여하게끔 할 만한 학자를 찾는 것이 쉽지 않았다. 당시 학회 일을 물심양면으로 도와주던 후배 교수와 의논 끝에, 당시 요코하마에서 열리고 있는 세계사회학대회에 참가하고 계시던 교수님을 만나 의논하기로 하고, 후배 교수와 함께 항공편으로 도쿄로 날아갔다. 요코하마의 어느 호텔 로비에서 교수님을 만나 전후 과정과 배경을 설명해 드렸더니 교수님께서는 흔쾌히 그 역할을 맡아주시기로 하였다. 학술대회 개최에 초청할 학자들의 명단을 함께 결정한 후, 그분들과의 모든 접촉 역시 교수님께서 해주시기로 하였다. 그리하여 2014년 12월에 서울에서 'International Symposium on Demographic Dynamics and Societal Change in the 21st Century'가 개최되었으며 여러 국가에서 저명한 학자들이 참석하여 발표하였다. 이 학회의 결과물은 2017년 'Low Fertility Regimes and Demographic and Societal Change'란 제목으로 Springer 출판사에서 발간되었다. 이와 관련된 국제학술회의와 책 출판은 교수님의 헌신과 열정 없이는 불가능했으리라 생각한다.

한편 매일경제미디어그룹에서는 '세계지식포럼World Knowledge Forum'을

World Knowledge Forum의 Aging Soiciety 세션에서 발표 및 토론(2014년)

해마다 개최하는데, 조직 담당자로부터 2014년 10월에 개최되는 매경세계지식포럼의 한 분과를 조직해 달라는 요청을 받았다. 이와 관련하여 교수님과 의논한 결과 노인 관련 분과를 조직하기로 하고 교수님을 비롯하여 미국에서 활동하는 일본계 학자와 대학원 시절 동료였던 중국 인구학의 석학 한 분을 모셔서 매우 뜻깊은 세션을 진행한 바 있다.

그 이후 특강과 학술회의 참석차 교수님은 두 차례 더 한국을 방문하였으며 2019년 만 78세에 텍사스 A&M대학교를 퇴임하셨고, 현재는 명예교수 신분으로 따님 가족이 거주하는 샌안토니오San Antonio로 이주하여 사모님과 생활하고 계신다. 퇴임 후에도 여전히 학회 참석과 집필 그리고 언론에 꾸준하게 글을 게재하고 계신다. 2023년에는 코리아 헤럴드Korea Herald 영문판에 여러 회에 걸쳐 한국 사회의 인구문제에 관한 고정 칼럼을 쓰시기도 하였다.

영남대학교에 1986년 3월에 부임하여 2021년 2월에 정년퇴임을 하기

World Knowledge Forum 행사기간 중 만찬(2014년)

까지 35년간의 세월 동안 그리고 명예교수로 신분이 변경되어 오늘에 이르기까지 많은 분들의 관심과 도움이 있었다. 그 가운데 포스톤 교수님은 학자로서 그리고 교수로서 오늘날의 나에게 가장 큰 영향을 주신 분으로, 박사과정 지도교수로 인연을 맺어 지금까지 42년간 한결같은 관심과 애정 그리고 지지를 보내주고 계신다. 교수님은 지금까지 350여 편의 SSCI급 논문과 30여 권의 책을 저술하셨으며 여러 학술단체의 회장을 역임하셨다. 졸업 후에도 수많은 제자들이 늘 소통하면서 한결같이 존경하는 것은 그분의 탁월한 학문적 업적뿐만 아니라, 평소의 인품과 제자들에 대한 사랑에서 우러나오는 것이라 생각한다. 그런 면에서 이렇게 훌륭한 분을 지도교수로 모시고 오늘날까지 인연을 이어간다는 것이 필자에게는 큰 행운이라 하겠다. 교수님 내외분의 건강과 행복한 일상이 오랫동안 이어지기를 간절히 소망한다.

인생의 세 가지 길을 터주신 권태준 교수님

이성근
명예교수 | 글로벌인재대학

옛말에 "사람은 태어나서 세 번의 뜻밖의 기회가 온다."고 한다. 어떤 사람은 일생의 소중한 기회를 잡기도 하고, 그냥 지나치기도 한다. 또한 사람은 살아가면서 누구를 만나느냐에 따라 자신의 운명이 결정된다고 한다. 어떤 사람은 귀인을 만나 자신의 운명을 가르는 인연을 만들기도 하고, 또는 그렇지 못하는 사람도 있다.

나에게 기회와 만남은 바로 서울대 환경대학원(이하 환대원) 권태준 교수님이다. 필자가 환대원을 졸업하고 영남대에서 교수 직분을 얻어 도시 및 지역계획학 석·박사학위로 이 분야 전문가가 되고, 계획이론을 주전공으로 평생교육과 연구와 봉사를 할 수 있었던 것은 권 교수님으로부터 비롯한 기회와 만남의 인연 덕분이다. 권 교수님은 나의 운명을 가른

은인이고, 고교계명의 스승이며, 교수 직분의 롤 모델이다. 학문의 길과 교수의 길, 그리고 교수 인생의 길을 터주신 진정한 스승 권태준 지도교수님과 나의 인연을 소개한다.

서울대 환경대학원에서 권 교수님의 조교가 되고

나는 영남대 행정학과를 졸업하고, 서울대 환대원에 입학하였다. 3월 입학식에서 권태준 교수님을 처음으로 만나게 되었다. 당시 교수님은 학과장으로 우리에게 대학원 소개를 하였다. 가장 인상적인 것은 대학원은 심오한 학문보다 신문을 가려서 읽을 수 있는 능력을 키우는 곳이라고 하였다. 나에게는 다소 이해하기 힘든 말씀이었다. 대학 신입생의 오리엔테이션이면 몰라도, 대학원 신입생 오리엔테이션에서 그런 말을 들었으니 퍼뜩 이해가 되지 않았다. 대학원에 입학한 나는 학부보다 뭔가 차별적인 지식을 함양하는 곳이 대학원이라고 생각하였기 때문이다.

대학원에서 교수님의 첫 강의는 계획이론이었다. 계획이론은 도시 및 지역계획학 전공의 기초공통과목이었다. 이 과목은 행정학과의 기획론과 유사하여 나에게는 관심이 많았다. 그러나 교수님의 강의는 이론 강의로 학생들은 강의 내용을 이해하는 데 어려움이 많았다. 우리는 중간고사와 기말고사에 각자 필기한 강의노트를 돌려가면서 공부했다. 이때 나는 학생들의 강의노트 내용이 다르게 정리되어 있는 것을 보고, 학생들의 전공에 따라 강의 내용을 받아들이는 수준이 다름을 알았다.

나는 행정고시(이하 행시)가 1차 목표였고, 혹시 행시가 여의치 않을 경우를 대비한 2차 목표가 대학원이었다. 2차 목표를 충족하는 데는 지방대보다 서울대가 좋을 것 같아서 서울대 환대원을 선택한 것이었다. 1학기 입학과 강의가 시작되자 교과목과 강의 내용이 생소하고 매시간 출석을 부르고 과제가 주어지며 발표를 해야 했다. 또한 교재도 국내판이 없어 주로 원서를 읽어야 했다. 이때 학생들은 환대원을 환경고등학교라 불렀고, 행대원을 행정고시학원이라 불렀다. 이는 행대원은 대부분의 학생들이 고시생이었고, 환대원은 교육시스템이 고등학교와 유사했기 때문이다.

나는 입학과 함께 딜레마에 빠지게 되었다. 나는 행시를 위해서 휴학을 하느냐, 아니면 대학원을 위해서 행시를 포기하느냐의 양 갈래에서 선택의 기로에 직면하였다. 결국 행시를 포기하고 대학원 공부에 매진하게 되었다. 2학기가 시작되면서 나는 뜻밖에 권 교수님의 조교로 일하는 기회를 갖게 되었고, 교수님은 나에게 평생의 선생님이 된 것이다.

아세아정책연구원 프로젝트 참여와 교수님의 배려

나는 아세아정책연구원(이하 아정원)에서 연구프로젝트 참여와 교수님의 인간적 배려를 경험하였다. 권 교수님의 조교 일은 동대문에 위치한 아정원 일이었다. 아정원은 당시 국회부의장이던 민관식 박사가 설립하였고 동대문을 지역구로 하고 있었다. 민 박사님은 박정희 정부에서 문교부 장관을 지냈다.

아정원에서 첫해 연구 과제는 "서울시 도심 기능에 관한 분석과 개편에 관한 연구"이었다. 나는 종로구와 중구에 대한 입지 분석을 하였는데, 주로 사무실 입지가 주였고, 그 구체적인 사무실 업무 기능을 파악하는 것이었다. 당시는 컴퓨터가 없었기 때문에 약 2주 동안 수작업으로 입지계수를 구하고 도면 위에 배치하였다. 이와는 별도로 "수도권 집중억제

정책에 관한 연구"에도 일부 참여하였다.

2년 차 프로젝트는 캐나다 IDRC/국제개발연구소와 서울특별시로부터 지원을 받아 "개발도상국의 급격한 도시화 과정에 대한 연구"를 수행하는 것이었다. 이때 우리는 두 개의 세부 프로젝트를 수행하였다. 하나는 "불량 무허가 주거지 개량사업의 평가에 관한 연구"이고, 다른 하나는 "가정용 고형 폐기물 처리 방안에 관한 연구"이었다. 나는 폐기물 처리 방안에 관한 연구를 맡았다.

권 교수님은 한 달에 한 번씩 연구 중간 점검 회의와 식사 자리를 가졌고, 이때 나를 '인간 이성근'이라고 부르곤 하였다. 그러면 김원배 박사는 "우리는 인간이 아닙니까?" 하고 분위기를 띄우느라 묻기도 하였다. 그러면 권 교수님께서는 "인간 이성근은 너희하고는 달라."라고 말씀하셨다. 아마 내가 시골뜨기 촌놈이라 기를 세워주기 위해 인간적 배려로 하신 말씀이 아닌가 생각된다. 어쨌든 권 교수님께서 나에게 '인간 이성근'이라는 남다른 별명을 지어주셨다.

석사과정 졸업과 진로 모색

나는 석사과정을 마치면서 종합시험 최고 점수를 획득하였고 석사학위 우수논문상을 수상하였다. 대학원은 학위과정을 수료하면 논문을 작성하기 전에 종합시험을 치른다. 당시 환대원 석사과정 종합시험은 공통 한 과목과 전공 두 과목이었다. 나는 종합시험에서 응시자 가운데 최고 점수를 받았다는 것을 당시 학과장이셨던 김형국 교수님으로부터 들었다.

나는 종합시험을 치른 후 논문 주제를 선정하기 위해 교수님께 상의를 드렸다. 교수님께서는 "석사학위논문 주제와 관련하여 석사과정은 논문의 프로세스를 처음부터 끝까지 수행하는 것이라면서 논문 주제는 크게 관심을 가지지 않아도 된다."고 하셨다. 그러시면서 나에게 당시 수행하고 있던 "가정용 고형 폐기물의 효율적 처리 방안에 관한 연구"를 논문 주제로 추천하셨다. 그러나 당시에 농촌에서 쓰레기는 별문제가 되지 않은 시기였다. 따라서 나는 폐기물의 논문 주제는 적절하지 않다고 생각하여, 지도교수님께 다시 상의하여 논문 주제를 "불량 주택지구 정책 평가와 개선 방안에 관한 연구"로 변경하여 논문을 작성하였다. 이 논문은 논문 심사 과정에서 우수 논문으로 선정되어 졸업식에서 우수논문상을 받았다.

대학원 석사과정 졸업 후, 나는 진로 문제를 고민하였다. 당초 대학원에 진학할 때, 행시를 통해 공무원이 되는 것이 희망이었고, 환대원에 진학하면서 꿈을 접었으나, 다시 공무원에 미련이 생겼다. 그래서 권 교수님께 말씀을 드렸더니, "자네는 어머니가 혼자 계시니 모교인 영남대학에 추천해 볼 테니 가능하면 학교로 가는 것이 좋겠다."고 의견을 주셨다.

그 후 권 교수님은 영남대학 추천과 임용은 다음 해 3월이고 불확실하니 그동안 국토연구원에서 잠시 근무하는 것이 좋겠다고 하셨다. 당시 국토연구원은 신설 연구원이라 일할 수 있는 기회가 열려 있었으나 단기간 근무한다는 사유로 첫날 출근하자마자 되돌아왔다. 그래서 권 교수님께 저간의 사정을 말씀드렸더니, 그러면 아정원에서 유엔인구활동기금UNFPA 프로그램을 운영하다가 내년에 영남대학에 기회를 찾는 것이 좋겠다고 말씀하셨다. 그래서 나는 유엔인구활동기금 프로젝트를 맡아 매월 인구정책 세미나를 갖는 일을 하고 지냈다.

영남대 취직과
교수님의 자료 보완

대구 집에 가는 길에 영남대 학생처장이고 학부 은사이신 행정학과 김종섭 교수님을 찾아가 뵈었더니 "권 교수님이 학교를 방문하여, 나에 대한 칭찬을 많이 하였다."고 하셨다. 나는 아마 조교 일에 대한 좋은 평가와 종합시험의 최고 성적, 그리고 우수논문상에 대한 얘기를 하셨을 것으로 짐작하였다. 나는 다음 해인 1980년 3월에 영남대 지역사회개발학과 전임강사 대우로 임용이 되었고, 그로부터 38년간 교수로 지내다 2018년 2월에 정년퇴직을 하였다.

영남대로 임용되어 대구로 가기 전에 교수님을 인사차 찾아뵈었다. 교수님께서는 그 자리에서 나에게 교수 직분에 대한 조언을 주셨다. 첫째는 내가 계획이론에 관심이 있다고 말씀을 드리자, 계획이론은 절차 및 방법론에 관한 이론으로 연구비를 지원받아야 하는 전공으로는 적절하지 않다. 그래서 계획이론은 직업으로서의 전공은 어려운 분야로 대부분 기피한다. 그러나 교수는 정해진 봉급을 받고 강의를 할 수 있기 때문에 계획이론을 전공할 수 있다고 말씀하셨다. 둘째는 교수 직분을 타 직업과 비교하지 말라고 말씀하셨다. 타 직업과 비교하면 교수 직분이 흔들릴 가능성이 있고 또한 타인과 비교하면 자신이 하는 일에 상대적 박탈감을 가질 수 있다고 말씀하셨다. 셋째는 교수는 글도 잘 쓰고 말도 잘해야 유능한 교수가 될 수 있다고 하셨다. 글은 논문 연구를 위해서 필요하고, 말은 강의와 정책 자문에 필요한 것이다.

또한 내가 대구로 간다는 인사를 드리러 간 날에 '한국의 지역사회개발론' 자료 정리를 부탁하셨다. 오래전에 유네스코 한국위원회 지원으로 "새마을운동의 사업평가에 관한 연구"를 서울대 행대원 김광웅 교수님과 공동연구를 진행했는데 출판 시점에 교육부의 제동으로 출판하지 못하고 있는 원고가 있다면서, 지금은 출판이 가능하여 책을 출판하려니, 기존 원고의 통계자료가 오래되어 최신 자료로 바꾸는데 그 보충을 나에게 부탁하였다. 또한 지금은 '새마을운동'보다는 '한국의 지역사회개발'로 책 제목을 변경하려고 하니 지역사회개발이론과 새마을운동 이전의 한국의 지역사회개발 사업에 대한 자료 보완을 부탁하셨다. 이날 나는 두 분이 작성한 오래된 200자 원고지 뭉치를 받아 들고 댁을 나왔다.

그 이후 나는 책 내용의 보완 구상과 자료가 일부 정리되는 대로 교수님 댁을 몇 차례 방문하여 지도를 받으면서 자료 보완을 진행하였다. 마침 이 작업 과정에 5·18 광주민주화운동에 따른 대학 휴교령으로 강의가 없어 이 일에 매진하여 교수님이 부탁한 자료를 정해진 시간에 정리할 수가 있었다. 이 책은 1981년에 권태준·김광웅 공저자로 하여 "한국의 지역사회개발"로 법문사에서 출판되었다.

사회학습과정의 주례사

교수님이 경북대 보건대학원 설립 기념 세미나에 서울대 권이혁 총장님과 함께 내려오셨다. 나는 동대구역에서 교수님을 만나 교수님과 저녁시간을 가졌다. 그때 "한국의 지역사회개발" 책자가 출판되어 세미나차 내려오시면서 책과 자료 수집비도 챙겨주셨다. 그 책 서문에는 "책의 출판 과정에 자료 수집과 논평에 이르기까지 영남대 이성근 교수가 수고했다."는 글도 나온다.

교수님과 나는 여러 얘기로 시간을 보내다 보니 통금시간이 다 되었다. 교수님께서 기분이 좋으셔서 호텔에 같이 가자 하시기에 함께 갔었다. 나는 교수님의 방에서 잠시 시간을 보내다가 나와서 다른 방을 정했는데, 잠이 오지 않아 늦은 시간인데도 불구하고, 대학 동기한테 불쑥 전화하여 "전에 나한테 중매한다 해놓고 어떻게 됐느냐."고 물었다. 이튿날, 친구가 바로 전화를 하여 선을 보게 되었고, 몇 차례 교제 끝에 지금의 아내와 결혼하게 되었다. 당시 집사람은 경북대 간호학과 전임강사였고, 나는 영남대 전임강사 대우였다.

교수님께서는 결혼 전날 대구에 내려오셔서 주례를 서주셨다. 지금 기억으로 주례사의 키워드가 '사회학습과정'이었다. 결혼생활은 하나의 사회학습과정이고, 결혼하면서 부부가 한 권의 교과서를 선택하고 한 장 한 장 넘겨가면서 상호학습과정으로 임해야 성공한 결혼생활이 가능하다고 말씀하셨다. 그러나 나는 교수님의 소중한 주례사대로 살지 못하고 서로 따로 공부하고 살았다는 아쉬움과 함께 지금 상호학습과정을 하려고 노력하고 있다.

미국 일리노이대 국비 파견 해외연구교수

전임강사 대우로 영남대학교에 내려온 지 2~3년이 지나고 서울대 환대원에 박사학위 과정이 개설되었다. 권 교수님은 환경대학원장으로 계시면서 나에게 박사과정이 개설되었다면서 입학을 권유했다. 나는 미국에서 공부하고 싶다고 말씀드리니, 국내에서 박사과정을 다니다 미국 대학에 가도 무방하다고 말씀하셨다. 그래서 나는 박사학위 과정 시험을 치렀다. 당시 대학원 박사학위 과정이 초창기라 입학정원 5명에 25명이 응시하여 경쟁률이 5대 1이었고 다행히 합격하였다.

그러나 나는 대학원 입학시험 이전에 교육부(당시 문교부) 국비 해외파견교수로 선정되어 있었기 때문에 시험 후 연말에 미국으로 출국하였다. 대학원 등록은 집사람이 대신하였고, 등록과 함께 휴학을 신청하였다.

미국에 유학을 가기 위해 영어 공부를 하면서 토플시험도 몇 차례 치르던 중, 마침 문교부 국비 파견 해외연구교수에 대학의 추천을 받아 원서를 내어 외국어대에서 영어시험을 치르는 절차를 거쳐 최종 선발되었다. 나는 미국을 선호했기 때문에 당시 일리노이대 도시 및 지역계획학과에 한국인인 존 킴/김창호 교수님에게 연락을 드렸더니, 마침 한국에 나와 있다고 하여 서울에서 만나 인사를 드렸다. 김 교수님께서 미국에 돌아가셔서 바로 초청장을 보내주어 수속을 밟고 1984년 12월 31일에 미국으로 떠나게 되었다.

미국 일리노이대에 도착하여 만난 김창호 교수님께서는 "나에게 미국에 오기가 쉽지 않으므로 여기에서 박사과정을 하는 것이 어떻겠느냐." 고 의견을 주었다. 당시 나는 박사과정을 어디에서 하든 배움의 과정에 있었기 때문에 김 교수님의 강의는 물론이고 관심 있는 강좌는 이곳저곳을 옮겨 다니면서 열심히 강의에 참석하였다.

그렇게 분주하게 시간을 보내던 차에, 우리 학과의 모 교수가 불미스러운 일로 학교를 퇴직하게 됨에 따라 학과에서는 나에게 귀국하라는 의견을 보내왔다. 당시 나는 영남대를 사직하고 그대로 미국에서 박사학위 과정을 다닐 것인가, 아니면 서울대 박사과정에 입학을 해놓았기 때문에 귀국할 것인가를 놓고 고민하였다. 나의 결정은 평소 존경하고 학덕 높은 권 교수님께 지도를 받는 것이 낫겠다고 생각하고 귀국하였다.

귀국과 함께 대학원에 복학하여 박사과정을 시작하였다. 영남대에서 강의를 하고 프로젝트도 수행하면서 1박 2일로 서울대 박사과정 수업에 참여하였다. 한 2년이 지나자 몸에 무리가 와서 돌발성 이명으로 병원에 입원하여 치료도 받았다.

마지막 학기에는 종합시험 세 과목을 치렀는데, 시험 방법이 특이하여 토요일 12시에 문제를 받아, 익일 일요일 12시까지 제출하는 것이었다.

나는 시험 관련 자료를 두 보자기에 싸서 서울로 갔다. 학교에서 문제를 받음과 동시에 여관 찾느라 봉천동에서 사당동까지 가서 어렵게 구한 여관방에서 밤새도록 시험문제지에 답안을 쓰고 이튿날 제출하였다. 종합시험은 다행히 합격하여 박사학위 과정을 수료하게 되었다.

서울대 환대원 국내교류교수로 박사학위 취득

나는 박사논문 연구를 위한 시간을 가지기 위해 문교부 국내교류교수로 서울대 환대원에 가게 되었다. 환대원에서는 국내교류교수 조건이 파견 대학에서 한 과목 이상 강의를 맡아야 했기 때문에 학과장인 김형국 교수님께서 과목 배정을 해주신 기억이 난다. 나는 서울대에서 한 학기를 지내고 한 학기는 대구로 내려와서 논문의 실증연구를 진행하였다.

국내교류교수로 파견 중에 교수님께서는 '이론과 실천 세미나'를 설치하여 매월 1회 토요일 오후에 세미나를 개최하였다. 나는 국내교류교수로 환대원에 근무하는 동안 세미나에 한 번도 빠짐없이 참석하였고 여기에서 많은 배움의 기회를 가졌다.

나의 학위논문 주제는 "공동생산적 참여과정에 관한 연구"이었다. 권 교수님의 학위논문 주제가 "계획 주체와 객체의 상호적응과정에 관한 연구"였고, 나의 논문은 계획의 이해 당사자가 공동 생산자로 참여하는 논문이었다. 논문 연구가 진행되는 동안 수시로 교수님을 찾아뵙고 지도를 받아가면서 진행하였다.

논문의 이론적 연구가 마무리되면서, 나는 대구로 내려와 실증연구를 진행하였다. 당시 한국토지공사의 협조를 받아 택지개발사업지구 주민에 관한 설문조사와 조사 결과를 분석하여 이론화하였다. 1년 동안 논문 연구에 매진하였다. 심사 과정에서 몇몇 후배들과 토론과 수정을 거치면서 논문의 완성도를 높였다. 이때 낙성대에 있는 호암교수회관을 많이 이용하였다.

교수님은 논문 심사 통과 후 학위논문을 전문 서적으로 출판하라고 하셨다. 그러나 이런저런 사정으로 출판하지 못하여 아쉬움이 크다. 만약 교수님의 주문대로 출판하였다면, 지금의 화두인 '협력적 계획이론'과 한국의 협력적 계획이론과 실제에 선도 연구로 기여하였을 것이다. 나는 그 이후에 지도교수님이 주관하는 전공 도서에 논문을 싣기도 하고, 성곡학술재단의 연구공모 지원사업에 선정되어 논문을 출판하기도 하였다.

사제동행의 추억과 교수님의 '특별한 기대'

나는 영남대 교수로서 영남대에 근무하면서도 교수님을 잊은 적이 없고, 늘 함께하는 것으로 생각하고 지냈다. 그러다 어느 날, 나는 문득 권 교수님의 은덕을 생각하게 되었다. 나는 교수님의 추천으로 영남대 교수가 되고, 교수님의 가르침으로 학문적 성장을 이뤘으며, 교수님의 제자로 유무형의 프리미엄을 받았다. 그럼에도 불구하고 교수님에 대한 감사의 마음을 전할 길이 별로 없었다. 내가 이런 생각을 하는 가운데 뜻밖에도 권 교수님을 모실 기회가 여럿 생겨났다.

첫 번째는 내가 주관하는 경북의제21추진협의회 경주 행사에 기조강연자로 교수님을 초청한 것이다. 그날 행사를 마치고 친한 후배 두 사람을 불러 교수님과 저녁 시간을 보내고 불국사 인근 코오롱 호텔에서 1박을 하였다. 두 번째는 경주세계문화엑스포에 상징 조형물의 설치를 위한 자문으로 김성경 사무처장의 부탁을 받아 권 교수님과 당시 국토연구원에 근무하던 김원배 박사를 초청하여 자문 행사를 가진 일이다. 나는 김 처장의 영남대 행정학과 선배이자 박사과정의 지도교수이었다.

세 번째는 권 교수님의 부친이신 서울대 총장을 지낸 권 총장님께서 돌아가시고 얼마 되지 않아 교수님 내외분을 자유스러운 분위기로 경주에 초청한 일이다. 경주에 여장을 푼 후에 교수님과 사모님을 모시고 포항의 해변가 식당에서 식사한 기억이 새롭다. 특히 그날 사모님이 크게 기뻐하시는 것을 보고 나도 마음이 좋았다. 나는 그 옛날 학생 시절에 저녁 늦게 교수님과 함께 댁을 방문하기도 하고, 심지어 잠자기도 하는 등 시건머리 없는 행동으로 사모님께 수고를 많이 끼쳤었다. 네 번째는 내가 행대원 원장 재직 시 최고위 정책 리더과정(이하 최고위)에 교수님을 강사로 초청한 일이다. 특강을 마친 후, 교수님을 모시고 식사와 함께 노래도 부르고, 오랜만에 좋은 시간을 가졌다. 특히 현재 대구가톨릭대 학장으로 있는 서경규 교수에게 한 말씀이 생각난다. 당시 서 학장은 감정평가사이면서 나를 지도교수로 박사과정에 재학 중이었다. 내가 서 교수를 소개해 드렸더니, 교수님께서 "내가 할배 교수네."라고 말씀하셨다. 나는 교수님과 오랜만에 좋은 시간을 가졌고, 교수님도 좋은 기분을 가지셨다.

다음은 교수님께서 나에게 가진 특별한 기대이다. 언제인가 내가 서울에서 교수님을 만나 식사를 마치고 대구로 오는 도중에 교수님께서 전화를 하셔서 "이 교수, 영남대 총장 하라."고 말씀하신 적이 있다. 나는 교수님의 이런 말씀이 내가 대학의 경영 역량도 가진 것으로 평가하신 것으로, 나에 대한 인정과 사랑의 말씀이 아닌가 생각하였다.

교수님의 그런 말씀을 나의 마음속에 담아서인지, 나는 정년 1년을 앞두고 영남대 총장에 출마하였다. 직선이 아닌 간선이기에 열심히 경영계획서를 작성하여 발표하였으나 낙선하였다. 나는 영남대학의 경영계획서를 작성하는 과정에서 오늘날 대학생들에 대한 관심과 영남대의 현재와 미래, 그리고 한국 사학의 현실과 미래에 대해서 생각해 보는 기회를 가진 것은 성과라고 생각한다.

대구경북연구원
원장 재임 기간의 자문

내가 학교를 휴직하고 2년여 기간 동안 대구경북연구원 원장으로 일하면서 교수님과의 일을 기억한다. 하나는 서울 출장길에 교수님을 모시고 서초동에서 식사한 일이다. 내가 차편으로 교수님 댁에 갔더니 사모님께서 크게 기뻐하시는 것을 보았다.

다른 하나는 연구원에서 경북도 의뢰로 "새마을국제화재단 설립 타당성에 관한 연구"를 하면서 교수님의 자문을 받은 일이다. 연구진의 발표와 교수님과 두세 분의 자문 의견을 들은 후 마무리로 내가 요약 정리를 하였다.

회의를 마치고 식당에서 식사하면서 교수님께서 나에게 요약 정리를 잘했다는 칭찬의 말씀을 해주셨다. 내가 아는 교수님은 칭찬이 인색한 편이다. 나는 10여 년간 공부하면서 직접 칭찬받은 기억은 거의 나지 않는다. 옛말에 "칭찬은 죽은 사람도 깨어나게 한다."는 말이 있다. 칭찬은 인색하기보다 넉넉하면 좋겠다는 생각을 하였다. 그러나 칭찬이 너무 지나쳐도 좋지 않다. 무엇이든 적당한 것이 좋을 듯싶다.

정년 이후의
만남과 아쉬움

그렇게 교수님을 뵈온 이후 친하게 지내는 동문 몇 사람과 함께 교수님 내외분을 모시고 수차례 식사하는 시간을 더 가졌다. 그때 교수님께서 손수 그린 그림 액자를 가져와 나에게 주었다. 사모님의 도움으로 그림을 그렸고 제자들에게 선물로 주셨다고 한다. 그러나 코로나19로 오랫동안 교수님을 만나는 기회를 가질 수 없었다.

이제 필자도 정년을 하고, 권 교수님과의 인연을 되돌아보니 많은 아쉬움이 남는다. 여기서는 몇 가지 아쉬움을 정리해 본다.

하나는 교수직을 시작하면서 계획이론의 지속적 연구를 하겠다고 말씀드렸으나, 그 약속을 지키지 못하였다. 둘은 박사학위논문으로 작성한 공동생산에 관한 이론을 전문 서적으로 출판하라고 하였으나 실천하지 못하였다. 그럼에도 교수님은 필자에게 늘 관심과 사랑을 주셨다.
『이성근 교수를 생각하다: 소중한 지인으로부터 읽는 이성근 교수의 회상록』(2021)에 박찬용 교수는 교수님이 나를 평한 말씀을 다음과 같이 소개하고 있다.

> "권태준 원장님께서는 이 교수는 매우 성실하고 논리 정연한 학구파이며 굉장히 노력하는 사람이기에 학자로서 장래가 매우 촉망된다고 하셨습니다."

나에게 권태준 교수님은 세 가지 길을 터주신 진정한 스승이다. 하나는 학문의 길이고, 다른 하나는 교수의 길이며, 마지막 하나는 교수 인생의 길이다. 그리고 교수님은 나에게 '인간 이성근'이라 부르며 인간적 신뢰와 기대와 희망을 주셨다. 내가 평생 교수 직분에서 가르치고 연구하며 사회활동을 할 수 있었던 것은 교수님의 지속적인 가르침과 사랑의 힘이었다고 확신한다.

나는 이 글을 명예교수회 편집위원장인 김정숙 교수께 전달한 후에 청천벽력의 소식을 연달아 접하게 되었다. 하나는 권 교수님께서 서울대병원 응급실에 계신다는 소식이었고, 다른 하나는 가까스로 교수님과 통화한 지 얼마 안 되어 교수님께서 별세하셨다는 소식이었다. 이 지면

교수님이 그려서 나에게 주신 그림

을 빌려 권 교수님께서 평생 학계와 사회에 이루신 임중도원任重道遠의 길을 추모사로 기리고자 한다.

우리 모두가 사랑하고 존경하는 권태준 교수님, 교수님은 우리 모두의 큰 스승이셨습니다. 무엇보다 교수님은 선비형 교육자이셨습니다. 교수님은 우리 모두가 본받고 싶어하는 스승이셨습니다. 또한 교수님은 마음으로부터 제자들을 진심으로 사랑하신 우리 모두의 선생님이셨습니다.

교수님은 학계에서 계획이론과 계획교육에 큰 업적을 이루셨습니다. 하나는 계획이론의 업적입니다. 교수님은 계획 분야의 대학자이셨습니다. 우리나라 대부분의 계획은 교수님의 계획이론에 기반하였다고 할 수 있을 것입니다.

다른 하나는 계획교육의 업적입니다. 교수님은 대한민국에 도시와 환경교육을 개척하시고 세워놓으신 진정한 전문가이시고 어른이셨습니다.

교수님은 사회개혁에 기여한 행동하는 지식인이셨습니다.

교수님은 서울대에서 사회정의연구실천모임을 구성하시어 대표로 활동하셨고, 경실련 공동대표를 지내셨으며, 환경대학원에 이론·실천 세미나를 설치하시어 매월 세미나를 통해 이론과 실천을 접목하는 지식 공유를 실천하셨습니다.

교수님은 미래를 보는 선견과 크게 보는 대견으로 반듯한 대한민국이 되는 데 길잡이가 되어주셨습니다. 교수님은 대인이자 거인으로 일생을 사셨고, 우리 모두에게 그렇게 기억될 것입니다.

사랑하고 존경하는 교수님,
부디 천국에서 영면하시기를 기원합니다.

조순 선생님의 사랑과 가르침 -내 인생의 등불

이효수
명예교수 | 경제금융학부

나는 대학원 수업에서 조순 선생님을 뵙고, 평생 많은 가르침과 사랑을 받아왔다. 당시 선생님께서 케인스John M. Keynes의 『일반이론』, 레이욘후프부드Leijonhufvud의 『케인스 경제학과 케인지언 경제학』 등 케인스 관련 여러 권의 책을 교재로 하여 문답식 수업을 진행하셨다. 거의 매주 수업 시간에 선생님과 질의문답이 오고 갔다. 당시 선생님께서는 서울대 사회과학대학 학장이셨다. 한 학기가 마무리될 무렵 선생님께서 학장실로 부르셨다. "군君이 우리 집 서재에서 생활하면서, 경제학원론 개정 작업을 도와줄 수 있겠나."라고 하셨다. 나는 선생님 가까이서 많은 것을 배울 수 있는 기회를 갖게 된 것이다. 선생님께서는 1974년 『경제학원론』을 발간하셨는데, 1976년에 바로 전면적 개정 작업에 착수하신 것이다. 법문사에서 발간된 이 책은 당시 경제학계는 물론 고시 등 각종 시험을 준비하는 학생, 경제학에 관심이 있는 모든 사람들의 필독서가 되었고, 오늘날까지 한국의 대표적인 경제학 원론으로서 명성을 유지하고 있다.

당시 서울대학교가 관악캠퍼스로 막 옮긴 직후여서, 선생님 댁은 여전히 서울 상대와 가까운 상월곡동에 있었다. 나는 선생님 댁 2층 서재에서 교정 작업 등을 하였다. 선생님께서는 저녁 식사 후 경제학자로서의 자세에 대해 여러 가지 사례를 들어가면서 많은 가르침을 주셨다. 한국 최고의 경제학자로부터 개인 지도를 받는 행운이 주어진 것이다. 평생 잊히지 않는 가르침들이었다.

실사구시實事求是 하되
곡학아세曲學阿世 하지 마라

"경제학자는 사회과학자이다. 한국에서 사회과학을 하려면 한문을 잘 알아야 한다. 사회과학자는 인간과 사회를 탐구해야 하고, 사람의 사고와 가치관은 과거로부터 형성되고 사회는 역사적 산물이다. 그런데 한국은 100년만 거슬러 올라가면 거의 대부분의 자료가 한문으로 되어 있다."

"오늘날 경제학은 지나치게 수리적 모델에 함몰되어 있다. 경제학은 인간의 삶을 다루는 학문이다. 인간의 삶을 이해하려면, 수학 못지않게 심리학, 사회학, 역사학 등 인문사회과학에 대한 폭넓은 이해가 필요하다."

"경제이론을 개발하는데 꼭 수리 모형으로 해야 한다는 생각을 하지 마라. 훌륭한 이론은 경제 원리나 법칙성을 찾아내는 것이다. 이를 위

인간문화재가 만든 합죽선에 조순 선생님께서 친필로 써서 주신 선물.
서재에 걸어두고 학자로서 바른 자세의 지표로 삼고 있다

해서는 직관력, 분석력, 논리력을 기르는 것이 중요하다. 심리학, 논리학, 역사학 등 인접 인문사회과학 등에 대한 공부가 필요한 이유이다. 꼭 수리적 증명이 필요하다면, 뛰어난 수리경제학자가 그 일을 하면 된다."

"경제학은 실사구시의 학문이어야 한다. 경제학이 이론화를 위하여 추상의 단계를 높여도 어디까지나 인간 삶을 위한 것이어야 한다. 이론을 위한 이론은 가치가 없다. 시간과 공간을 넘어선 보편적 가치관이 있고, 역사와 문화의 차이에 따라 다르게 형성된 가치관이 있다. 한국의 경제학자에게 한국인과 한국 사회에 대한 깊은 성찰과 연구가

필요한 이유이다."

"경제학은 실사구시의 학문이므로, 경제학자는 때로는 국가정책의 입안이나 자문에 응할 필요가 있다. 그렇지만 경제학자로서 자신의 철학과 소신, 경제학적 지식을 기초로 하여야지 권력을 탐하여 곡학아세曲學阿世 하면 안 된다."

선생님께서는 이런 말씀을 조선시대의 시대 상황과 재상들의 정책, 인도 등 외국의 경제 자문 경험 등 강의실에서 들을 수 없었던 여러 가지 말씀들과 함께 들려주셨다.

당시 석사과정 학생으로서 경제학을 학문적으로 접근하기 시작한 초기였기에, 선생님의 이런 가르침은 내가 경제학자로 성장하는 데 크게 영향을 미쳤다.

큰 학자가 되려면
자신의 건강관리를 잘해야

선생님께서 봉천동으로 이사를 하신 후였다. 하루는 아침 5시경에 전화소리에 잠을 깨어 전화기를 들었다. 책을 보다가 늦잠이 들었던 터였다.

"이 군 아직 자는가?"
선생님 목소리에 놀라,
"아닙니다. 선생님!"
"이 군 오늘 시간이 괜찮으면, 나하고 관악산 등산이나 가세."
"네, 선생님. 바로 선생님 댁으로 가겠습니다."
당시 본격적으로 공부한다고 운동을 전혀 하지 않았던 터라, 선생님을 따라 관악산을 오르는데 무척 힘들었다. 나는 내심 힘든 모습을 선생님께 보여드리고 싶지 않았다. 그런데 선생님께서

"이 군, 힘들어 보이네. 좀 쉬어서 가세. 큰 학자가 되려면, 자신의 건강관리를 잘해야 하네." 하셨다.

선생님께서는 봉천동으로 이사 오신 이후 매일 아침 관악산에 등산을 다녀오시는 것 같았다. 하루는 대구에서 올라와 저녁에 선생님 댁에 들렀는데, 선생님께서

"늦었으니 2층 서재에서 자고 가게."

하셨다. 아침에 사모님께서 아침 식사를 하라고 하셔서 식탁으로 갔더니, 선생님께서

"이 군, 그 물 한 번 마셔보시게. 내가 아침 등산 갔다가 산에서 떠 온 물이네."

하셨다.

한지에 붓으로 쓰신 교수 임용 추천서

나는 석사를 마치고 국제경제연구원(산업연구원 전신)에 들어갔고, 유학을 준비하고 있었다. 대구에 갔다가 영남대학교 배연수 교수님을 만나뵈었는데, 교수님께서 영남대학교 신임 교수 선발에 지원서를 내라 하셨다. 갈등이었다. 시간을 주시면 좀 생각해 보겠습니다 하고, 서울에 와서 조순 선생님께 말씀을 드렸다. 선생님께서 학자의 길은 평생의 길이니, 일단 교수가 되어 평생 학문의 길에 진력하는 것이 좋겠다고 하셨다. "내가 영남대 이인기 총장님을 잘 아니 추천서는 총장실로 바로 보내겠네." 라고 하셨다. 나중에 선생님 추천서가 영남대에서 화제가 되었다. 선생님께서 특유의 수려한 문장으로 한지에 붓으로 추천서를 써서 보내신

것이었다.

영남학파를 일구어라

선생님께서 우리 부부 결혼식에 주례사를 해주셨다. 주례사의 핵심 내용이 "큰 학자가 되어라. 오로지 학문 연구에 매진하여 독창적 연구로 영남학파를 일구어라. 이 군은 직관력과 창의력이 뛰어나니 충분히 그렇게 할 수 있을 것이다. 옛날부터 영남에는 선비가 많이 배출되었고 영남학파가 우리나라 학문 발전에 크게 기여하였다." 이런 내용이 주례사의 대부분을 차지하였다. 선생님께서는 기회 있을 때마다, "이 군은 직관력과 창의적 사고 능력이 남다르다." 하시면서 격려해 주셨다. 서울대학교 박사학위논문에서 개발한 '단층노동시장론'에 대해서도 문제의 본질에 대한 접근이 훌륭하다고 칭찬을 주셨다. 선생님께서는 한국경제학회 기조강연에서 "이효수 교수의 단층노동시장론에 의하면, 한국은 학력으로 은폐된 신분사회이다."라고 하셨다.

대학과 인재를 아는 총장

내가 영남대학교 총장에 당선되자, 선생님께서 "참으로 기쁜 일이네. 대학과 교육에 대한 깊은 이해가 부족한 총장들이 얼마나 많은가? 영남대학교가 대학과 대학 경영, 인재와 교육을 제대로 아는 총장을 만났네." 하시면서 기뻐해 주셨다. 취임식에 직접 참석하시어 과분한 취임 축사를 해주셨다.

"나는 이효수 총장은 이 시대가 배출한 거인이라고 보고 있습니다. 그는 많은 좋은 소질을 가지고 태어나서, 지금은 신언서판을 갖춘 훌륭한 인격으로 성장했습니다. 그의 능력은 겉으로 반짝거리는 것이 아니라 온화한 외모 속에 감추어져 있는, 날이 갈수록 더 빛을 나타내는 천품을 반영하는 것으로 저는 읽고 있습니다. 한마디로 저는 그의 식견과 인품에 대해 깊은 신뢰를 가지고 있습니다. 이효수 총장은 교수였던 시절, 세계 각국의 저명한 학교, 연구소 및 학자와 넓은 교류를 맺고, 이를 통해 세계 각국의 교육 문제에 대해 中正을 얻은 이해를 가지게 된 것으로 알고 있습니다. 그의 경제학은 항상 사람을 기르고, 사람을 쓰는 문제에 대한 폭넓은 시각 위에 서 있습니다. 이러한 넓은 시각을 가진 이 총장이 교육 문제에 관심을 가지고, 방금 피력하신 바와 같은 탁월한 교육관을 가지게 된 것은 극히 자연스러운 일입니다. 방금 총장의 취임사를 들었습니다. 그것은 어디에서도 듣기 어려운 감동적인 것이었습니다."(조순, '이효수 박사 영남대학교 총장 취임 축사', 『조순문집(趙淳文集), 이 時代의 希望과 現實(Ⅲ), 人本主義로 未來를 열자』, 비봉출판사, 173쪽)

선생님께서는 또한 총장 취임을 축하하는 다음과 같은 한시와 함께, "그의 품성은 순수하고 높고 밝으며, 일에 임해서는 한편으로는 멀리 생각하고, 또 한편으로는 가까운 것도 챙긴다[稟性純粹而高明, 臨事遠慮而近思]." 라는 과분한 평을 주셨다." (조순 선생 팔순 기념문집 간행위원회, 『趙淳漢時集 二, 奉天昏曉三十年』, 2009, 264쪽)

영남대학교 총장으로 임명된 이효수 교수를 축하하며

祝李孝秀教授就任嶺南大學校總長

봄바람에 단비 내려서 가뭄이 풀리고　　和風甘雨解天乾

오늘 영남대학교 총장 취임 식전이 따뜻했다. 嶺大今朝式典喧
학문과 자질이 빛나는 신임 총장은 文質彬彬新總長
응당 힘을 다해 명문 대학의 명성을 드높이리 應能奮勵振名門

총장 임기를 마치고 인사차 선생님 댁에 들렀을 때, 선생님께서는 "이 총장의 글로컬 선도대학Glocal Initiative University의 비전과 전략은 이 시대를 이끌 새로운 대학 패러다임인데 임기를 마치게 되어 영남대는 물론 한국 대학 발전을 위해 매우 아쉬운 일이야! 미국의 명문대학은 탁월한 리더십과 경영 능력을 가진 총장을 찾기 위해 최선을 다하고, 그 총장이 장기 재임하면서 대학을 한 단계 업그레이드시키는데 말이야. 우리나라에서는 대학 총장 리더십의 중요성을 제대로 인식하지 못하고 있어. 사실 기업은 CEO의 역량만큼 크고, 대학은 총장의 역량만큼 크는데."라고 하면서 못내 아쉬워하셨다.

총장 임기를 마치고 연구실에 돌아와서 2년여 연구 끝에 『창조경제』를 출간하였다. 선생님께서는 이 책의 원고를 다 읽으시고 표지 추천사를 다음과 같이 써주셨다.

"창조경제에 대한 국민의 이해와 실천이 절실한 시기에 이 책은 창조경제 패러다임과 한국 경제의 진로를 선명하게 보여주고 있다. 경제, 교육, 노동에 대한 폭넓은 전문 지식과 경제학자, 대통령 자원위원, 대학 총장 등 다양한 축적된 경험을 바탕으로 창조경제 생태계 조성 방향을 실효성 있게 제시하고 있다. 저자의 학문의 폭과 깊이, 독창성과 통찰력이 돋보이는 역작이다. 이 시대 누구나 읽어야 할 재미있고 유익한 책이다."(조순 서울대학교 명예교수, 전 경제부총리)

이 책은 한동안 베스트셀러였는데, 아마 선생님의 추천사에 힘입은 바 큰 것으로 생각한다.

존경받는 큰 스승

선생님께서는 제자에게 항상 '지력智力과 덕성德性을 겸비해야 한다'는 점을 강조하셨다. 선생님께서는 지력과 덕성을 겸비하시고, 지행합일知行合一을 실천하신 존경받는 큰 스승이시다. 선생님께서는 한국 경제학 발전에 토대를 놓으셨기에 한국 경제학의 태두, 경제학 대부, 경제학 거목 등으로 불린다. 선생님께서는 매일 아침 『파이낸셜 타임스Financial Times』와 중국 『인민일보人民日报』를 읽으시고, 한국 경제는 물론 세계 경제의 흐름을 파악하셨다. 선생님께서는 매년 연말연시에 우리나라 주요 언론사와의 인터뷰를 통해 한국 경제의 문제점과 정책 방향을 제시해 오셨다.

선생님께서는 수백 편의 한시를 남기신 한학자이시고, 안동 서쪽 관문[西義門] 등 전국 곳곳에 수많은 현판과 서예 작품을 남기셨다. 선생님께서는 선친으로부터 한문을 배웠지만 한시를 배운 적이 없다고 하셨다. 나이 55세가 된 1983년 늦가을, 우연한 계기로 한시를 배울 생각을 하셨다고 한다. 그로부터 40년 가까이 수많은 한시를 남기셨다. 선생님 한시집[趙淳漢詩集]에는 선생님의 사상과 철학이 녹아 있고, 동서고금의 인물, 문화, 자연에 대한 선생님의 깊고 넓은 해석이 서려 있다. 중국 쓰촨성 동파류에서는 소동파 시에 차운하셨고, 아미산에서는 이태백의 아미산 달 노래 시에 차운하셨다. 교황, 중국 장쩌민 주석 등 세계적 지도자를 만나시고 시를 남기셨고, 사랑하는 제자들을 위한 시도 남기셨다. 왕양명전서, 노신전魯迅傳, 간디전, 한비자, 율곡전서, 중국경제발전사 등 수

조순 전 부총리 - 이효수 총창 師弟 신년대담
한국프레스센터, 『영남일보』, 2010.1.1.

많은 독후감을 한시로 쓰셨다. 미국 발 금융위기를 진단하신 '미국금융위기美國金融危機'라는 시에는 '곡론도인나치원曲論導人那致遠'이라는 시구가 있다. "굽은 이론이 사람을 인도하니 어찌 멀리 가겠나."라는 뜻이다. 당시 유행했던 신자유주의론에 대한 비판이었다.

선생님께서는 또한 정치가, 행정가로서 실사구시와 경세제민을 실천하셨다. 경제부총리 시절 토지공개념을 도입하셨고, 서울시장 시절 넓은 아스팔트로 덮여 있던 여의도 5·16 광장을 시민들을 위한 여의도공원으로 만드셨다. 선생님께서는 한국은행 총재를 하셨는데, 금융경제를 전공하셨고 한국은행 총재가 금융정책의 최고 책임자이기 때문에 한국은행 총재 자리를 매우 자랑스럽게 생각하셨다. 그러나 정부가 금융정책에 개입하려 하자 미련 없이 총재 자리에서 물러나셨다. 한나라당 초대 총재를 지내시고 국회의원도 하셨지만, 자리에 연연하지 않으셨고, 끝내 학자의 길로 돌아오셨다. 선생님께서는 돌아가실 때까지 한결같이 학자의 길을 걸으셨다. 2017년 구순에 동아일보와의 인터뷰에서 선생님께서 직접 쓰신 노회老懷라는 한시에 잘 나타나 있다.

老懷 노회

평생의 내 구상 아주 공허한 것은 아냐 平生構想未全空
운에 따라 작은 기회에 우연히 적중한 것도 있다네 隨運微機遇適中
구십을 바라보며 몸은 늙어도 본성은 그대로 남아 望九老身留本性
해가 가도 하루 일과는 젊을 때와 같구나 年重日課少時同

존경하는 선생님께 올립니다

"큰 별이 졌다.", "경제학 대부, 조순 전 경제부총리 별세", "경제학 거목, 조순 전 경제부총리 별세", 2022년 6월 23일 모든 언론들이 일제히 조순 선생님 별세를 크게 알렸다. 윤석열 대통령을 비롯하여 수많은 각계 인사들이 조문하셨고, 많은 조화와 조기들이 선생님 가시는 길을 배웅했다. 나는 선생님 영전에 엎드려, 눈물로 마지막 인사를 올렸다.

존경하는 선생님, 이제 선생님을 직접 뵙고 가르침을 받을 수 없으니 참으로 안타까운 일입니다. 그러나 선생님께서는 영원히 남을 수많은 글과 가르침을 이 땅에 남기셨습니다. 선생님의 따뜻하신 사랑과 주옥같은 가르침 잊지 않겠습니다.

"지력智力과 덕성德性을 겸비해야 한다."라는 말씀 새겨 실천하도록 노력하겠습니다. 선생님 노회老懷의 마지막 시구[年重日課少時同]가 바로 '학자의 길'이라 생각하고 마지막 순간까지 공부를 게을리하지 않겠습니다. 바른 생각, 바른 행동으로 덕성德性을 쌓는 일 또한 게을리하지 않겠습니다. 글을 쓸 때는 "글이란 도를 싣는 도구이다[文所以載道也]."라는 말씀, 명심하도록 하겠습니다. 선생님을 스승으로 모시게 된 것은 제 인생에 최고의 행운이었습니다. 선생님께서는 경제학자이시면서 인문학 특히 고전, 역사의 중요성을 강조하셨습니다. 전국 곳곳에 많은 현판과 서예 작품, 수백 편의 한시를 남기셨습니다. "글은 도道를 싣는 도구이고, 시는 정情을 싣는 것이다."라고 하셨습니다.

선생님께서는 가셨지만, 선생님께서 남기신 수많은 글은 도道가 되어 후학의 등불이 되고, 선생님의 시는 많은 사람들에게 사무사思無邪와 청복淸福의 가치를 깨우쳐줄 것입니다. 선생님께서 전국 곳곳에 남기신 현판과 서예 작품은 역사가 될 것입니다. 경제부총리, 서울시장, 한국은행 총재, 한나라당 총재, 혼탁한 정치 세계에서 보여주신 올곧으신 실행은 공직자의 표상이 될 것입니다.

존경하는 선생님,
부처님 세계, 하느님 나라에서 항상 행복하십시오.

4 부

스승의 그림자를 세상에 드리우고

갓난아기를 등에 업고 담임선생을 찾아온 엄마

박종갑
명예교수 | 국어국문학과

'스승'이 되기까지

나는 내 인생의 첫 직장으로, 1980년 3월 중순경부터 1981년 2월 말까지 일 년 조금 못 되는 기간을, 경북 상주군 함창읍 소재의 상지여자중상업고등학교에서 국어과 교사로 근무하였다.

대학(영남대 문리대 국문과) 3학년을 마친 나는 77년 1월 초에 입대하여 79년 4월 초에 제대하였다. 33개월의 복무 기간 중 교련 혜택으로 6개월을 단축하여 27개월을 복무했다(당시 대학생들은 1학년에서 3학년까지 3년 동안 일주일에 3시간씩 학내에서 군사훈련을 받았는데, 그 대가로 6개월의 군복무 기간 단축 혜택이 있었다). 보통 군 입대 휴학은 3년이 필요한데, 나는 6개월 일찍 제대하는 바람에 2년 반만 휴학하고 79년 9월에 복학하였고, 다음 해 8월에 코스모스 졸업을 하게 될 참이었다(8월 졸업을 코스모스가 필 때라고 하여 코스모스 졸업이라고 했다).

복학하면서 학교 앞 주택에 방을 구하고 이제 철이 좀 들었으니 열심히 공부해야겠다고 스스로 다짐하였다. 그런데 예비군복을 입고 도서관에 들락거릴 즈음에 박정희 대통령 시해 사건이 발생하였다. 전국 비상계엄과 휴교령이 내려 학교는 거의 못 가고, 과제물 내고 학점을 받으며 복학 첫 학기를 보냈다. 이듬해인 1980년 3월부터 마지막 학기가 시작되었다. 이 학기만 끝나면, 어디든지 취직이 될 터이고, 그러면 담배도 당시 중하품이었던 '청자' 대신에 고급인 '선'을 피우고, 막걸리나 소주 대신에 맥주를 마시며, 옷도 거지 같은 것 좀 버리고 깔끔하게 사 입을 수 있을 것이라는 벅찬 희망으로 들떠 있었다.

대부분의 대학생들이 그랬겠지만 용돈이 늘 부족했다. 제대 후 전에 신던 구두를 신으니, 군 생활 중 발이 커졌는지 크기가 맞지 않아, 뒷부분을 구겨 슬리퍼처럼 신고 다녔다. 군대 가기 전에는 참 철도 없었다. 어려운 형편의 부모님에게 요리조리 온갖 구실을 붙여 돈을 조금이라도 더 받으려 애쓰면서 공부는 게을리하였다. 공부가 부족한 탓에 아버지가 원하시는 만큼 장학금을 받지 못했다. 그래도 한 번도 짜증 내지 않고 어떻게 해서든 등록금을 마련해 주신 아버지에 대한 미안함이 고희를 넘긴 지금에서야 사무친다(나는 여덟 남매의 다섯째라 부모님과는 오래전에 영원한 이별을 하였다). 몇 년 전까지만 해도 이런 마음이 들지 않았으니, 고희를 넘기며 철이 조금 든 것 같다.

대학 입학 후 한두 달에 한 번 정도 집에 가서 용돈을 받아 왔다. 나의 안태봉安胎峰(태를 묻은 봉우리니, 태어난 곳을 가리킨다. 특정한 산 이름으로도 많이 쓰이나 보통명사로는 쓰이지 않는다고 보아 국어사전엔 등재되어 있지 않다. 우리 고향의 어르신들이 쓰시던 말이다)인 경남 창원군 진전면 양촌리 대정부락은 5일장이 서는 동네였다. 부모님은 이 동네에서 제법 규모가 큰 가게를 하셨다. 시골 생활에 필요한 모든 물건들을 팔면서 돈을 제법 벌어 나의 유년 시절은 유복한 편이었다. 초등학교 시절 장이 서는 날에는 근방의 여러 고을에서 많은 사람들이 신작로에 빈틈이 없을 정도로 우리 동네로 모여들었고, 우리 가게에서 물건을 사 갔다. 그러나 시골 자갈길이 아스팔트길로 바뀌면서 교통이 편리해지니 도시로 출입하는 기회가 많아졌고, 전기가 들어오고 라디오도 보급되면서, 시골 사람들도 많은 것을 알게 되었다. 시골 가게의 물건 값이 마산 같은 도회지 큰 가게의 물건 값보다 무척 비싸다는 점을 알게 되니 버스를 타고 마산시에 가서 생필품을 구매해 오는 사람들이 점차 많아졌다. 시골 5일장은 점차 쇠퇴해 내가 대학생이던 시절부터는 가게 수입으로 등록금을 마련하기가 쉽지 않은 상황이 되었다.

집에 가면 한 밤을 자고 다음 날 대구로 오는데, 올 채비를 차린 다음, 점빵('가게'를 '점빵'이라고 했다)으로 가면 아버지가 금고 안에서 돈을 꺼내 주신다. 그 액수는 턱없이 부족했다. 나는 용돈 받기를 거부하고 집 안으로 들어간다. 그러면 어머니가 아버지에게 "조금 더 주소."라고 하면서 중재를 하신다. 어머니가 돈을 조금 더 받아 나에게 건네주신다. 나는 또 거부한다. 어머니는 또 중재를 하신다. 이런 절차를 서너 번 거쳐 상호 불만족스러운 결과지만 협상이 타결된다. 나는 버스를 타고 마산으로 와 신흥여객이라는 직행버스를 타고 대구로 오는데, 마산서 대구까지 전부 비포장 자갈길이어서 3시간이나 걸렸고, 서부정류장(성당주차장)에 내리면 온몸이 먼지투성이였다. 그때 받아 온 용돈은 액수가 적어 한 달을 버티기가 힘들었고, 나는 늘 '아버님 전상서'로 시작되는 편지를 보냈다. 온갖 희한한 핑계를 대며 돈을 더 부쳐달라는 것이다. 그러면 아버지는 내가 추가로 요구하는 금액에서 절반 정도를 보내주셨다. 시골 우체국으로 한참을 걸어가셔서 소액환으로 바꾼 다음 등기 편지로 나에게 보내주면, 나는 그것을 경산의 어떤 우체국으로 가서 현금으로 바꾸어 기분 좋은 낯빛으로 기숙사로 왔다. 철부지였다.

제대 후 복학하고 나서는 차마 그런 짓을 할 수가 없었다. 학교 앞 대동에 친구하고 둘이서 방 하나를 얻어 밥은 적당히 해 먹기도 하고 사 먹기도 하며 지내던 때였다. 꼭 한 달에 한두 번씩 돈을 더 보내달라는 편지를 하던 자식이 그런 편지를 안 하니, 시골 부모님이 나의 안위에 대해 엄청난 걱정을 하신 모양이었다. 당시엔 연탄가스 중독 사고가 많았지 않은가.

내가 살던 자취방은 방이 두 개 있는 조그마한 슬라브 지붕의 무척 낡은 집이었고, 마당에 포도나무가 많았다(나는 96년도에 부산의 경성대학교에서 모교로 옮겼고, 그 집에 찾아가 보았는데, 사람이 살지 않는 폐가가 되어 있었지만 집은 그대로 있었다. 인걸은 간데없지만 산천은 의구하다는 고시조 생각을 하면서 감흥에 젖었던 적이 있다). 대구에 살면서 땅값 오르기만 기다리는 주인은 집을 방치하며 신경을 전혀 쓰지 않아 한 번도 얼굴을 본 적이 없고, 농땡이 자식 장사 자금 댄다고 집을 판 원래 주인인, 자그마한 체구의 수척해 보이는 할아버지가 대신 월세를 받아 갔다. 내가 살던 방은 제법 컸는데, 나의 국문과 동기 둘(부산에서 교직생활을 한 영원한 문학청년 김원기와 부산대학교 사범대 국어교육과 교수로 정년한 안창수)이 살고 있다가 안창수가 나가고 내가 들어가게 되었다.

이들은 방 안에 연탄가스가 들어와 죽을 뻔한 적이 있다고 하면서, 겨울에도 연탄을 때지 않고 냉골로 보냈다고 했다(그런 방에 대학생들을 들이고 가스가 새는지 비가 새는지 전혀 신경도 안 쓰는 주인은 어떤 심보였을까?). 친구들은 가스가 들어오는 원인을 모르고 있었다. 방 안 윗목에는 빈 술병이 즐비하고, 비닐장판은 온통 땟자국이었다. 술병을 치우고 방 청소를 말끔히 한 다음 비닐장판을 들춰보니 방바닥 여기저기에 금이 가 있었다. 나는 추위를 많이 타는데 참 난감했다. 우리 고향집 같으면 가게에 시멘트가 있으니 시멘트 가루를 물에 개어 빗자루로 쓸듯이 바르면 가스를 막을 수 있는데, 시멘트도 없을뿐더러 여러 가지 도구들도 없어 어려웠다. 어떻게 방법이 없을까 잠시 고민했다. 나는 청테이프를 몇 개 사 와 비닐장판 두 장의 이음새와 장판과 벽 사이를 철저히 밀봉하여 연탄가스의 침입을 막았다(당시의 우리나라는 후진국이었다). 연탄가스 냄새가 전혀 나지 않았다. 지금 생각해도 참 멋진 아이디어였다. 어떻게 그런 기발한 생각을 했을까. 그런 꾀 덕분에 나는 따끈따끈한 구들막(아랫목)에 엉덩이를 지지며 잤다. 친구 김원기는 내 덕분에 냉골을 피했으니 친구 잘 만난 덕이다. 나는 어릴 적부터 이것저것 만들기도 잘하고 생활의 편의를 위한 꾀를 잘 내었다.

한 달이 멀다 하고 돈 부치라는 편지를 보내던 자식이 편지를 안 하니, 걱정에 잠을 못 이루시던 아버지께서 비상한 프로젝트를 수립하셨다. 당시 대입 재수를 하던 셋째 아들(지금 경상남도 교육감인 박종훈, 나보다 여섯 살 아래다)을 불러, "당장 대구 옆 경산이라는 데로 가서 니(네) 둘째 생이(형)를 찾아봐라. 죽었는지 살았는지 모르것다."라고 하시며, '한 번도 주신 적이 없는 거금'(내 동생 표현)을 주시더란다. 정보는 '경산 영남대 근방이고 포도밭 가운데 있는 집'뿐이었다. 전에 마당에 포도나무가 많다는 말씀을 드린 적이 있는데, 그걸 기억하고 계셨던 모양이다.

동생은 한 번도 가본 적이 없는 경산으로 와 둘째 형을 찾는데, 얼마나 막막했겠는가. 오후 네댓 시경에 도착하여 옛날 75번 종점 근방에 와서 탐문하기 시작했는데, '포도나무밭 사이에 있는 집'을 물으니, 동네 사람들이 '여기는 온통 포도밭이라 그렇게 해서는 못 찾는다'고 하더란다. 금방 날이 어두워 여인숙에서 한 밤을 자고 다음 날, 왼손바닥에 침을 뱉고 오른손 검지와 중지를 모아 탁 치니 침이 서쪽으로 튀기에, 영대 정문 맞은편 대동 쪽으로 오는 뒷길로 내려왔다고 했다. 포도밭 이야기는 소용이 없겠다 싶어, 인상착의를 중심으로 찾아야겠다는 작전을 세웠다고 했다. 좀 걸어 내려오는데 마침 조그마한 반찬가게가 눈에 띄어, 주인아주머니에게 내 인상착의를 말하며 물어보니, 바로 앞집에 사는 학생 같다고 하더란다. 그날 아침에 처음으로 말을 걸어본 사람이 내가 간혹 반찬을 사 먹던 반찬가게 아주머니였으니, 천재일우, 천우신조라고 할까 참 일이 쉽게 풀린 것이다.

방 안에서 아침을 먹고 있는데, 밖에서 "헹님, 작은 헹님!" 하고 부르는 소리가 났다. 문을 열어보니, 내 동생이 엄청나게 반가운 표정으로 나를 확인하며 서 있는 게 아닌가. 이 무슨 일인가? 동생을 방에 들여 사연을 들었다. 아들은 청테이프로 연탄가스를 막고 잘 있는데, 그걸 모르는 아버지는 잠을 못 주무시고 걱정하고 계셨던 것이다. 엘리트 코스를 밟고 있는 첫째 아들에 비해 부족해 보이는 둘째 아들이라 장래에 대해 불안해하며 나중에 취직이나 될지 걱정하시고, '형은 그렇지 않은데 너는 왜 돈을 헤프게 쓰냐'며 꾸중하시던 아버지가 내가 돈 더 부쳐달라는 편지를 안 하니, 또 다른 엄청난 걱정을 하신 것이다(나는 우리 집안 친인척들에게 돈을 헤프게 잘 쓴다고 소문이 자자하게 나 있었는데, 한 번도 그럴 만한 돈을 받아본 적이 없다. 그것은 우리 부모님과 누나들이 첫째와 비교해 판단한 편견임이 확실하다). 잡비(용돈) 더 부치라고 편지를 하면 꾸중하던 아버지가, 이제 그런 편지를 안 하니 놀라서 거금(?)을 들여 자식의 안위를 확인하시려 한 것이다. 얼마나 자정이 유다른 분인가.

나는 그때 아버지의 자식 사랑을 깊이 느끼기보다는 정말 엉뚱한 해

프닝이라고 여겼다. 글을 쓰고 있는 지금에야 아버지 생각을 하면서 목이 멘다. 아버지가 죽었는지 살았는지 모르겠다며 자기를 보냈으니, 동생도 내심 걱정이 좀 되었는데, 형이 멀쩡히 살아서 밥을 먹고 있는 모습을 보니, 동생도 얼마나 기뻤겠는가. 남은 밥을 같이 먹고 동생은 이 기쁜 소식을 아버지께 전하기 위해 바로 시골집으로 내려갔다(동생은 아버지한테서 받은 자금의 반도 안 쓰고 과업을 완수했을 터인데, 남은 돈은 그대로 꿀꺽했을 것이다. ㅎㅎㅎ). 미션 임파서블의 주인공이 된 셈이다(동생은 어릴 적부터 무척 영리하여 공부든 뭐든 다 잘했는데, 경상남도 최초로 3선 교육감을 수행하고 있으니 그 재주가 남다름을 알 수 있다). 편지나 전보 말고는 연락할 수 있는 방법이 없었으니, 초등학생들까지 휴대폰을 들고 다니는 요즘 세상에서 보면 조선시대 봉홧불 통신 같은 느낌이지만, 그렇게 오래전 얘기도 아니다. 1979년도 일이니 불과 45년 전이다. 세상의 변화 속도가 엄청나게 빠름을 알 수 있다.

그런 여건 속에서 살던 가난한 대학생이었으니 졸업하기만을 학수고대하고 있었다. 이제 한 여섯 달만 버티면, 비록 지금은 이렇게 가난하지만 곧 부자 청년이 된다는 꿈같은 비단길을 그리고 있었다.

그런데 마지막 학기가 시작되자마자 뜻밖에 그러한 부자 청년이 될 기회가 여섯 달이나 일찍 찾아왔다. 당시엔 중등학교의 교사가 부족하였는데, 농촌 지역 학교는 더 심하여 이수해야 할 학점이 많지 않은 경우는 졸업 한 학기 전에 시골 학교의 교사로 나가는 일이 왕왕 있었다. 3월 중순이 채 되기 전으로 기억되는데, 학교 안에서 국문과의 고故 이봉린 교수님과 마주쳐 인사를 하니, "너 몇 학점 남았노?"라고 물으셨고, 6학점 남았다고 하니, "그건 과제물로 대체하도록 하고, 상주에 있는 어떤 학교로 가거라."라고 하시는 게 아닌가. 그 학교의 교감선생님의 부탁을 받고 적당한 대상을 찾고 있으셨던 모양이었다.

아! 심장이 방망이질을 해댔다. 그 지긋지긋한 가난뱅이 삶이 끝나는 구나. 이제 나도 좀 사람답게 살 수 있겠다는 생각에 다음 날 바로 이불 보따리를 싸 들고, 북부정류장에 가서 시외버스를 타고 그 학교로 갔다. 당장 학생들을 가르칠 선생님이 없는 상황이니 면접이고 뭐고 없이 다음 날부터 바로 근무하라는 교장 수녀님의 엄명을 받고, 여중 3학년 담임을 맡으며 꿈에 그리던 봉급 받는 생활을 시작하였다. 졸업하기 전이고 아직 교사자격증도 없으니 '전임강사'라고 했다. 뭐든 개의치 않았다. 학생들을 가르치고 달마다 봉급을 받게 되었는데, 더 이상 무엇이 또 필요하겠는가? 그 학교가 바로 서두에서 말한 상지여자중상업고등학교다.

학점 이수는 국문과 교수님들이 과제물을 내주셔서 수월하게 해결될 수 있었다. 당시는 그런 경우에 교수님들이 학점을 쉽게 딸 수 있도록 배려해 주시곤 했다. 교육학과에서 개설한 교직 과목 한 과목이 걸려 있었는데, 첫 월급을 탄 돈으로 소주 대 병에 든 양봉꿀을 사 들고 만촌동 교수촌에 있는 담당 교수님(지금은 고인이 되셨음) 댁으로 찾아가 사정을 말씀드리니, 과제물을 내주셨다. 그런데 교수님이 학기 말 성적 처리 때까지 나와의 이러한 약속을 잊어버리지 않고 기억하고 계실지에 대해 심히 걱정이 되었다. 교수님이 약속을 해놓고는 잊어버리시고 학점을 날리는 경우가 더러 있었다. 내 동기 하나는 그런 일로 ROTC에서 탈락할 뻔하기도 했다. 내가 꿀을 한 되 사다 드린 것은 그 정도 양을 다 드시려면 최소한 한 학기 이상이 걸릴 것이니, 한 학기 내내 꿀을 드시면, 나를 결코 잊어버리지 않으실 것이라는 계략(?)이 깔려 있었다.

다행히 졸업에 필요한 학점 이수는 성공적으로 마칠 수 있었다. 교생실습도 그 학교에서 하는 형식을 취하였다. 실제로는 중3 담임교사인데, 한 달 넘는 기간을 서류상으로는 교생을 하는 식으로 꾸며주는 혜택을 받았으니, 그 시절은 대학생의 황금기였다. 졸업과 교사자격증 획득에 필요한 모든 절차를 마무리하고, 그해 10월 중순에(학생들의 민주화운동으로 수업 일수가 부족하여 1학기가 8월 말이 아닌 10월 중순에 끝나게 되었다) 명실상부한 2급 정교사 자격을 갖춘 정식 교사가 되었다.

드디어 스승이 되고

상지여자중상업고등학교는 여자중학교와 여자상업고등학교가 하나의 단위 학교로 통합되어 설치되어 있었기에 비교적 큰 규모였다. 당시 안동교구청의 두봉 주교님이 재단 이사장인 가톨릭재단의 학교였다. 두봉 주교님은 고등학교 졸업식 같은 행사 때 와서 축사를 하면 학생들을 무척 웃기셨다. "여러분들은 이제 영화관에 마음대로 가도 됩니다."와 같은 식이었다. 파란 눈의 주교님은 학생들한테 인기가 많았다. 교정 안에 성당과 수녀원이 있고, 교장선생님과 서무과장 선생님을 비롯한 여러 명의 수녀 선생님이 계셨다. 가톨릭안동교구청이 세우고 그 운영은 왜관성베네딕도수도원에 위탁한 학교라고 하였다. 내가 근무하는 짧은 기간 동안에도 수녀가 되기 위해 수녀원으로 가는 젊은 여자 선생님이 몇 분 계셨다. 그분들이 학교를 그만두고 수녀원으로 출발할 때, 선생님들이 건물 입구 근처에서 도열하여 박수 치며 작별인사를 나누던 광경이 기억 속에 남아 있다.

상주군 함창이라는 동네가 원래 가톨릭의 전통이 강한 곳이었다. 천주교 박해를 피해 옹기를 구워 팔며 목숨을 부지하던 사람들의 후손이 많이 산다고 했다. 나는 군대생활 중에 영세를 받은 가톨릭 신자였다. 군대에서 영세를 받았다는 것은 교리 공부 등 신앙의 기초를 다질 수 있는 교육이 매우 부실했음을 함축한다. 강원도 철원의 최전방 부대라 영

1980년 상지여자중학교 3학년 5반 졸업사진

세받는 날을 제외하고는 성당에 가본 일이 없고, 연대 단위로 한 분씩 계시는 군종신부님(당시의 군종신부님은 계급이 대위였고 성함이 이종남이었다)으로부터 대대 본부 교육장에서 졸면서 듣는 강의를 몇 차례 들었던 것 같다. 그렇지만 나는 고된 일을 피하고 잠시라도 편안한 시간을 갖기 위해 교육받으러 간 것은 아니었다. 대학 다닐 때부터 성당에 대해 좋은 느낌을 가지고 있었고, 내가 만일 종교를 갖는다면 가톨릭이라고 생각하고 있었다(그 후로 결혼식도 성당(범어성당)에서 올리는 등 착실한 신자가 되고자 했으나, 신앙의 근본이 부족하여 성당에 다닌 기간은 얼마 되지 않는다. 중도 포기자를 냉담자라고 하는데, 보통은 '냉장고에 들어갔다'고 말하기도 한다). 트럭을 타고 영세받으러 가기 위해 여러 명이 모여 있는데, 중대 행정관님(준위 계급)이 내 머리가 길어 두발 상태가 불량하다며 화를 내고는 다른 병사를 대신 보내라고 고함을 쳤다. 이발소가 따로 없고 소대의 고참 한 명이 시간 나면 적당히 깎아주는데, 바쁘다며 차일피일 미루는 바람에 그리된 것이었다. 마침 우리의 대부가 되어주시기로 한 6중대 위찬주 중대장님이 옆에 계셨고, "어떻게 영세를 대리로 받나?"라고 하시며 개입하여, 무사히 넘어갔다(당시에 몇 번 만나지도 않았던 군종신부님과 옆 중대 중대장님의 이름을 여태 기억하고 있는 것은 그때 받은 아주 조그마한 성경을 지금껏 보관하고 있는데, 그 성경 뒤표지 안쪽에 내가 써두었던 기록이 있어서다).

학교의 분위기는 차분하고 엄숙한 듯했다. 교장 수녀님은 뭔가 부드러우면서도 엄숙함과 엄격함을 감추고 있는 듯한 느낌을 주었다. 어른들은 그렇지만 아이들은 중고교 학생답게 떠들고 까부는 소란함과 즐거움과 순진함 그대로였다. 교무실의 분위기는, 나중에 근무했던 다른 학교와 비교해 보면, 좀 가라앉고 약간은 엄숙하고 점잖음이 묻어나는 듯했다. 그 이유의 상당 부분이, 지금 생각해 보면, 교무실 여기저기에 앉아 있는 수녀 선생님들 때문이 아닐까 싶다. 수녀님들이 주변에 여럿이 앉아 있으니 자연스럽게 좀 점잖아지고 싶어 하는 바람이 생기지 않겠는가. 수녀 선생님들도 항상 성스럽고 엄숙한 자세로 사는 것은 아니고 농담도 잘하고 명랑 쾌활하게 교사생활을 하지만, 복장 자체가 다르니 문득문득 좀 조심해야겠다는 생각을 갖게 하는 것이다.

선생님들도 대부분 신자였다. 나는 사이비 신자였기에 좀 불편함도 있었다. 학교 안에 예수님이 십자가를 지고 올라가서 처형당하는 과정이 그림 사진으로 붙어 있는 특별교실이 있었는데, 4월달인가 사순절이 되면 선생님들이 점심 식사 후에 그 교실로 가서 기도하는 시간을 가졌다. 점심 식사 후 담배 한 대 피우고 몸이 노곤해져 좀 쉬고 싶은데, 눈치 보며 체면치레로 따라 올라가 마음에도 없는 기도를 하기도 했다. 신자임을 밝힌 것을 후회하기도 했으니, 그야말로 사이비였다. 그리고 학교 안 성당의 신부님이 우리 교사들을 잘 파악하고 있었는데, 부활절과 성탄절이 되면 필수적으로 하는 고백성사 때 나를 알아보고 훈계조의 말씀을 하셔서 좀 부끄러웠다. 그 신부님은 간혹 젊은 선생님들을 불러

술자리도 마련해 주신 적도 있다. 5.18 광주사태 때는 언론보도 통제로 전혀 자세한 소식을 들을 수 없었는데, 광주의 여러 성당에서 비밀리에 보내온 시민군들의 주장이 담긴 유인물을 우리에게 보여주며 울분을 토하기도 하였다.

나는 이러한 분위기의 학교에서도 타고난 성품대로 거리낌 없이 교사생활을 한 편이다. 아직 교사자격증도 없는 전임강사라 봉급이 좀 적었는데, 아무리 생각해 봐도 하는 일에 비해 대우가 소홀한 것 같아, 교장실로 가서 교장 수녀님에게 항의한 적이 여러 번 있었다. 같은 숙소에 있던 동료 총각 선생님들은 '아직 대학을 졸업하기도 전이니, 이대로 만족하며 열심히 근무하라'는 충고도 했지만, 한쪽 귀로 흘리고 내 식대로 한 것이었다. 지금도 한 번씩 그때 생각을 하면 고소를 금치 못한다(나중에 그 학교를 퇴임한 한참 뒤 당시의 교장 수녀님이 대구 파티마 병원 원무과에서 근무하고 계신다는 소식을 듣고 한번 찾아뵐 생각을 했지만, 실행에 옮기지는 못했다).

갓난아기를 등에 업고 담임선생을 찾아온 엄마

여중 3학년 담임을 그런대로 원만히 수행하며 봉급 받아 쓰는 재미를 누리며 잘살고 있었다. 2학기가 시작되면서 고교 진학 지도를 하게 되었는데, 우리 반에서 돈이 없어 고교 진학을 못 하는 학생이 한 3할쯤 되었다. 그런 학생의 마음이 얼마나 힘들겠는가. 늘 표정이 어두운 학생이 여럿 있었다.

당시엔 '산업체특별학교'라는 게 있었다. 제일합섬이나 코오롱 같은 방직회사엔 많은 수의 소녀 직원('여공'이라고 불렀음)들이 있었는데, 회사 안에 학교(주로 고등학교였고, 중학교인 경우도 있었음)를 만들어 야간에 공부할 수 있게 했다. 정규 학교이고 시설도 좋은 편이어서 인기가 많았다. 경제적으로 불우한 청소년들에게 진학의 기회를 주는 좋은 취지였다. 또 그렇게 해야 많은 수의 소녀 인력도 확보할 수 있었으니, 서로 상생하는 효과를 내었다.

제일합섬 부설 산업체특별학교에서 대구·경북의 여자중학교에 한 반에 입시원서 한 장씩을 보냈다. 담임이 추천한 학생에게 그 원서가 주어지고, 그렇게 추천된 학생은 합격이 보장되는 시스템이었다. 제일합섬은 크고 유명한 대기업 회사라 학교 시설과 근무 여건도 상대적으로 양호한 것으로 알려졌고, 진학을 못 하는 학생들에게 워낙 인기가 있었다. 나는 학생들에게 그 학교 진학을 원하는 학생 중 성적이 제일 좋은 학생을 추천하겠다고 했다.

며칠 뒤 어떤 학부모 한 분이 담임인 나를 찾아왔다. 등에는 갓난아기를 들쳐업었고, 밭에서 일하다가 바로 온 듯 치마에 흙이 묻어 있었다. 누구 엄마라고 하면서, 간절한 눈빛으로 우리 아이를 제일합섬 고등학교에 추천해 주면 정말 고맙겠다고 하였다. 신문지로 대충대충 둘둘 말아 가져온 무엇을 내밀어 얼떨결에 받았다. 성적순으로 할 수밖에 없다는 나의 설명은 깊이 들으려 하지 않고, 무조건 자기 딸을 추천해 달라고 연신 허리를 굽신거렸다. 나중에 신문지를 펼쳐보니, 청자 담배 두 갑과 밭에서 뽑아 흙도 털어내지 않은 상태의 땅콩이 뿌리째 한 묶음 정도 들어 있었다. 갓난아기를 들쳐업고 밭에서 일하다가 땅콩 네댓 뿌리를 캐어 신문지로 둘둘 말아가지고 학교로 오다가 담배 가게에 들러 청자 두 갑을 사 신문지 말이 속으로 넣어 온 정황이 눈에 선연하게 그려졌다. 청자는 당시 중하품이었고(나는 봉급 받는 부자 청년이 된 지 6개월 만에 청자도 겨우 사 피우던 올챙이 시절을 까마득히 잊고 쓴웃음을 지었다), 땅콩도 수확 후 까서 말린 것도 아니고 막 뿌리째 뽑아 온 것이어서 어떻게 먹어야 할지 엄두가 나지 않았다. 그러나 그것은 그 엄마가 마련할 수 있는 물품 중 최고의 선물일 것이라는 생각이 들었다. 중3 딸이 있는데 등에 업은 갓난아기가 있으니, 자식도 많은 것 같았다. 나는 그때부터 정말 깊은 고민을 하게 되었다. 그 학생은 여러 가지로 모범적이었지만, 학기 말에 가서 최종 성적이 나왔을 때 비진학 학생 중 1등이 될지는 알 수 없는 일이지 않은가. 만일 1등이 아니면 당연히 추천할 수 없을 터인데, 그 엄마와의 짧은 만남에서 느낀 절박함과 간절함, 애처로움을 어떻게 삭일 수 있을까. 걱정이 태산이었다.

드디어 기말시험을 치르고 최종 성적을 산출하는 작업을 하였다. 그런 일을 할 때는 대부분 같이 있던 상고 여학생들의 도움을 받았다. 당시 상고에서는 주산, 부기 등을 필수적으로 배웠으므로, 주산 실력이 6단, 7단 정도 되는 학생들이 제법 있었다. 주산 고단자들은 암산도 매우 잘하여, 웬만한 수치들은 엄지와 검지를 요리조리 움직이며 암산으로 처리했는데, 참으로 탄복할 정도였다. 나는 옆에서 떨리는 마음으로 결과 산출을 기다리고 있었다. 아! 천우신조란 말이 어울릴까. 그 학생이 비진학 학생 중 1등을 한 것이 아닌가. 나는 다음 날 조례 시간에 제일모직 산업체특별학교 추천은 성적순에 의해 000을 추천한다고 공표하였다. 그 학생이 기뻐하던 표정은 나에게도 잊을 수 없는 기쁨을 주었다.

나는 여러 가지로 부족한 교사요 담임이었다. 2학기부터는 대학원 석사과정을 학교의 허락도 득하지 않고 몰래 다녔다. 학생 지도보다는 어떻게 하면 내 개인 공부를 더 할 수 있을까 노력했다는 생각이 들어 참 아쉽고 미안하다. 그때 그 학생들은 지금 회갑 정도의 나이가 되어 초로의 인생을 살고 있을 것이다. 상지여자중상업고등학교는 내가 죽기 전에 반드시 찾아가 장학금을 희사하고 고마움과 미안함을 표하고자 하는 학교 중 하나다.

언제 만나도 보석 같은 제자, 이명훈 박사

김용식
명예교수 | 조경학과

사람을 판단할 때에는 그 사람의 말을 듣고 행실까지 살피게 되었다

나의 대학생활은 그리 순탄하지 않았다. 2학년 때부터 연구실에서 숙식하며 교수님의 일을 도와드렸고, 밤에는 시내에 나가 당시에는 아주 흔한 가정교사를 하였다. 1학년 때부터 즐기던 산악부 활동은 2학년 9월에 대둔산에서 가진 1주일간의 암벽 훈련을 끝으로 단념해야 했다. 2학년 봄부터 시작한 교수님의 연구를 3학년 복학생 선배와 둘이 시료 채취부터 논문 작성에 이르기까지 도와드려야 했기 때문이다. 지금으로 본다면 학부생 실험 리포트 수준이겠지만, 당시의 연구는 수지구resin canal의 수와 위치를 광학현미경으로 관찰하여 리기다소나무Pinus rigida, 테다소나무Pinus taeda, 이 두 종의 교잡종인 리기테다소나무 및 이 수종과 리기다의 여교잡backcross hybrid인 리기리기테다소나무를 식별하는 내용이다. 수수깡을 반으로 쪼개 소나무 잎을 그 사이에 넣고 도루코 면도날로 현미경으로 잘 볼 수 있도록 잘라서 관찰하는 일이다. 이 일을 한 지 40년이 지났지만 지금도 현미경에 잘 보이도록 잘라낼 수 있다.

나는 방학도 없이 항상 시간이 부족하였다. 다행히(?) 가을 중간고사 시작을 앞두고 내려진 계엄령 때문에 오직 교수님 연구를 돕는 데 대부분 시간을 다 보냈다. 지금 기억에 당시 친구들과 중간고사 준비를 하면서 내일부터 시작하는 중간고사가 없으면 좋겠다고 생각했는데, 말이 씨가 되었는지 다음 날에 10월 유신 선포와 함께 계엄령과 휴교령이 선포되어 학교 출입을 완전히 금지하였다. 당연히 중간고사는 무기 연기되어 어린 마음에 속으로 얼마나 기뻤는지 모른다. 며칠 후에 연구실 출입 허락을 받아서 하던 일을 계속할 수 있었다.

지금은 교수님 사무실과 연구실이 별도로 있지만, 당시에는 강의실과 같은 크기의 공간을 간단한 칸막이로 막아놓은 게 전부여서 교수님께 찾아오는 손님이나 대화를 원하지 않아도 다 들을 수 있는 구조였다. 학부생 때에 경험한 이 연구실 생활은 나에게 큰 도움이 되었다.

영남대학교 조경학과에 부임하여 처음 몇 년은 대학원 학생이 없었기에 아주 조그만 사무실에 학부생 1명과 둘이 생활하였다. 나는 20여 년 전에 담배를 완전히 끊었지만, 당시에는 누구나 알아주던 지독한 골초였다. 특히 창문을 닫고 지내는 시간이 많은 겨울철에도 마찬가지였으니, 지금 되돌아보면 연구실 학생에게는 오직 나 자신만 생각한 참으로 위험하고 미안한 짓이었다. 며칠 전에 동대구역에서 초기의 연구실 학생 김○○을 만나 담소 중에 그 담배 이야기를 했다. 그 학생은 전혀 문제가

전북 완주군 대둔산 암벽등반(1972년 9월)

없었다 했지만, 매우 미안했다.

되돌아보니 1983년 8월에 부임한 이래 정년까지 연구실을 거쳐 간 인원이 거의 100여 명이었다. 연구실에 들어오는 학생의 선발은 자의적 판단을 매우 중시하였다. 왜냐하면, 모든 공부나 일은 시켜서 될 일은 아니라 생각하기 때문이다. 학부생의 시야는 당연히 제한되어 있기에 대신 연구실 생활이 어떤 점에서 도움이 되는지 등만을 이야기해 줄 뿐이다. 이후 연구실 학생이 몇 대를 이어갈 즈음에는 연구실 선배가 스스로 선발하도록 했다. 다만, 내가 생각하는 criteria를 넘어서면 사전 주의나 경고 없이 아주 냉정하게 정리하였다. 이렇게 표현하니 정리가 다반사인 것처럼 생각할 수도 있겠지만, 그렇게 한 경우는 꼭 두 차례에 2명이었다. 연구실을 거쳐 간 학생은 대학원이든 학부든 지금까지 당연히 끈끈한 정으로 이어져 내려옴을 기쁘게 생각한다.

매우 당연한 일이지만, 연구실 학생은 아주 다양한 환경에서 자랐고 꽤 다른 인성과 성격을 지녔다. 따라서 이에 따른 에피소드도 매우 많다. 내가 주로 하는 연구는 실험실보다는 야외조사가 주류를 이루었다. 따라서 학부 학생은 저학년부터 시작하여 졸업하기 전에 전국의 주요 산들을 두루 다니며 조사하는 귀중한 경험을 쌓게 된다. 조사를 나가면 나는 학생들에게 항상 그 지역에서 가장 맛있는 음식을 맛보게 한다.

연구실의 야외조사는 시간을 아끼기 위하여 항상 아침 6시에서 6시 30분에 출발하여 아침 식사는 도중에 휴게소에서 하는데, 왜관휴게소, 금강휴게소, 남강휴게소, 지리산휴게소 또는 현풍의 박소선할매곰탕을 자주 이용하였다. 훗날 모임에서 이야기할 때 이러한 추억이 학생들에게 오래 남아 있는 것을 보면, 고생을 많이 했는데도 즐거운 추억인가 보다.

이번에 소개하는 이명훈 박사는 여러 연구실 가족 중에서도 꽤 기억에 남는 신실한 학생이다. 이명훈 박사가 2000년 3월에 입학 후 군 복무를 마치고 2004년 4월에 연구실에 들어와서 처음 갖는 야외조사 때의 이야기이다. 당시 연구실은 며칠 전에 국가유산청으로 이름이 바뀐 문화재청에서 발주한 "향로봉·건봉산천연보호구역"의 식물상과 식생 조사의 용역을 수행할 때이다. 강원도 고성의 민통선 이북지역에 위치하여 바로 눈앞에 북한의 산하가 펼쳐져 있었다.

이 조사 지역은 DMZ를 기준으로 대부분 휴전선의 남방한계선SLL: Southern Limit Line 내에 있어서 민간인의 접근이나 출입은 매우 까다롭다. 조사계획서를 수립할 때에도 숙소 선정 등 가장 간단한 정보조차도 구하기가 어려워 부대 내 시설의 이용 요청을 하였지만, 보기 좋게 퇴짜를 맞았다. 제주도를 제외하고 연구실에서 수행한 가장 먼 거리의 조사 장

건봉산천연보호구역 2차 조사 모습(2004년 9월)

소로, 거리도 멀뿐더러 도저히 이해하기 어려운 비효율적인 군대 행정 때문에 조사에 많은 어려움을 겪었다. 거기에 대부분의 조사 지역이 지뢰 표시한 곳이 많아서 철저하게 동행하는 군인의 안내에 따라야 했다. 항상 긴장감 속에 조사를 하였지만, 바로 눈앞에 두고도 숲속에 한 발자국도 들어갈 수가 없으니 조사가 전혀 마음에 들지 않았다.

"향로봉·건봉산천연보호구역"의 첫 현장조사를 위하여 여느 때처럼 아침 일찍 출발할 때 일어난 일이다. 늘 하던 대로 약속 시간에 출발하여 "북대구 IC"를 막 벗어났을 때에 전화를 받았다. 아침에 늦잠을 자느라 약속 시간에 늦었다 한다. 그래서 나는 이미 출발하였으니, 오늘 밤 숙식을 예약한 진부령의 "꿀벌식당"으로 오라 했다. 강원도 고성의 진부령은 백두대간을 가로지르는 우리나라의 유명한 고갯길의 하나이다. 진부령 고개를 넘기 직전에 있는 "꿀벌식당"은 건물은 허름하였으나, 식당의 주인아주머니는 경산 와촌이 고향으로 청국장 맛이 기가 막힌 식당으로 우리 팀이 일 년간 조사하면서 신세를 꽤 많이 진 식당이다.

우리 팀은 조사 첫날 오리엔테이션 겸 "향로봉·건봉산천연보호구역" 중 건봉산에 올라 간단한 조사를 마쳤다. 건봉산 GP에는 고 노무현 대통령이 사병으로 복무 시 머물던 내무반이 그대로 남아 있었다. 눈앞에 펼쳐진 장엄한 산세를 보면서 한국전쟁 때나 그 이후 이곳에서 복무한 수많은 병사들의 고생이 어떠했을지를 쉬이 짐작하였다.

조사를 마치고 어두컴컴할 때에 "꿀벌식당"에 도착하니 거기에 이명훈 군이 우리 팀을 기다리고 있었다. 당시의 기분은 매우 반갑기도 하고, 미안하기도 하고 만감이 교차하였다. 첫 휴가 나온 죽마고우와 밤새워 술 마시다 보니 늦잠을 자서 약속 시간에 올 수 없었다 한다. 하지만 그것도 1학년 학생이 약속 시간을 놓쳤으면 쉽게 포기할 법도 한데, 그 먼 곳까지 온 것을 잊을 수 없다. 난 그 당시에 이 정도면 앞으로 꽤 괜찮은 학생으로 키울 수 있겠다는 믿음을 가졌다.

> 나는 사람을 처음 판단할 때에 그 사람의 말만 듣고 행실을 믿었다.
>
> 子曰 始吾於人也 聽其言而信其行
>
> 그러나 나는 이제 사람을 판단할 때에는 그 사람의 말을 듣고 행실까지 살피게 되었다.
>
> 今吾於人也 聽其言而觀其行 於予與 改是
>
> -『논어』「공야장公冶長」편 -

"향로봉·건봉산천연보호구역"의 조사를 계기로 나는 여러 학생 중에서 흙 속에 묻힌 보석을 찾아낸 느낌이다. 이명훈 박사는 학부 과정 중 매우 성실하게 학업과 연구실 생활을 이어나갔다. 당시에 조사를 마치

향로봉 천연보호구역 내 지뢰 표시(2004년 9월)

자연자원대학 유리온실 내 매토종자seed bank 온실 발아 실험(2009년 6월)

고 경산 시내에서 부친이 운영하시던 중국집에도 아주 가끔 갈 때면 가족처럼 대해주시던 부모님을 잊을 수 없다. 영남대학교 조경학과는 졸업하기 위하여 4학년 때 논문이나 작품을 선택하여 의무적으로 제출하여 통과해야만 한다. 이명훈 박사는 당시 경산시의 마을 숲을 논문으로 작성하여 우수한 성적으로 졸업하였다. 당시의 논문을 정리하여 "한국환경생태학회지"에 발표하기도 했다.

이명훈 박사가 석사과정을 시작할 때 나는 오사카에서 있은 한·중·일 조경학회의 공동 학술발표회에서 구두발표를 한 적이 있었다. 이때 참석한 한 인사가 발표를 잘 들었다 하며 매토종자seed bank 관련 논문을 한 편 주었다. 나는 귀국하여 이 논문과 관련하여 이명훈 군에게 소나무숲과 상수리나무숲에서 채취한 토양을 외부 환경과 밀폐된 자연자원대학 유리온실에 옮겨 발아 상황을 관찰하여 석사논문을 작성

국내 최대 망개나무 개체군을 찾은 기쁨으로 먹었던 수박의 기억(2009년 7월)

하도록 하였다. 이러한 유형의 연구는 우리나라에서 처음 시도한 것이었지만, 예측한 대로의 현상은 미치지 못하였으나, 의미 있는 결과를 얻었다. 이 주제로 석사과정을 마칠 즈음에 이명훈 박사는 한국연구재단에 3년 과제로 연구비를 신청하여 선정되었다. 당시 우리나라의 조경학 분야에서 석사과정 학생이 한국연구재단의 연구비를 받은 일은 아마 처음으로 생각한다.

한번은 한국수자원공사에서 발주한 청송댐 수몰지역 이식 수목의 조사 용역을 수행할 때이다. 용역 조건에 3그루로 알려진 망개나무의 생육 위치를 꼭 파악해 달라는 것이 있었다. 대추나무와 같이 갈매나무과 Rhamnaceae에 속하는 망개나무는 한반도에서 충북 속리산, 월악산 또는 주흘산과 경북의 내연산과 일본의 남부지역에 자라며, 개체군 크기가

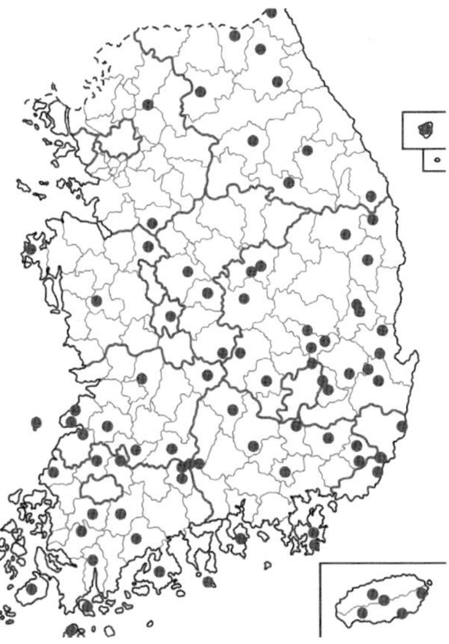

2004-2013년간 연구실의 현장조사에 이명훈 박사가 참여한 조사 지역

작아 우리나라에서는 꽤 희귀한 수종이다. 언젠가 속리산국립공원 조사 때도 이 수종을 찾기 위하여 많은 고생을 했던 터라 어떻게 찾을 수 있을지 내심 걱정이 앞섰다. 현장조사 중에 도로 중앙에 50대 중반의 남자가 간질이 발작하여 쓰러져 있는 것을 경찰에 신고하여 처리하는 것을 본 후 우리는 현장조사를 계속 진행하였다. 댐 수몰지역 현장에서 1/25,000 지도상에서 한 곳씩 체크해 가던 중 산마루 턱에서 잠시 쉴 때이다. 가만 보니 나무 높이는 2~3m 정도로 아주 작았지만, 바로 우리가 찾아야 했던 망개나무였다. 그래서 이명훈 군을 포함하여 조사원들에게 계곡부를 먼저 체크한 후 주변 산을 조사하도록 하였다. 망개나무는 계곡의 물 흐름에 따라 계곡 하부에서 상부까지 계속 이어져 자라고 있었다. 그러나 그게 전부가 아니고 앞뒤의 능선 전체가 망개나무 우점종으로 이루어진 곳으로, 우리나라 최대의 망개나무 개체군으로 확인한 적도 있었다. "등잔 밑이 어둡다."라는 말이 있듯 수많은 사람이 지나다녔고, 바로 1년 전에 종합적인 식생 및 식물상 조사를 하였음에도 바로 큰길에서 조금 벗어난 곳을 보지 못한 채 지나쳤던 것이다. 망개나무를 찾은 기쁨으로 시원한 수박을 먹던 기억이 아직도 눈에 선하다.

이명훈 박사는 박사과정을 무사히 마치고 취직을 고민하게 되었다. 나는 당연히 중앙무대에서 활동할 것을 여러 차례 권유하였으나, 초지일관 대구를 떠나고 싶은 생각이 전혀 없어 보였다. 나중에 실토한 바로는, 직장도 중요하지만 부모님과 가까운 곳에서 근무하고 싶었다 한다. 이명훈 박사는 쌍둥이 아들을 두어 요즈음 같은 시대 상황에서 보아 국가에도 크게 헌신한 매우 보기 드물게 보는 갸륵한 청년이다.

이명훈 박사는 지금까지 우리나라의 이곳저곳에서 현장조사도 많이 하였지만, 연구실에서 수행한 수목원과 정원 관리의 정책 개발을 위한

정원발전연구 과제 수행을 위한 1차 T.F회의(2011년 9월)

프로젝트 개발에도 적극적으로 참여하였다. 이 프로젝트는 "순천만국가정원"을 비롯하여 국민의 큰 인기를 끄는 산림청의 정원정책의 하나로, 국가정원, 지방정원 및 민간정원을 지원하는 법과 제도를 만드는 데 기초가 되었다.

이명훈 박사는 연구에 참여한 선·후배와의 관계도 흐르는 물처럼 자연스럽게 잘 처리하여 상하 간에 신망이 매우 깊었다. 이 세상에는 매우 다양한 직장과 직원이 있다. 이들 세계에서 당연히 실력이 매우 중요하지만, 이에 못지않게 인성도 중요하지 않을까 생각한다. 이곳저곳의 여러 직장에서 살핀 바로는, 인성이 부족한 직원은 어느 조직이든 발전에 큰 걸림돌이 되는 경우를 아주 흔하게 보았기 때문이다. 이러한 점에서 이명훈 박사는 실력과 인성을 겸비하였기에 후배 학생들에게 훌륭한 귀감이 되는 젊은이라 생각한다. 이런 제자를 만난 나는 매우 행복한 사람이다.

이 글을 읽으시는 선·후배 또는 동료 교수님께서 혹시 대구수목원을 돌아볼 기회가 있으시면 이명훈 박사의 안내를 받아보시는 것도 좋겠습니다.

젊은 한때의 뜨거운 열기

김진삼
명예교수 | 무역학부

교수님, 너무 걱정하지 마십시오 견딜 만합니다

온 천지가 초록의 물결이다. 연두의 계절인 3월이 지나고 개나리와 진달래가 꽃망울을 터트린다. 양지바른 돌담 위에 따스한 봄볕이 내린다. 거리에 오가는 사람들의 모습에도 촉촉한 봄의 윤기가 흐른다. 만물이 다시 움트는 생동의 계절이다.

매스컴은 4월 총선에 즈음하여 분위기를 띄우고 후보들의 인물평이 바람을 탄다. 선거철만 되면 '운동권 정치인 386세대'를 호출한다. 이제 기득권 세력이 되었다고 비판의 목소리도 높인다. 386세대는 1960년대에 태어나, 1980년대에 대학을 다니고, 1990년대 30대가 되는 세대를 의미한다. 1980년대는 국제사회에서 고도 경제성장을 이룩한 한국 대만 싱가포르 홍콩을 '아시아의 네 마리 용'이라고 평가하던 시절이다.

1980년 5·18민주화운동 이후, 대학 사회는 운동권 학생들의 민주화 투쟁으로 크게 혼란스러웠다. 대학 정문에는 운동권 학생들과 경찰이 바리케이드를 사이에 두고 대치하는 일이 다반사였다. 이를 아는지 모르는지, 대학로 옆 청보리 물결은 파도처럼 출렁이고 노란 유채꽃은 철없이 시절을 알린다.

학생들은 무리 지어 구호를 외치며 신작로에 나가려고 한다. 이를 저지하려는 경찰과의 대치 상황은 늘 평행선을 그었다. 급기야 경찰이 밀리면 최루탄을 쏘면서 학생들을 해산시킨다. 밀고 밀리는 격렬한 몸싸움 뒤에는 경찰에 연행되는 학생이 생긴다. 한 차례 줄다리기가 끝나면 긴 그림자를 드리우고 하루가 또 저문다.

경찰에 연행된 학생이 생기면 대학본부를 통하여 지도교수에게 전달된다. 대학에는 학과별 학년별 지도교수가 배정되어 있다. 지도교수는 맡고 있는 학생에게 혹시 사고가 날까 봐 늘 가슴을 졸인다. "어둠이 있어야 빛이 있듯이 이 또한 지나가리라."를 되뇌면서 하루하루를 보낸다. 경찰에 연행된 학생이 잘못을 인정하면 바로 대학으로 돌아가는 경우도 있다. 대부분의 운동권 학생은 끝까지 버티다 구치소로 옮겨간다. 지도교수는 구치소에 학생 면회를 가야 했다. 이러한 행위는 나만이 겪은 일은 아니다. 대학에 있는 모든 교수님이 공통으로 겪는 아픔이다. 특별한 일도 억울할 일도 아니다. 세월은 많이 흘렀지만 40여 년 전 1980년대 대학가의 회오리바람들이 뇌리를 스친다. 386세대 운동권 학생의 지도교수로서 유난히 A군, B군, C군, D군, 네 명의 그림자가 다가온다.

출퇴근길 오르내리던 '담티재' 야산에는 아카시아꽃이 흐드러지게 피어 있고 달콤한 향기는 차창 가에 맴돈다. 산자락 아래 군락의 연분홍 진달래꽃은 지고, 연두에서 녹색으로 옷을 갈아입었다. 오월 어느 날, 내가 지도하는 3학년 A군이 대구구치소에 수감되었다. 지도교수가 면회를 가야 한다고 학생처에서 연락이 왔다. "구치소에 면회를 가본 적이 없는데 어떻게 하면 됩니까?"라고 직원 선생에게 물으니 동행한다고 한다.

직원 선생과 구치소로 가면서 학생을 만나면 무슨 얘기를 해야 하는지 다시 물어보았다. 학생 본인의 잘못을 인정하는 반성문을 쓰고 빨리 대학으로 돌아가자고 지도하라 했다. 그런데 지도교수 입장에서 그런 권유가 운동권 학생에게 설득이 되겠는가 싶은 생각이 든다. 하지만 직원 선생은 그렇게 지도해야 한다고 한다. 생전 처음으로 대구구치소 정문으로 들어서니, 죄 없는 내가 공연히 주눅이 든다. 심란한 마음을 다독이며 걷는 발걸음은 무거웠다.

80년대 대구구치소는 교도소와 같은 울타리에 있었다. 영화에서나 보았던 교도소 풍경을 마주하니 가슴이 두근거린다. 변호사 접견실에서 학생을 면회했다. 안쓰러운 마음에 직원 선생의 조언을 중심으로 설득한다. 학생이 "교수님, 너무 걱정하지 마십시오. 견딜 만합니다. 여기까지 오시게 해서 죄송합니다." 하면서 고개를 숙인다. 내 표정이 안쓰러웠는지 구치소에 있는 학생이 지도교수를 걱정한다. 패기에 찬 운동권 학생의 모습과는 달리 핏기 없는 A군의 얼굴을 보니 측은한 생각에 손을 꼭 잡아주었다.

운동권 학생들은 대개 지도교수 말은 고분고분 잘 듣는다. 지도교수는 자기들 편이라고 생각하는 것 같다. 그러나 투쟁은 자기들 방식대로 했다. 구치소의 인도 옆 화단에는 노란 금계국꽃이 무리 지어 화사하게 피어 있다. 심란한 마음을 위로해 주려는 듯 실려온 바람에 방긋거린다.

이렇게 운동권 제자 덕분에 구치소를 처음 방문했던 기억이 새롭다.

A군의 집은 울산이며 대학 부근에 하숙하고 있었다. 아버지는 울산에 있는 대기업의 근로자이다. A군의 교내 생활에 대하여 한두 번 전화상담을 하였다. 어느 날 A군의 아버지가 대학을 방문하여 아들의 장래를 함께 걱정했다. "교수님, 우리 아들이 운동권 학생이 될 아무런 이유가 없습니다. 가정 형편도 중간 정도 됩니다. 여동생은 울산에 있는 대학에서 공부를 잘하고 있습니다."라고 한다. 아버지의 안타까운 마음이 휘몰아치는 폭풍으로 전해온다.

A군 아버지는 아들이 친구를 잘못 만나 운동권 학생이 된 것 같다고도 한다. 대학을 원망하는 건지 자식을 원망하는 건지 구분이 안 된다. 아버지는 아들의 조기 석방을 위한 탄원서를 부탁하였다. 조기 석방되면 바로 군에 보내겠다고 덧붙인다. 아버지의 뒷모습은 힘들어보였다. 탄원서는 담당 검사실로 보냈지만, A군은 운동권 학생의 중간 간부로 자유의 몸이 되기까지는 시간이 걸렸다.

해가 바뀌어도 대학로의 최루탄 연기는 그치지 않고 시간은 흘렀다. 들녘에 벼가 누렇게 익어가면 B군이 생각난다. 그날도 여느 때와 같이 대학 정문 앞 큰길에는 최루탄 연기가 자욱하다. 늘 있는 행사라고 생각된다. 그다음 날 학생처에서 연락이 왔다. 내 지도학생이 시위 도중 눈에 최루탄 파편을 맞아 상처를 입었다. 병원 치료 중이며 중상은 아니라고 한다. B군의 눈 치료가 잘되길 기도하면서 가정방문을 가게 되었다.

부모님은 경북 어느 시골에서 농사를 짓고 있다. 논밭 가운데 몇 집이 옹기종기 붙어 있다. 동네 입구에 차를 세워두고 걸어가는 길 좌우에는 연분홍 코스모스와 흰 구절초가 인사를 건넨다. 가까이에서 멀리까지

벼 익는 소리가 들린다. 양팔을 벌리고 서 있는 허수아비는 어느새 참새와 친구가 된 듯하다. 조그마한 선물을 들고 집에 들어서니, 마당 한 곳에 벌러덩 누워 있던 누렁이가 인기척에 짖으며 일어난다.

내가 도둑처럼 보이지 않았는지 턱을 괴고 앉으며 눈을 맞춘다. 빈집 담벼락 앞 키 큰 해바라기는 노랗고 둥근 꽃시계를 달고 웃고 있다. 마루에 걸터앉아 학부모가 오기를 기다린다. 멀리서 들려오는 끊어질 듯 이어지는 뻐꾸기 소리는 어쩐지 구슬프게 들린다. 내 어릴 적 시골 할머니 집에서도 뻐꾸기 소리가 들렸다. 서로 박자를 맞춘 듯 뻐꾹뻐꾹 주고받는 소리가 슬프게 들렸던 기억이 어슴푸레하다.

학부모를 기다리는 마음을 아는지, 나무 그림자는 점점 길어지고 지루함이 밀려온다. 혹시나 싶어서 옆집 대문에 들어서니 할머니가 누구냐고 묻는다. 옆집에 교수가 가정방문 왔다고 하니, 밭에 가서 연락해 주었다. 이런 한가로운 시골에 외로워서 어떻게 살까? 하는 생각도 잠시뿐, B군 아버지가 대문에 들어섰다. 외아들을 둔 아버지가 밭일하다가 급히 집으로 왔다. B군이 눈을 다쳤다는 설명은 하지 않고 운동권 학생들과 어울려 다니니 많은 지도를 부탁드린다고 하였다.

학생 아버지는 아들 편을 들면서 세상을 원망하는 어조로 음성을 높였다. 학부모의 격한 모습에 깜짝 놀랐다. B군의 아버지는 "아내는 몇 년 전에 다른 세상으로 갔고 소처럼 농사일하여도 가정 형편이 나아지질 않는다. 밤이면 술을 먹어야 잠을 잘 수 있다."고 한다. 외아들이 장학금을 한 번 받았다고 자랑할 때는 잔잔한 웃음을 머금었다.

학생 아버지로부터 긴 연설을 듣는다. 꽃시계를 매단 해바라기가 졸고 있는 듯하다. 한마디 변명도 못 한 내 모습이 서글펐다. 착잡한 심정으로 돌아오는 길은 멀게만 느껴졌다. 아들 걱정은 하지 않고 정부 잘못만 탓하는 B군 아버지는 '운동권 아버지'인가 하는 생각이 들기도 했다.

현실이 얼마나 고달프기에 내 자식의 안녕보다 나라 걱정이 앞설까?

하는 자위도 해본다. 다행히 눈 치료가 잘되어 실명은 피했다. 20여 년이 흐른 후, B군은 지역 농민단체 간부로 활동하고 있다는 풍문을 들었다. 아버지의 소원대로 되었는지 모를 일이다.

힘든 시절에는 함께 손잡고 걸어야 험한 세상을 건널 수 있다

메말랐던 나뭇가지에 새순이 돋아나고, 대지 위로 피어오르는 아지랑이는 새로운 생명이 꿈틀거리는 것 같다. 어느 해 이른 봄, C군의 핼쑥한 모습이 떠오른다. 학생처에서 C군이 위장취업한 죄로 대구구치소에 수감 중이라고 한다. 학생의 학적 자료 등을 살펴보니, 학생은 내가 졸업한 초등학교를 졸업했다. 초등학교 한참 후배가 되는 셈이다. 대구구치소에 C군를 면회하러 갔다. 변호사 접견실에서 마주한 C군에게 통상적인 매뉴얼대로 지도한다.

분위기를 바꾸기 위해 농담조로 "너는 위장취업했으니 죄가 크겠다. 사실대로 고백하고 선처를 빌어라."라고 했다. C군은 "교수님, 근로 현장에 견습생으로 취업하여 열심히 일한 것도 위장취업입니까."라면서 눈을 부라린다. 내가 웃으면서 "C군아, 눈은 아래로 깔고 다소곳이 항의해라. 지도교수가 놀란다." 하면서 함께 웃었던 기억이 새삼스럽게 떠오른다.

덧붙여 "너의 학적 자료를 보니 00초등학교를 나왔더라. 나도 그 초등학교를 졸업했다. 너는 내 한참 후배가 되네." 하면서 초등학교의 주위 환경 등을 같이 나누었다. 그 영향 때문인지 헤어질 때 C군의 애틋한 눈빛이 더 애처로워 보였다.

시간은 흘러 늦여름 무렵, 학생처에서 연락이 왔다. 대구지검 검사실에서 C군의 지도교수 면회 신청이 있으니, 지도교수 면담을 요청한다는 내용이었다. "학생 지도로 검사실까지 들락거리게 되었네." 하면서 중얼거린다.

담당 검사실에 도착하니, 담당 검사가 "교수님 고맙습니다. C군이 교수님께 면회 요청을 해서 오시게 했습니다. 옆방에서 편하게 말씀 나누십시오."라면서 담배 한 개비를 주었다. "학생이 담배를 피우고 싶을 겁니다. 학생에게 피우게 해 주십시오."라고 한다. 당황스러워서 담당 검사에게 "검사님, 학생이 버릇없이 교수 앞에서 담배를 피우게 하는 것은 안 됩니다." 하며 웃었다. 검사도 "교수님, 이해해 주십시오." 하며 웃는다.

옆방에 가니 호송인이 C군의 포승줄을 풀어주면서 자리를 비켜 준다. C군에게 "오늘 우리의 만남은 두 번째구나. 지낼 만하니? 고집부리지 말아라." 하면서 담배 한 개비를 주었다. "이것은 담당 검사가 주는 거다. 피워도 괜찮다. 얼굴에 부스럼이 있네?" 했더니, "교도소 내에 옴이 퍼져서 지금 방역이 한창입니다."라고 한다. 이어 "교수님, 귀찮게 해서 죄송합니다. 교도소 생활이 좀 지겹기도 하고 교수님 생각도 나고, 바람을 쐴 겸 지도교수님의 면회 신청을 하게 되었습니다."라면서 겸연쩍어한다.

담배는 피워도 좋다고 했으나 끝내 피우지 않았다. 지난번 구치소 면회 중에 대학에서 내가 너의 지도교수이지만 초등학교 선배라고 얘기했더니 조금 더 친근감이 있었나 보다. 랍비 힐렐은 자기만을 위하는 인간은 진정한 '인간적 존재'가 아니라고 했다. "힘든 시절에는 함께 손잡고 걸어야 험한 세상을 건널 수 있다."라고 하면서 C군의 어깨를 다독여 주었다. C군은 "중소기업인 섬유회사에 취업해 보니, 하루 24시간을 2교대로 12시간씩 작업하고 근로 환경이 열악합디다……." C군으로부터 약식 특강을 듣고 우리는 헤어졌다. 불그스레한 저녁노을이 화단의 나뭇가지에 내려앉는다.

80년대 중반 운동권 학생들의 민주화 투쟁이 한창일 때, 누구도 맡기 싫어하는 '이부대학 학생담당 학장보'의 보직을 맡은 경험이 있다. 젊은 교수라는 이유로 추천되고 강의보다 운동권 학생의 뒷바라지가 주 임무였다.

87년 연말에 선배 교수님이 만나자고 해서 만났더니, 나와 함께 학생처 일을 해보자면서 학생부처장의 보직을 권한다. '학생담당 학장보'를 역임했으니 제격이란 말도 덧붙인다. 급기야 88년은 나에게 평생 잊지 못하는 한 해이다. 운동권 학생들은 교외로 나가 민주화 투쟁을 하고 교내에서는 대학본부를 향한 불만이 높다. 대학본부는 연일 아수라장이 되었다. 이런 혼란의 중심에서 학생 업무를 총괄하는 학생처의 학생부처장을 맡고 있었다.

얼떨결에 학생부처장의 보임을 받고 이 개월 후, 대학본부는 총장을 포함한 모든 보직 교수가 보직 사임을 하였다. 나 역시 학생부처장의 '보직 사직원'을 몇 번 제출했지만, 받아들여지지 않았다. 이유는 학생운동이 격렬한 가운데 학생부처장만은 남아 있어야 한다는 것이다.

내가 순진한 건지 바보스러운 건지 모르지만, 어쩔 수 없는 여건이라면 정면으로 돌파해 보자 하는 오기가 생겼다. 대학의 모든 에너지는 학생처로 집중된다. 불행 중 다행인 것은 학생처 직원 선생님들이 학생 업무의 베테랑이다.

학생부처장을 맡은 88년의 가을 무렵, 학생과장이 급히 서울구치소에 학생을 면회하러 가야 한다고 한다. 운동권 학생들이 MBC 방송사를 점거하려다 경찰과 충돌하였다. 그 사건으로 경찰에 연행된 학생 한 명이 본 대학 D군이다. 학생은 서울구치소에 있는데 면회를 가야 한다고 한다. 전국적인 핫뉴스가 되어 지도교수가 아닌 학생부처장이 학생 면회를 가야 한다는 것이다. 아침 일찍 직원 선생과 함께 서울행 열차를 탔다.

창밖 들녘에는 누렇게 익은 벼들이 황금물결로 일렁이고 있다. 머릿속에는 서울구치소에 있는 학생과 내 모습이 어른거리고 눈은 풍요로운 들녘을 달린다. 우리는 서울역에 내려 택시로 경기도에 있는 서울구치소로 향한다. 서울역에서 교외로 벗어나니 창밖 파란 하늘에 흰 뭉게구름이 한가로워 보였다.

처음 가는 낯선 길은 멀게만 느껴졌다. 대구구치소는 몇 번 들락거렸지만, 어쩌다 서울구치소까지 다녀야 하나 싶은 착잡한 심정이었다. 서울구치소의 행정적인 절차를 거쳐 변호사 접견실에서 학생 면회를 할 수 있었다. 내가 D군의 지도교수가 아니므로 학생 얼굴은 모른다. 단지 우리 대학 학생이라는 것뿐이다.

접견실에서 D군을 만났다. "힘들지, 고생이 많다. 잘못을 인정하고 반성문 쓰라고 하면 반성문 써라. 대학에 빨리 돌아와서 졸업해야지. 불편한 것은 없느냐." 등의 말을 했다. 학생과 이런저런 얘기를 나누는데 D군은 서울 말씨였다. 서울의 학생이 우리 대학에 입학할 수도 있다. 얘기를 더 나누다 보니 D군은 우리 대학 학생이 아니고 서울의 타 대학 학생이다.

처음부터 인적 사항을 재확인했더라면 하는 아쉬움이 컸다. 허탈한 마음으로 학생과 헤어지고 동행한 직원 선생을 원망한다. 헛발길질하고 돌아오는 길은 내내 마음이 편하지 않았다. 누군가에 희롱당한 기분에 괘씸한 생각도 불쑥 든다. 시절을 원망하며 창밖을 보니, 가을 저녁노을은 붉게 물들어가고 키 큰 코스모스가 실없이 하늘거린다.

후일 확인된 사실은 D군이 고의로 지방에 있는 영남대학교 학생으로 진술했고 그 자료가 우리 대학으로 넘어와 동명이인인 D군이 된 것이다. 어찌 되었든 우리 학생은 우리 구성원들이 지키고 보호해야 할 책임이 있다. 그리하여 학생처가 존재하는 것이라고 자위해 보았다.

담장에 붉게 핀 덩굴장미는 수줍은 듯 시절을 알린다. 4월의 총선은 끝나고 매스컴은 마무리 작업을 한다. 운동권 정치인 386세대의 호출도 숨죽이는 듯하다. 한때 내가 지도교수였던 많은 386 운동권 학생들은 어디에서 어떻게 살고 있을까?

그들도 이제 60대 전후의 초로가 되었겠다. 쇼펜하우어는 "인생이란 충족되지 않는 욕망과 권태 사이를 오락가락하는 시계추와 같다."라고 했다. 젊은 한때 불타는 그들의 순수한 욕망은 휴화산으로 잠재되어 있을 것이다. 젊은 대학생 시절, 구치소를 들락거렸지만 행복한 가정을 꾸려 다복하게 살고 있겠지. 때론 해 질 녘, 대학 시절의 최루탄 연기를 안주 삼아 소주잔을 기울이기도 하겠지.

A군은 운동권 학생 중 중간 간부였기에 다른 학생보다 고생은 더 했겠지만, 그의 지도력은 체화되어 있을 것이다. 소식은 알 길이 없으나 개성에 어울리는 사회 지도자가 되었으리라.

B군은 초로에도 싱글로 지역 농민단체의 간부로 활약하고 있다니, 농촌에서 소금 역할을 하고 있을 것이다.

C군은 교도소 생활이 지겨워 '지도교수의 면회 신청'을 했고 그로 인해 검사실에서 면회를 하기도 하였다. 노동자의 근로조건에 관심이 많아 위장취업으로 고생했다. 근로자의 취약한 부분을 대변하고 해결해 주는 일을 하고 있으리라.

D군은 타 대학 학생이면서 나를 대구에서 서울구치소까지 방문하게 만든 패기 넘치는 학생이었다. 큰 사업가가 되어 나라 발전에 이바지하고 있을 것이다.

영남대학교에서 뿌리내려 살아온 한 생을 되돌아보니 행복했던 기억보다 가슴 아린 기억이 먼저 고개를 내민다. 나와 이런저런 인연으로 맺어온 모든 386 운동권 학생들은 시대적 아픔을 일찍 깨달았다. 조금의 어려움은 있었지만, 삶의 밑거름이 되었을 것이다. 열 손가락 중 아픈 손가락에 더 연민이 가듯이 마음 한쪽이 아린다. 이들 모두의 행운을 빈다.

젊은 한때의 뜨거운 열기는 모두 지나가는 바람이었으리라.

뉴밀레니엄, 그 땐 그랬었지

류호용
명예교수 | 산업디자인학과

기술의 진보 체화된 인식

30여 년의 교수생활 중에서 부지런히 그리고 나름 열정을 다해 가르치던 시기라면 필자의 나이 40 후반부터 50 중반에 진입한 몇 년 사이가 아닌가 한다.

지금 소개하는 내용은 그때 학생들을 지도하면서 On line상에서 같이 나눴던 이야기들이다. 나는 그 무렵 부교수를 거쳐 정교수에 오른 시기여서 여러 가지로 활발한 교육과 작품활동을 해야 하는 시기이기도 했지만, 다른 한 가지 이유도 있었는데, 그건 당시 20C 말을 거쳐 2000

년 뉴밀레니엄에 진입하면서 우리 사회에 불어닥친 정보사회로의 패러다임 변화가 그것이었다. 그 시기는 디지털로 인하여 달라진 환경과 새로운 것들에 대한 많은 이해가 필요했고 또 그것을 교육에 반영하고 연구활동으로 풀어나가야 했기 때문이다.

우리는 지금 생활 속에서 직접 느끼진 못하지만, 인공지능AI과 AI반도체 등의 기술을 중심으로 보이지 않는 치열한 기술 경쟁 속에 살고 있다. AI가전, 자율주행차, 스마트홈 기기 등의 응용기술과 제품들이 우리 생활 속 깊숙이 파고들어 세상을 바꿔놓고 있기 때문이다. 생활 주변의 이러한 변화는 앞에서도 언급한 바와 같이 2000년대를 전후한 정보사회로의 급격한 패러다임의 변화를 떠올리게 한다.

바로 얼마 전의 일같이 여겨지는 1990년대 인터넷과 월드와이드웹www의 증가 및 PC 대중화 그리고 2000년대로 접어들면서 우리 일상에 파고든 모바일 미디어의 확산이 그것이다.

이른바 3G 이동통신 기술과 CDMA(코드분할 다중접속) 동화상 통화 휴대폰〈사진1〉이 만들어낸 모바일 미디어의 확산은 사회 여러 영역에 걸쳐 엄청난 변화를 가져왔으며 디지털 문화 확산에 결정적 역할을 하면서 아날로그에서 디지털로의 변화가 이루어지던 시기였다.

이렇게 디지털이 세상 속으로 들어오면서 아날로그의 뿌리가 흔들리고 우리의 사고와 행동에도 영향을 미쳐 스승과 제자 사이, 계층 사이 인간관계를 근본적으로 바꾸어놓으면서 모바일이 만든 세상은 기존의 세상과 다른 것이었다.

또 생활 속의 패턴들이 바뀌면서 지금은 당연한 일들이 그때는 있을 수 없는 일들로 다가왔다. 패러다임의 변화는 어김없이 교육 현장에도 불어닥쳐 모두의 기억처럼 변화 속에서 다소 혼란스러웠다. 당시 새로운 밀레니엄시대를 기대와 흥분으로 맞이하며 누구나 다가올 변화와 인간 생활환경에 대해 예견은 했지만, 막상 변화와 혁신으로 새로운 시대가 열리고 그로 인한 일상과 교육 현장을 통해서 우리가 체감한 변화의 강도는 대단한 것이었다.

특히 새로운 기술을 입힌 제품들은 그것이 사용되는 시간과 공간을 통하여 인간 생활 곳곳을 변화시켜 놓았고 관련한 산업디자인 분야는 변화의 영향을 고스란히 받으면서 변화의 흐름에 가장 민감하게 반응하는 분야였다. 돌이켜보면 클라우스 슈바프가 주창한 4차 산업혁명의 초기가 아니었나 생각한다.

당시 산업디자인 분야의 변화 내용을 간략히 설명하자면 기존의 디자인프로세스에 따라 형태와 CMFColor, Material, Finishing(색상, 소재, 마감) 디자인 등 제품의 외관을 중시하던 디자인이 사진 2처럼 제품에 S/W, 디지털 미디어, 솔루션Solution 등 디지털기술이 접목됨으로써 디자인프로세스에

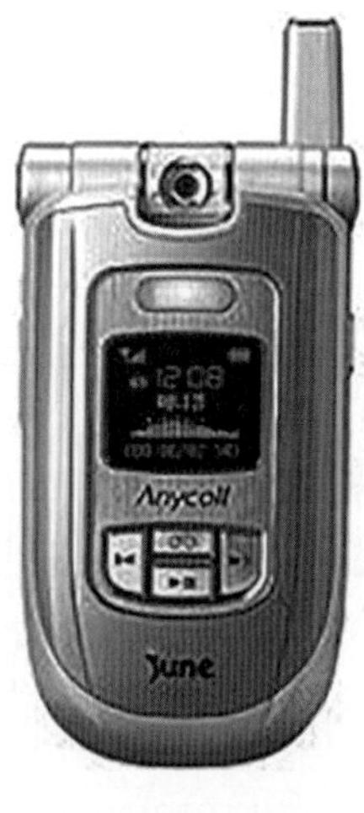

〈사진1〉 삼성 애니콜(2004)
출처: https://www.fnnews.com/news/200405301116119960

서 제품의 새로운 가치 제공을 위한 디자인 선행기획(디자인 컨셉트, 제품 컨텐츠를 어떻게 설계할 것인가? 등)이 중요해졌다. 따라서 디자인 선행기획 단계에서 많은 상상력과 창의력이 가능하도록 생각과 발상의 전환을 요구하는 디자인으로의 변화는 돌이킬 수 없는 흐름이었다. 즉 지금껏 익숙해져 있던 아날로그 디자인에서 디지털 차원의 디자인으로 바뀌는 과정이었다.

필자가 지도교수로 있던 운송기기디자인YTD: Yeungnam Transportation Design 동아리 학생들 역시 여타 학생들과 마찬가지로 당시 디자인프로세스와 제품 환경의 변화 때문에 디자인 선행기획 단계에서 적응하기 어려워하는 학생들을 심심찮게 볼 수 있었다. 이런 현상은 학생들이 반복적인 실기 작업으로 단순 디지털 표현기법에는 능하지만, 아이디어 도출 과정에서 필요한 디지털적 솔루션에 대한 역량이 부족한 때문이었다. 처음 접하는 디지털기술에 대한 기본 이해는 물론 그것을 활용하는 논리와 상상력이 미진한 것은 어쩌면 당연한 것이었다. 이처럼 기술에 대

〈사진2〉 BeoSound 3(B&O社, 2006, 휴대용라디오, 시계, MP3)
출처: https://beo.zone/en/beosound-3/

한 디자인 분야의 한계가 엄연히 존재하지만, 내게는 이때가 실사구시 학문인 산업디자인을 디지털시대에 맞게 가르치고 풀어나가기 위해 힘써서 연구하고 노력하던 시기였던 것 같다.

모교 교수로서 저간這間의 책임감이 작동한 건지는 모르겠지만, 실로 하루가 다르게 달라지는 교육 환경에서 학생들을 제대로 이끌어가기 위해서는 바뀐 환경에 대한 그들의 생각과 능력을 창의적인 방향으로 환기시키기 위한 특별한 방법이 필요했다. 나는 수업 시간 외에도 온라인으로 학생들의 세상에 대한 도전과 그것을 위한 노력을 격려하기 위해 YTD 동아리 홈페이지 게시판을 이용해 메시지를 전달해 보기로 마음먹었다. 실기수업 시간을 통해서 학생들에게 이야기하는 방식도 당연히 하고는 있었지만, 정리된 메시지가 아닌 그때그때의 조각난 메시지는 실기 작업에 집중하는 학생들 귀에 잘 전달되지 않는 어려움이 있었다.

그래서 시작한 것이 YTD의 싸이월드 미니홈페이지 게시판을 통하여 학생들에게 보내는 시편지 글이었다. 디자인을 전공해 온 사람으로서 인문학적 소양은 물론, 보잘것없는 글 표현 능력 때문에 조심스러웠지만, 다행히 그러한 방법을 학생들이 선호하면서 선후배 모두 On ilne을 통하여 시간적 제약 없이 참여하고 소통하는 괜찮은 방법이었던 것 같다.

싸이월드는 아시다시피 우리나라 1세대 토종 소셜네트워크 서비스SNS로서 대학생을 위주로 한 젊은 층에 인기였으며 그 뒤 스마트폰 시대(2009년 삼성 갤럭시)의 도래로 쇠퇴기를 거쳐 2010년대 중반 사라질 때까지 국내 커뮤니티 포털사이트의 중심축으로 떠올랐던 SNS를 통한 소통문화의 시발점이었다. 지금 생각해 보면 싸이월드가 학생들을 위한 교육 현장에서 소통의 일부분을 담당해 주던 시절이 새삼스럽고 종종 활용해 오던 사람의 입장에서 그 부재가 아쉽다. 기술의 진보는 우리 삶의 거의 모든 영역에 깊이 영향을 미친다는 체화體化된 인식과 함께...

그때 싸이월드 YTD 미니홈페이지 게시판에 올린 시편지 형식의 격려문들 중 파일로 보관하고 있던 시편지 몇 편을 골라 매끄럽지 못한 문체 그대로 여기에 소개한다.

처음에 학생들 자신만의 전용 소통 공간인 싸이월드 YTD 미니홈페이지에 지도교수가 나타나서 게시판에 글을 올리자, 학생들은 일순간 게시판 활동을 중단했고, 나는 이방인의 모습으로 그곳에 머물면서 학생들 눈치를 살피지 않을 수 없었다. 댓글도 없었고, 기껏 '……'의 줄임표 정도로 머뭇거리거나 할 말이 없다는 묵시적 표현뿐이었다.

아래의 시편지 글들 중 첫 번째 글은 그즈음 학생들에게 전한 메시지 글로서 과학기술의 변화와 혁신의 과거, 현재를 이해하면 다가올 근미래의 제품디자인 경향 예측도 그렇게 어려운 일은 아니기 때문에 냉철한 지성과 뜨거운 감성을 모두 갖춘 디자이너로서 사람의 시선과 마음을 움직일 수 있는 디자인을 하자는 메시지이며, 두 번째 글은 패러다임이 바뀐 세상에서 동아리 학생들은 디지털의 기본을 이해하고 아날로그와 디지털기법을 활용한 디자인에 같이 능숙해야 하며 창의적인 작품을 위해서 어떻게 해야 하는지? 무엇이 필요한지?를 전달하고자 한 격려문이다.

훔치자! 2004.05.16.

버튼 하나면 사랑한단 문자도 날아가고
버튼 하나면 멀리 있는 그녀의 얼굴도 볼 수 있다.
그런데 그녀의 마음은 어디에 있는지...
답답한 이내 마음은 가슴이 탄다.
훔치자!
그녀의 마음을 훔치자. 그녀의 마음을 내 것으로 만들자.

그리하여 달콤한 사랑도 나누고 행복한 장밋빛 미래도 설계하자.

기술은 우리를 편리하게 해 주지만
우리의 인간성을 풍부하게 해주진 못한다.
그래서 기업은 풍부한 개성의 인간미 넘치는 젊은이를 찾고 있다.
훔치자!
내 꿈에 한발 다가서기 위해서는
기업의 아이덴티티와 면접관의 마음을 훔치자.
그래서 나의 기량을 마음껏 펼치고 디자인을 내 것으로 만들자.
지금의 변화무쌍하고 끊임없는 불확실성은 우리를 불안케 한다.
패러다임이 바뀐 사회에서는
지나온 역사적 사실과 판단들을 훔쳐서 내 것으로 이해하고 있을 때
미래는 어느 정도 예측 가능하다.
앨빈 토플러, 피터 드러커, 새뮤얼 헌팅턴 등은
그래서 대가란 소릴 듣는다.

네트워크로 인해 시, 공간의 한계가 무너진 세상은
안과 밖의 경계가 없다.
훔치자!
글로벌 시대에 넓은 세상을 훔쳐서 내 것으로 만들자.
나의 목표도, 미래 나의 경쟁 상대도 바깥 세상에 있다.
그러나 이러한 일들은 머리로만은 불가능하다.
특히 사람의 마음을 훔치고 움직일 수 있는 뜨거운 가슴이 필요하리라
이제 냉정한 머리와 뜨거운 가슴으로 세상을 움직이게 하자.
시선과 마음을 훔칠 수 있는 디자인으로...

On, Off line, 두 세상의 비밀 2004.11.22.

요즘 온통 싸이월드 때문에 On-line 세상의 무수한 홈피들이 이른바 개점 휴업 상태다.
그도 그럴 것이 초딩 녀석부터 50대 초로初老의 할머니까지 열일 제쳐놓고 마주하는 싸이월드이다 보니 크게 이상할 일도 아니지만, 이러다가 이후 또, 어떤 강자가 나타나 싸이를 잠재우게 될지? 알 수 없는 일이다.
그러고 보면 On-line 세상의 관심과 부침은 Off-line 세상과 마찬가지로 흐르는 시간과 세상의 변화에 따라 수시로 바뀌는 셈이다.
그래서 우리는 안개처럼 불확실하고 복잡한 세상에서 시, 공간을 초월해버리는 변화의 실체와 부닥치며, 변화가 만들어낸 새로운 매력에 낯선 부담감과 함께 흥분하다가 이내, 친한 친구처럼 빠져들게 된다.
싸이월드가 그렇고, 모바일 제품과 홈 네트워크가 그렇고, 시장을 겨냥한 컨셉트 카가 그렇다. 불과 수년전에는 꿈속의 일들이 지금은 현실로 존재하고 있는 것이다.
그러면 무엇이 이러한 꿈을 현실로 바꿔놓고 있는가?
무엇이 이러한 변화를 가능하게 하는가?
on, off line 두 세상을 넘나들며 변화를 몰고다니는 자들의 비밀 몇 가지를 알아본다.

아날로그에 능통한 디지털 마인드의 소유자다

인간의 육체와 정신이 따로 놀 수 없듯이, 아날로그와 디지털의 상관관계도 그와 같다.
아날로그를 인체의 Body에 비유한다면 디지털은 Soul(정신)에 해당된다.

제품의 외관을 아날로그라고 한다면 그 제품의 컨텐츠는 디지털이다. 즉 보이는 것이 아날로그라면 보이지 않는 것은 디지털이며, 물질이 아날로그라면 비물질은 디지털이다.
디자인에서 둘은 각각의 기능과 특징을 가지지만 상호보완하며 공존할 때 완전한 하나가 된다. 그래서 완전한 하나를 구사하고 창출해 내는 디자이너가 갑이다.
따라서 컨텐츠(비물질)가 녹아 있는 제품, 자동차 및 미디어디자인을 위해서는 아날로그는 물론 디지털 마인드가 동시에 필요하다.
풍부한 감성과 냉정한 이성으로 종이 스케치와 3D를 구분 않고 사용하듯이...

남과 다른 컨셉트를 가지고 있다

비슷하면 관심을 끌지 못한다. 뭔가 달라야 살아남는다.
독창적이면서 어필되는 컨셉트는 핵심을 짚어내는 분석과 기획에서 출발한다.
비록 꺼칠꺼칠하지만 가능성 있는 컨셉트를 담고 있는 과제는,
매끄럽게 정리된 것 같지만 컨셉트(알맹이)가 없는 과제와 대비된다.
표현력과 기본기는 시간이 지나면 누구나 비슷해지기 마련이다.
상상의 것이 생산되어 나오면 결국 그것은 컨셉트를 바탕으로 한 이미지의 싸움이다.
세계적 제품과 디자이너는 그들만의 독창적 컨셉트가 있다. 그들이 설계한 아이덴티티와 컨셉트 안에서 이미지화된 제품은 당연히 고급 대접을 받는다.
그래서 미국, 유럽, 일본 등의 학생들은 컨셉트 도출에 많은 시간을 투자한다.
자기 것을 끄집어내기 위해서... 그들이 실무에 가면 완성도 높고

Conceptual한 디자인이 많이 나올 수밖에 없다. 컨셉트가 중요한 이유가 여기에 있다.

누구와도 대화하며 강한 친화력을 가지고 있다

세상은 이제 지구촌이다. 시간과 공간 개념이 달라진 세상에서 디자인을 포함한 물질과 정보는 빠른 속도로 이동한다.
On, Off-line을 통하여 편의성과 흥미, 만족을 제공하는 커뮤니티서비스 제품이나 모바일 제품은 인종, 문화, 언어, 성별을 불문하고 많은 사람이 선호하게 되어 있다.
이젠 앉아서 다른 나라의 사이버대학도 다닐 수 있고, 지구 반대편에 있는 학생의 작품과 내 작품을 비교 분석도 할 수 있다.
이러한 지구촌에서 향후 나의 진정한 경쟁 상대는 세계인이다.
그들과 경쟁하기 위해서는 그들의 사용 언어를 구사하고, 그들의 문화를 이해해야 하며, 그들의 생활패턴에 관심 가질 필요가 있다.
넓은 세상으로의 여행과 외국어가 필요한 이유다.
따라서 다양한 경험과 능력을 바탕으로 자신의 위치를 입체적으로 파악할 수 있는 균형감각을 가지고 있을 때 국내는 물론, 비로소 세계인 그들의 정서에 부합되고 그들에게 친근감 있는 디자인이 가능하다.

동아리 홈페이지를 통해서 몇 편의 시편지 글을 올리고, 학생들이 그것을 읽고 '감사합니다' 혹은 짧은 댓글로 자신의 소감을 달기 시작했다. 묵시적 반응은 시간적으로 그렇게 길지 않았고 이방인의 입장도 어렵지 않았지만, 그들만의 온라인 공간에서 정식 구성원으로서 인정받기 시작한 것이다. 이후 온·오프라인의 통합 지도교수?로서 더 가깝게 학생들과 만날 수 있었던 것 같다.

그때 올린 또 다른 시편지 글들을 아래에 소개하면, 첫 번째 글은 새해 벽두에 보낸 메시지로 학생들의 각오 다짐과 함께 디지털의 기초를 제대로 습득하고 역량을 키워야 원하는 디자인이 가능하다는 내용이고, 두 번째 글은 패러다임이 바뀌고 있는 올 한 해를 생각하며 항상 디자인 작업의 핵심을 파악하고, 이를 위해 스스로 면학의 자세를 점검해 보자는 메시지며, 마지막 글은 졸업작품전 발표를 앞두고 작품 마무리에 골몰하던 4학년 학생들과 작품을 돕는 동아리 후배들에게 현재의 노력들은 미래에 그 가치가 있고 성과가 나타나므로 미래의 성취를 위하여 열심히 하자는 격려문이다.

길 2005.02.10.

보는 시각에 따라 오늘은 치열한 경주의 한순간이기도 하고,
한 걸음씩 음미하는 긴 여행의 한 지점이기도 하다.
누구나 가는 길이 탄탄한 직선 대로로만 이어진다면 그 여행은
무료하고 무의미할 수밖에 없다.

목적지를 향해 가다가 길이 막히면 우회하기도 하고,
탁 트인 포장길에서 본의 아니게 비포장 험로로 접어들게 되는 것도
초행길 나그네가 겪는 고달픈 여정이다.(누구나 초행길이지만...)

그러나 이젠 아예 과거와 달리, 있던 길조차 없어지고
새 길이 나타나는가 하면, 복잡한 다른 도로와 연결되어
도로체계 자체가 바뀌면서 행선지는 물론, 방향을 종잡을 수 없게
되기도 한다.

바뀐 시대에 우리가 만나고 경험하게 될 미래로의 길은
생각보다 더 예측 불가능하고 그래서 지금까지 보다 훨씬 험난하다.
이럴 때일수록 멀리 볼 수 있게 좀 더 높은 곳에서 주변을 둘러보자
저 넓은 세상을 내 안에 품고서...

길이 왜 바뀌었으며, 새 길은 어디에서 출발하여 어디를 향하고 있는지?
그러면서 궁극적으로 어느 길과 만나게 되어 있는지를 알아야
오늘의 여행 계획도 예측 가능하며, 따라서 내일은 덜 고단할 것이다.

이제, 스스로 예측하고 선택한 길을 가면서 나의 끼와 역량을
마음껏 쏟아붓자!!
여행이 더욱 분명하고 활력이 넘치도록...

2006년의 로드 맵Road Map 2006.01.19.

병술년 새해가 밝은 지도 벌써 보름 넘게 지났으니 부지불식간에
한 해의 1/20이 지나간 셈이다. 그래서 다시 우리가 걸어가야 할,
올 한 해에 대한 생각으로 조용히 2006년의 로드 맵을 한번 얘기해 보자.

2006년, 흔히 알고 있는 길을 뭇사람들처럼 그냥 마음 편하게 가기보다는,
소수의 사람들일지라도 특별한 안목과 비전으로 깨어 있어, 눈과 표정에서 재미있고 신선한 일이 터질 것 같은 그런 길이라면 더 좋을 것이다. 가는 길에 예상치 못한 장애물이 나타나더라도 장애물이 있기

에 비로소 의미 있는 길이 될 테니까…

믿음은 어떻게 보면, 타인에 대한 나의 상품 가치이며 때로는 그 이상이기도 하다.
또한 믿음은 사람의 마음을 움직이지만, 그러나 과포장된 믿음은 그 허약한 실체가 쉽게 드러나기도 한다. 면접, 자기소개서, 어학 등등은 모두 사용자가 믿음을 확인하기 위한 수단이다.
2006년, 많은 수식으로 믿음을 위한 내용물을 어렵사리 만들어가기보단, 젊은 날 세상에 대한 도전과 절치부심의 경험을 통하여 진솔하고 자연스러운 균형감각에 고개가 끄덕여지는 그런 믿음이라면 좋을 것이다.
믿음은 인간관계 어디에나 존재하지만, 하루아침에 만들어지는 게 아니기 때문에…
그리고 2006년, 어떤 일이든 냄비처럼 쉬 끓다가 식어버리는 단견이 아니라, 좀 더 멀리 보고 끊임없이 준비하고 계획 세우며, 뚝배기처럼 흔들림 없는 마음으로 자기 중심을 잡아가는 그런 길이라면 더욱 좋을 것이다. 우리가 진정 원하는 길이 아무리 화급하고 원대한 것이라 해도 발걸음은 오직 한 번에 한 걸음씩밖에 나아갈 수 없기 때문에…

손바닥 위의 동전銅錢을 보면 보이지 않는 다른 한 면이 있듯이, 디자인에도 보이지 않는 컨셉트와 그 디자이너의 생각이 존재한다.

이제 2006년, 보이는 것은 물론이거니와 보이지 않는 것에 대한 이해를 넓힌다면, 디자인을 통해서 자신의 생각과 표정을 멋지게 담아낼 수 있는 좋은 길이 가까워질 것이다.
실제로 보이는 것은 보이지 않는 것으로부터 많은 영향을 받게 되며,

따라서 생각과 관점의 변화가 곧 새로운 성취의 시작이 될 수 있음을 이해하자. 보이는 것의 경계를 뛰어넘어...

2006년 지금 우리는 과거와 달리 국내외로 다양한 시간과 공간 속에서 목적지를 향한 자신의 로드 맵을 만들어가고 있다.
물론, 어려우면서 많은 시행착오도 있겠지만,
가치 있고 멋진 자신의 긴 인생 여정을 위해서도 올 한 해는 중요하리라!
늦은 새해 벽두에 여러분의 건승을 기원합니다.

변화 2006.11.02.

더없이 푸르른 가을 하늘과
아름답게 물들어가는 캠퍼스지만
젊은 날이 언제나 이 계절처럼 그렇게 아름다울 수는 없고
젊은 날이 늘 그렇게 푸르지도 않다.

변화무쌍한 우리의 주변은 새로운 지식과 정보들로 항상 넘쳐나지만
그 속에 있는 우리의 생활방식과 생각은 변화만큼 새롭게 넘치질 못한다.
세상은 그래서 많이 편리해졌지만
편리해진 만큼 결코 만만한 세상은 이미 아니다.

학창 시절 세상을 향한 많은 시도와 반복되는 노력에도 불구하고
변화무쌍한 지금은 쓰디쓴 경험과 실패가 더 많을 수밖에 없다.

그러나 대부분의 가슴 벅찬 성취 뒤에는
실패에 투자한 시간과 공간들이 어김없이 존재한다.
지금 우리가 지나가고 있는 시간과 공간들은
푸르름과 아름다움을, 가슴 벅찬 성취를
만들기 위한 피할 수 없는 과정이리라.
오늘의 시간과 공간들의 가치는 그래서 미래에 있다!

과학기술의 발전으로 삶의 패턴이 급변하는 시대에 아이러니하게도
주변에는 변화가 필요한 사람과 환경들로 가득하다
그럼에도 불구하고, 변화 속의 시간과 공간은 이제 10월의 껍질을 벗었다.
10월을 깨뜨리고 일어선 11월은 그래서 더욱 높고 푸르다.

디자인에 창의를 입히자! 그리고 같이 변화시키자! 나와 우리 주변을!
다가올 나의 가슴 벅찬 성취를 앞당기기 위해서...

글을 쓰고, 다시 읽어보면서 느끼는 것은 멈추지 않는 변화와 혁신의 시간은 현재진행형이어서 지금 이 시간도 4차 산업혁명시대임을 새삼 깨닫게 된다.

내가 올린 많지 않은 시편지 글에 당시 게시판 댓글로 혹은 직접적인 반응으로 그때마다 동아리 학생들과 인사를 서로 주고받았지만, 이후 어느 날부터 스마트폰이 세상에 나오고 모바일 환경에 최적화된 또 다른 SNS(페이스북, 트위터 등)가 출현함으로써 PC 중심의 플랫폼인 싸이월드는 소통 방법과 편의성에서 밀려 자리를 내어주게 되었다. 이와 함께 시편지 시리즈도 시들해져서 게시판 메시지는 2008년경 중단하게 되었다.

특정 학생이 아닌 동아리 전체 학생을 대상으로 한 시편지 글의 효과는 구체적으로 알 수 없지만, 그때의 학생들은 지금 40대 중후반으로서 디자이너 인생 절정의 시기에 있으며 국내외 자동차회사 디자이너로, 제품디자이너로 혹은 교육직 종사자로 활동하고 있다. 그들 중 몇 명은 아직도 가끔 연락을 주고받고 있지만, 4차 산업혁명시대에 불확실한 미래로의 여정에 그들 모두의 건투와 행운을 빌어본다.

놀라운 사제 동행

-김대룡 교수와 함께

박정윤

명예교수 | 경영학과

5월 초순 어느 날 저녁 시간에 명예교수회 편집위원장 김정숙 교수로부터 전화가 왔다. 원고 청탁을 하시겠거니 했는데 예감대로였다. 영남대 재직 시에 제자와 함께한 내용을 글로 써달라는 부탁이었다. 바로 머리에 떠오르는 제자가 있었다. 그는 미국 도버시에 소재하는 델라웨어주립대Delaware State University 경영학과장으로 일하고 있는 김대룡DaeRyong David Kim 교수이다.

유학 결심을 한 계기

한국외환은행에서 7년간 근무한 후에 영남대 경영학과 교수로 발령받아 기업재무관리를 가르치기 시작한 것은 1981년 2학기였다. 이 당시에는 재무관리만 강의한 것이 아니라 학과의 필요에 따라 마케팅, 국제경영학 등도 강의하였다. 초기에는 강의 교재로 영어 원서를 많이 사용했다. 미국에서 MBA 학위를 받고 귀국한 지 얼마 되지 않아서 수업 시간에 가끔 은행에서 어떻게 유학하러 가게 되었는지도 얘기를 하곤 했다.

교수로 부임한 지 몇 년 되지 않은 때에 미국에서 유학하던 제자로부터 손편지 한 통을 받았다. 제법 긴 편지였다. 자기소개와 함께 기업재무관리corporate finance 수업 시간에 미국에서 유학하게 된 이야기를 듣고 도전이 되어 자신도 아이오와주립대학Iowa State University에 오게 되었다고 말했다. 그런데 막상 MBA 과정을 수학해 보니 여러 가지로 어려움이 많다고 고충을 털어놓았다.

편지를 읽고 안타까운 마음이 들어 답장을 써서 보냈다. 유학할 때 겪었던 어려웠던 경험을 얘기하면서 일요일에 교회에 나갈 것을 권유했다. 한국에서는 교회에 잘 다니지 않았지만, 미국 유학 시에 교회에 다니면서 믿음을 가지게 되었고 큰 힘을 얻었기 때문이다.

한참 후에 제자로부터 또 한 통의 편지를 받았다. 그는 내가 얘기한 대로 교회에 한동안 출석했는데 마음에 변화가 없었다고 했다. 또 답신을 보냈다.

"나도 처음 교회에 출석했을 때 예배 시간에 졸기도 하고 감동이 없었지만 계속 다니다 보니 어느 순간에 은혜를 받게 되었으니 계속 교회에 다녀보길 바란다."

텍사스 롱뷰에서 제자 가족과 첫 만남

1988년 초에 박사학위 과정을 마치고 귀국했을 때 물가가 많이 올라 있었고, 특히 집값이 많이 올라서 집을 바로 매입할 수 없었다. 전셋집에 살고 있다 보니 빈곤감이 느껴졌다. 주택도 매입하고 넉넉하게 살기 위해서는 받는 월급을 모아서는 불가능하겠다는 생각이 들었다. 그래서 두 가지 일을 했다. 하나는 주택 마련을 위해 아파트 청약예금을 들었다. 또 다른 하나는 수입을 늘리기 위해 주식투자를 했다. 가지고 있던 돈뿐만 아니라 빚을 얻어서까지 투자했다. 그런데 문제가 생겼다. 당시 어느 학교에 5천만 원을 빌려주었는데 이자는커녕 원금도 받지 못하게 되었다. 금융기관에서 빌린 돈은 이자와 함께 원금도 상환해야 하는데 갑자기 재무 곤경에 빠지게 된 것이다.

"환난 날에 나를 부르라. 내가 너를 건지리니 네가 나를 영화롭게 하리로다."(시편 50편 15절)라는 말씀이 생각났다. 새벽기도까지 나가며 하나님께 부르짖기 시작했다. 어느 날 로마서 13장 8절이 머리에 떠올랐다. "피차 사랑의 빚 외에는 아무에게든지 아무 빚도 지지 말라. 남을 사랑하는 자는 율법을 다 이루었느니라." 이 말씀을 묵상하다가 빚지지 않고 사는 것을 하나님의 뜻으로 이해했다. 그 당시에 욕심을 내어 투자 목적으로 사둔 복합상가가 팔리게 되면 다시는 빚지지 않고 살겠다고 하나님과 약속하였다. 그런데 부동산 경기가 좋지 않은 때라 또 기도할 수밖에 없었다. 간절히 기도하던 중 며칠이 되지 않아 매수자가 나타났고 가격도 괜찮아 바로 팔아버렸다. 그리고 모든 종류의 빚을 일시에 갚아버렸다. 그날부터 마음이 평안해지고 잠도 잘 왔다. 이것이 계기가 되어 성경은 빚에 대해서 어떻게 말하고 있는지 궁금하여 이 주제에 관한 연구를 하기로 하였다.

1994년 1월 텍사스주 롱뷰 시에 소재하는 르터너대학LeTourneau University에 방문교수로 가게 되었다. 먼저 해야 할 일은 빛에 관한 연구를 하는 것이지만 또한 여행도 하고 싶었다. 마침 제자가 미시시피대학교University of Mississippi에서 경영학 박사과정을 밟는 중이라 연락하였다. 제자 가족이 봄방학을 맞아 우리 집을 방문하게 되었고 이스트 텍사스를 4박 5일 일정으로 같이 여행하였다. 오스틴에 소재하는 텍사스대학교를 둘러보았다. 또한, 아름다운 샌 안토니오를 방문하여 멕시코 음식을 맛보고 밤에는 샌 안토니오 시내를 가로지르며 흐르는 강에서 배를 타고 야경을 즐기면서 낭만적인 시간도 보냈다. 이 밖에도 휴스턴 나사, 항구도시 겔버스틴을 차례로 방문하여 두 가족이 휴가를 마음껏 즐긴 추억이 있다.

여행을 마치고 르터너대학의 L 교수와 함께 제자 가족에게 복음을 전하자고 제안했다. L 교수는 작은 방에서 예수 그리스도의 복음을 오랫동안 제자와 그의 부인에게 설명했다. 그리고 우리는 함께 제자 가족을 위해 중보기도를 하였다.

제자 가족이 집으로 돌아가는 차 안에서 '우리도 예수님을 영접하고 세례를 받아야 하나…. 하지만 그때가 언제일까?' 하며 얘기를 나누었다고 한다. 부부가 얘기를 나누며 운전하는 도중에 텍사스와 루이지애나 경계 부분의 산등성이를 막 올랐을 때 맞은편 파랗게 맑은 하늘에 하얗고 비율이 정확한 십자가가 너무나도 선명하게 눈앞에 다가왔다고 한다. 그들은 순간 두렵기도 하고 기쁘기도 하고…. 경외감으로 잠시 차를 세우고 아무 말 없이 넋 놓고 십자가를 바라보고 있었다고 한다.

후에 제자가 이런 글을 카톡으로 보낸 적이 있다.

"우리 부부가 너무 예수님 영접을 망설이고 있으니까 주님께서 누구를 통해서인지는 알 수 없지만, 그 순간에 우리에게 보여주신 것으로 믿고 학교로 돌아간 뒤 바로 부부가 물로 세례를 받았습니다."

여름방학 때 우리 가족이 다시 여행할 기회가 있었다. 이때는 단순히 자연경관만 구경할 것이 아니라 이전에 신앙생활을 함께 하였다가 지금은 다른 지역에 사는 분들을 다시 만나고 싶었다. 이때도 미시시피에서 공부하고 있는 제자 가정에서 이틀을 보내기로 하고 방문하였다. 멤피스에 소재하는 엘비스 프레슬리 박물관을 함께 방문하여 관람하기도 했다. 그리고 부부가 하나님을 믿기로 하고 세례를 받았으니 박사과정을 잘 마칠 수 있도록 격려하며 기도를 해주고 다음 방문지를 향하여 떠났다.

교통사고 때 병원을 찾아준 제자 가족

크터너대학에서 두 편의 논문을 작성했다. 한 논문은 "기독인 경영 기업과 일반 기업의 자본구조 전략의 차이에 관한 실증적 분석: 성경적 접근"이며 이 논문은 1998년에 한국재무관리학회의 재무관리논총에 게재되었다. 또 다른 논문은 "성경적 차입 및 대출 원리"이다. 이 논문은 1996년도 통합연구 학술지에 게재되었다.

어느덧 연말이 되어 귀국할 준비를 하였다. 1995년 1월에 귀국하기 위해 항공권도 샀다. 그런데 1994년 12월 크리스마스 예배를 마치고 집으로 돌아오는 중에 예기치 못한 교통사고가 났다. 우리 차가 반대편에서 달려오던 반 트럭과 정면충돌을 하였다. 차는 종이쪽지가 구겨지듯 완전히 망가졌다. 아내가 완전히 찌그러진 차에서 구조자의 도움을 받아 간신히 빠져나왔다. 하지만 머리에는 피가 흐르고 있어서 생명이 위독한 것으로 판단되어 헬리콥터로 다니던 교회가 있는 타일러 시의 한 병원으로 이송되었다. 필자는 뒷좌석에서 졸고 있다가 충격으로 인해 문밖으로 튕겨나가 제법 먼 거리에 있는 움푹 파인 홈에 떨어졌다. 사고 현장에 도착한 구급 담당자들은 아직 의식이 있는 것을 보고 가까운 롱뷰 시의 굿 셰퍼드 병원Good Shepherd Hospital에 입원시켰다. 사고 소식은 지역 텔레비전으로 방영되었다고 한다.

뉴스를 보고 저녁 늦게 병원에 도착한 L 교수는 나의 생명이 위태로운 것을 직감하고 세 가지를 물었다. "사고 소식을 한국 가족에게 알릴까요?"

"알리지 마세요."

"우리가 정리해야 할 것을 알려주세요."

"자동차 보험 관계를 처리해 주시고 항공권을 취소해 주세요."

"사모님은 괜찮습니다. 사모님에게 전할 말이 있으면 얘기해 주세요."

사고 당시에 여러 곳의 뼈가 부러졌다. 또한, 폐가 부러진 갈빗대에 찔려 구멍 난 타이어처럼 바람이 빠져 호흡을 하기 힘들 정도여서 말할 기력이 없었고, 죽을 수도 있겠다는 생각이 들었다. 그래서 유언을 전하기로 하였다.

"잠언 3장 5절과 6절." 이 말을 마치자마자 의식을 잃었다.

우리 부부의 사고 소식을 듣고 놀란 제자 부부는 미시시피를 떠나 텍사스의 굿 셰퍼드 병원으로 찾아왔다. 병원 침대에 누워 있던 상태를 최근 카톡으로 다음과 같이 보내왔다.

"교수님이 코마 상태로 누워 계신 것을 보고 돌아왔어요. 그러나 곧 깨어나실 것을 믿어 의심치 않았습니다. 그때 집사람이 방문하기 전에 수놓았던 예수의 기도 액자를 드리고 왔는데, 집사람이 두 개를 똑같이 수놓고 똑같은 액자로 만들어 이 중 하나는 집에 걸어두고 있습니다."

제자 부인이 선물한 겟세마네 기도 액자는 지금도 우리 집 벽에 걸려 있다. 주님이 십자가의 수난을 당하기 직전에 하나님 아버지께 기도하시던 모습을 수놓은 것이다. 기도 내용은 다음과 같다.

"아버지여 만일 아버지의 뜻이거든 이 잔을 내게서 옮기시옵소서. 그러나 내 원대로 마옵시고 아버지의 원대로 되기를 원하나이다."(누가복음 22장 42절)

겟세마네 기도는 주님이 힘쓰고 애써 더욱 간절히 기도하신 것으로 유명하다. 누가복음의 저자인 누가는 예수의 기도 모습을 이렇게 묘사하고 있다.

"땀이 땅에 떨어지는 핏방울같이 되더라."(누가복음 22장 44절)

이 글을 쓰면서 제자 부부가 생명이 위독한 교수를 위해 간절히 기도했던 모습을 생각하니 가슴이 뭉클해진다. 뜨겁게 기도해 준 제자 부부와 많은 성도의 기도 덕분에 사경을 헤매던 나는 생명을 되찾았다. 입원한 지 만 4개월 만에 누운 채로 퇴원하였다.

7월 말에 제자 부부가 다시 우리를 찾아왔다. 이 무렵 하나님은 내가 신학을 공부해서 목회자가 되기를 원하실지 모른다는 고민을 하고 있을 때였다. 그러한 고민을 제자에게 말한 적이 있었는데 이런 반응을 보였다. "저는 교수님이 계속 교수로 있으면서 저와 같은 학생들에게 도움을 주면서 복음도 전하시면 좋겠습니다."

특별한 두 번의 만남

멀리 떨어져 사는 제자를 1년에 두 번을 만나는 것은 쉬운 일이 아닐 것이다. 그런데 캐나다에서 연구년을 보내는 동안 제자 가족을 두 번 만나는 행운을 가졌다.

부차트 가든The Butchart Gardens을 함께 여행

2004년 가을 학기에는 캐나다 랭리에 소재하는 트리니티웨스턴대학Trinity Western University에서 방문교수로 1년을 보냈다. 이때는 주로 사회책임투자Socially Responsible Investing에 관한 연구를 하면서 잠언을 중심으로 가계재무관리(생활재무관리) 원리를 찾는 연구도 하였다.

이 무렵 제자는 울산대학교 교수로 수년간 재직하다가 사직하고, 뜻이 있어서 델라웨어주립대의 교수로 근무하고 있었다. 2005년 봄에 김 교수는 밴쿠버에서 개최하는 학회가 있어서 가족들과 함께 이곳에서 며칠을 체류하였다. 이때 두 가족이 빅토리아섬에 있는 부차트 가든을 함께 여행하기로 계획을 세웠다.

부차트 가든은 한때 석회석 채석장이었다. 제니 부차트Jennie Butchart는 남편 로버트가 운영하는 시멘트 공장 때문에 생긴 채석장을 바라보았다. 채굴된 땅은 황량하고 석회 흙먼지가 날렸다. 그녀는 말과 수레로 흙을 옮겼고 버려진 땅에 꽃과 나무를 심었다. 1904년 부차트 가든은 이렇게 시작되었다. 계절마다 아름다운 꽃이 피도록 단계적으로 여러 종류의 정원을 만들어 지금은 세계 각국으로부터 수많은 관광객이 방문하는 명소가 되었다.

우리 두 가족은 선큰 정원Sunken Garden, 장미정원, 일본 정원, 이탈리아 정원, 지중해 정원 등을 차례로 둘러보면서 그 아름다움에 취하여 기뼈의 탄성을 연발하였다. 제자 교수는 지금도 부차트 정원은 에덴동산이 연상될 정도로 참으로 아름다운 정원으로 기억하고 있다. 이 정원이 세계 4대 정원에 속한다는 말이 실감되었다.

제자의 권사 취임식에 참석

어느 날 제자가 2005년 7월에 교회에서 권사로 임직을 받게 된다는 반가운 소식을 전해주었다. 여건이 된다면 한번 방문해 주면 좋겠다고 초대를 해주었다. 침례교의 권사 직분은 장로교단의 장로에 해당하는 중요한 직분이다. 그래서 아내와 의논하고 시간을 내어 참석하기 위해 항공권을 미리 구매해 두었다. 믿음의 제자가 교회 권사로 취임하는 일을 축하해주고 교제도 하면 좋겠다고 생각했기 때문이다.

밴쿠버 공항을 출발하여 토론토에서 비행기를 갈아타고 필라델피아

임직 사진(2005)

공항에 도착하니 제자가 마중을 나와 있었다. 도버시 자택에 이를 때까지 델라웨어주의 주산물과 특성에 관해 설명해 주었다. 델라웨어는 면적이나 인구로 보면 작은 주이나 미국의 최초 13개 주 가운데 하나로 미국 연방 초기에 중요한 역할을 하였다. 집으로 가는 길에 한 회사를 가리키며 "교수님 저 오른쪽에 보이는 회사가 바로 듀퐁 본사입니다." 하고 이야기를 이어갔다. 델라웨어에 본사를 많이 유치하기 위해 주 정부에서 세금 혜택을 어떻게 주고 있는지도 설명해 주었다. 이윽고 집에 도착하자 제자 부인이 우리 부부를 반갑게 맞았다.

임직 예배를 드리는 동안 진한 감동이 있었다. 하나님을 알지 못하던 제자가 크리스천이 된 것도 기쁜 일이지만 교회 지도자로 세움을 받는 것은 매우 귀중한 일이다. 장로는 믿음의 비밀을 가지고 있을 뿐만 아니라 성도의 본이 되어야 하고, 한 아내의 남편으로서 자녀들로 공손함으로 복종하게 하는 자이다. 또한, 그는 직장과 사회에서도 선한 증거를 얻어야 한다.

울란바토르
한국로고스경영학회 국제학회에서 발표

2018년 여름 우리 부부와 제자 부부는 몽골 울란바토르에서 3박 4일 동안 의미 있는 시간을 함께 보냈다. 7월 4일에는 울란바토르에 소재하는 UFE University of Finance and Economics에서 한국로고스경영학회 국제학회가 개최되었다. 한국로고스경영학회는 신앙과 경영학을 통합하여 연구하는 학회로 2002년에 조직되었다. 김대룡 교수는 이 국제학회에서 '4차 혁명의 시대에 몽골의 나아갈 방향'이란 주제로 기조연설을 하였다.

필자는 이 학회에서 "Introducing A Biblical Theory of the Blessed Rich in Mongolia"라는 제목으로 발표하면서 행복한 부자가 되는 방법

울란바토르 국제학회 참석(2018)

을 소개하였다. 몽골도 예수 그리스도 안에서 국민이 모두 행복한 부자로 살 수 있으면 얼마나 좋을까 하는 마음으로 발표를 하였다.

우리 두 부부는 이곳에 머무는 동안 학회 참석 외에도 게르에서 1박을 하며 몽골의 문화를 체험하는 시간도 가졌다. 또한, 초원에서 말을 타고 제법 먼 길을 승마하며 유목민의 삶을 맛보기도 하였다. 어마어마하게 큰 칭기즈칸 동상을 구경하기도 하였는데, 이 동상은 중국 쪽을 향하고 있었다. 이것은 항상 중국을 잊지 말고 경계하라는 뜻이 담겨 있다고 한다. 어느 날 저녁에는 몽골인을 대상으로 선교를 하는 교회를 방문하여 예배를 드리기도 하였다.

원고를 마무리하며

이제 원고를 마무리할 때가 된 것 같다. 수업 시간에 얘기한 것이 계기가 되어 미국 유학을 결심하고 석사과정과 박사과정을 공부하고 나서 교수가 된 제자 이야기를 몇 가지 사건을 중심으로 적어보았다. 울산대학교에 교수로 재직할 때는 비교적 자주 만날 수 있어 좋았지만, 갑자기 델라웨어주립대학교 교수가 되면서 그럴 형편이 되지 않았다. 하지만 두 가족이 여러 차례 함께 만나 즐겁게 지낼 수 있었던 것은 하나님의 은혜와 인도 덕분이라고 생각된다. 주님이 허락하시면 또 만날 수 있기를 기대해 본다. 제자 교수와 가족의 앞날에 하나님의 은총과 축복이 함께 하시기를 기원한다.

100m 선수와 골프 선수

서길수
명예교수 | 화학공학부

1978년 영남대에 부임하여 한 학기를 수업한 후, 나는 내가 속했던 집단과 영남대 학생들 사이에 큰 차이가 있음을 깨달았습니다. 내가 젊은 시절을 보낸 집단이 엄격한 규칙 안에서 움직였다면, 이곳은 유연한 환경에서 도전을 즐기는 집단이었습니다. 이를 스포츠에 비유하자면, 나는 100m 달리기 선수였고 영남대 학생들은 골프 선수였습니다.

100m 달리기 트랙은 정확한 규격이 정해져 있지만, 골프 코스는 각기 다른 특성을 가집니다. 그래서 나는 골프 선수들을 무리하게 100m 달리기 선수로 만들려 하기보다는, 그들이 뛰어난 골프 선수로 성장할 수 있도록 돕겠다는 마음가짐을 갖게 되었습니다.

이 차이를 더 자세히 설명하자면, 100m 선수는 정해진 기술을 완벽히 익혀야 하는 반면, 골프 선수는 다양한 상황에서의 경험과 적응력이 중요합니다. 이는 매우 큰 차이점입니다. 규격화된 트랙에서 진행되는 육상 경기에서는 2등이 1등을 꺾기가 쉽지 않습니다. 우사인 볼트의 독보적인 기록이 이를 잘 보여줍니다. 반면, 골프는 코스마다 특성이 다르기 때문에 타이거 우즈도 모든 대회에서 연속 우승할 수는 없습니다.

이러한 관점에서 볼 때, 영남대 화공과 학생들은 변화와 도전의 기회가 많은 기업이나 창업 분야에서 성공할 가능성이 높다고 생각했습니다. 실제로 제 연구실 출신 중 학계보다는 산업계나 창업 분야에서 성공한 제자들이 많습니다. 이들의 이야기를 몇 가지 소개하고자 합니다. (이는 단순히 성공한 제자들만을 언급하는 것이 아닙니다. 저의 연구실 출신들은 전반적으로 국내 최고 대학 화공과 졸업생들과 견줄 만한 능력을 갖추고 있습니다. 많은 제자 중에서 기억나는 대로 몇 가지 사례를 들어보겠습니다.)

창업한 제자들의 이야기

L군은 코오롱에서 근무하며 우리 연구실에서 박사학위를 받은 후, 미국 코넬대학에서 박사 후(postdoc..) 과정을 마쳤습니다. 귀국 후 그는 제게 조언을 구했고, 우리는 그의 전문 분야인 고분자를 활용한 창업을 논의했습니다. 그는 페놀수지 분야에서 특히 뛰어났습니다. 현재 L군은 서울에 본사를, 김천에 대규모 공장을 둔 회사의 사장이 되어, 서울 도곡동 타워팰리스에 거주하는 첫 제자가 되었습니다. 이는 영남대 출신이 변화가 많은 기업이나 창업 분야에 적합하다는 것을 보여줍니다.

Y군은 합천 출신으로, 제가 영남대에서 만난 가장 우수한 학생 중 한

명이었습니다. 그는 고분자 합성과 분석기기 사용에 능숙했으며, 뛰어난 창의력으로 연구실의 각종 프로젝트 제안서와 보고서를 작성했습니다. 박사학위 취득 후, 그는 회사 경험이 전무한 가운데 화공약품 제조 및 위탁생산 회사를 설립했습니다. 제가 봐도 신통방통합니다. 2024년 여름, 처음으로 그의 회사를 방문했는데, 약 6,000평 규모의 잘 정비된 공장에서 플라스틱 사출과 화공약품을 생산하고 있었습니다. 이 회사에는 또 다른 제자인 P군도 함께 일하고 있습니다. P군은 학창 시절 우수한 성적과 다재다능함으로 유명했으며, 졸업 후 당시 대기업이었던 '대우'에 입사했었습니다. '대우'의 몰락 이후, 그는 Y군의 회사에 합류하여 함께 일하고 있습니다. 이는 연구실 선후배 관계의 중요성을 보여주는 좋은 예입니다.

경산 자인공단에는 L군의 회사가 있습니다. L군은 대학원 시절 실험과 전자현미경 사용에 능숙했으며, mesoporous 물질 연구로 미국 학술지에 논문을 게재하기도 했습니다. 졸업 후 그는 우레탄 접착제 생산 기업을 창업했습니다. 이 접착제는 가구 제작, 자동차 부품 조립, 건물 방수 등 다양한 분야에서 사용됩니다. 현재 회사는 안정적으로 운영되고 있으며, 다수의 연구실 후배들을 고용하고 있어 성공적인 경영을 하고 있음을 알 수 있습니다.

기업에 근무하는 몇 명의 제자들 이야기

회사 선택 시 자신의 성격과의 적합성을 고려해야 합니다. Y군과 L군의 사례가 이를 잘 보여줍니다. 남성적인 성향의 Y군은 풍산금속에서 잘 적응했지만, 얌전한 성격의 L군은 풍산금속에서 어려움을 겪었습니다.

L군은 결국 퇴사 후 제 연구실로 돌아왔고, 나는 그의 차분한 성격을 고려해 현대전자(현 SK하이닉스)를 추천했습니다. L군은 하이닉스에서 두각을 나타내며 상무까지 올랐고, 현재는 자회사를 운영 중입니다. 반면 Y군은 풍산금속에서 꾸준히 승진하며 현재 '전무'로 근무 중입니다.

또한 지속적인 자기계발이 중요합니다. K군의 사례가 이를 잘 보여줍니다. 그는 대학 1학년 때 수업을 빼먹다 적발된 후, 제 연구실에서 공부를 시작했습니다. 제 조언에 따라 다양한 자격증을 취득했고, 석사 졸업 후 코오롱을 거쳐 산업안전관리공단으로 이직했습니다. 그곳에서 기술사 자격을 취득하고 출제위원으로 활동했습니다. 퇴직 후에도 기술사 자격증을 바탕으로 주 2일 근무에 연봉 7,000만 원을 받는 새 직장을 얻었습니다. 같은 시기에 연구실에 들어온 또 다른 K군의 이야기입니다. 그는 활달한 성격으로 석사학위 후 코오롱에 입사해 중국에서도 근무했습니다. 최근 은퇴 후 울산에서 첼로와 중국어를 배우며 여유로운 생활을 즐기고 있습니다. 이 두 K군의 사례는 회사생활 중 지속적인 자기계발의 중요성을 보여줍니다. 한 명은 기술사 자격증으로 노후를 보장받았고, 다른 한 명은 그렇지 못했지만 여전히 취미생활을 즐길 수 있는 정도의 삶을 살고 있습니다.

또 다른 K군은 꼼꼼했지만, 제가 보기에 공학도 적성과는 맞지 않아 보였습니다. 석사 졸업을 앞두고 K군에게 한국감정원 입사를 제안했습니다. K군이 "화공과 졸업생이 아파트 감정이나 하면 되겠습니까?"라고 물었을 때, 저는 "아파트가 아닌 회사를 감정하고 평가하는 전문가가 될 수 있을 것"이라고 조언했습니다. K군은 고민 끝에 한국감정원에 입사하여 성공적인 경력을 쌓았고, 지금은 그의 아들이 우리 대학 로스쿨에 재학 중입니다.

P군은 체격이 우람하고 씩씩한 청도 출신으로, 졸업 후 유명 자동차 부품회사에 입사했습니다. 이 회사에 시차를 두고 보낸 3명의 제자들이 각각 사장, 전무, 상무로 승진한 것을 보며 그들의 도전과 적성을 확인할 수 있었습니다. P군은 상무로 승승장구하다 아내를 잃고 현재는 청도에서 과수원을 운영 중입니다. 제 아내가 중매했던 터라, 그들 부부를 떠올리면 가슴이 아픕니다.

최근 영대동창회보에 소개된 중앙의료재단 본부장 K군도 제 연구실 출신입니다. 경주 안강 출신으로, 공부에 대한 열정으로 가출까지 했다는 이야기에 감동받았습니다. 그는 학부 시절 많은 자격증을 취득했고, 방위산업체를 거쳐 산업안전관리공단 연구소장을 지낸 후 현재 위치에 있습니다. 박사학위와 기술사 자격을 모두 갖춘 그는 제 어머니의 중매로 결혼해 대전에서 행복한 삶을 살고 있습니다. (제 어머니가 중매를 부탁받았을 때, "좋은 젊은이지만 가진 것이 없다."고 농담 삼아 말씀드렸던 기억이 납니다. 그 후 인연이 닿아 결혼이 성사되었습니다.)

일본에서 3개월 보내기

어느 해부터 나는 학생들에게 새로운 제안을 했습니다. 평소처럼 등록금을 지원하되, 원하는 학생들에게는 우리나라보다 발전한 나라(최소 일본 이상)에 가서 3개월간 생활하고 돌아오는 기회도 주고, 등록금에 상응하는 여행 경비를 지원하겠다고 제안했습니다. 학생들에게 외국 경험을 제공해야겠다는 생각에서였습니다. 그 결과, 약 절반의 학생들은 다음 학기 등록금을, 나머지 절반은 일본 경비로 지원받았습니다. 이 프로젝트는 놀라운 결과를 가져왔습니다. 후배 교수들에게 추천해도 좋을 듯합니다.

지금도 당시 학생들은 그 경험이 그들의 인생을 국내 중심에서 국제적인 시각으로 바꾸어 놓았다고 이야기합니다. 어느 해에는 고베 지진도 겪었지만, 적은 돈으로 일본에서 3개월간 생활한 학생들은 세상을 새롭게 바라보기 시작했습니다. 그들은 이전과는 다른 사람이 되었습니다. 석사 졸업 후, 일부는 취업을 미루고 영어권인 캐나다와 미국으로 진출하기도 했습니다. 선배들이 후배들에게 하숙집을 소개하는 등 연결고리가 이어졌습니다.

이후의 성과도 주목할 만합니다. K군은 LG에 입사했다가 퇴사 후 미국의 유명 대학에서 박사학위를 받고 현재 미국 회사에 근무 중입니다. 미국 학회에서 우연히 만나 서로의 발표를 듣는 기쁨도 있었습니다. P군은 현재 나이키의 상무로, J군은 무역업에 종사하고 있습니다. 그들은 지금도 당시의 제안에 감사해하고 있습니다. 물론 등록금 지원을 선택한 B군을 비롯한 여러 학생들도 신이츄코리아 등 여러 회사에서 성공적으로 근무하고 있습니다.

여학생들 스토리…

제 연구실 출신 여학생 4명의 이야기를 소개하겠습니다. 첫 번째 J양은 음대 지망생이었지만 화공과에 와서 사교성과 열정을 발휘했습니다. 전자산업 진출을 권유해 동진쎄미켐에서 시작해 현재는 삼성전자 파운드리 사업의 핵심 인력으로 성장했습니다.

두 번째 J양은 성실한 연구와 국제 학회 발표 경험을 바탕으로 세계적 화학기업 듀폰코리아에 입사했습니다. 외국계 기업의 공정한 환경이 그녀의 성장에 도움이 되었습니다.

세 번째 J양은 화공과 CC로 만난 K군과 결혼했습니다. 그녀는 동진쎄미컴에서 부장으로 근무하고 있으며, K군은 산업안전관리공단에서 일하고 있습니다. 최근 J양의 건강 문제가 있었지만, 적절한 치료로 회복 중이며 부부가 함께 어려움을 극복하고 있습니다.

마지막으로 P양은 취업 준비에 어려움을 겪었지만, 화공기사 자격증 취득 등 꾸준한 노력 끝에 세계 최고의 2차전지 회사인 LG에너지솔루션에 입사했습니다. 대기업의 상대적으로 공정한 환경이 그녀의 성공에 도움이 되었습니다.

해외 진출
사례

P군은 우리 졸업생들의 글로벌 경쟁력을 보여줍니다. 구미 출신 선배인 C군은 뛰어난 실력으로 다섯 군데 대기업에 합격한 후 도레이첨단소재에 입사했습니다만, 후배인 P군은 석사 후, 동진쎄미컴과 삼성전자를 거쳐 현재 중국 베이징에서 디스플레이 세계 1위 기업 BOE에서 일하고 있으며, 자녀들을 국제학교에 보내고 있습니다. 또 다른 P군도 중국 기업에서 근무하고 있습니다. 이들의 성공은 영남대 학생들의 잠재력과 글로벌 시장에서의 가능성을 잘 보여주는 사례입니다.

중국인 학생
사례

제 연구실의 유일한 외국인 학생이었던 L군의 이야기를 소개하고자 합니다. L군은 학부 때부터 영남대 화공과 학생이었습니다. 2학년 때 처음 만났을 당시, 그는 한국어가 서툴러 수강신청조차 제대로 하지 못했습니다. 이후 제 연구실에서 석사와 박사과정을 거치면서 한국에서의 취업을 목표로 열심히 노력했습니다.

L군의 여자친구인 Y양 또한 중국인으로, 경북대 국문과 대학원생이었습니다. 제 조언으로 Y양은 영남대 중문과 박사과정으로 옮겼고, 두 사람은 함께 한국어 실력을 향상시켰습니다. 박사학위를 받고, L군은 코오롱(코오롱ENP)에 입사했고, Y양은 대구가톨릭대학교 교수가 되어 '코리안 드림'을 이룬 부부가 되었습니다.

공무원으로 진출한 졸업생들

우리 학과 졸업생 중 공무원으로 진출한 사례도 있습니다. L군은 대구시청 6급 공무원으로, S군은 SK에 합격했음에도 공무원을 선택해서 일하고 있습니다. K군은 달서구청에서 EGS 기획을 담당하고 있습니다. 이외에도 P군은 포항테크노파크에서, K군은 한국수력원자력에서 각각 일하고 있습니다.

영남대 학생들의 특성과 성공 가능성

영남대 학생들은 자유롭고 씩씩하며 순수한 영혼을 지니고 있습니다. 교수의 역할은 그들의 성격을 잘 파악하고, 적성에 맞는 진로를 안내하는 것입니다. 이를 통해 학생들의 성공 가능성을 크게 높일 수 있습니다.

제조업 대신 판매업을 선택하게 한 예도 있습니다. 예를 들어, 김성조 군에게는 화공약품 판매업으로 안내했는데, 그 후 도의원을 거쳐 3선 국회의원으로, 다시 한국체육대학총장을 거쳐 경북관광공사장으로 일

최근 제자들과 한판- K군(계명대 교수), C사장, B사장

하고 있습니다. 우리 대학 거울못 등에 있는 경관조명을 기부한 김 의원의 동기인 L사장은 지금도 미국 나스닥 진출을 꿈꾸면서 노력하고 있습니다.

다른 이야기이지만, 왜관의 '파미힐스' 골프장은 회원들의 투표로 사장을 선임하는데, 직전 C사장과 현재 L사장 모두 제 제자들입니다. 최근 L사장은 대통령 표창을 받기도 했습니다. 이처럼 우리 졸업생들은 교수들이 상상할 수 없는 다양한 분야에서 활약하고 있습니다. 이걸 보면서, 먼저 학생들에게 작은 도움을 주면, 훗날 큰 기쁨이 돌아온다는 평범한 진리를 깨닫고 있습니다. 감사합니다.

취업 관련
잊지 못할 경험

어느 해, 화공과 취업률을 크게 상승시켜 취업처장이 저와 서정숙 교수, 성도경 교수를 은하정으로 초대해 점심을 대접했습니다. 그 자리에서 성도경 교수로부터 처음으로 7급 지역인재 할당 공무원 제도에 대해 알게 되었습니다. 이전까지는 이런 제도의 존재를 몰랐습니다. 학생들에게 공무원을 희망하는 경우 7급 지역인재 할당제도가 있다고 알려주며, 고시원에 가서 성도경 교수와 상담해 보라고 조언했습니다. 그 결과, 지금까지 이공계열 중 화공과가 7급 공무원을 가장 많이 배출하게 되었습니다. 성도경 교수님께 감사드립니다!

何有於我哉, 교수생활 34년의 감회

장영동
명예교수 | 약학부

何有於我哉 교수생활 34년의 감회

약학대학 장영동

평생 무슨 일을 베풀고 펼쳤는가 하니	甚事平生可施宣
정성 다하여 익히고 가르치며 연구하였다지만	殫誠習教又窮研
가르침에 게으르지 않음은 얻지 못하였고	誨人不倦不能得
배움을 향한 마음은 온전함에 이르지 못하였네.	向學常情未達全
이천의 제자들이 다 쓸모가 있지만	弟子二千皆所用
사 년간 봄바람은 있었던가, 없었던가?	春風四歲若無然

끝내 내게 어느 것이 있었을까? 於予何有哉終乃
스승으로 벗 되는 것조차 좇지 못하였으니 爲友以師弗逐焉

해설 겸 蛇足을 좀 붙인다. 먼저 제목의 何有於我哉[어느 것이 나에게 있는가?]는 뒤에 나오는 誨人不倦[사람 가르치기를 게을리하지 않다]와 연계되는데 『논어』 술이述而에 나오는 표현으로, 그 원문은 '(공자께서) 말없이 속으로 기억해 두며, 배우기를 싫어하지 않으며, 사람 가르치기를 게을리하지 않는 이 세 가지 중에 어느 것이 나에게 있는가?[默而識之 學而不厭 誨人不倦 何有於我哉]'라고 한 것이다. 我는 측성仄聲이어서 한시漢詩에서의 평측平仄을 맞추기 위하여 본문에서는 평성平聲인 予로 바꾸었다. 첫 구의 甚事는 '무슨 일'로 국역할 수 있는데, 甚은 '무엇'을 훈訓으로 하며 '삼'으로 읽는다. 주자朱子와 여조겸呂祖謙이 지은 『근사록近思錄』에 '천지 사이에는 단지 하나의 감感과 응應이 있을 뿐이니, 또 무슨 일이 있겠는가[天地之間 只有一箇感與應而已 更有甚事]'라는 명도明道 정호程顥의 말이 그 전거典據다. 여섯째 구의 春風四歲는 '4년간의 봄바람'으로 春風은 전의轉義하여 스승의 따뜻한 가르침을 나타내는데, 在春風中坐[봄바람 속에 앉아 있다]에서 유래한 표현이다. 주자의 『이락연원록伊洛淵源錄』에, 정이程頤와 주돈이周敦頤의 문인인 후중량侯仲良, 字 師聖이 '주공섬朱公掞(공섬은 주광정(朱光庭)의 자(字)다)'이, 여주汝州에 가서 명도明道 정호程顥 선생을 뵙고 한 달이 지나 돌아와서 사람들에게, "광정光庭이 한 달 동안 봄바람 속에 앉아 있었다[某在春風中坐了一月]."라고 말하였다'라고 전한 것을 기록한 데서 유래한다. 마지막으로 爲友以師는 '스승으로서 벗이 되다'라는 의미이고, 벗[友]은 동지同志로 뜻을 같이하는 이다.

何有於我哉. 교수생활을 하던 34년 동안에는 분명히 하루하루 1년 2

년 열심히 스스로에게 부끄럽지 않게 살려고 했다고 자신했지만, 퇴임하고 3년이 지나면서 내게 떠오른 상념이다. 버킷리스트의 하나로 논어를 읽고자 하였기에 3년여에 걸쳐 대학입시를 앞둔 고3 시절 수험생이 국어 공부하듯이 논어를 읽은 후유증이다.

첫 번째는 誨人不倦이다. 학이불염은 그렇다 치자. 그래도 책은 읽었고 연구도 했으니. 공자께서 겸양의 표현으로 했다손 치더라고 성인이 하시지 못한 일을 내가 해내었다는 것도 어불성설일 게다. 그러나 보다 진솔하게 표현한다면 맹자의 교육철학인 易子而敎之[자식을 바꾸어서 가르치다] 하지 못한 것이 내 誨人不倦의 요체다. 여기서 易子而敎之는 『맹자』 이루 상離婁上에 나오는 표현인데, "군자가 자식을 직접 가르치지 않는 것은 어째서입니까?"라는 공손추公孫丑의 질문에 맹자가 한 대답이다. '가르치는 사람이 올바름으로써 가르치는데 (자식이 그 가르침을) 행하지 않으면 화를 내게 되고, 화를 내게 되면 도리어 (자식의 마음을) 해치게 됩니다. "아버지는 나를 올바름으로 가르치면서 정작 아버지의 행동은 올바르지 않구나." 하면 이는 부자간에 서로 해치게 되는 것이니, 부자간에 서로 해치게 되면 나쁜 것입니다. 그래서 옛날에는 자식을 바꾸어서 가르쳤습니다'라고 하였다. 그런데 이것이 내게 있었던가? 초기 교수생활에서는 내 자식을 가르치듯이 하였으니 잘못이 하나요, 나이 들어서는 易子而敎之의 본 취지는 망각한 채 지식 전달자 노릇만 하였으니 또 하나의 잘못이다.

두 번째는 春風이다. 기억은 없지만 나에게 '엄마, 아빠'를 가르쳐 준 어머니와 아버지로부터, 한문을 가르쳐 주신 할아버지, "진서眞書 좀 읽지." 하시며 한문 공부를 채근하셨던 할머니, 그리고 박사학위를 받을 때까지 각급 학교에서 많은 선생님을 만났고 그들로부터 배웠다. 덤으로 이순耳順을 앞둔 나이에 이장우 선생님을 만나 한시漢詩를 배웠는데, 그 분위기는 늘 따스한 봄바람 속이었다. 22년을 동행한 할아버지에게서는

春園之草 不見其長 日有所增[봄 동산의 풀은 그 자라는 것을 보지 못하나 날마다 자라는 것이 있다]의 학문하는 자세를, 4년 반 동안 함께한 유학 시절의 박사학위 지도교수 랜돌프 P. 써멜Randolph P. Thummel 교수는 '하루를 쉬면 이틀 사흘 늦어진다'는 꾸준함의 철학을, 마지막으로 한시를 가르쳐 주신 이장우 교수님은 공부에 나이가 없으며 글로 즐기는 방법과 인자하게 가르치는 모습을 내게 베푸셨다. 이 때문에 그분들의 가르침을 거부반응 없이 받아 익힐 수 있었고, 이분들이 펼친 在春風中坐의 경지에서 내 바라는 바대로 원하는 공부를 마음껏 할 수 있었고 그 열매를 지금 즐기고 있는데, 34년간 만났던 제자들의 4년 대학생활에 나로부터 분 춘풍春風이 있었던가?

세 번째는 爲友以師이다. 양명학의 창시자 왕수인王守仁의 '벗이 될 수 없는 스승은 참 스승이 아니고, 스승이 될 수 없는 벗은 참 벗이 아니다'라는 말은 스승과 벗, 나아가 제자의 관계를 정립하는 하나의 전거典據로 여겨져 왔다. 지금도 잊지 않고 전화로 안부를 묻는 몇 친구와 제자들 중, 적어도 상당수의 친구는 지금도 나에게 스승 역할을 해주고 있고 몇 제자는 내 벗이 되어주고 있지만, 내가 벗으로서의 스승, 스승으로서의 벗 역할을 한 적이 있었던가?

내 강의를 직접 수강한 학생의 수는 약학대학의 2,500여 명에 더해 한때는 300여 명 넘게 수강하였던 교양강좌를 10여 년 담당한 탓으로 공자의 제자 수를 능가할 정도이다. 그중 한 명의 제자에게라도 봄바람과 같은 존재로 여겨졌고, 이를 기억하고 있는 사람이 있어 내 반평생의 교육자 생활이 이견대인利見大人의 보람으로 남길 기대한다. 나아가 젊어서 내 자식 가르치듯 할 때 야단맞은 제자들과 나이 들어서 지식 전달자 역할만 할 때 인정머리 없는 강의를 들은 제자들에게 미안함이 없진 않지만, 그땐 그걸 최선으로 알았노라는 말을 꼭 전하고 싶다. 아울러 좋은 안주도 먹어보지 않으면 그 맛을 알 수 없고, 참된 진리도 배우지 않으면 그 좋은 점을 알 수 없다. 그러므로 배운 뒤에야 자신의 부족함을 알고, 가르친 후에야 비로소 어려움을 안다. 자신의 부족함을 알아야 스스로 반성하고, 어려움을 알아야 스스로 보강할 수 있다. 그러니 '가르치고 배우면서 함께 성장한다[敎學相長]'는 옛글의 의미도 진정한 가르침은 완전한 인간이 완전함을 추구하게 하는 것이 아니라, 끊임없이 스승을 만나서 배우고 배움이 필요한 사람에게 가르침을 줄 수 있는 무엇을 가지는 데서 시작하므로 스승[師]과 제자[弟], 가르침[敎]과 배움[學]은 늘 동행하여야 하는 것이 아닐까.

고마운 스승, 고마운 제자 -유학생 단상

조무환
명예교수 | 화학공학부

천하 영재를 얻어 가르치는 기쁨

1984년 8월 초에 나는 아내와 세 살 먹은 딸과 함께 미국 동부 뉴저지 주립대학, 럿거스Rutgers대학교로 유학길에 올랐다. 당시 우리나라 경제 수준은 일인당 국민소득이 약 2천 달러 정도였다. 당시 15평형 영남대 AID 교수 아파트 가격이 약 4백만 원 정도였으니 유학 당시의 우리나라 경제 수준이 지금의 인도, 10년 전의 베트남 수준 정도였다. 그리고 당시 미국의 일인당 국민소득이 약 3만$ 정도이므로 최근 우리나라 경제 수준은 유학 당시 미국 수준으로 성장하였다. 미국 유학 첫 달에 집

세 및 중고 자동차 구입으로 갖고 간 유학비의 절반이 달아났다. 아내는 갑자기 위기감을 느껴 엄청 절약 생활을 했다고 한다. 물론 미국 대학으로부터 학비는 면제받고 생활비로 조교 장학금을 받았지만 집세를 내고 나면 생활비의 여유가 없었다. 그렇지만 당시 지도교수였던 대만인 Wang 교수는 나에게 학위를 받을 때까지 장학금을 제공하며 간혹 아내에게 아르바이트 일감도 주기도 하여 유학생활을 큰 어려움 없이 마칠 수 있어 지도교수에게 늘 감사한 마음을 가지고 있었다. 그래서 귀국 후에도 사제관계를 계속 유지하며 10년 뒤 안식년에 방문교수로 다시 가서 지도교수와 공동으로 연구를 하기까지 하였다.

1988년 귀국 후 약 20년이 지난 뒤 영남대 나의 실험실에 외국인 유학생을 받기 시작하였다. 우리나라의 경제 수준이 내 유학 시절 미국의 수준이 된 시점이다. 영남대 본부에서 외국인 대학원생의 경우 정원 외로 하여 TOEIC 점수가 일정 점수 이상이면 학비 면제를 해주고 지도교수는 생활비를 연구비에서 지원해 주면 유학생은 전액 장학생으로 공부를 할 수 있으니 중국, 베트남, 인도, 인도네시아, 티벳 등에서 많은 유학생들이 영남대로 몰려왔고 이는 교수들의 연구에 큰 도움이 되었다. 어려운 유학생활을 해본 나로서는 역지사지의 심정으로 그들을 최대한 배려하기 위하여 노력하였다.

스승과 제자 사이의 교감이 잘되고 나의 연구에 큰 기여를 한 인도 유학생, 샤피어Shafeer가 있었다. 그는 인도 남서부지역의 과학기술대학에서 석사학위를 하고 박사과정으로 우리 실험실에 들어왔다. 그는 석사논문으로 연료전지를 연구하였는데, 나는 그때 미생물연료전지 연구를 막 시작할 때라 그로부터 유학 문의 이메일을 받았을 때 하나님이 나에게 보내준 학생으로 생각했다. 그래서 나는 그에게 전면 장학금을 제의

하였고, 그는 영국 어느 대학과 영남대를 놓고 고민하다가 영남대를 선택하였다고 한다. 한국의 위상이 영국과 대등하게 되었으니 얼마나 감사한 일인가? 그는 사교성이 있고 창의적이라 연구 주제를 놓고 같이 의논할 때면 시간 가는 줄 모르며 대화를 이어나갔다. 그는 학생이라기보다 함께 연구하는 공동연구원 수준으로 연구를 함께 이끌어 갔다. 그는 미생물연료전지의 생물막 전극에서 발생하는 전자를 이용하여 은 이온을 은 나노입자로 환원하는 방법을 최초로 고안하였다. 그리고 유사한 방법으로 나노 광촉매가 자외선뿐만 아니라 가시광선에서도 활성화가 되도록 하여 그 결과를 최초로 국제 저명 학술지에 논문으로 게재하였다. 샤피어는 박사학위를 받기 전까지 일곱 편의 논문을 국제 저명 학술지에 게재하고 국제학술회의에 발표하여 국제적으로 이름을 알리고 많은 연구자들과 교류하였다. 이러한 업적으로 그는 일본 JSPS 지원을 받아 박사 후 과정을 동경대학교 화학과의 광촉매 유명 교수 연구실에서 할 수 있었다. 거기서도 그는 훌륭한 업적을 쌓고 후에 '마리 퀴리 펠로우십'을 받고 영국 캠브리지대학에서 연구원으로 지내다가 마침내 영국 뉴캐슬 소재 노섬브리아Northumbria대학교의 조교수로 임명을 받고 지금은 그 대학의 'Vice Chancellor's Senior Fellow'로 연구 및 학생 지도를 하고 있다.

맹자는 군자삼락君子三樂 중 세 번째로 "천하의 영재를 얻어 가르치는 것"이라고 하였다. 나는 샤피어를 가르치면서 그 즐거움을 깊이 느끼며 나의 교수생활 마지막 10년을 많은 외국인 유학생 및 연구원들과 함께 그 즐거움을 이어나갔다. 특히 그중에 기억에 많이 남는 다른 유학생으로 사지드Sajid 부부가 있었다. 사지드는 매우 부지런히 샤피어의 연구를 발전시켜 많은 응용 분야를 개척하여 다수의 논문을 국제 저명 학술지에 게재하고 박사학위 후에 영남대 연구교수로 남아 있다가 부인이 나의 실험실에서 박사학위를 마친 후 함께 사우디아라비아의 킹 파이살King Faisal대학교의 연구교수로 부임하였다. 그들은 유학 시절 영남대 후문에 있는 원룸에서 생활하며 오로지 꿈을 이루기 위하여 공부와 연구에 열중한 결과 그 결실을 맺고 모두 대학교수로 활동을 하게 되었으니 그들을 생각할 때마다 내 마음은 흐뭇하다.

고맙고 친구 같은 제자들

최순돈
명예교수 | 신소재공학부

임용 초기 1976~1979년

서울에서 석사학위를 마친 후 1976년 3월 영남대학교 금속공학과에서 근무하게 되었다. 사실 영남대학교를 선택한 이유는 그 당시 "한강 이남의 최고 사학"이기 때문이었다. 그때 나의 만 나이는 27살이었고 나보다 먼저 과에 오신 교수님은 예길촌 교수님뿐이었다. 금속공학과는 1974년 3월에 설립되었고 예 교수님은 1974년 8월에 대우전임강사를 거쳐 1975년 3월에 전임강사로 임용받았으며, 마찬가지로 나도 1976년 3월에 대우전임강사 발령을 받고 1년 후 전임강사가 되었다.

요즘과 달리 그 당시는 석사학위만으로도 교수 임용이 가능했던 시절이었다. 임용 후 2~3년 지났을 때 우연히 포항의 모 대학 총장님과 식사 중에 교수님께서 대학교 교수 임용의 초기 역사를 이야기하셨다. 해방 후 대학들은 학생들에게 강의할 교수가 부족하여 어떤 대학에서는 타 대학에서 수업을 받고 있던 학부 3학년 학생을 교수로 임용하였다고 한다. 강의 교재로 공학 분야에서는 한글로 쓰인 전공 교과서가 거의 없어 영어 교재를 많이 수업에 사용했지만, 상당수 교수님들은 영어보다 일본어를 더 잘하길래 일본 교과서로 전공 공부를 했다고 한다.

영남대학교로 임용되어 와보니 학생들과 나이 차이가 크게 나지 않아 그들과 자주 같이 어울려 지내곤 했다. 지금도 기억하는 것은 경주에 학생들과 놀러 갔을 때이다. 학생 중 김원욱 군(1974년 입학, 금속공학과 1회)은 나에게 경주에 자기 집이 아주 넓으니 학생들과 같이 놀러 오시라고 했다. 어느 주말에 재학생 10여 명과 버스를 타고 경주터미널에 도착하니 그와 만날 약속이 한두 시간 남아 있었다. 터미널 대기실에 전부 멍하니 앉아 있길래, 그 당시 총각이었던 나는 경주에 와본 지 7년이나 되어 혼자 조용히 가까운 경주 시내를 구경하고자 농담으로 제자들에게 말했다.

"우리 아가씨 꼬시러 1시간만 밖에 나갔다 오자."

제자 3명이 흔쾌히 따라나섰고, 밖에 나와 같이 걸어가는데 어떤 아가씨들이 앞에 오니 말을 걸지 못하고 내 눈치를 슬금슬금 보기만 하였다.

"야! 서로 헤어져 각자 꼬시고 한 시간 후에 터미널 대기실에서 보자."

그렇게 헤어져 혼자 1시간 동안 경주 시내를 구경하고 오니 제자 3명 모두 파트너를 데리고 왔고 나만 홀로 왔다.

"에이! 교수님 왜 혼자 오셨어요? 아가씨와 같이 안 오고..."

"미안 미안"

‘어?? 이것이 뭐지???’ 속으로 창피했지만 어쩔 수 없었다.

김원욱 군 집에서 식사하고 나니 아까 같이 나간 녀석 세 명이 보이지 않았다. 남아 있던 학생들 말로는 함께 온 아가씨들과 같이 나갔다고 한다. 잠을 자려고 누웠는데 걱정에 잠이 오지 않았다. 하는 수 없이 제자 모두를 데리고 경주 시내 구경 겸 3명의 학생을 찾으러 갔다. 그 당시 대부분 도시들이 통행금지가 있었지만 경주는 통행금지가 없어 학생들과 밤새도록 경주의 밤 문화를 구경하였지만 3명의 학생을 찾지 못하고 김원욱 군 집으로 다시 돌아왔다. 그들 학생 걱정에 잠이 들지 못하고 전전긍긍하다가 새벽에 겨우 잠이 들었다.

다음 날 아침에 깨어나니 3명이 집으로 돌아왔지만 야단칠 수도 없고... “야! 나가면 나간다고 이야기해 줘야지?” 이 말밖에 나오지 않았다. 아무튼 다음 날 모두 경주 구석구석을 다니며 재미나게 놀고 왔다.

그 이후로 경주에 자주 놀러 가게 되었고, 그러던 중 경주 문무대왕면에 부모가 거주하는 원종락 군을 알게 되었다. 그 후 원종락 군의 집에 자주 놀러 가 자기도 하고 대종천에서 고기도 잡았다. 나중 미국 유학 생활을 마치고 귀국 후 그 마을에 다시 갔더니 학생의 부모는 이사 가고 없었다. 수소문 끝에 알아낸 이사 간 경주 시내의 부모 집을 찾아갔지만 아무도 없었다.

1970년 중후반 당시 교수용 퇴근버스는 대구시의 중앙통을 지나게 되어 많은 교수님들과 중심가에 내려 같이 술을 마시는 것이 일과였다. 그러던 중 어느 주말 저녁 시간이 되었을 때 봉덕동에 살고 있던 나의 집 문을 탕탕 두드리는 소리가 크게 들렸다. 나가 보니 제자들 여러 명이 있었고, 나를 보고 술을 사달라고 요구하였다. 이와 같이 학생들과 나이 차이가 크게 없어서인지 스승과 학생 사이가 아닌 친구같이 재미나게 어울려 놀았다.

그럼에도 나는 학점은 엄격하게 주었다. 1974년 이후 금속공학과의 정원이 30명일 때 내가 가르친 열역학 과목의 수강 학생은 88명이나 되었다. 그 후 학기 말 시험을 치르고 88명 중 F학점을 받은 학생은 무려 66명이나 되었다. 학점이 워낙 박해서 그런지 1978년 2월 기준 금속공학과 졸업생 수는 6명에 불과했다. 물론 상당수 학생들이 군에 갔기 때문이기도 하지만... 그 후 내가 미국 유학 갔다 온 후에는 내 성격이 훨씬 부드러워져 학점을 학교에서 규정한 범위 내에서 호의적으로 주었다.

유학 후 교수생활
1985~2014년

1978년 국비유학생으로 선발된 후 1983년 1월 미시간대학교University of Michigan, Ann Arbor로 유학 가서 박사학위를 취득한 후 1985년 2월에 복직하였다. 그때 갑자기 고려대 금속공학과 교수님 세 분이 내 사무실에 오셔서 고려대학교 교수로 오기를 제안하셨다. 그러나 그동안 영남대학교와 나의 제자들과 맺은 깊은 인연으로 거절하였다.

영남대 금속공학과(현 신소재공학부)에 다시 근무하면서 학부 및 대학원 학생들을 지도하는데 나의 연구 분야가 기초 분야라서 학생 취업에 직접적인 도움을 주지 못했다. 할 수 없이 열역학 분야의 강의와 연구는 나 홀로 하고 학부학생 및 대학원생들의 지도와 취업을 위해 표면처리 분야를 추가하였다. 개설된 표면처리 분야의 강의 토론방에서 수강학생들의 질문에 성실히 대답하였고 아울러 나의 이메일도 학생들에게 공개하여 학생 개개인의 질문에도 성실히 답하였다. 성적도 잘 주었다. 또한 학생들 입장에서 가장 중요한 목표가 졸업 후 취업이므로 학생 지도는 성적이 우수한 학생이 아닌 중간 이하인 학생의 지도에 집중하였으며 특히 3-4학년 학생들의 지도를 열심히 하였다. 그 결과 취업한 학생들은 졸업 후에도 나를 잊지 않고 찾아왔다.

그 당시 학생들의 현장실습 및 공장 견학이 있었는데 그 이유로 공장이 많이 소재한 창원에 자주 가게 되었다. 졸업생 중 강봉훈 사장은 창원에서 방위산업 관련 제품을 납품하는 회사를 운영하고 있는데, 제품 관리가 아주 까다로웠지만 일반 제품보다 단가가 커 이익이 많이 생긴다고 하였다. 공장 견학 후 강 사장은 나와 저녁을 같이 하면서 학생 취업을 위한 많은 자료를 제공해 주었다.

제자들 특히 대학원생들과는 지금도 긴밀한 관계를 유지하고 있다. 그 이유는 내 연구실을 위해 헌신적으로 연구개발과 제자 지도를 함께 해온 민봉기 박사(89학번)와 이희록(83학번) 덕분이다. 모두 내가 거주하는 인근에 근무하고 있다. 이희록 사장은 졸업 후 대한중석(현 대구텍)에 근무하고 나서 경산에서 회사를 직접 운영하고 있다.

민봉기 박사는 1993년부터 2003년까지 석사와 박사과정을 내 연구실에서 거쳤다. 민 박사는 그때 석사과정을 끝나고 박사과정에 입학하고 싶어 했다. 그러나 그 당시 학과에서 대학원생 중 박사학위를 취득한 학생은 2명뿐이었는데 모두 상당한 기간(5년) 동안 취업을 하지 못하고 있었다. 취업을 최우선적으로 생각한 나는 그가 박사과정에 들어오는 것을 허락하지 않았지만 본인의 끊임없는 요구에 박사과정 학생으로 받았다. 그는 초기 석사과정에서는 나의 지도를 많이 받았지만, 박사과정에서는 열심히 공부하여 자기 논문을 상당 부분 스스로 작성했음은 물론 내가 지도하는 석사과정의 학생들을 나 대신 훌륭히 토론을 거치면서 지도하곤 했다. 뿐만 아니라 그들이 졸업하고 취업한 후에도 연구실에서 재학 중인 대학원생들과 취업한 그들 간의 긴밀한 교류를 주선하였다. 나 또한 제자들의 지도와 취업에 많은 관심을 두었고 국가기관에 연구비 신청 및 수행, 학생들의 취업 및 산업체 자문 등에 민 박사의 도움을 많이 받았다.

민봉기의 박사학위논문이 상당히 진행되었을 때 취업을 염두에 둔 나는 그에게 여러 가지 화학분석 방법을 익히게 하였고 그 결과 공동기기센터에서 임시직으로 일하게 되었다. 그 당시 공동기기센터의 분석 환경이 워낙 열악하여 교수들이나 직원들이 센터를 방문하여 직접 분석 방법을 익혀 분석을 하기도 하였다. 1년 후 그가 상당한 분석 능력을 갖추었을 때 센터의 직원 공채에 합격이 되어 지금까지 근무하고 있다.

이와 같이 산업체와 긴밀한 협조관계를 유지하면서 연구개발을 하던 중, 2003년에 영남대학교가 산학협력 우수기관으로 선정되었고 나도 산학연 사업 유공자로 선정되었다. 덧붙여 세계 인명사전 마퀴스 후스 후에 3번 선정되었고 인더월드 2회 연속 등재된 것도 되돌아 생각해 보면 모두 그를 비롯한 훌륭한 제자들 덕분이다.

그 당시 재학 중인 대학원생과 나는 서로의 긴밀한 협조관계를 유지하기 위해 매년 두 번은 꼭 국내 여행을 갔다. 가장 많이 다녀왔던 코스는 영주 ⇒ 동해안 ⇒ 포항 ⇒ 대구였다. 2003년에 학교 인근 단독주택으로 이사 왔을 때는 나의 제자들을 모두 우리 집으로 불러 마당에서 가창 모 식당에서 요리한 산돼지를 같이 먹으며 하루를 같이 재미나게 보냈다.

은퇴 11년 전쯤 학교생활에만 몰두해 온 나는 문득 은퇴 후의 삶에 대한 준비가 전혀 없었음을 깨달았고 그에 대한 준비를 미리 하였다. 은퇴 후의 삶을 위해 준비해야 할 것은 주로 취미생활, 파트타임 업체 선정, 같이 즐길 사람들의 모임 구성 등이었다. 그중 일주일에 2~3일 힘들이지 않고 근무할 수 있는 산업체를 선정하는 것이 최우선임을 깨달았고 이를 위해 현장에서 필요한 기술을 습득하는 일에 집중하였다. 우선적으로 표면처리업체와 대구경북 지역에 있는 산업체 중 제자들 혹은 영남대 동문들이 운영하는 업체를 골라 자문비 없이 자문을 하였다. 자문 내용은 불량품의 분석, 공정 개선, 관련 기술의 세계적인 동향 분석 등이었다. 그 결과 산업체를 많이 알게 되었고 회사가 당면한 문제를 풀면서 오히려 내가 더욱 현장의 기술을 많이 배우게 되었다. 특히 현장에 근무하는 졸업생에게 훨씬 더 많은 도움을 받았다. 이 이유는 교과서에 있는 이론과 실제 현장에서 사용하는 기술과는 차이가 많기 때문이다.

그러던 중 필요한 기술 부분에 대해서는 국가기관에 같이 R/D 신청을 하여 회사와 공동으로 기술개발을 하기도 하였다. 그러한 소문이 퍼지자 심지어 경기도의 업체에서도 자문 의뢰가 왔다. 그러던 중 LGI(구 LG micron)에서 기술 자문을 의뢰해 왔고 3개월간 자문을 하고 나니 그 회사의 부사장님이 내 사무실에 와서 활동비를 지급할 테니 불량품이 발생하는 표면처리 공정을 개선해 달라고 요구했다. 6개월 동안 그 회사는 물론 관련 하청업체까지 생산공정을 점검하면서 자문한 결과 불량률을 크게 개선하였다. 그러자 부사장님이 다시 오더니 "우리 회사의 사외이사로 허락해 주시면 감사하겠습니다."라고 부탁하였다. 그때는 사외이사가 무언지 모른 상태에서 승낙을 하였고 그 후 5년간 사외이사직를 겸직하였다.

이와 같이 제자 회사는 물론 전국 규모의 대기업과 중견기업에서 자문을 의뢰해 왔고 그 결과 나도 많은 현장 지식을 습득하였다. 그런 자문을 하면서 학교에서 여러 보직을 맡았을 때 영남대 최고경영자과정

(2015년)을 거쳤고 그 결과 영남대 동문이 되었고, 현재 영남대 동창회 상임이사로 활동 중에 있다.

은퇴 후의 생활
2015~현재

제자들과 더욱 친하게 지내면서 은퇴 후 생활을 미리 준비한 결과 퇴직하기 1년 전 2014년 8월에 지역산업체의 R/D 활성화를 위해 연구개발비를 지원하는 산자부 산하 대경지역사업평가원의 원장(현재 대구지역산업진흥원과 경북지역산업진흥원으로 분리)으로 임명되어 근무하였다.

그 후 2015년 3월 1일에 명예교수로 임명되었고 표면처리저널 대표 소개로 2016년 1월부터 침산동에 소재한 표면처리 회사에 10년간 근무하면서 자문하였다. 그러던 중 2020년 칠순이 가까이 다가오자 가까이 있는 제자들을 초청하였고 경산에 있는 중국식당에서 17명 제자와 같이 칠순 잔치로 즐겁게 지냈다. 물론 모든 경비는 내가 하였고 ……

2020년 후반쯤 안타깝게도 신소재공학부 졸업생들 간의 모임이 뜸해지면서 학부 총동창회의 공식적인 모임이 없어져 버렸다. 안타까움에 내가 가지고 있는 동문회 명단을 보고 일일이 전화하여 상당히 많은 졸업생들을 모은 후 Band를 만들 것을 제안하였다. 아울러 수도권에 근무하는 제자들에게도 연락하여 자체 모임을 갖게 요구하였고 그들이 모임을 가질 때면 가끔 나도 올라가서 참석하였다.

아울러 영남대 동창회 사무실에 근무하는 김 국장의 많은 도움으로 드디어 2020년 12월 초에 영남대 신소재공학부 총동창회 Band를 만들었는데 …… 난데없이 제자들이 명예교수인 나를 그 Band에 넣어놓았다. 졸업생들이 혹시 불편해할까 봐 나는 그 Band에서 의견을 일절 내지 않고 잠잠히 보고 있으면서 그들의 활동 상황을 지켜보고 있다. 현재 졸업생 밴드에는 667명이 가입되어 있으며 신소재공학부 총동창회는 회장으로 영남이공대 신현준 교수를 뽑아 활발히 활동 중에 있다.

은퇴 후 꾸준히 제자들과 연락한 결과, 10년이 지난 지금에도 연락하는 제자가 꽤 많다. 코로나 이후로 요즘은 타 지역에 근무하는 제자들이 대구 혹은 경산에 올 때면 나에게 연락이 와서 인근 카페에서 차를 하든지, 혹은 식사를 하고 가곤 한다. 타 지역에 근무하는 제자들과는 내가 그 근처에 놀러 갈 때면 연락을 하곤 한다. 영주, 창원, 경주, 대전 등은 물론 수도권에 근무하는 제자들과도 간혹 만난다. 안타까운 것은 해외에 나간 제자들과는 연락이 잘 되지 않는다. 작년(2023년) 제자들 총동창회 망년회 모임에 은퇴 교수로서는 유일하게 초청받아 같이 즐거운 시간을 보냈다.

얼마 전 신소재공학부 총동창회에서 전화가 와서 신소재공학부 설립 50주년을 맞아 골프대회가 있어 나를 초청한다고 말했다. 골프장에 가보니 은퇴 교수 중 나만 초청되어 있었고 골프를 끝내고 50주년 행사에서 인사 말씀을 하라는 제자들 요청에 나는 "사랑스러운 제자들과 함께 지낼 수 있어 매우 즐겁고 감사하며 내 인생에서 가장 고맙고 친구 같은 사람들이 내 식구와 여러분들이다."라고 말했고 그날 제자들과 따뜻한 정을 돈독히 나누며 뜻깊은 하루를 보냈다.

세월이 얼마나 빨리 흘러가는지 벌써 상당히 많은 제자들이 은퇴하고 지내고 있다. 현재 나를 웃게 해주고 삶의 에너지를 채워주는 것은 나의 가족과 제자들이다. 항상 나의 제자들에게 고마운 마음을 전하고 싶다.

마지막으로 요즘 취미생활로 가곡을 배우는데 시적이면서 아주 멋진 가사가 많다. 그중 한 가사를 소개한다.

인생

신상우 작사/작곡

길고 길었던 겨울 봄은 오지 않을 줄 알았는데
견뎌내고 보니 어느덧 봄이더라
숨 막히게 더운 여름 지쳐 쓰러질 것만 같았는데
참아내고 보니 어느새 가을이더라

한 치 앞도 볼 수 없는 어두움
등불 같은 친구 곁에 있었고

영남대학교 신소재공학부 50주년 기념 총동창회배 골프대회 단체 사진

멀고 먼 길 홀로 걸을 때
누군가 내 손잡고 함께 걸으니
걸어온 길 뒤돌아보니 나의 이야기 남아 있고
빛바랜 기억과 흘린 눈물 우리의 인생이라

걸어온 길눈 돌아보니 까마득해 보이지만
새겨질 발자국 하늘빛 미소 우리의 인생이라
이것 인생이라

나의 학문과 잊지 못할 제자들

최 청
명예교수 | 식품공학과

식품가공학과 제자들의 연구와 취업, 잊지 못할 일들

영남대학교 교수로서 36년 동안 봉직한 후 정년(2004)한 것이 엊그제 같은데 벌써 20년째 되는 해, 나의 교수 시절의 삶과 잊지 못할 제자들과의 관계를 되돌아보고자 한다.

짧지 않은 세월 영남대학교 식품가공학과의 교수로 봉직해 왔으며 나는 이것을 천직으로 알고 교육, 연구, 봉사를 하게 되었음을 하느님께 감사드리며 살아왔다. 영남대학교는 나에게 많은 보람과 벅찬 기쁨을 안겨주었고, 오늘에 이르기까지 대가 없이 정년을 맞게 됨을 큰 영광으로 생각한다. 내가 걸어온 길을 한 번 되돌아볼 때 주어진 모든 일에 성실히 수행하고자 노력했고, 교육, 연구, 봉사를 본연의 의무로 삼고 대학교 수직을 정년으로 퇴임한 것은 축복받을 일임에 틀림없다고 생각한다. 이러한 기회를 부여해 준 영남대학교에 깊은 감사를 드린다. 그리고 오늘이 있기까지 지도해 주신 은사님, 많은 도움을 아끼지 않으셨던 선후배 동료 교수님 특히, 제자들에게도 심심한 감사를 드린다.

내가 이 세상에 태어날 무렵은 일제하였다. 삶 자체도 착취당하였던 시절 일본 야마구치에서 태어나 해방이 되자 부모님과 함께 귀국하여 칠성초등학교에 입학하였다. 먹는 것마저 제대로 해결하지 못하였던 어려움이 많았던 시절, 6·25를 맞아 학교 교정을 공군 부대가 차지함에 따라 공장 창고, 방천둑에서 공부하던 어려운 시절이었다. 빈곤과 어려움 속에서 대구중학교에 입학하니 교정은 미8군에 징발되어 가 교사에는 책걸상이 하나도 없는 가마니를 깐 교실이었다. 사회의 혼란 속에서 부모님의 교육 열정으로 경북대학교 사범대학에 진학하였다. 대학교수가 되겠다는 집념이 있었지만 그때만 하여도 생화학이란 강좌는 의과대학, 약학대학 및 농화학과에서만 강의가 개설된 때이므로 생화학을 전공하려는 나에게는 여간 어려운 일이 아니었다.

모든 기득권을 포기한 채 이국진 선배 교수님의 도움으로 경북대학교 농화학과 박원길 교수님의 지도하에 대학원생이 아닌 연구생으로 1년을 보내면서 대학원 준비를 하였다. 그 후 영광의 입학을 맛보았던 그때의 기쁨은 아직도 전율을 느끼는 듯하다.

대학원을 졸업한 뒤 영남대학교 병설 여자초급대학에 식품영양과가 창설되어 이 대학에 첫발을 들여놓은 때가 1969년 4월 6일, 대명동 캠퍼스의 잔디밭과 단층으로 된 교정이 퍽 인상적이었다. 대학원 지도교수이신 박원길 교수님께서 캐나다 셀브르크대학에 자리를 옮기신 후 은사님의 도움으로 셀브르크대학으로 유학길에 오르게 되었다. 그때만 하더라도 외국 유학을 갈 때면 동대구역에는 동료 교수, 친구, 친지 및 학생들의 배웅을 받으며 떠나는 때인지라 잊을 수 없는 그날이 생각난다.

1973년에 영남대학교 병설 여자초급대학이 폐교됨에 따라 캐나다 유학길을 접고 1974년 3월에 영남대학교 식품가공학과에 전보발령을 받게 되어 정년까지 이르게 되었다. 1971년부터 3년 동안 1984년 노벨화학상 수상자인 R. B. Merrified 교수가 고안한 고상법으로 생리활성이 강한 펩티드성 호르몬인 Angiotensin 및 Bradykinin 유사물을 합성하였다. 이후, 1984년 Merrified 교수가 노벨화학상을 수상한 같은 해에 나는 한국생화학회에서 펩티드 합성의 공로로 학술장려상 제1호를 수상하게 되었다. 펩티드성 호르몬을 합성하는 데는 인체에 유해한 시약을 많이 사용하여 이로 인한 공해로 박원길 지도교수께서는 1976년(58세) 돌아가셨다. 이 사건은 나의 연구 방향을 효소, 전통식품인 장류 및 안동식혜, 기능성 식품 연구로 전환하는 동기가 되었다.

우리 식품공업은 주로 외국에서 연구개발되고 양산되고 있는 가공식품을 우리나라로 이전해 와서 그것을 모방하기에 바빴다. 우리는 그동안 전통식품에 대한 연구가 부분적으로 시도되어 왔으나 산업적으로 연결시킬 만한 체계적인 연구가 제대로 이루어지지 못한 현실을 통감했으며, 이는 전통장류, 생리활성물질 및 전통 안동식혜를 연구하는 계기가 되었다. 이후 한국과학재단, 농림부 및 농림기술센터의 지원하에서 행한 국산 감잎 및 배로부터 생리활성물질을 규명하고 고부가가치를 위한 가

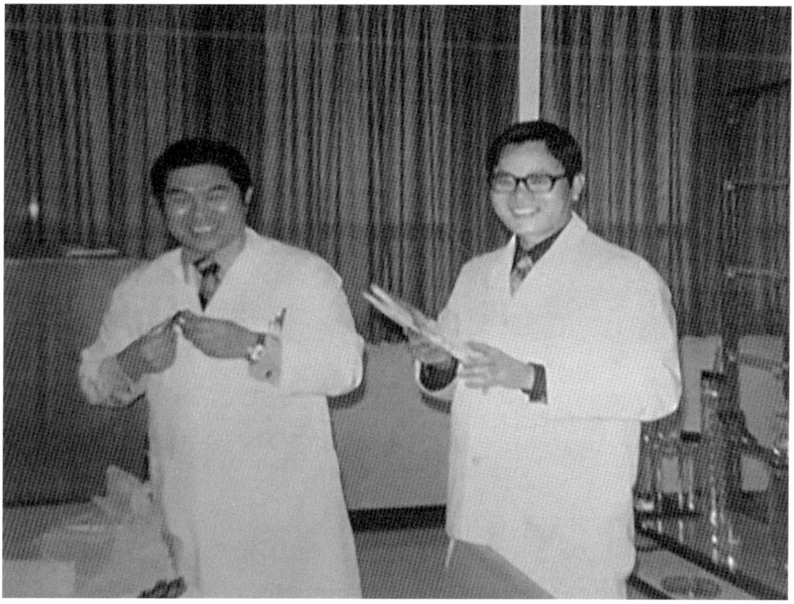

1971년 캐나다 셀부르크내학 생화힉과 박원길 지도교수와 한께 연구

공제품 다양화 기술을 개발하는 등 총 203편을 연구 발표하였다. 어려운 여건하에서 열심히 연구에 동고동락하여 준 제자들에게 깊이 감사드린다. 동시에 그 이러한 결과로 경상북도 문화상(자연과학 부문), 한국농화학회 학술상 및 대한민국 농업과학기술상(국무총리 표창) 등을 받게 된 영광은 나에게는 과분한 일로 생각되며 이 보람과 행운을 모든 제자들에게 그 영광을 돌리면서 다시 한번 감사하게 생각한다.

더불어 사는 사회의 근본은 나의 이익에 앞서 먼저 이웃을 생각하고 제자들을 배려하는 마음가짐이 중요하다. 나의 중심에서 벗어나 제자들과 함께하는 마음으로 제자들의 연구와 취업에 많은 관심을 가졌다.

영남대학교 식품가공학과를 졸업한 제자들의 연구와 취업에 관하여 잊지 못할 일들을 소개한다.

1979년 식품가공학과 대학원이 탄생한 후 첫 번째 졸업생 성태수 군의 취업에 골몰하고 있을 때 창원전문대학, 식품영양학과 교수 모집의 신문광고를 보게 되었다. 창원전문대학의 학장을 찾아 제자 성태수 군을 추천, 소개하였다. 이때 학장의 말씀 가운데, "교수님, 참 대단하십니다. 제자를 위해 몸소 학교를 방문, 추천하는 교수님을 처음 봅니다."라고 하신 말씀을 잊을 수가 없다. 그 후 몇 번 찾아뵙고 추천한 결과 전임교수로 발령을 받았을 때 그 기쁨은 이루 말할 수가 없었다. 그 뒤 또 1972년 석·박사학위를 취득한 손규목 군을 추천하여 전임강사로 임명되었다.

1980년도 대구한의대학교 한의학과 생화학 강의 요청에 쾌히 수락하여 강의를 하게 되었다. 한의학과에 강의를 하게 된 동기는 대구한의대학교에 나의 제자를 교수로 추천하기 위해서였다. 한의대 학장께서는 나를 한의학과 생화학 교수로 전보발령을 해주시겠다면서 간곡히 말씀하셨다. 그러나 나는 배만종 석사학위논문을 학장님께 제출하면서 조교발령을 해주실 것을 요청했다. 배만종 학생의 이력서와 석사학위논문을 제출하였더니 학장님께서 이를 보시면서 놀란 표정으로 박사학위논문이냐고 하셨다. 논문 편수도 많다고 하시면서 조교로 임명하셨다. 배만종 군은 조교로 발령받아 재직하는 동안에 박사학위를 취득한 후 전임교수로 임명되었다. 한의학과 교수님 가운데 몇 분이 한의학과 출신도 아닌 영남대학교 식품가공학과 출신에게 생화학 강의를 하게 한다고 불평한다는 말들이 들렸다. 이때 배만종 교수는 나와 의논한 결과, 식품영양학과와 식품가공학과를 함께 하는 식품과학학과 창설 계획을 문교부에 제

1992년 영남대학 식품가공학과 출신 김태완(안동대학 교수),
윤상홍(농촌진흥원, 농업생명공학원 연구관), 조영제(경북대 교수),
우희섭(부산보건대학교 교수)

출하여 허가를 받아 식품과학과 교수로 이전하게 되었다. 배만종 교수는 열심히 연구한 결과, 학장, 대학원 원장 및 부총장까지 역임을 하고 퇴임한 제자 중의 제자였다.

이후 6번째 졸업생 안봉전 군을 화장품학과에 추천하였더니 교수 발령을 받게 되었다. 안봉전 교수는 식품가공학과를 졸업 후 롯데식품회사 연구원으로 근무하면서 박사학위를 취득했다. 이에 곧 경북미래대학 화장품학과에 추천하여 전임교수 임명을 받게 되었다. 이때만 해도 학장님께서 나에게 제자들을 위해 이곳 먼 칠곡까지 오시는 모습이 대단하시다 하셨다. 이후, 본인도 영남대학교를 퇴임한 후 경북미래대학 석좌교수로 7년 봉직했다.

1994년 식품가공학과 석사학위를 취득한 김태완 군은 본 대학에서 박사학위를 취득할 것이 아니라 토플 성적이 우수하였기에 미국으로 유학 갈 것을 제안했다. 석사학위 취득한 후, 미국 코넬대학교에서 식품공학 박사학위를 취득하였고, 국립안동대학교 식품생명공학과에 추천하여 교수로 임명되었다.

1990년 임성일 군은 석사학위 과정을 졸업 후 일본 구주대학교 식품공학 박사를 취득한 후 한국식품개발연구원의 발효식품연구원 팀장으로 임명되어 원장으로 승진 후 퇴임하였다.

특히, 1992년 본 대학과 식품가공학과 박사학위를 취득한 조영제 군을 국립상주대학교 식품가공학과에 추천하여 식품공학과 교수로 임명되었다. 국립상주대학교와 경북대학교에 통합 과정이 성립된 후 조영제 교수는 열심히 연구한 결과, 논문 편수가 많아 현재 경북대학교 식품가공학과 식품응용공학 전공 발령을 받아 열심히 재직 중에 있다.

1976년 캐나다 퀘벡주 셔브룩Sherbrooke대학교, 의과대학 생화학 교실에서 Post doctor(박사 후 연구원) 시절 중국, 홍콩 출신 Peter Yu 박사와 함께 연구활동을 하였다. 이분이 홍콩대학교 식품과학과 및 홍콩식품과기술협회 회장으로 재직하고 있던 1998년, Peter Yu가 조선대학교 초청으로 특강 발표가 있어 한국에 온다 하기에 발표 일주일 전에 대구에 오라고 초청하였다. Peter Yu는 본인의 집에서 6일간 머물면서 경주 등 관광을 마친 후 광주, 조선대학교 특강을 하였다.

이때 중국 학생 한 사람을 추천해 달라 했더니 박사과정에 張元彩 군을 추천하였다. 張 군은 1999년 영남대학교 식품가공학과 박사과정에 입학하였다. 이때만 해도 본인은 연구비를 많이 받을 때이므로 3년 동안 매월 50만 원을 연구조교 명목으로 지불하였다. 이때 대학 기숙사비는 30만 원이었다. 어느 날 연구실 제자들이 찾아와 張 군의 몸 냄새가 많이 나서 같이 못 있겠다 했다. 이때 張 군을 불러 말했더니 중국에서는 머리를 감으면 복이 날아간다고 생각하여 2~3주 내지 한 달에 한 번씩 샤워한다고 했다. 1992년 4월 한중수교 협정 후 8월, 중국 북경대학에서 국제 생화학회가 개최되었다. 이때는 중국과 수교된 지 얼마 되지 않았을 때라 중국 비자를 받기가 무척이나 어려웠다. 학회에 참석한 중국인들의 모습은 머리도 감지 않고 머리 냄새 등등이 나서 보기에도 민망할 정도로 추잡해 보였다. 그런데 깨끗한 모습을 한 학생들은 조선족 학생들이었다. 때마침 조선족 학생이 하는 말이 중국 학생들은 샤워를 하지 않고, 머리도 감지 않는다고 하였다. 샤워를 하거나 머리를 감으면 복이 날아간다고 했다.

오늘 나의 학문과 잊지 못할 석사학위 25명, 박사학위 18명의 제자들을 생각하여 보니 모든 이들에게 좀 더 사려 깊게 행동하고, 좀 더 신중하게 처리하고, 좀 더 따뜻하게 베풀고, 좀 더 용기와 희망을 주는 말들을 못 했을까 하는 아쉬움이 든다. 제자들에게 좀 더 친절하게 자세히 가르치지 못한 후회와 함께, 지난날의 나를 성찰해 본 시간이었다.

석사학위 지도

이 름	연도	논문 제목	직장
1. 성태수	1979	재래식 메주 숙성중 Histamine 함량의 변화에 관한 연구	마산창원전문대학교 식품영양과 교수 퇴임
2. 배만종	1982	Aspergillus oryzae에 의한 개량메주의 숙성 과정중 Protein 및 Amino acid 변화에 관한 연구	대구한의대학교 한방바이오식품학과 교수 퇴임

이 름	연도	논문 제목	직장
3. 양수동	1982	Aspergillus oryzae에 의한 개량메주의 숙성과정 중 지질조성의 변화에 관한 연구	㈜흰그루 사장
4. 윤상홍	1983	인삼의 단백질 및 아미노산 조성에 관한 연구	농촌진흥청 농업생명공학원 연구관 퇴임
5. 손양도	1985	재래식 메주 발효과정 중 지질 및 지방산 조성의 변화	식품정보코리아 전문위원
6. 안봉전	1985	재래식 메주 발효과정 중 단백질 및 아미노산 조성 변화에 관한 연구	대구한의대학교 화장품피부미용학부 교수
7. 손규목	1987	한국 인삼의 년근별 지질 및 유리당 조성에 관한 연구	마산창원전문대학교 식품영양과 교수
8. 조영제	1988	Penicillium sp. CV-22 생산하는 Polygal acturo-nase의 정제 및 그 효소학적 성질	국립상주대학교 식품공학과 교수에서 현)경북대학교 교수
9. 임성일	1990	전통 안동식혜의 숙성과정 중 성분 변화와 저장 안정성에 관한 연구	한국식품개발연구원 원장 퇴임(일본구주대학교식품공학 박사)
10. 이우제	1990	Bacillussp.CW-11210l 생산하는 Alkaline Preo-tease의 정제 및 그 효소학적 특성	㈜삼호금속 사장
11. 석영란	1993	Bacillus licheniformis CN-115 균주를 이용한 청국장 제조과정에 있어서 단백질 및 아미노산의 변화	대구자연과학고등학교 교사
12. 이선호	1994	단백질 분해효소에 의한 참깨박 단백질의 기능적 특성 변화	대구자연과학고등학교 교사 미국 코넬대학교 Post Doc.
13. 우희섭	1994	전통 안동식혜의 숙성과정 중 유기산 및 향기성분의 변화	부산보건대학교 호텔제과제빵과 교수
14. 김태완	1994	Serratia liquefaciens AL-11이 생산하는 Alkaline Lipase의 정제 및 그 효소학적 특성	국립안동대학교 식품생명공학과 교수
15. 허영훈	1995	Bacillus licheniformis CN-115 균주를 이용한 청국장 제조 중 단백질 및 향미성분의 변화	호주 유학
16. 손준호	1997	한국 재래간장으로부터 분리한 Bacillus subtilis globigii CCKS-118이 생성하는 Protease의 정제 및 효소학적 특성	대구한의대학교 화장품 피부미용학부 겸임교수 퇴임
17. 최희진	1997	감잎(Diospyros kaki L. folium)의 성장에 따른 성분 변화 및 생리활성물질의 효소저해효과	영남대학교 강사 역임
18. 조국영	1999	감잎(Diospyros kakiL.folium)으로부터 분리한 Polyphenol 화합물의 중금속 제거효과 및 항산화 효소활성에 미치는 영향	한국콜마(주) 중앙연구소 주임연구원
19. 홍승표	1999	한국 재래간장으로부터 분리한 Scopulariopsis brevicaulis가 생성하는 a-Galactosidase의 정제 및 그 효소학적 특성	대구자연과학고등학교 교사

이 름	연도	논문 제목	직장
20. 이임식	1999	젖산균의 혼합발효에 의한 전통안동식혜의 저장기간 중 향기성분 및 맛성분의 변화	매일유업 중앙연구소 선임연구원
21. 배두경	1999	한국산 감잎(Diospyros kaki L. folium)을 이용한 고기능성 음료 개발에 관한 연구	㈜씨엔텍 선임연구원
22. 배종호	2000	한국산 감잎(Diospyros kaki L. folium)분을 첨가한 빵의 이화학적 품질 특성	대구미래대학교 제과데코레이션 교수 퇴임
23. 구태호	2001	경상도 전통 마른명태 식해의 제조공정 확립 및 품질 특성	원마트 부장
24. 한호석	2003	들깨잎의 생리활성물질 탐색, 휘발성 향기성분 및 깻잎차 개발에 관한 연구	한국식품개발연구원 연구원
25. 박정혜	2004	감초를 첨가한 전통 간장의 기능성에 관한 연구	

박사학위 지도

이 름	연도	논문 제목	직장
1. 차원섭	1989	Aspergillus fumigatus AC-21이 생산하는 Alkaline Protease의 정제 및 그 효소학적 특성	국립상주대학교 식품공학과 교수 퇴임
2. 배만종	1989	인삼 분획성분들이 고지방식이에 의한 비만유도 Rats에서 지방축적에 미치는 영향	대구한의대학교 한방바이오식품학과 교수 퇴임
3. 성태수	1991	영지, 오가피 및 천궁의 열수추출액이 고지방식이에 의한 비만유도 백서의 지방축적에 미치는 영향	마산창원전문대학교 식품영양과 교수 퇴임
4. 안봉전	1991	감나무잎(Diospyros kaki L. folium)과 Jack Fruit 잎으로부터 Glucosyltransferase, tytosi nase 저해물질 분리 및 구조연구	대구한의대학교 화장품피부미용학부 교수
5. 손규목	1992	Lactobacillusdelbreuckii를 이용한 전통 안동 식혜의 제조	마산창원전문대학교 식품영양과 교수
6. 윤상홍	1992	식물병원성 곰팡이의 성장을 억제하는 길항균으로부터 길항성 물질 미유전자군의 분리	농촌진흥청 농업생명공학원 연구관 퇴임
7. 조영제	1992	한국산 녹차(Camellia sinensisL.)로부터 분리한 탄닌의 구조와 효소저해효과	국립 상주대학교 식품공학과 교수에서 현)경북대학교 교수

이 름	연도	논문 제목	직장
8. 천성숙	1996	Aspergillus 속 균주가 생산하는 Phytase와 Protease의 분리, 정제 및 폐단백질원의 이용	김천대학 강사 역임
9. 김영활	1996	한국 재래간장으로부터 분리한 Bacillus subtilis CCKS-111이 생성하는 Protease의 정제 및 그 효소학적 특성	대구보건대학교 임상병리과 교수 퇴임
10. 김 성	1996	젖산균과 효모의 혼합발효에 의한 전통 안동식혜 제조	아시아대학교 한방식품영양학과 교수 퇴임
11. 박무희	1998	감잎(Diospyros kaki L. folium)의 Polyphenol 화합물이 면역기능 및 생리활성에 미치는 영향	부산 한양학원 실장
12. 이선호	1999	Bacillus coagulans CE-74에 의한 Biopolymer의 생산과 특성	대구자연과학고등학교 교사, 미국 코넬대학교 Post Doc.
13. 이희덕	2000	경상도 전통 마른 오징어 식해의 제조공정 확립 및 품질특성	한국식품연구소 시험평가부장 퇴임
14. 손준호	2000	한국산 검정콩 색소의 분리, 동정 및 생리활성 기능 검증	대구한의대학교 화장품피부미용학부 겸임교수 퇴임
15.최희진	2000	한국산 인삼으로부터 Polyphenol 화합물의 분리, 동정 및 생리활성 검증	영남대학교 강사 역임
16. 張元彩	2002	한국산 배(Pyrus pyrifolia Nakai)로부터 분리한 Polyphenol 화합물의 분리, 동정및 생리활성 검증	중국 상하이대학교 식품공학과 교수
17. 우희섭	2003	한국산 양파의 생리활성검증 및 양파 분말을 첨가한 기능성 빵의 품질특성	부산보건대학교 호텔제과제빵 교수
18. 배종호	2003	한국산 배로부터 분리한 Polyphenol 화합물의 생리활성 검증과 생약제를 첨가한 혼합 액상차 개발	대구미래대학교 제과데코레이션과 교수 퇴임

달리고 싶은 제자들과 함께

황 평

명예교수 | 미래자동차공학과

올해도 어김없이 학생들은 차를 만들었다. 전남 영광의 한국자동차연구원 전남지역본부의 주행시험장은 9월 말인데도 시험도로도, 참가한 학생들도 모두 뜨거운 열기를 내고 있었다.

YUSAE의 탄생

1976년 미국 자동차기술자협회SAE에서 먼저 시작된 대학생들의 자작자동차대회는 Mini-Baja로 출발하여 Formula까지 아우르는 큰 대회가 되었다. 지금은 열거하기 어려울 정도로 많은 대회가 개최되어 전 세계 공학계열 대학생들의 관심과 열기를 모으고 있다.

우리 영남대학교에서는 국책공과대학 사업을 추진하면서, 대학생들의 실제적 공학 지식을 현장에 바로 적응하면서 그 결과물을 서로 비교할 수 있는 자작자동차대회를 도입하기로 하였다. 이를 위하여 교수와 학생들을 미국에 파견하였으며, 미국 미시간공과대학교의 교수와 학생들을 초빙하였다. (이때 적극적으로 도와준 미시간공대의 조벽 교수는 현재 한국에서 공학교육뿐 아니라 초중등교육의 새로운 패러다임을 열심히 전도하고 계신다.)

이러한 노력의 결과, 우리는 1996년 전국대학생자작자동차대회를 대한민국에서 처음으로 개최하였다. 1회 대회 27팀으로 시작하였으나, 폭발적인 호응으로 2회 70팀, 3회 112팀, 1999년 4회 대회 146팀, 2000년 5회 대회는 무려 152팀이 참가하며 명실공히 대한민국 공학도들의 축제의 장이 되었다.

이때 만난 제자들이 지금까지도 연을 맺고 있는 자동차 동아리 학생들이다. 동아리 명칭은 'YUSAE'로 YU는 영남대학교의 영문 이니셜이고, SAE는 미국 자동차기술자협회를 인용했다. 미국 SAE에서 대학에 지부를 두도록 했기에 그 지부 형태의 이름을 사용하였다. 초기에는 당시 기계공학부의 모형항공기, 자동차 동아리 등을 모두 포함시켰으나, 나중에는 다시 일부가 나누어졌다. 1991학번이 0기, 1992학번이 1기로, 나는 0기라고 불리는 모형항공기 동아리를 지도한 인연으로 이 동아리를 맡게 되었다.

0기의 대표는 기계공학과 학회장과 영대 방송반을 지낸 한경훈으로, LA에서 섬유기계부품 수입업을 하고 있으며, 미주LA동창회 총무를 맡

1998년도 영남대학교 주최 전국대학생자작자동차경주대회 (112팀 참가, 우측이 필자)

아 후배들의 미국 대회 참가에 많은 도움을 주었다. 1기 대표 장운근은 특유의 열정과 부드러움으로 2000년도 한국 대학으로는 처음으로 YUSAE팀이 미국 대회에 참가할 수 있는 바탕을 마련하였다. 지금은 영남이공대학교의 교수로서 자신의 제자들을 잘 지도하여 미국 SAE Baja 대회에 다년간 참가하였다. 장 교수와는 요즘도 국내 대회에서 자주 만나 많은 이야기를 나누고 있다.

2기 대표 김승식은 2000년도 미국 SAE Mini Baja 밀워키 대회를 준비하였을 뿐만 아니라, 2001년 오하이오 대회에 팀장으로 참여하여 역대 최고의 기록(전체 20위)을 달성하였다. 지금까지도 관련 기계 가공과 소형자동차부품 수입 사업을 하면서 후배들을 돕고 있다. 더욱이 그는 영국 Formula Student 대회 참가 준비를 위하여 2003년에 홀로 영국 대회를 참관하고 와서 많은 정보를 후배들에게 나누어 주기도 하였다.

대회 참가와 성과

미국 대회Mini-Baja SAE 참가는 2003년까지 계속되었다. 2004년도에는 설계 차량을 변경하여 그동안 참가하고 싶었으나 기술적 어려움과 경비 문제로 미루어 놓았던 영국의 Formula Student 대회에 한국 대학생팀으로는 처음으로 참가하였다. 이 경기는 모터사이클 엔진 600cc급 이하의 내연기관으로서 4바퀴 차량으로 설계하여야 하며, Baja 대회보다 규정이 훨씬 더 까다롭다. 우리 동아리는 김승식 군이 촬영해 온 해외 타 대학 차량을 중심으로 실차 설계에 들어갔다. 권혁준 팀장은 팀 관리를 맡아 경비 스폰서 활동 및 차량 설계 제작을 책임졌고, 서동성 군은 영국 옥스퍼드브룩스대학Oxford Brookes University과의 학생팀 교류를 추진하는 한편 포뮬러 대회의 세계 중심인 영국의 포뮬러 회사 방문 약속을 성사시켰다. 덕분에 우리는 BAR-Honda팀 회사를 볼 수 있었다. 지금도 성황리에 개최 중인 Formula 1 대회팀을 방문하는 것은 일반 팬들에게는 거의 꿈같은 일이지만, 다행히 학생팀이 유사한 대회를 준비하고 있으니 허락을 해준 듯하였다. 우리는 그곳에서 자동차 기술의 최첨단을 걷고 있는 포뮬러팀의 차량 제작 작업과 제어실 등을 상세히 파악할 수 있었다.

이러한 경험을 바탕으로 우리는 호주, 일본, 말레이시아 대회를 포함한 외국 대회에 14회 참가하였으며, 국내 대회로는 우리가 한국에서 처음으로 시작하고 주관한 Baja SAE KOREA 대회 및 한국자동차공학회(KSAE)가 주관하는 대회에 참가하였다. YUSAE는 Baja SAE KOREA 대회에서 1996년부터 2021년까지 우승 8회, 산자부장관상 수상이라는 쾌거를 이루었고, 2013년도부터 참가한 한국자동차공학회 주관 대회 Baja

2024년 KSAE 대학생자작자동차대회 금상 수상 후 팀원 사진

홈커밍행사 단체 사진

부문에서는 2017년도에 그랑프리(산자부장관상)를 수상하였으며, 같은 대회 포뮬러 부문에도 2013년부터 출전하여 2016년도, 2023년도에 각각 금상을 수상하였다.

현재와 미래

지금 1학년인 24학번은 벌써 33기가 되어 선배들과의 교류가 쉽지는 않지만, OB멤버들은 매년 대회 참가 전에 학교를 방문하여 설계 등에 관한 발표를 같이 듣고, 조언을 하며 관계를 이어가고 있다. 최근 들어서는 1년 전부터 대회 참가 팀원을 모집·결정하여 체계적으로 대회 준비를 하고 있으며, 대회 6개월 전에는 차량 제작을 완료하고 이후 테스트를 반복하며 그 과정을 체크하는 등 팀의 운영 방식도 해마다 개선되고 있음을 알 수 있다.

열심히 참가하는 학생은 1학년 때 가입하여 가장 기본적인 업무에 배정되어 선배들을 돕고, 군복무를 마친 후 2·3학년이 되면 팀장 등 보다 적극적인 역할을 맡아 차량 설계 및 제작에 대한 책임을 지게 된다. 대부분 재학 중 국내외 대회를 3회가량 참여하게 되니 상당한 시간과 노력이 필요하여 쉬운 일은 아니다. 그런데도 동아리의 어떤 전통과 모터스포츠의 매력에 빠지면 대부분 4년에서 8년까지(휴학, 군입대 등 포함) 열심히 팀 활동에 매달리게 되므로, 팀 지도를 맡고 있는 지도교수도 어느 시기부터는 대학원생보다 동아리 학생들을 더 자주 보게 되는 이상현상이 생긴다.

하기야 공학 교육 현장 방문차 들른 호주 왕립멜버른공과대학교

RMIT 연구실에서 만났던 RMIT 자동차팀 지도교수 사이먼 왓킨스Simon Watkins는 아예 팀 티셔츠와 안전화를 착용한 모습이었다. 이 팀은 미국 FSAE에서 우승을 한 적도 있는 팀으로 자체 단독 건물을 가지고 있었다. 건물에는 차량의 카울 등을 탄소복합 소재로 열가공하는 설비, 차량제작실, 미팅실, 식당 등이 구비되어 있어 대학에서의 팀 위치를 짐작할 수 있다. RMIT팀은 수요일에 졸업생도 참가하는 팀 세미나를 꾸준히 개최하고 있었다.

호주의 RMIT 외에도 미국의 UVA·UC San Diego·Old Dominion University·UW·UNLV·University of the Pacific, 영국의 옥스퍼드브룩스대학, 일본의 도쿄대학·시즈오카대학, 싱가포르의 NUS·NTU 등을 방문하였는데, 그곳에서 만난 지도교수들은 다들 예산, 공간 등에 관해 비슷한 고충을 갖고 있었다.

방문은 하지 않았지만 인상적이었던 팀은 영국에서 자주 만난 네덜란드의 TU Delft이다. TU Delft에서는 학생 80명 정도가 영국 대회에 참가하였으며, 12톤 트럭 2대에 공작기계까지 싣고 팀 지도를 지원하고 있었다. 이 대학에서 파생된 기술 기업이 유명한 ASML로, 삼성전자가 못 사는 EUV노광장비를 생산하고 있다.

마치며

한동안 코로나19 팬데믹으로 인해 동기간, 선후배 간, 사제 간 제대로 만날 수 없었다. 동아리에서는 2023년 대회 참가를 앞두고 홈커밍 행사YUSAE OB & YB Festival를 기획하여 재학생과 졸업생 등이 함께 어울리는 자리를 마련하였다. 7월 8일 열린 행사에는 졸업생 80명과 그 자녀 8명,

재학생 30여 명이 참석하여 세미나 발표, 역대 팀 유니폼 전시, 팀원 대표 간의 전기차 레이싱, 어린이 게임 등 다양한 프로그램을 함께 했다. 바비큐 식사도 나누며 즐거운 시간을 보냈는데, 재학생들과는 따로 청도에서 하루를 더 보냈다. 나는 코로나19 대유행 시기에 퇴임하여 제대로 퇴임 행사를 가지지 못했는데, 이 행사 덕분에 학생들과 보낸 많은 시간을 잘 반추할 수 있었다.

지금 이 시간에도 내년 대회를 준비 중인 28기에서 33기까지의 학생들이 즐겁게 대회용 소형포뮬러자동차를 만들고 있다. 나는 졸업 후 그들이 자동차 강국 대한민국에서 꿈꾸는 관련 직장에 다니면서 동기들끼리, 선후배끼리 잘 어울려 지내는 제자가 되길 바랄 뿐이다.

5 부

세상 선생님 - 스승은 이어지고

겸양謙讓의 사표 師表

박인수
명예교수 | 법학전문대학원

청렴과 똘레랑스의 선비 이경운 교수님

전남대학교 법과대학의 전임교수로 발령을 받으면서 이경운 교수님을 만나게 되었다. 지금은 5·18 민주화운동 또는 5·18 광주민주화운동으로 역사적 매듭을 짓고 있으나, 당시는 보수적 성향을 가지고 있는 언론과 지역이나 인사들이 광주사태 또는 광주폭동 등으로 부르고 있었다. 더욱이 87년의 상반기도 '탁' 치니 '억' 하고 쓰러졌다는 박종철 고문치사사건과 6·10 항쟁의 기폭제가 되었던 이한열 열사의 사망 사고 등으로 80년의 봄 못지않게 민주화와 개헌에 대한 열망이 강하던 시기였다. 나아가 광주는 5·18 당시 무고하게 희생되었던 수많은 시민들을 위한 보상과 명예 회복을 위한 정치적 주장의 중심에 있었다.

80년대 중반 프랑스 파리2대학에서 법학 박사학위를 취득한 후 프랑스 생활을 간단하게 정리하고 서둘러 귀국한 후 영남대학교에서 강의를 하게 되었다. 그해 9월부터는 전남대학교로 가게 되었다고 여러 교수님께 인사차 들렀더니, 대부분의 교수님께서는 지역색을 걱정하시면서 염려의 말씀을 주셨다. 하지만 프랑스에서 정치학을 공부하셨던 분께서는 오히려 말도 잘 통하지 않는 외국에서 박사학위를 받아 올 정도의 능력이 있으면 광주에서도 잘 적응할 것이니 축하할 일이라면서 격려해 주셨다.

그동안 학위 취득과 논문 작성 등으로 학문만을 바라보며 생활하여 온 터인지라 사회인으로서는 초년생이었다. 광주에서 첫 둥지를 틀어 사회를 경험하게 된다는 것이 한편으로는 모험으로 다가오기도 하면서, 다른 한편으로는 자립하여 독립된 활동을 하게 되는 기회가 될 것으로 생각하면서 광주에서의 생활을 시작하게 되었다.

이미 서울과 파리와 같은 대도시의 낯선 환경을 경험하였던 덕분에 비록 처음이긴 하였으나 광주 생활에 대해서도 젊은 패기와 자신감으로 가득하였다. 더군다나 88올림픽을 기념하기 위하여 개통한 대구·광주 고속도로를 불편 없이 다니도록 하기 위하여 아버지께서 선물해 주신 짙은 남색의 현대차 프레스토는 나름대로 생활의 멋을 뽐내기에도 충분하였다. 학문적 비전과 경제적 기반이 어느 정도 갖추어졌으므로 강의와 학생 지도에도 최선을 다하고자 하였다.

학생들은 비록 신임 교수이긴 하지만 프랑스에서 박사학위를 받아 온 교수라는 사실에 상당한 호감을 보여주었으며, 나 또한 전남지역의 우수한 학생이 운집해 있는 전남대의 법과대학에서 교수로서 학생들에게 강의하고 지도한다는 사실 자체가 학생들과의 대면을 성실하고 진솔하게 하도록 하였다.

당시 학생들과의 대화에서 놀라웠던 것은 학생들이 민주와 역사에 대한 인식의 정도가 대단히 높았다는 것이다. 불과 수개월 전까지 함께 하였던 영남대 학생들과 비교해 보면서 전남대 학생들은 민주주의에 대한 확고한 신념을 가지고 있다는 생각을 하게 되었다. 물론 그 배경에는 광주의 현재진행형인 상처와, 이를 치유하고자 하는 눈물겨운 인내, 승화가 마음속 깊은 곳에 자리 잡고 있었기 때문일 것으로 생각하였다.

역사에 대한 인식과 민주주의에 대한 확고한 신념을 보여주고 있는 학생들이 교수님들에게 보여주고 있는 깊은 존경심과 신뢰도 인상적이었다. 전남대의 많은 교수들이 5·18 당시 시국선언과 시위를 주동한 혐의로 해임되었다가 수년간의 복직 투쟁 끝에 마침내 복직된 적이 있었는데, 그중에 법과대학의 당시 최고 원로 교수였던 이방기 교수님이 계셨다. 자그마한 체구에 마른 체격이었지만 소탈하고 솔직하며 부드러우시지만 강단 있는 분이었다. 무엇보다 불의나 잘못된 것에는 언제나 불호령을 내리는 분이셨기 때문에 법과대학 학생들에게는 스승이면서 동시에 민주화의 대부와 같은 분이었을 것이다. 이방기 교수님께서 중심에 계시는 한 학생들은 언제나 교수들을 믿고 따르는 것이 확연히 눈에 띄었다.

대구 출신 신임으로 광주 생활에 적응하려고 하는 것이 법과대 교수들 눈에도 비쳤던지, 모든 학사 업무와 학교생활 전반에 항상 나에게 우선권을 부여해 주다시피 했다. 20명에 가까운 선임 교수들이 계셨으니, 아무리 당당하려고 해도 그렇게 보이지 않았던 모양으로 그래서 더 호의와 친절을 베풀고 계셨다. 신임이자 막내이며 나아가 대구 출신이라는 사실 자체가 만들고 있는 환경이었다. 나름대로 감사하고 고마웠다. 그러나 이러한 배려 자체가 경우에 따라서는 부담스럽게 느껴지기도 하였다.

당시 전남대에는 대구를 포함한 영남 지역 출신의 교수도 10여 명 있었으며, 더군다나 같은 법과대학 소속의 행정학과에도 고등학교 후배가 나보다 2년 전부터 근무하고 있었다. 이분들에게 학교와 광주에서의 생활에 대하여 물어보면 대체로 영호남의 갈등과 편견을 느끼고 계시다는 반응이 주류였다. 그러나 나의 경우는 완전히 다른 것이었다. 나로 인하여 오히려 학과 교수님들이 항상 양보하는 입장에 서 계시다는 것이 불편하고 부담스럽게 다가왔기 때문이다. 이러한 분위기와 환경을 적극적으로 조성해 주면서도 표면화하지 않고 묵묵히 내색하지 않는 분이 이경운 교수님이라는 것을 알게 되었다.

대구 출신이면서 초임으로 광주라는 낯설고 말투 다른 지역에서의 직장생활이 어려울 것이며, 이미 영호남 갈등과 반목이 만만치 않은 사회적 분위기 속에서 이를 원만하게 극복하기 위해서는 역차별에 가까운 특혜를 주는 것이 당연하다고 말씀하시는 것이었다. 또한 이러한 이 교수님의 진심 어린 배려심이 다른 교수님들에게도 감동으로 와닿았던 것이 아닌가 생각이 들었다. 이 교수님의 배려가 법과대학의 모든 교수님과 교직원에게도 통할 수 있었던 근본적인 이유는 이 교수님의 평소 언행과 인품이 모든 분들의 모범이자 귀감이었기 때문이었을 것이다.

특혜에 가까운 행운을 누린 결과 나는 지금도 영호남의 지역적 차별이나 편견을 과감히 부정하고 있으며, 다른 한편으로는 직장이나 사회에서 소수자 보호에 나름대로 최선을 다하고자 하고 있다.

이 교수님의 배려와 양보는 나의 학문 영역 형성에도 지대하게 영향을 미쳤다. 90년대 중후반부터는 공법 영역에서 헌법과 행정법 교수를 구분하는 것이 일반화되었으나, 80년대 후반까지는 헌법과 행정법 교수를 별도로 구분하지 않고 오히려 공법 교수로 일반화되고 있었다. 물론 서울의 일부 대형 대학에서는 80년대에도 헌법과 행정법 교수를 구분하고 있었으나, 전국의 거의 모든 대학에서는 공법 교수가 헌법과 행정법 강의를 학기별로 나누거나 또는 함께 하는 것이었다. 나는 전남대학교 발령 당시 행정법 전임교수로 예정되어 있었다. 전남대학교도 거점 국립대학교이므로 당시에도 헌법 교수와 행정법 교수를 구분하고 있었다. 발령 이후 3학기 동안에는 행정법 원론, 각론, 연습 강의에 집중하면서, 논문은 프랑스 헌법에 관한 내용을 발표하였다. 헌법 강의는 이방기 교수님과 김명재 교수님이 맡고 계셨는데 김 교수님께서는 학위 취득을 위해서 독일의 대학에 유학 중이셨으니 강의는 이방기 교수님께서 전담하고 있었다. 4학기째였던 것으로 기억하는데, 헌법 강의를 할 교수가 필요하게 되었다. 그러잖아도 헌법 전공자로서 행정법 강의만 하고 있던 참이었으니, 헌법 강의에 대한 욕구가 생겨났다. 그러나 행정법 교수로 발령받았으니 선뜻 헌법 강의를 자원하기도 쉽지 않았다. 며칠을 고민하였다. 이 교수님께서 알아채고 계시는 것 같았다. 속내를 털어놓고 의논하였더니 쾌히 나의 제안을 받아들여 주셨다.

그러나 사정을 따지고 보면 쉽지 않은 일이었다. 왜냐하면 이 교수님께서는 당시 서울대학교 대학원 박사학위논문을 마무리하는 막바지 기간이었는데, 내가 헌법 강의를 하게 되면 이 교수님께서는 행정법 강의를 최소한 한 강좌 더 하셔야 하게 되기 때문이었다. 이렇듯 당신의 어려운 사정에도 불구하고 후배 교수를 위하여 선뜻 양보하여 주신 이 교수님의 배려야말로 그 무엇과도 바꿀 수 없는 고귀한 인품의 표출이 아닌가 생각이 미치면서 새삼 고개가 숙여진다. 이렇게 하여 헌법 강의와 행정법 강의를 함께 하는 기간 중에 학과에서는 다시 행정법 신임 교수를 공채하게 되었다. 신임 행정법 교수인 정연주 교수가 부임한 이후 나는 헌법 강의에 전념할 수 있었으며, 특히 프랑스 헌법에 대해 강의할 수 있는 기회를 가지게 되었다. 강의와 학문에 대한 자부심 나아가 사명감을 가슴 깊이 되새기게 된 것도 이러한 계기로 구체화되었다고 말하고 싶다.

전남대에서 근무하는 동안 수도권 대학으로 옮길 수 있는 기회도 있었으나, 이 교수님을 위시한 홍기문, 정종휴, 안동준, 김명재, 노용우, 김정완, 장신, 정병석 교수 등 친근한 동료 교수님들이 계시는 전남대학교를 떠나기 싫었다.

광주가 제2의 고향이 되고, 전남대가 모교같이 느껴지면서 전남대에 연착륙하고 있던 즈음에 예기치 못하게 어머니께서 별세하시게 되었다. 아내는 아내대로 홀시아버지 봉양을 위해 배전의 노력을 기울이고, 아우들 내외도 성의를 다하였고, 아버지께서도 혼자 생활하시며 허전함을 메우시기 위해 여러 가지 활동을 하시는 것 같았다. 그럼에도 불구하고 어머니를 여의신 후 커다란 이층 양옥집에 홀로 계시는 아버지를 뵙게 되면 점점 민망하게 느껴졌다. 정들어 있고 따뜻한 전남대이지만, 아버지의 곁을 지켜드리는 것이 자식 된 도리가 아닌가 하는 생각이 강하게 들었다.

이 교수님과 또 의논하였다. 늘 나의 의견과 결정을 존중하여 주시던 분이었기 때문에 내 심경을 솔직하게 말씀드렸다. 이 교수님의 의견은 분명하였다. 다른 사유로 전남대를 떠난다면 다시 생각해 보라고 권유하겠지만, 아버님 봉양을 위해서라면 더 이상 만류할 수 없을 것 같다는 답변을 주셨다. 90년대 초반에도 법과대학의 교수 자리를 구하는 것은 결코 녹록지 않은 것이었다. 더군다나 지역을 대구로 한정한 상황에서는 언제 자리가 나게 될지도 막연하였다. 2년 정도의 기간이 지날 때쯤 모교인 영남대에서 헌법 교수 공채를 공고하였다. 지원자가 많지 않았지만 미국에서 법학박사학위를 취득한 지원자와 최종 경합한 끝에 마침내 합격 통지서를 받았다.

막상 학교를 옮기려고 하니 한편으로는 아쉬움과 송구함으로 여러 교수님들 뵙는 발걸음이 움츠러들었으나, 다른 한편으로는 새로운 기대감과 비전으로 가슴 부풀어지기도 하였다.

이 교수님에게 제일 먼저 이 사실을 알렸다. 교수님께서 자택으로 내외를 초대해 주셨다. 자택으로 들어서는 순간 눈을 의심하면서 다시 보았다. 사모님께서 이미 예견하셨던지 설명해 주셨다. 거실에는 아무런 가구나 비품도 두지 않고 필요하면 방석만 둔다는 것이었다. 평소 청빈과 검소함을 체질화하고 계시던 분이셨지만, 집에서도 이를 생활화하셨던 것이다. 참선과 명상, 독서와 집필에 몰두하면서 학문의 세계에 침잠해 있는 학자의 면모를 텅 비어 있는 공간이 웅변하는 것 같았다.

이미 여러 차례 사모님을 뵌 적이 있었기 때문에 교수님처럼 훤칠한 키와 미모는 잘 알고 있었으나, 간단한 인사 정도만 하고, 막상 깊은 대화를 나누어 본 적은 없었다. 이날 시간 가는 줄 모르고 이야기를 나누는 중에 사모님께서는 교직 경력과 건강관리에 대해서도 말씀해 주었다. 기억에 선명하게 아직도 남아 있는 것은 그때까지 15년 동안 저녁 식사는 하지 않으시는 것이 자신의 건강법 중의 하나라는 것이었다. 놀라움을 넘어 충격에 가까웠다. 건강은 결코 우연히 찾아오는 것이 아니라 부단한 자기 관리에서부터 비롯된다는 것을 몸소 실천하고 보여주신 것이었다.

불가에서 강연하고 있는 비움과 무소유를 생활하고 계셨던 교수님 내외께서는 천방지축 뛰어다니면서 여러 교수님과 교류하거나 하루 종일 연구실에서 박혀 있거나 퇴근할 때는 동료 교수들과 무리 지어 저녁 식사를 하고 밤늦게서야 귀가하였던 나에게 무언으로 가르침을 주셨다. 이후 나의 개인적 생활관은 서서히 변화하게 되었으며, 보다 규칙적인 생활 습관, 교수로서의 청빈낙도 나아가 가정 화목에 우선적 가치를 두는 생활 태도를 형성해 가기 시작하였다.

학문과 철학과 생활이 어우러진 염화시중과 같은 미소

교수로서 학문의 길에 들어서고 학문의 방향을 설정하였던 30대 중후반 7년여의 세월을 함께한 전남대와 광주를 떠난다는 것에 생각보다 아쉬움과 미련이 크게 와닿았다. 무엇이 가장 큰 아쉬움인가 곰곰이 생각해 보았다. 역시 이경운 교수님과의 이별이 가장 먼저 와닿았다. 한국인으로서 프랑스 파리 소르본 법과대학 최초의 헌법학 박사라는 자긍심으로 패기만만하였으나, 당시 이경운 교수님께서 전남대학교 법과대학으로 부임할 수 있도록, 나아가 당신 자신을 내려놓고 항상 양보하고 배려해 주면서 부족한 나를 전남대와 광주 생활에 연착륙시키면서 적응할 수 있도록 묵묵히 돌봐주시지 않았다면, 역마살이 있는지 항상 동분서주하며 돌아다니고 바깥 활동에 몰두하는 데 익숙하였던 내 개인적인 성향을 볼 때 30대 중후반에 수많은 난관에 봉착하면서 좌절할 수도 있었을 것이다. 이 교수님은 나에게 스승이셨다. 이 교수님이 겸양과 배려로써 생활 철학을 심어주고, 학문을 심어주었기 때문이다. 이는 동료 교수로서가 아닐뿐더러 어떠한 스승도 할 수 없는 일이었다.

그러나 이 교수님과 아쉬운 이별을 조금이라도 달래볼 수 있는 방법은 있었다. 함께 한국공법학회의 회원이었기 때문에 학회 참석을 통해 간간이 만나뵐 수는 있겠다는 생각에 다소 위안이 되기도 하였다. 이후 나는 학회활동을 성심껏 하였는데, 돌이켜 생각해 보면 학회에서나마 이 교수님을 만날 수 있겠다는 기대감이 나를 더욱더 학회활동으로 쏠리게 하고 또한 즐거운 마음으로 임할 수 있게 하지 않았는가라는 생각도 든다.

무등산에 자주 오를 수 없겠다는 아쉬움도 상당하였다. 광주에서의 생활 중에서 가장 큰 즐거움은 무등산에 오르는 것이었다. 무등산에는 수많은 산행 루트가 있다. 산행 시간에 맞추어 갈 수 있는 코스를 훤히 꿰고 있었다. 주말이면 무등산뿐만 아니라 광주 인근 나아가 전남과 전북 지역의 명산을 산행하였지만, 주중에는 몇 차례씩이나 무등산을 산행하였다. 부임 초 교수아파트에 거주할 때부터 시작하였던 산행을 백운동에 있는 목우아파트로 이사한 이후에는 학교 출퇴근 시에도 당일 강의와 회의 일정 등에 따라서 시간이 나면 무등산에 올랐다. 무등산 산행을 즐기게 된 배경에도 이 교수님이 자리 잡고 있다.

교수로서의 일상에는 신체적 활동이 없을 수밖에 없었다. 연구실에 자리를 잡고 앉으면 바로 강의 준비 또는 논문 작성 등에 전념하게 되므로 경우에 따라서는 식사나 강의 또는 회의가 아니면 자리에서 일어나지도 않는다. 출퇴근도 자동차로 하였기 때문에 걷는 것조차도 충분하지 않았다. 이경운 교수님께서 증심사에서 출발하는 무등산 산행을 제안하셨다.

고등학교 시절 산악회 활동을 하던 친구들과 함께 팔공산 산행을 하고, 대학 시절에도 간혹 운문사나 지리산 등을 산행한 적이 있었지만,

대학원과 유학 시절 동안에는 산행을 잊어버리고 있었다. 산행 전날 제법 많은 비가 왔으나, 산행일에는 날씨도 화창하고 기온도 적합했다. 모처럼의 산행이었으니, 다소 힘에 부치는 구간도 있었으나, 짙은 녹음으로 덮여 있는 산이 품어내 주는 향긋한 상큼함이 더욱 좋았다. 이 첫 번째 무등산 산행 이후 틈만 나면 무등산을 찾아나섰다. 주말이면 아내와 아이들과 동행하기도 하고, 주중에는 혼자서도 산행하였다. 계절별 무등산이 주는 정취를 느껴가고 있었다.

무등산의 매력에 빠져들 즈음 주말 산행 중에 우연히 무등산 규봉암 인근에서 이 교수님을 만났다. 교수님께서는 대학원 학생 시절부터 규봉암을 자주 찾으셨다고 했다. 규봉암은 정상인 서석대의 뒤편에 위치하고 있지만 장불재에서 돌아가면 거의 평길로 갈 수 있기 때문에 어렵지 않다. 다만 산행 시간이 다소 길어 일반인이 산행하기는 쉽지 않은 코스에 해당한다. 교수님을 규봉암 인근에서 만난 것이 무등산을 더욱 자주 찾아가게 된 계기가 되었다.

2002년 연구재단 해외파견교수로 선정되어 파리 1대학의 G. 마르코 G. Marcou 교수님의 초대로 9월 프랑스로 갔다. 아이들도 이미 대학에 진학하였기 때문에 가족 모두가 함께 갈 수 있었다. CIUPCité International de Université Paris의 Deutche de la Meurtre관의 4층 아파트에 입주하였다. 유학생 시절에는 CIUP에 가족이 거주할 수 있는 아파트 공간이 있는 줄도 몰랐다. 학생용 원룸만 있는 것으로 알고, 몇 달간 CIUP에 있은 후 아파트를 구하기 위해 Paris 시내를 샅샅이 헤매고 다녔던 기억이 새로웠다.

파리 1대학의 GRALE 연구소장이었던 G. 마르코 교수님과 함께 유럽연합과 지방자치에 관한 연구를 본격화하였다. 파리 생활에 익숙해 있던 2003년 봄에 전남대 김명재 교수께서 연락을 주셨다. 현재 하노버에 있으며, 이경운 교수님도 연구년이어서 독일의 뮌스터대학에 와 계시다는 내용이었다. 이 교수님과 김 교수님을 하루속히 뵙고 싶었다. 국내에서가 아니라 유럽이라고 하니 더욱 반가웠다. 파리로 오실 수 있으면 좋겠다는 제안을 하였다. 일정이 충분하지 않아 파리로 가는 것은 어려우니, 대신 하노버에서 만나 함께 뮌스터로 가는 것이 어떠냐는 말씀이었다. 파리로 오면 이곳에서 며칠이라도 여행 안내도 하고, 식사도 함께 하였으면 하는 바람이었지만, 일정이 여의치 않다고 하시니 내가 하노버로 가는 것으로 하였다. 뮌헨, 하이델베르크, 프라이부르크, 괴팅겐 등 독일의 여러 도시를 다녀보았으나 하노버는 처음이었다.

하노버대학에서 김명재 교수님을 만나 하노버 시내를 간단히 돌아보고 점심 식사를 한 후에 바로 뮌스터로 향하였다. 이 교수님은 연구년 2년 동안을 생활하기 위하여 학교와 멀지 않은 곳에 있는 커다란 단독주택을 사용하고 계셨다. 학교까지는 주로 자전거로 다니신다고 하였다. 당시에도 독일은 자동차 배기가스로 인한 환경문제를 심각하게 제기하고 있었으니 자전거 출퇴근이 이 교수님의 생활철학에도 잘 맞겠다는 생각이 들었다.

이튿날 뮌스터대학을 세 사람이 함께 방문하였는데, 캠퍼스의 울창한 고목 가로수들이 퍽이나 인상적인 유서 깊은 대학이었다.

방문하는 동안 주된 논의는 이 교수님의 박사학위논문 주제인 대학의 자치를 독일 대학과 프랑스 대학 그리고 우리나라 대학들과 비교해 보는 것이었다. 물론 국립대학과 사립대학의 장단점에 대하여도 서로의 생각을 공유해 볼 수 있었다.

뮌스터에서의 짧은 만남 이후 해외파견 초청교수를 마치고 귀국하였

독일 뮌스터대학, (왼쪽부터) 필자, 이경운 교수님, 김명재 교수님 (2003년)

다. 이 교수님과는 학회에서 간간이 뵙는 경우가 있었으나, 학회활동에서 주는 시간적인 제약으로 인해 간단한 인사말만 주고받았을 뿐 속내 있는 대화를 나누지 못했다. 그러던 중 2017년 이 교수님께서 좌장을 맡으신 학회가 있어 반가운 마음에 학회에 참석하였다. 뵙지 못하였던 그 기간에 이미 정년퇴임을 하고 나주로 내려가 전원생활을 하며 간단한 텃밭도 가꾸고 계시다는 소식을 주셨다. 이 또한 조용히 자연을 관조하며 비움의 철학으로 생활하시는 이 교수님의 성향을 그대로 나타내고 있는 것이었다. 텃밭을 일구시는 이 교수님을 머릿속에서 그려보았다. 학문과 철학과 생활이 결코 서로 멀리 떨어져 제각각인 것이 아니고 이 삼자가 어우러져 하나가 되어 있으면서, 자연과 전원 속에서 사회와 제자를 지켜보며 사랑하고 계실 이 교수님께서 겸손하며 인자한 모습으로 염화시중과 같은 미소를 소리 없이 빙그레 지으실 것 같았다.

삼인지행三人之行이면 필유아사必有我師라고 했던가! 우리는 수많은 스승님과 제자들을 만나고 또 서로 교류한다. 그러나 스스로의 겸양으로 스스로의 품격과 향기를 스스로 품어내고 있는 스승을 만날 수 있는 제자는 그리 흔치 않을 것이라는 생각에, 나 자신도 그를 닮아서 흉내라도 내어볼 수 있었으면 하는 마음에, 그를 향한 그리움과 존경심이 가득하다.

호박 선생님

오창혁
명예교수 | 통계학과

이분이
호박 선생님이셔!

2년여 전, 삶을 글로 남겨두고 싶다는 충동이 슬쩍 들었다. 퇴직으로 시간적 여유가 많이 생겨서일 수도 있고 세상을 떠날 날이 조금 더 가까이 왔다는 것을 느껴서일 수도 있다. 그러나 글쓰기와는 전혀 다른 방향으로 훈련된 두뇌와 어린 시절에 생긴 트라우마 때문에 글을 쓰려고 하면 역주행하는 운전자처럼 불안해지는 나 자신을 알기에 선뜻 시작할 수 없었다.

나는 수십 년을 수학과 통계를 하면서 살아왔다. 그래서 그런지 복잡한 것을 요약하는 일에는 익숙하다. 그러나 수필 쓰기와 같이 정반대 방향으로 진행되는 일은 시작하기도 전에 갑갑해진다. 산골 초등학교 6학년 때, 군 교육청 주최 글짓기 대회에 학교 대표로 뽑힌 적이 있다. 선발되고 나서 혼자서 나름 글도 쓰고 지도도 받았다. 담당 선생님은 "많이 써봐라."라고, 아버지는 "잘해봐라."라고 하셨다. 대회 날, 주제는 '어머니'였다. 자신 있게 써 내려갔다.

"우리 어머니는 나를 사랑하시고, 어쩌고 저쩌고……."

얼마 뒤에 발표된 입상자 명단에 내 이름은 없었다. 교무실에 갔는데, 지도 선생님은 옆자리 선생님을 보며 "어머니는 좋은 분, 뭐 그렇게 썼으니까 떨어졌겠지."라고 하셨다. 그 이후 나는 글쓰기와는 멀찍이 떨어져 살아왔다.

그러던 어느 날, 구청 도서관 엘리베이터에 붙어 있는 수필 교실 안내문을 보았다. 접수를 시작하는 날이었고, 정원이 삼십 명이나 되었다. 인기 좋은 수업일 거라는 생각에 휴대폰을 꺼내 접수하고 수강료를 납부하였다. 날쌔게 기회를 잡았다는 사실에 뿌듯해졌다. 등록하고 나니 걱정이 생겼다. 수업에서 사람들과 잘 지낼 수 있을까? 먼저 퇴직한 교수에게서 들은 경험담 때문이었다. 선배는 퇴직 후 일반인을 상대로 하는 문화강좌를 하나 들었는데, 인사 시간에 교수였다고 자기소개를 한 후 한 사람이 적대적으로 대하는 통에 아주 힘들었다고 하였다.

'가르치는' 직업을 가진 사람은 지도 편달 습관이 생기기 쉽고 이것이 사람을 불편하게 한다는 것을 알고 있다. 나 자신은 시장에서 물건을 사며 몇 마디를 나눈 상인으로부터 "혹시 선생님이세요?"라는 질문을 받은 적도 있고, 택시를 타고 가며 이야기를 나눈 기사가 경찰이었는지를 물은 적도 있다. 내가 하는 별 의미 없는 말과 행동이 함께 수업을 듣는 수강생들을 불편하게 할 수 있다는 것이 상상되니 어떻게 처신해야 할지가 고민되었다. 달리 뾰족한 방법은 없으니 조심하고 될 수 있는 대로 말을 적게 하기로 다짐하였다. 그리고 사람들이 어떻게 말하고 행동하는지를 관찰하고 배우자는 '전략'을 세웠다. 그리고 당분간 신분을 감추기로 했다. 어차피 인터넷 검색하면 다 나오는 이름이니 알게 될 때까지 그렇게 하기로 하였다.

수업 첫째 날이 되었다. 용기를 내느라 밖에서 서성거리다가 시작 시각보다 조금 늦게 문을 밀고 들어갔다. 교실은 여자 수강생들로 가득하고 경륜이 있어 보이는 여자 강사님이 반가워하였다. 남자 한 명이 왔다가 나가버려서 아쉬웠는데, 대신할 남자가 와서 참 좋다는 것이다. 남자라는 이유로 환영받은 것은 처음이었다. 둘러보니 서너 명의 남자가 눈에 띈다. 덕분에 어떻게든 잘 지낼 수 있을 거라는 생각이 들었다.

나로 인해 중단되었던 수업이 계속되고 수강생들의 소개 시간이 되었다. 자신의 이름으로 삼행시를 지어서 발표하라고 한다. 삼행시? 시도해 본 적이 없어 당황스럽기는 하였지만 대충 하나 생각해 냈다. 수강생들이 한 명씩 나가 삼행시를 발표하고 자신을 소개한다. 짧게도 하고 아주 짧게도 했다. 어쩌다 나이를 말하지 않으면 몇 학년 몇 반인지를 물어본다. 육학년 일반도 있고 칠학년 구반도 있고 사학년 오반도 있다. 나이를 스스럼없이 묻고 답하는 '이상한' 세상이 이상했다.

나의 차례가 되었다. 관심의 눈빛을 느끼며 엉거주춤 앞으로 나갔다. 먼저 삼행시를 발표했다. "오 – 오늘, 창 – 창작 교실에 왔다. 혁 – 혁명이다." 그러고는 자서전을 쓰고 싶은 생각이 있어 배우러 왔다는 것만 말하고는 급히 자리로 되돌아오는데, 선생님이 등 뒤에서 몇 학년 몇 반인지 묻는다. 순간적으로 "비밀입니다."라는 대답이 튀어나왔다. 선생님의 표정은 굳어지고 교실 분위기가 싸-해지는 것을 느꼈다.

그 이후 서너 주 동안의 수업에서 매주 글쓰기 숙제가 나왔다. 그리고 선생님은 단톡방 대화, 길거리에서 전단을 나눠주는 수필 홍보 행사, 선생님의 전원주택 방문과 같은 과외 활동에 많이 참가해 달라고 부탁했다. 이런 행사에 수강생들이 참여하면서 그들 사이가 친밀해지는 것이 보였다. 그러나 나는 이런 활동에 하나도 참여하지 않고, 창가 맨 뒷자리에 앉아 말없이 선생님과 수강생들을 주의 깊게 살펴보고 있었다.

숙제도 하지 않고 사람들을 관찰만 하는 나에 대하여 선생님의 불편지수가 올라가고 있다는 느낌을 받고 있던 어느 날, 선생님이 오래전에 있었던 경험을 이야기하였다. 같이 활동하던 작가 한 분이 문인 행사에서 반정부적이라고 여겨지는 발언을 한 후 정보기관에 잡혀가서 여러 날 동안 나오지도 못하고 심문을 당한 적이 있었다는 것이다. 그런 시절이 있었다는 것을 알고 있기에 그때 그런 사건이 있었나 보다 하고 흘려들었는데, 지하철을 타고 귀가하던 중에 번득 떠오르는 게 있었다. 내가 기관의 정보원? 집에 와서 아내에게 말했다. "곧 잘릴 것 같아요."

그다음 주 수업에 갔다. 둘째 시간이 시작하자 출석을 부르면서 내 이름을 부른다. "예."라고 대답하니 묵직한 직구가 날아온다.

"공무원입니까?"
"아닙니다. 왜요?"
"워낙에 점잖아서요."
"신입생이라 눈치 살피고 있습니다."
선생님은 내 대답에 감시원은 아니라고 판단한 모양이다. 그러고는 수십 명의 여인에게 작전을 지시했다.

"여자 회원분, 뭣들 하세요. 오 선생님과 이야기도 나누고 해서 잘 어울리게 만드세요."

그러고는 나에게는 스타카토로 말끝을 올리며 말했다.

"다음 주에는 숙제해 오세요!"

나는 얼떨결에 대답했다.

"알겠습니다."

작전 지시가 내려진 이후 여자 몇 분은 인사도 해주고 말도 붙여주며 호의적으로 대해주었다. 그러나 그동안 인사를 해도 받는 둥 마는 둥 하던 남자 수강생들은 별 변화가 없었다. 그중 한 분은 팔십 근처이고, 두 분은 나보다 한두 살 정도 더 많은 것 같았다.

숙제는 매주 나왔다. 주제를 정해주고 글을 써서 선생님의 다음카페에 제출하는 것이었다. 주제는 수업 중에 지명된 수강생이 정했다. 보통 대여섯 명이 제출한 숙제를 프린트해서 나누어주고 선생님이 읽어가며 지도하였다. 나는 처음 한 달 동안 숙제를 하나도 제출하지 못했다. 그렇지만 첫째 주부터 잘해보려고 애는 썼다. 첫째 주의 주제는 단풍이었다. 메이플 시럽을 '풍당'이라고 번역하여 정한 제목이 그럴듯하여 글도 잘 써질 것이라는 기대감이 컸다. 그러나 신분 노출 없이, 핫케이크에 메이플 시럽을 부어 맛있게 먹었다는 것만으로는 글이 되질 않았다. '썼다가는 지우고'를 반복했다. 그렇게 한 달 동안 풍당에 빠져 풍덩거리고 있었다.

다섯 번째 주의 수업에 참석했다. 첫 시간 수업을 시작하면서 선생님은 나를 부르더니 다음 주 숙제의 글 주제를 정해주면 좋겠다고 하였다.

고참 수강생에게나 부탁하던 주제 정하기가 나에게 떨어졌다. 관심을 받고 있다는 것이 은근히 좋았고 수업이 진행되는 동안 '선생님', '열심' 등 몇 개를 정해놓았다. 둘째 시간은 선생님이 그 며칠 전 할로윈데이에 이태원에서 발생한 참혹한 사건에 관한 이야기를 하면서, 글 쓰는 사람은 이런 큰일에 대하여도 글을 써봐야 한다고 거듭 강조하였다. 그러다가 나보고 주제를 정했느냐고 묻기에,

"몇 개를 정했었는데 방금 바꾸었습니다."

"어떻게요?"

"할로윈데이입니다."

사람들이 웃는 소리가 여기저기서 들린다. 내 앞에 앉아 있던 여자분이 돌아보더니 웃으며 말했다.

"재미있네요."

수강생들의 웃음과 칭찬에 가슴이 따뜻해지며 온기가 온몸으로 퍼져나갔다. 선생님이 지시한 '떼 미인계'가 성공하는 순간이었다.

그 뒤로 선생님은 수업 시간마다 '오 선생님'에게 질문을 하거나 '오 선생님'을 예로 들었다. 특별히 관심을 보여주는 것은 부담이 되었으나 희소한 남자이며 적응을 잘 못하는 남자 수강생을 잘 어울려 지내도록 애써주는 선생님의 모습을 다른 수강생도 이해하리라고 생각하였다. 그런데 그렇지 않았던 모양이다. 한번은 수업 중에 주제와 글제, 소제의 차이가 무엇인지를 선생님에게 물어보았다. 몇 번의 질문과 답이 오가는 중에 시인으로 등단한 남자분이 끼어들었다. 교재에 있는 내용인데 왜 읽어보지도 않았느냐고 질책하였다. 집에 와서 다시 책을 살펴보니 그 사람이 말한 내용을 찾을 수 없었다. 몇 시간 고민하다가 수필반 단톡방에다가 글을 올렸다.

"X 선생님, 책에는 그런 내용이 없습니다. 그리고 X 선생님에게 질문

한 것도 아닌데 그렇게 나서서 비난하는 것은 아닌 것 같습니다."

다음 주에는 집에서 뭉그적거리다 수업에 결석했다. 그리고 그다음 주 이후에는 그 사람이 수업에 나오지 않았다. 그런데 예상치 못한 현상이 나타났다. 남아 있던 남자 수강생들과 조금 더 가까워진 것 같았다. 남자는 한번 붙어 싸워야 친해진다는 말이 생각났다.

그렇게 첫 번째 분기가 끝나고 그다음에도 세 번을 더 등록하여 일 년을 다녔다. 그동안에 두 사람의 '교수'를 만났다. 한 분은 내가 등록하기 전부터 다니던 여자분으로 딱 봐도 교수의 포스가 느껴지던 분이었다. 다음카페에 제출한 숙제를 찾아보니 교수로서의 삶이 자세히 적혀 있었다. 그런데 어느 날 쉬는 시간에 한 여자 수강생과 수필에 관해 작은 토론을 한 뒤로는 모습이 보이지 않았다. 다른 한 분은 세 번째 분기에 처음 등록한 남자분이었다. 첫째 날 자기소개 시간에 편안한 모습으로 길게 이야기하였다. 그리고 이해가 되지 않는 부분이 있으면 더 설명해 주겠다고도 하였다. 교직에 근무했을 확률이 매우 높은 분이었다. 그러고는 몇 주 뒤에 사라졌다. '교수'가 떠날 때마다 나는 혜분난비의 심정으로 다시 한번 나 자신을 살펴보았다.

일 년이 지나고 나서 더 이상 등록하지 못했다. 그러던 어느 날 한 카페의 정원에서 일행과 함께 지나가던 선생님을 만났다. 반가운 마음으로 인사하고 아내에게 소개하였다.

"이분이 호박 선생님이셔."

아내와 이야기할 때 호박 그림이 표지인 선생님의 수필집을 '호박 수필'이라고 부르던 습관이 튀어나온 것이었다. 선생님은 당황하더니 아내의 인사를 받는 둥 마는 둥 '재빠르게' 사라져 버렸다. 일 년 동안 나는 강의와 수필을 통해 선생님에 대하여 많은 것을 알게 되었다. 그래서 그런지 나는 선생님을 가까운 사람처럼 생각하고 있었다. 그러나 선생님은 나에 대하여 아는 것이 거의 없었을 것이니 내가 먼 사람이었을 것이다.

수필 강좌를 일 년 들은 후 두 가지 변화가 생겼다. 첫째는 하나의 주제를 긴 이야기로 풀어나가는 일에 대한 거부감이 많이 사그라졌다는 것이고, 둘째는 다양한 배경을 가진 사람들 틈에서도 그럭저럭 지낼 수 있겠다는 자신감이 생겼다는 것이다.

반년이 지났다. 그러나 나는 아직 그 단톡방에 말없이 머물고 있다. 그리고 가끔씩 선생님의 다음카페를 방문한다. 그 카페에는 나처럼 떠나지 못하고 근처를 어슬렁거리는 사람이 이백 명은 되는 것 같다.

내리사랑 치사랑

초판 1쇄 인쇄 | 2025년 01월 02일
초판 1쇄 발행 | 2025년 01월 06일

글쓴이 | 도명기 외 33인
발행처 | 흐름출판사
발행인 | 한명수
편집 | 이향란 이현아
주소 | 전북 전주시 덕진구 정언신로 59
전화 | 063-287-1231
전송 | 063-287-1232
누리집 | www.heureum.com
이메일 | hr7179@hanmail.net

ISBN 979-11-5522-391-8 03800

정가 20,000원